Negócios de sucesso subtentendem que precisam incentivar seus empregados, da base ao topo da hierarquia, a gerenciar problemas sociais e a construir valor econômico em longo prazo. O intraempreendedorismo social é uma maneira útil e valiosa de capturar a essência desse comprometimento.
Harvey McGrath, Presidente, Heart of the City; ex-presidente do Prudential plc, Man Group plc e da Agência de Desenvolvimento de Londres

Sabemos que os negócios podem ter um grande impacto positivo no mundo. Até agora, no entanto, não foi dada atenção suficiente às pessoas que conduzem mudanças dentro das companhias. Este livro é uma contribuição importante ao nosso entendimento coletivo do crescente movimento intraempreendedor. Para as pessoas de dentro, é um guia prático do que fazer para aumentar seu impacto. Para as pessoas de fora, é um conto inspirador do progresso humano.
Lindsay Levin, Fundadora e Sócio-gerente, Leaders' Quest

A Unipart quer que todos os seus 10.000 empregados sejam agentes de mudança. *Intraempreendedorismo Social, Jazz e Outras Coisas* dá dicas abundantes de "como fazer" para empresas como a nossa que querem aproveitar a energia e a criatividade do nosso pessoal.
John Neil CBE, Presidente Executivo, Unipart Group

Fazer impacto não precisa ser algo extracurricular: *Intraempreendedorismo Social, Jazz e Outras Coisas* é uma visão inspiradora do que é possível no mundo do trabalho.
Liz Maw, CEO, Net Impact

Intraempreendedorismo Social, Jazz e Outras Coisas oferece uma perspectiva distinta sobre empreendedorismo social dentro das empresas comerciais (com um toque adicional de temas e termos ligados ao mundo musical do jazz). Ele também sugere uma variedade fascinante de maneiras em que ONGs internacionais podem fazer parcerias com negócios de maneira eficaz para movê-los em direção a um modelo de administração para sucesso futuro.
David Nussbaum, CEO WWF UK

Finalmente um livro que destaca como podemos ser "empreendedores" em qualquer caminho que nossa carreira nos leve. Pelos últimos 15 anos, celebramos empreendedores sociais como as estrelas do rock do mundo em desenvolvimento. Este livro expande e enriquece a prática do empreendedorismo, incluindo um ator não reconhecido até agora — o "intraempreendedor", que, trabalhando de dentro de instituições estabelecidas, combina inovação, oportunidade e desenvoltura para conduzir mudanças críticas e de larga escala em práticas corporativas com o objetivo de melhorar condições sociais e ambientais enquanto alcança objetivos financeiros. O livro é realista sobre os desafios que esses empreendedores encaram e oferece orientação sobre como transformar esses desafios em vantagens. Bravo!

Drª. Pamela Hartigan, Diretora, Centro Skoll de Empreendedorismo Social, Escola de Negócios Said, Universidade de Oxford

A Impact Hubs forma uma rede global de pessoas, lugares e programas que inspiram, conectam e catalisam impacto. Tradicionalmente, nós focamos em empreendedores com planos de negócios e projetos em inovação social. No confuso processo de inovação social, descobrimos, entretanto, que existem agentes de mudança dentro das corporações que querem viver seus valores no trabalho. Suas inovações se aproveitam das estruturas corporativas para criar impacto social. Este livro não só fornece exemplos inspiradores de intraempreendedores sociais, mas também ferramentas e estratégias que ajudam a colocar projetos de inovação social em prática.

Henrique Bussacos, Presidente da Associação Global do Impact Hub & Pablo Handl; Cofundador da Impact Hub São Paulo

Este é um livro de vital importância. Como a sustentabilidade corporativa legitimamente se desloca para além da política em atividades empresariais cotidianas, estamos agora vendo a criação de produtos e serviços melhores como resultado. Existe uma necessidade real e urgente de mostrar como a inovação dentro de grandes empresas pode ser suportada e transformada em vantagem sustentável genuína. Em *Intraempreendedorismo Social, Jazz e Outras Coisas*, David Grayson, Melody McLaren e Heiko Spitzeck fizeram exatamente isso. Nada ajuda a melhorar casos de negócio mais do que histórias de sucesso genuínas. Esta obra será primordial nas estantes de livros sobre gestão e administração por anos, e estou ansioso pela segunda edição.

Tobias Webb, Fundador, Fórum de Ética Corporativa e Inovação

Intraempreendedores sociais estão empregando valores de objetivos comuns e espero que este livro encoraje muitas pessoas a repetir os exemplos contados aqui.

Julia Middleton, Fundadora, CEO Common Purpose

Intraempreendedorismo Social, Jazz e Outras Coisas oferece uma compreensão animadora sobre o mundo de indivíduos que se esforçam para criar valor social e comercial em grandes estruturas, como empresas. Ele também nos ensina o que as companhias poderiam fazer para criar um ambiente favorável para esses condutores de inovação emergirem. Qualquer pessoa interessada em empreendedorismo social não deve perder a oportunidade de ter esta publicação, a qual mostra que a mudança e o impacto social também podem vir de dentro de grandes organizações.

Markus Hipp, Diretor Executivo, Fundação BMW

Intraempreendedorismo Social, Jazz e Outras Coisas
Como Inovadores de Negócios Estão Ajudando a
Construir um Mundo Mais Sustentável

INTRAEMPREENDEDORISMO SOCIAL, JAZZ E OUTRAS COISAS

Como Inovadores de Negócios Estão Ajudando a Construir um Mundo Mais Sustentável

David Grayson, Melody McLaren e Heiko Spitzeck

ALTA BOOKS
EDITORA

Rio de Janeiro, 2017

Intraempreendedorismo Social, Jazz e Outras Coisas — Como Inovadores de Negócios Estão Ajudando a Construir um Mundo Mais Sustentável
Copyright © 2017 da Starlin Alta Editora e Consultoria Eireli. ISBN: 978-85-508-0041-7

Translated from original Social Intrapreneurism And All That Jazz. Copyright © 2014 by Greenleaf Publishing Limited. ISBN 978-1-78353-051-9. This translation is published and sold by permission of Greenleaf Publishing Limited, the owner of all rights to publish and sell the same. PORTUGUESE language edition published by Starlin Alta Editora e Consultoria Eireli, Copyright © 2017 by Starlin Alta Editora e Consultoria Eireli.

Todos os direitos estão reservados e protegidos por Lei. Nenhuma parte deste livro, sem autorização prévia por escrito da editora, poderá ser reproduzida ou transmitida. A violação dos Direitos Autorais é crime estabelecido na Lei nº 9.610/98 e com punição de acordo com o artigo 184 do Código Penal.

A editora não se responsabiliza pelo conteúdo da obra, formulada exclusivamente pelo(s) autor(es).

Marcas Registradas: Todos os termos mencionados e reconhecidos como Marca Registrada e/ou Comercial são de responsabilidade de seus proprietários. A editora informa não estar associada a nenhum produto e/ou fornecedor apresentado no livro.

Impresso no Brasil — 1ª Edição, 2017 - Edição revisada conforme o Acordo Ortográfico da Língua Portuguesa de 2009.

Obra disponível para venda corporativa e/ou personalizada. Para mais informações, fale com projetos@altabooks.com.br

Produção Editorial Editora Alta Books **Produtor Editorial** Claudia Braga **Produtor Editorial (Design)** Aurélio Corrêa	**Gerência Editorial** Anderson Vieira **Supervisão de Qualidade Editorial** Sergio de Souza	**Marketing Editorial** Silas Amaro marketing@altabooks.com.br	**Gerência de Captação e Contratação de Obras** autoria@altabooks.com.br	**Vendas Atacado e Varejo** Daniele Fonseca Viviane Paiva comercial@altabooks.com.br **Ouvidoria** ouvidoria@altabooks.com.br
Equipe Editorial	Bianca Teodoro Christian Danniel	Illysabelle Trajano Juliana de Oliveira	Renan Castro Thiê Alves	
Tradução Samantha Batista	**Copidesque** Silvia Parmegiani	**Revisão Gramatical** Priscila Gurgel	**Diagramação** Luisa Gomes	

Erratas e arquivos de apoio: No site da editora relatamos, com a devida correção, qualquer erro encontrado em nossos livros, bem como disponibilizamos arquivos de apoio se aplicáveis à obra em questão.

Acesse o site www.altabooks.com.br e procure pelo título do livro desejado para ter acesso às erratas, aos arquivos de apoio e/ou a outros conteúdos aplicáveis à obra.

Suporte Técnico: A obra é comercializada na forma em que está, sem direito a suporte técnico ou orientação pessoal/exclusiva ao leitor.

Dados Internacionais de Catalogação na Publicação (CIP)
Odilio Hilario Moreira Junior CRB-8/9949

G784i   Grayson, David

Intraempreendedorismo social, jazz e outras coisas: como inovadores de negócios estão ajudando a construir um mundo mais sustentável / David Grayson, Melody McLaren e Heiko Spitzeck ; tradução de Samantha Batista. - Rio de Janeiro : Alta Books, 2016.
288 p. : il.; 17cm x 24cm.

Tradução de: Social Intrapreneurism and All That Jazz
Inclui índice, apêndice e bibliografia.
ISBN: 978-85-508-0041-7

1. Empreendedorismo Social. 2. Inovação. 3. Negócios. I. McLaren, Melody. II. Spitzeck, Heiko. III. Batista, Samanta. IV. Título.

CDD 338.04
CDU 658

Rua Viúva Cláudio, 291 - Bairro Industrial do Jacaré
CEP: 20.970-031 - Rio de Janeiro (RJ)
Tels.: (21) 3278-8069 / 3278-8419
www.altabooks.com.br — altabooks@altabooks.com.br
www.facebook.com/altabooks — www.instagram.com/altabooks

Para agentes de mudança de todos os lugares, quem quer que vocês sejam.

Sumário

Figuras, tabelas e caixas ix

Prefácios xi
    John Elkington
Prefácio da edição em português pela Liga de Intraempreendedores xii
Prefácio para a versão em português do livro
Social Intrapreneurism and all that Jazz xiii
    Markus Hipp, Diretor Executivo, BMW Stiftung Herbert Quandt
Prefácio da edição em português dos autores xiv

Agradecimentos xvii

Introdução 1

1. Como os intraempreendedores sociais estão ascendendo a negócios globais e desafios sociais 27
2. Entendendo os intraempreendedores sociais individuais 64
3. Como as empresas reagem 104
4. Ambiente favorável dentro de empresas 118
5. Ambiente favorável externo 188
6. Impactos do intraempreendedorismo social 199
7. Recomendações e dicas práticas 208
8. O caminho a seguir 231

Conclusão: Rumo a uma nova forma de fazer negócios 240

Apêndice: Nossa pesquisa 244

Referências 248

Glossário 259

Índice 261

Sobre os autores 267

Figuras, tabelas e caixas

Figuras

1 Uma rede social jazzista 21
2 Como este livro está organizado 23
2.1 A jornada do intraempreendedor social 77
2.2 A jornada intraempreendedora social da Vodafone 81
2.3 O modelo empresarial Accenture Development Partnerships 95
2.4 Base de clientes ADP 98
3.1 STIR: Sustentabilidade, Talento, Inovação e Reputação 114
4.1 Círculo virtuoso de valor compartilhado — Coca-Cola Coletivo Varejo 167
5.1 Programa First Movers do Aspen Institute 193

Tabelas

1 Atividades jazzísticas e intraempreendedorismo social 19
1.1 Divisões e oportunidades globais 28
1.2 Desafios globais e resposta intraempreendedora social 32
2.1 Autoavaliação: Eu sou um intraempreendedor social em potencial? 64
2.2 Tipos de intraempreendedor social 66
3.1 Obstáculos encontrados por intraempreendedores sociais 108
3.2 Nível de maturidade de responsabilidade corporativa dos empregados ... 109
3.3 Matriz de maturidade de responsabilidade corporativa da empresa/do intraempreendedor social 110

3.4 Obstáculos encontrados por intraempreendedores sociais 113
3.5 *Case* de negócios para STIR (Sustentabilidade, Talento, Inovação, Reputação) 114
4.1 Estágios de maturidade do departamento de RC 126
4.2 Que tipo de cultura de inovação sua empresa tem? 128
4.3 Padrinhos e intraempreendedores sociais 140
4.4 Dupla dinâmica (1): Jo da Silva e Justin Evans na Arup 142
4.5 Dupla dinâmica (2) Mandar Apte e Russ Conser na Shell 146
4.6 Empresas que desafiam seus funcionários a desenvolver valor compartilhado 157
4.7 Sumário de facilitadores e incapacitadores 181
5.1 Parceiros externos trabalhando com intraempreendedores sociais 190
6.1 Intraempreendedores sociais: onde eles estão agora? 200
6.2 Intraempreendedorismo social: impacto na empresa 202
6.3 Intraempreendedorismo social: impactos sociais 205
7.1 Tocando as mudanças: perguntas para gerentes 227

Box

8.1 Pesquisa futura 235

Prefácios

Intraempreendedores sociais ajudam os negócios a alcançarem as notas mais agudas

John Elkington

'Um brinde aos malucos. Aos desajustados. Aos rebeldes. Aos encrenqueiros. Aos pinos redondos nos buracos quadrados. Aos que veem as coisas de maneira diferente', dizia a campanha publicitária 'Think Different' (Pense Diferente) da Apple, de 1997. Uma vez escutadas ou lidas, era difícil de tirar as palavras da cabeça. E eles não pararam por aí. 'Eles não são fãs de regras', nos foi dito. 'E eles não têm respeito pelo *status quo*. Você pode citá-los, discordar deles, glorificá-los ou difamá-los. A única coisa que você não pode fazer é ignorá-los. Porque eles mudam as coisas. Eles empurram a raça humana em frente. E enquanto alguns possam vê-los como os malucos, nós vemos gênios. Porque as pessoas que são loucas o suficiente para pensar que podem mudar o mundo são as que o fazem.'

Infelizmente, Steve Jobs deixou os palcos, mas agentes de mudança potencialmente intrometidos continuam aparecendo por aí. Eles são infinitamente fascinantes, sejam carros elétricos pioneiros, tabelas inteligentes, vacinas exterminadoras de malária ou microfinança ética. Tendo passado décadas trabalhando com tais pessoas, eu sei que, como Jobs, elas projetam campos de distorção da realidade. O impossível se torna possível. Elas ajudam a todos a atingir aquelas notas agudas difíceis de alcançar.

Quando SustainAbility — e, mais tarde, também Volans — atraíram um subsídio de três anos da Fundação Skoll para os ajudar a construir o campo do empreendedorismo social, nós descobrimos que todos os principais empreendedores sociais do mundo estavam desesperadamente interessados em descobrir maneiras de trabalhar com grandes negócios. Então, em nosso segundo estudo, *The Social Intrapreneur* (O Intraempreendedor Social), identificamos, pesquisamos e celebramos seus correspondentes dentro dos principais negócios, em empresas tão diversas quanto Accenture, Banco Real, Coca-Cola, Ford, Morgan Stanley e Nike.

Ficamos surpresos em descobrir que muitas dessas pessoas estavam lutando para encontrar uma identidade comum, mesmo quando compartilhavam um propósito em comum. É tão empolgante ver novas iniciativas, incluindo a Liga dos

Intraempreendedores (League of Intrapreneurs), jogando nesse espaço — e ver pesquisas acadêmicas de primeira classe se desenvolvendo. Eu dou minhas calorosas boas-vindas a este livro oportuno e provocante de David Grayson, Melody Mclaren e Heiko Spitzeck. A análise é rigorosa, mas a apresentação é, geralmente, divertida, como quando fazem riffs de conceitos como solando, paying your dues e woodshedding.

Como Professor Visitante no Centro Doughty de Responsabilidade Corporativa (Doughty Centre for Corporate Responsibility), esta investigação fascinante de três gênios do intraempreendedorismo social me deixa ainda mais orgulhoso do meu vínculo com a Escola de Administração Cranfield (Cranfield School of Management).

John Elkington é cofundador e Presidente Executivo da Volans (www.volans.com), cofundador da SustainAbility (www.sustainability.com) e coautor, com Pamela Hartigan, de *Empreendedores Sociais: O exemplo incomum das pessoas que estão transformando o mundo*, Campus-Elsevier, 2009. Ele mantém um blog em www.johnelkington.com e twitta em @volansjohn.

Prefácio da edição em português pela Liga de Intraempreendedores

Na Liga de Intraempreendedores, nosso propósito é destravar o potencial humano dentro das grandes organizações para a construção de um futuro melhor. Servimos como uma comunidade de aprendizagem para intraempreendedores e empresas que querem desenvolver sua capacidade de inovação e impacto. Começamos em 2013 com um prêmio global para intraempreendedores sociais e, desde então, temos desenvolvido uma rede global com círculos de intraempreendedores ativos em vários países, materiais educacionais para workshops, tais como o "Toolkit do Intraempreendedor" em várias línguas, e embaixadores ativos em mais de 15 países que levam este tema para uma série de eventos no mundo. (www.leagueofintrapreneurs.com)

Quando ouvimos as histórias dos intraempreendedores, como as que foram relatadas neste livro, percebemos que sempre existe uma "janela de oportunidade" que foi aproveitada pelo intraempreendedor para fazer o projeto acontecer, quase por acaso ou sorte, com muita paixão e resiliência. À medida que amadurecemos em nossa comunidade, percebemos o quanto é importante ajudar as grandes organizações a criarem um ambiente favorável para estas "janelas de oportunidade" serem parte integral de sua estratégia, cultura e processos. Intraempreendedorismo realmente serve como meio para as grandes organizações lidarem com os desafios de inovação, desafios sociais e ambientais e na retenção de talentos.

Ao longo dos últimos anos, temos conhecido centenas de histórias de intraempreendedores de impacto e nunca deixamos de nos surpreender com o poder que tem o simples fato de conectar essas pessoas em círculos de troca e aprendizagem, onde um pode apoiar o outro na sua jornada e compartilhar experiências de fracasso e sucesso. Ainda temos um longo caminho para construir um ecossistema mais robusto com redes, incubadoras e fundos de capital, tais como hoje temos para empreendedores.

Estamos muito agradecidos com David, Melody e Heiko por terem trazido um material tão rico e inspirador para contribuir no ecossistema de intraempreendedorismo. Sempre percebemos na Liga a importância que têm as histórias como fonte de inspiração e espelho para outros intraempreendedores. Este livro fez uma seleção muito especial que, com certeza, terá alto impacto nos seus leitores.

Florencia Estrade
The League of Intrapreneurs

Prefácio para a versão em português do livro *Social Intrapreneurism and all that Jazz*

Markus Hipp, Diretor Executivo, BMW Stiftung Herbert Quandt

Intraempreendedorismo social é uma hipótese: apostamos que colaboradores engajados podem causar mudanças em grandes empresas; que é possível lançar novos modelos de negócios que criam valor compartilhado — modelos que permitem ganhar competitividade, mas, em primeira função, ajudam a resolver desafios sociais ou ambientais; confiamos também que os casos de sucesso apresentados neste livro não são apenas casos isolados, mas que descobrimos um padrão que está mudando o jeito de fazer negócios. Acreditamos que é possível, via intraempreendedorismo social, alavancar os recursos significantes das empresas multinacionais, sua competência em inovar e gerir recursos financeiros, junto com o conhecimento e a motivação dos colaboradores para aliviar desafios como pobreza, doenças, poluição e desigualdade.

Se intraempreendedores sociais realmente têm força suficiente para esta mudança, a meu ver ainda é uma questão aberta. Mas há boas razões pelas quais nós da BMW Stiftung nos envolvemos neste movimento e apoiamos vários atores no desenvolvimento de conhecimento sobre intraempreendedorismo social:

1. Há críticas e muitos casos ao contrário: em nosso entendimento, o mundo de negócios e empresas pode tomar um papel proativo em transformar o mundo em um mundo melhor e contribuir para resolver problemas sociais. Empresas nem sempre são parte da solução, mas também nem sempre são parte do problema.

2. Nosso público-alvo são Líderes Responsáveis. Pessoas que usam sua influência e seus recursos de maneira responsável. Personalidades de todas as disciplinas, que gostam de cocriar e que apoiam muitos projetos de maneira *pro-bono* com

seu conhecimento. Mesmo apoiando este tipo de engajamento, incluindo a conversa entre setores, não seria mais poderoso se esses líderes não se engajassem apenas com organizações externas, mas provocassem as mudanças necessárias dentro das empresas e organizações onde eles trabalham como intraempreendedores? Precisamos desses agentes internos de mudança sobretudo em países avançados como a Alemanha, que conta com um estado social onipresente.

3. Na BMW Stiftung estamos convencidos de que não existe um único caminho ou um único método para provocar mudanças sociais. Assim, acreditamos em várias ferramentas e abordagens da inovação social. Por isso investimos na pesquisa de novos temas e métodos que mostram sua capacidade em diversas regiões, culturas e sociedades. Neste sentido, apoiamos a primeira edição deste livro em inglês e estamos curiosos quanto à sua repercussão na América Latina.

Sabemos que intraempreendedorismo social tem o potencial de inspirar e motivar pessoas no continente latino-americano. Sentimos isso numa séria de eventos sobre intraempreendedorismo social no Brasil e especialmente no 2º Encontro Global de Intraempreendedorismo Social no México. Junto a formas inovadoras de filantropia e um engajamento transetorial mais intensivo, o tema de intraempreendedorismo social vai ficar na agenda da BMW Stiftung Herbert Quandt na América Latina!

Berlim, Abril 2016

Prefácio da edição em português dos autores

Em 2014, quando publicamos "Intraempreendedorismo Social, Jazz e Outras Coisas", mal sabíamos como o tema despertava interesse. O livro ressoou entre diversos públicos, sejam intraempreendedores sociais inspirados pelas histórias de seus parceiros, sejam empresas buscando criar condições favoráveis para o florescimento do intraempreendedorismo social, ou ainda bancos de desenvolvimento internacionais, que enxergaram no intraempreendedorismo social uma interessante iniciativa para envolver o setor privado em projetos de desenvolvimento local.

Fomos convidados para o 1º Encontro do Intraempreendedorismo Social Global, em Berlim, de 11 a 13 de setembro de 2014. O evento, organizado pela Fundação BMW Herbert Quandt, reuniu vários intraempreendedores, bem como apoiadores, e propôs algumas medidas ousadas para a Liga dos Intraempreendedores (LOI, sigla em inglês para *League of Intrapreneurs*) ao longo dos próximos cinco anos. Dentre os objetivos, podemos citar a necessidade de identificar os mais de 25 mil intraempreendedores sociais, a importância de reunir mil comprometimentos institucionais do setor privado, o anseio de fazer encontros do Intraempreendedorismo Social Global anualmente e a urgência de incubar mil projetos de intraempreendimentos sociais.

Nós já começamos a perceber os resultados da rede LOI mundial, assim como encontrar novos intraempreendedores sociais. Juntamente a Florencia Estrade, sócio-fundadora e diretora do Cria, e a Pablo Handl, parceiro do Impact Hub São Paulo, fundamos círculos locais da LOI no Rio de Janeiro e em São Paulo, onde conseguimos facilitar o intercâmbio de experiências, ferramentas e conhecimento dos intraempreendedores sociais. Por esse motivo, fomos capazes de incluir mais casos do Brasil para esta edição do livro em português. Você vai ficar sabendo como Lucas Urbano, da Danone, ajudou a Danone a cumprir as metas de emissão de CO_2, como Aparecida Teixeira de Moraes, do Tribanco, treinou e ajudou seus clientes e sua empresa a crescer, como Claudia Lorenzo e Pedro Massa, da Coca-Cola, envolveram comunidades de baixa renda ao criar empregos e aumentar as vendas, e como Paulo Mindlin, do Walmart, preparou jovens para uma carreira no varejo. Também incluímos um caso internacional sobre Sacha Carina Van Ginhoven, da TNT, que criou um modelo de entrega para comunidades pobres tendo como base a localização GPS em vez de endereços postais. No entanto, ainda existem muitos casos, especialmente se olharmos para os projetos promissores de nossos membros da LOI Brasil: Aline Pimenta, Ana Cristina Maia, Anna Carolina Malta, Bruno Chiarelli, Fernando Valente, Humberto Sardenberg, Leonardo Sá, Luciana Rodrigues, Thales Crivelli, Egon Barbosa, Livia Prado, Rafael Valle, Ana Camargo e Taciana Abreu.

Mundialmente, o tema intraempreendedorismo social foi publicado na *Forbes*, no *Financial Times* e no *The Guardian*. No Brasil, existem matérias no *Valor Econômico*, na *Folha de São Paulo* e na *EXAME*. Graças ao engajamento de Melody McLaren no mundo do Jazz, nosso livro também foi discutido no "All About Jazz" e no "London Jazz". Também tivemos o privilégio de compartilhar as nossas ideias a respeito de intraempreendedorismo social em webnários e fomos convidados a palestrar em oficinas e em conferências sobre negócios e inovação social no Chile, Indonésia, México, Holanda, Suíça, Tailândia e, em nossos países, Brasil e Reino Unido.

Nossa rede global também nos ajudou a identificar as empresas inovadoras ao criar um ambiente propício para intraempreendedores sociais. A Danone, por exemplo, abriu um fundo de investimento interno de €100 milhões para provocar os funcionários a se tornarem intraempreendedores — obviamente, nós incluímos esse caso na seção de ambiente propício do livro. A Coca-Cola nos pediu para treinar potenciais intraempreendedores internamente. Parece haver uma tendência no mundo corporativo de usar o intraempreendedorismo como uma novidade e uma alternativa nunca antes explorada, além das rotas convencionais da inovação. Além disso, criar um ambiente favorável para intraempreendedores é particularmente interessante no engajamento da geração Y.

Para todos esses avanços, o apoio da Fundação BMW Herbert Quandt foi essencial. Apesar do fato de que ainda é cedo para o tema intraempreendedorismo social, Markus Hipp, Sandra Ortiz e Barbara Müller acreditam no seu potencial e investiram nesse ecossistema. A Fundação BMW não só colaborou com a tradução deste livro — e somos extremamente gratos por isso — como também possibilitou os Summits (encontros) do Intraempreendedorismo Social Global na Alemanha, em 2014, e no México, em 2015.

Finalmente, gostaríamos de agradecer a equipe da Alta Books, especialmente J.A. Rugeri, Anderson Vieira e Claudia Braga, por seu trabalho duro na tradução e promoção desta publicação. Esperamos que esta edição em português inspire outros intraempreendedores sociais a compartilharem suas histórias, motive as empresas a alcançarem internamente seus intraempreendedores e ajude a criar mais círculos LOI no ambiente dos que falam a língua portuguesa.

David Grayson, Melody McLaren, Heiko Spitzeck, Março de 2016

Agradecimentos

Agradecemos a todos os nossos entrevistados por seu tempo e informações para este projeto. Eles estão incluídos na lista abaixo, bem como outros que pediram anonimidade e são citados através de nossas palavras de gratidão.

Gregory Abendroth, Kenan Aksular, Virginia Alfenas, Elisa Alkmim, Michael Anthony, Mandar Apte, Naty Barak, Mike Barry, Richard Bennett, Moram Ben-Ziv, Bruno Berthon, Ana Biglione, Roberto Bocca, Vicky Bullivant, Gib Bulloch, Henrique Bussacos, João Vitor Caires, Armelle Carminati-Rabasse, Marcelo Cardoso, Emma Clarke, Josh Cleveland, Russ Conser, Marianne Dagevos, Jo da Silva, Leonardo Vitoriano da Silva, Raylla Pereira de Andrade, Tamara Rezende de Azevedo, Maggie De Pree (née Brenneke), Katy Dobbs, James Dorling, Ian Drew, John Elkington, Paul Ellingstad, Richard Ellis, Jennifer Emery, Justin Evans, Julika Erfurt, Julie Fabian, Karl Feilder, Amy Fetzer, Carrina Gaffney, Jonas Gebauer, Andreas Gollan, Joanna Hafenmayer, Jost Hamschmidt, Pablo Handl, Erik Hansen, Chris Harrop, Martin Herrndorf, Adrian Hodges, Lance Howarth, Jill Huntley, James Inglesby, Jo Kelly, Paul Kerssens, Stefan Koch, Drª Beatrix Kuhlen, Charmian Love, Ian Mackintosh, Priscila Matta, Patricia Lagun Mesquita, Nancy McGaw, Cassiano Mecchi, Celia Moore, Dorje Mundle, Colin Mutchler, Clara Navarro, Andre Nijhof, Juliana Nascimento, Louis Notley, William Parsons, Arun Pande, Liliane Pellegrini, Yvonne Remmits, Julian Richardson, Hugh Saddington, Regan Schegg, Ralf Schneider, Mark Siebert, Camila Silvestre, Norma Snell, Mark Spelman, Nicolai Tewes, Mark Thain, Lara Toensmann, Lucas Urbano, Tom van den Nieuwenhuijzen, Wilco van Elk, Dominic Vergine, Andy Wales, Marijn Wiersma, Ingrid Zeegers.

Um agradecimento especial a Drª. Elisa Alt, da Universidade Anglia Ruskin, que colaborou com Heiko na revisão literária acadêmica sobre o ambiente favorável para o intraempreendedorismo social e, subsequentemente, foi coautora do segundo Doughty Centre Occasional Paper; a Fuji Marlen Kimura Gomez por sua ajuda na seção sobre colaboração com ONGs; e a Yasmin Mahmood, cujo trabalho para um periódico do curso Cranfield International Human Resource Management MSC forma a base e boa parte do texto para a jornada de intraempreendedorismo social da Vodafone M-PESA descrita no Capítulo 2.

Agradecemos especialmente a Ron Ainsbury, Maggie De Pree, Heidi Kikoler e Andre Nijhof, que generosamente leram a primeira versão do manuscrito e nos abasteceram com opiniões e sugestões valiosas.

Somos particularmente gratos a Stephen Keogh e aos outros músicos da Global Music Foundation (http://www.globalmusicfoundation.org) cujo trabalho nos inspirou; a Arnie Somogyi (http://www.arniesomogyi.com), músico, compositor e palestrante de jazz no Conservatório Birmingham que, juntamente a Stephen, forneceu seu feedback sobre nosso manuscrito; e a Lionel Bodin, do Accenture Development Partnerships, que compartilhou do nosso entusiasmo em aplicar lições de jazz ao intraempreendedorismo social. Enquanto fizemos nosso melhor para aplicar as metáforas de jazz inteligentemente a nossas análises das atividades de intraempreendedores e seus colegas, devemos enfatizar que não somos especialistas na temática do jazz. Quaisquer deficiências em nosso entendimento sobre o gênero musical ou sobre os músicos que nos inspiraram são de responsabilidade dos autores, e não dos músicos. Gostaríamos de expressar, especialmente, a energia e a vitalidade que experimentamos nos intraempreendedores sociais que conhecemos. Para nos ajudar a fazer isso, e também para reforçar os paralelos entre o intraempreendedorismo social e o mundo musical do jazz, Melody abriu, generosamente, sua biblioteca de fotografias que tirou em eventos de jazz. Seus colegas autores apreciam enormemente isso e a espontaneidade com a qual os locais e os artistas deram suas permissões para que usássemos essas fotos.

Este livro é baseado em um projeto de pesquisa e dois Occasional Papers do Doughty Center, Cranfield School of Management, e agradecemos a oportunidade que o Centro e a Escola nos permitiram para desenvolver nossas ideias.

Dentre a equipe na Greenleaf Publishing, gostaríamos de agradecer a John Stuart, que defendeu o livro desde o início e forneceu sábios conselhos e encorajamento; a Monica Allen, por sua proeza editorial; Dean Bargh que, novamente, fez sua produção mágica; e a Rebecca Macklin, Anna Comerford e Sadie Gornall-Jones por sua ajuda inestimável.

Finalmente, à nossa família, amigos e colegas que devem, às vezes, ter sentido que viveram a evolução de *Intraempreendedorismo Social, Jazz e Outras Coisas* indiretamente, muito obrigado por sua paciência e suporte.

David Grayson, Melody McLaren, Heiko Spitzeck, Janeiro de 2014.

Introdução

> Existem aqueles que olham para as coisas como elas são e perguntam: por quê?
> Eu sonho com as coisas que nunca foram e pergunto: por que não?
> Robert Kennedy, baseado em *Back to Methuselah*, de George Bernard Shaw.

De tempos em tempos, muitos de nós imaginaram um mundo melhor do que o que temos agora. É essencialmente humano ver nosso mundo como ele é — crivado pela pobreza, guerra, doença, degradação ambiental e todos os outros males que temos infligido sobre ele por todo o curso de nossa história — e visionar em seu lugar um mundo de beleza no qual colocamos um fim a essa infinidade de aflições e aprendemos a viver em harmonia com a terra e uns com os outros.

Nenhum de nós tem muita certeza de como podemos criar esse mundo. Mas a maioria de nós não pensaria imediatamente em aproveitar os poderes inovadores dos negócios como um meio de chegar lá. Entretanto, um crescente número de pessoas está fazendo exatamente isso — inventando novos produtos e serviços que estão melhorando a qualidade da vida humana, e ajudando a abrandar a mudança climática e outros impactos ambientais adversos — crucialmente, enquanto criam valor comercial para suas empresas.

Essas pessoas são chamadas de intraempreendedores sociais.

Nós definimos intraempreendedores sociais como 'pessoas dentro de uma grande empresa que tomam iniciativa direta para inovações que lidam com desafios sociais ou ambientais enquanto também criam valor comercial para a empresa'.

O primeiro uso registrado dos termos 'intraempreendedor' e 'intraempreendedorismo' data de um artigo escrito por Gifford e Elizabeth Pinchot (PINCHOT e PINCHOT, 1978). Mais tarde, os termos foram creditados a Gifford Pinchot por Norman Macrae no *The Economist* (1982).

O termo 'intraempreendedor social' foi primeiramente definido pela SustainAbility (2008) como:

1. Alguém que trabalha dentro de grandes corporações ou organizações para desenvolver e promover soluções práticas para desafios sociais ou ambientais onde o progresso está momentaneamente estagnado por falhas de mercado

2. Alguém que aplica os princípios do empreendedorismo social dentro de uma grande organização
3. Uma pessoa caracterizada por uma mentalidade e abordagem 'interno–externo'

Outras definições incluem as seguintes:

> Intraempreendedores sociais ... estão respondendo a deficiências percebidas na sociedade e utilizam os recursos da firma para fornecer soluções com base no mercado para lidar com elas (BODE e SANTOS, 2013).

> Empregados que identificam oportunidades para inovação social dentro de sua corporação ou organização, desempenhando um papel em melhorar os negócios de dentro para fora (MITCHELL, 2013).

> Uma nova raça de profissionais de negócios ... descobrindo maneiras criativas — e, em muitos casos, perturbadoras — de lidar com alguns dos problemas mais difíceis da sociedade e, também, criar valor em longo prazo para suas companhias (MCGAW, 2013).

> Dois terços agentes de mudanças, um terço encrenqueiro (BULLOCH, 2013).

Normalmente, como Josh Cleveland, que escreveu e defendeu o conceito com o movimento estudantil Net Impact, diz, intraempreendedores sociais estão 'indo um pouco contra a corrente'.[1] Eles buscam criar o que o guru de estratégia da Harvard, Michael Porter, descreve como 'Valor Compartilhado' (HARVARD BUSINESS REVIEW, 2011). Esse processo de criação de valor normalmente envolve indivíduos ou organizações além dos limites de suas companhias em alianças transfronteiriças incomuns. Deborah Leipziger, consultora de responsabilidade corporativa, e Cheryl Kiser, Diretora do Laboratório de Inovação Social Babson, exploram como líderes empreendedores em empresas desenvolvem tais alianças, até mesmo cocriando parcerias com competidores, para gerar lucros e valor social em *Creating Social Value* (Criando Valor Social — KISER e LEIPZIGER, 2014).

Intraempreendedores sociais estão desafiando suas organizações, questionando o status quo para desenvolver e implementar soluções sustentáveis comercialmente atrativas. Consequentemente, outra descrição: 'provocadores corporativos'. Muitas vezes, pelo menos inicialmente, suas atividades intraempreendedoras não fazem parte de seus trabalhos. É por isso que alguns intraempreendedores sociais falam de seus empregos diários e dos trabalhos que fazem em seu tempo livre, nos finais de semana e durante a madrugada: 'trabalhando um segundo emprego' para seu próprio empregador! Nós achamos que as características distintas dos intraempreendedores sociais são que eles:

---

[1] Da entrevista com Josh Cleveland, 9 de julho de 2010.

- Trabalham para empresas que buscam lucros²
- Tratam problemas sociais e ambientais como oportunidades de negócios
- Conduzem inovações que criam valor para o negócio e para a sociedade

O valor de estudar intraempreendedores sociais está em seu potencial de desenvolver soluções para nossos desafios globais em virtude de suas posições em organizações que administram poder e recursos significantes. O intraempreendedor social Gib Bulloch, da Accenture, explica: 'Empregar até mesmo a menor mudança em grandes organizações pode levar a impactos sociais significantemente positivos' (SUSTAINABILITY, 2008).

Diferentemente de seus 'parentes próximos', como voluntários corporativos, defensores da responsabilidade corporativa (RC) ou membros do time ambiental dentro de empresas que também estão aprofundando seus objetivos sociais e ambientais, os intraempreendedores sociais têm como objetivo gerar formas inteiramente novas de valor comercial por meio de inovações significativas em produtos, serviços, processos ou modelos de negócios para seus empregadores. Entretanto, como ficará evidente nos exemplos do nosso livro, esses membros diversos da 'família' corporativa podem se encontrar trabalhando juntos como um 'conjunto' para aumentar a performance sustentável de suas empresas.

Ao contrário dos empreendedores sociais, os intraempreendedores sociais podem aproveitar-se de infraestruturas e capacidades organizacionais existentes para entregar valor social em larga escala. Somente esse fato já vira as probabilidades a favor dos intraempreendedores sociais em alcançar mudanças sociais em larga escala, como *The Economist* (2008) sugeriu em uma crítica de um livro sobre empreendedores sociais:

> É improvável que os maiores agentes de mudança sustentável sejam as pessoas bem-intencionadas descritas neste livro, por mais interessantes que sejam. É muito mais provável que elas sejam pessoas inteiramente razoáveis, muitas vezes trabalhando para grandes empresas, que veem maneiras de criar produtos melhores ou alcançar novos mercados e têm os recursos para o fazer.

No Fórum Mundial de Economia de 2008, em Davos, Bill Gates apelou para que os líderes de negócios apoiassem o trabalho de inovadores sociais em suas próprias empresas:

> Eu espero que as corporações dediquem uma porcentagem do tempo de seus melhores inovadores a problemas que possam ajudar as pessoas deixadas de lado pela economia global. Esse tipo de contribuição é ainda mais poderosa do que dar dinheiro ou oferecer tempo livre aos empregados para que se voluntariem. É um

---

2 Enquanto reconhecemos, como nossa colega Maggie De Pree apontou, que 'existem intraempreendedores trabalhando para o governo e também para ONGs', neste livro nós focamos no trabalho de intraempreendedores sociais dentro das empresas.

uso focado do que a sua empresa faz de melhor. É uma ótima forma de capitalismo criativo, porque ela pega a habilidade mental e melhora a vida para os mais ricos, e dedica um pouco dela para melhorar a vida de todas as outras pessoas (GATES, 2008).

No entanto, muitas empresas ainda não reconhecem isso. Sharon Parker é professora de psicologia organizacional na Escola de Negócios da Universidade da Austrália Ocidental. Seus projetos de pesquisa recentes em comportamento proativo e respostas a ele têm explorado as motivações dos intraempreendedores sociais e como eles geram mudanças nas organizações. Ela observa:

> Tentar executar mudanças dá significado e propósito a um indivíduo. Melhora seu aprendizado e é empolgante — e é uma ótima maneira de desenvolver redes de contatos. Mas, ao mesmo tempo, é um comportamento bem arriscado. Normalmente, há certa resistência de algum lado e você não consegue antecipar o que acontecerá. Negócios são configurados para entregar lucros e essa é sua lógica dominante, então, qualquer um que tente lucrar e ser um intraempreendedor social potencialmente encontrará resistência (Knowledge@Australian School of Business, 2011).

Emma Stewart, Chefe de Soluções Sustentáveis da Autodesk e profissional do corpo docente da Universidade da Califórnia, Berkeley, acrescenta que:

> Intraempreendedores sociais são empregados que, em vez de começarem suas próprias empresas sociais, enfrentam a paisagem turbulenta da política corporativa para colocar suas ideias perturbadoras para o mercado e para mais clientes antes e, portanto, com maior impacto ambiental ou social. Foram os intraempreendedores sociais que inicialmente conceberam a linha de produtos da GE, Ecomagination, os programas de reaproveitamento de água supereficientes da Intel e o jeans Water<Less™ da Levi's (STEWART, 2013).

Nós começamos estudando essa 'espécie' fascinante, porém rara, descrita primeiro em um 'guia de campo' produzido por nossos colegas da SustainAbility (2008). Por quê? No Centro Doughty de Responsabilidade Corporativa, nosso objetivo é pesquisar, ensinar e aconselhar empresários atuais e do futuro a construir e desenvolver negócios mais responsáveis e sustentáveis. Mas estamos interessados em como as pessoas em todos os níveis da empresa, estejam elas trabalhando no nível de diretor sênior ou em qualquer posição da organização, a ficaram mais interessadas em tentar construir negócios sustentáveis em primeiro lugar. E estamos particularmente interessados em descobrir por que e como empresários criativos estão usando o poder de suas empresas para ajudar a lidar com problemas de amplo alcance como a mudança climática, a pobreza e doenças — grandes problemas globais com os quais gerações anteriores não acreditariam que os negócios podiam, ou mesmo deveriam, tentar lidar.

Então, o que os intraempreendedores sociais fazem?

Eis uma pequena seleção do que as entrevistas de nossa pesquisa, com mais de 40 intraempreendedores sociais, assim como outros que estudaram e apoiaram seus trabalhos, revelaram que os intraempreendedores sociais e seus aliados já conseguiram alcançar:

- Criação de produtos de microsseguro para pessoas de baixa renda e negócios que não seriam capazes de pagar por planos de seguros convencionais (Allianz)
- Startup de uma unidade de negócios dentro de uma grande corporação de entrega de pacotes para melhorar a eficiência operacional enquanto aperfeiçoa o impacto das mudanças climáticas (DHL)
- Introdução de uma estratégia de marketing para ajudar clientes a reduzirem suas emissões de gás carbônico, promovendo o uso dos serviços de tecnologia da informação da empresa (Telstra)
- Redução do custo de produção de uma grande empresa de fabricação de cerveja para melhorar a competitividade em países em desenvolvimento por meio de parcerias com produtores locais (SABMiller)
- Desenvolvimento de um projeto de microenergia dentro de uma grande corporação de geração de energia para aumentar a produtividade e lidar com a pobreza em países em desenvolvimento (E.ON Energie)
- Lançamento de um negócio de energia alternativa dentro de uma grande empresa petrolífera para clientes de serviços em mercados emergentes (BP)
- Estabelecimento de uma rede de propaganda 'verde' como um novo fluxo de negócios dentro de uma grande empresa de mídia (The Guardian)
- Desenvolvimento de fluxos de serviço de 'TI sustentável' em uma grande empresa de engenharia (Siemens)
- Criação de uma coalizão dentro de uma grande fornecedora de energia para lidar com problemas de pobreza de combustível (E.ON UK)
- Desenvolvimento de linhas de produtos sustentáveis eticamente produzidos em uma empresa de pavimentação paisagista por meio de parcerias com fornecedores estrangeiros (Marshalls)
- Criação de diálogo com uma comunidade brasileira para desenvolver um relacionamento de rede de fornecedores em uma empresa de produtos de cuidados pessoais (Natura)
- Desenvolvimento de uma unidade de negócios comercialmente viável dentro de uma consultoria de engenharia para lidar com problemas de pobreza no terceiro mundo (Arup)
- Engenharia de processos de produção ambientalmente sustentável em uma empresa global de produtos químicos (BASF)

- Desenvolvimento de uma rede e estratégia sustentável em uma empresa de engenharia nuclear (Cavendish Nuclear)
- Criação de uma resseguradora de riscos especiais focada em mudança climática e exposições de comércio de carbono (Marsh)
- Reforço de capacidades e criação de parcerias para alavancar e desenvolver conhecimentos de gestão para desenvolvimento internacional (Accenture)
- Desenvolvimento de uma estratégia comercialmente sustentável para o marketing de produtos farmacêuticos para clientes de baixa renda em países em desenvolvimento (Novartis)

Neste livro, nós apresentamos uma seleção de suas histórias e o que nós, e eles, aprendemos com suas jornadas. Esperamos inspirar outros a seguirem seus passos pioneiros e a se juntarem ao crescente movimento de indivíduos que estão ajudando a criar um mundo melhor e mais sustentável por meio de seus 'empregos normais'.

Por que essas histórias são importantes? Porque elas provam que o trabalho pode, e deve, ser mais que 'só um trabalho'; ele pode ser uma maneira satisfatória de tornar o mundo um lugar melhor. Nós acreditamos que o intraempreendedorismo é uma porta de entrada para uma maneira completamente nova de fazer negócios: criando valor, não apenas para os investidores, mas para a sociedade como um todo. Os negócios precisam ser reconhecidos pelo que verdadeiramente são — não entidades isoladas operando em bolhas, mas comunidades geradoras de valor (e potencialmente destruidoras de valor), interconectadas com o resto do mundo por meio de redes de empregados, fornecedores, clientes e outros. Estamos ansiosos por uma era futura em que será comum para as mentes inventivas criar produtos e serviços que não são somente lucrativas comercialmente, mas também lidem com os urgentes desafios sociais, ambientais e econômicos do mundo.

Talvez você, um leitor deste livro, seja um líder nesse futuro. Se sim, ficaremos ansiosos para conhecê-lo e aprender mais sobre o ótimo trabalho que fará.

O que o jazz tem a ver com o intraempreendedorismo social?

Nossas referências ao gênero musical do jazz, tanto no título do livro quanto em vários pontos do texto, surgiram de descobertas que fizemos durante o curso de nossa pesquisa que comparou as experiências de dois pianistas de jazz amadores em nossa comunidade de trabalho estendida: Melody McLaren, uma pesquisadora associada ao Centro Doughty e coautora deste livro, e Lionel Bodin, um gerente sênior da Accenture Development Partnerships, apoiadores da Liga de Intraempreendedores.[3]

---

3 < www.leagueofintrapreneurs.com/.>

Como Melody descreve:

> Durante o período de pesquisa do nosso time do Centro Doughty sobre intraempreendedorismo social, eu também estava, coincidentemente, passando muito tempo com ótimos músicos de jazz. Estivesse eu escutando suas performances em concertos ou jam sessions, sendo ensinada por eles em workshops de jazz ou apenas conversando com eles, fui atingida por sua vivacidade, suas conexões com outros músicos e o poder de sua 'contação de histórias' musical. Quando eu estava em uma sala com essas pessoas, eu não queria ir embora.
>
> Eu tive experiências similares quando estava entrevistando intraempreendedores sociais. Os relatos de suas vidas e o desenvolvimento de seus projetos transmitiam um forte sentido de conectividade, não apenas sobre o que estava acontecendo em seus negócios, mas também sobre problemas e eventos no resto do mundo, incluindo pobreza, exclusão social e degradação ambiental, juntamente a suas soluções práticas inovadoras para lidar com eles. Estivessem eles descrevendo sucessos ou fracassos do projeto ou simplesmente descrevendo suas experiências cotidianas, eu tinha o sentido de que essas pessoas estavam muito vivas. Eu poderia escutá-las por horas sem perder o interesse no que elas tinham a dizer.
>
> Esse sentido de vivacidade foi o traço comum inicial entre esses dois grupos. Mais tarde ficou aparente que eles compartilhavam outras qualidades — um forte sentido de curiosidade que os encorajava a correr riscos, uma história de trabalho duro para aprender e aperfeiçoar seu 'ofício', escuta perspicaz e poderes observacionais, uma habilidade de se comunicar com outros de maneira atraente e, acima de tudo, uma paixão pela 'qualidade'.

Durante muitas discussões entre os autores, Melody frequentemente explicava um de seus pontos referenciando suas experiências jazzísticas. Para comunicar essas ideias ao time de pesquisa de maneira mais concisa, ela começou a usar termos como 'woodshedding' (a prática solitária para melhorar habilidades técnicas), 'comping' (acompanhando ou fornecendo suporte a outros), 'solando' (colocando suas próprias ideias à frente), 'sendo um sideman' (contribuindo com um grupo no qual você não é o líder oficial, mas sim um membro do time de suporte) e 'paying your dues' (contribuindo com seu time/comunidade imediatos, e assim ganhando a confiança dos outros). Enquanto alguns desses coloquialismos jazzísticos, que são muitos[4], já não são mais usados por músicos jazzistas, mesmo assim eles ressoaram com nosso time, outros colegas e intraempreendedores sociais com quem compartilhamos nossas ideias.

Quando começamos a analisar com profundidade as entrevistas com intraempreendedores sociais individuais e, mais tarde, com seus colegas que ajudaram a criar o 'ambiente favorável' para o intraempreendedorismo social, paralelos entre

---

[4] Veja a lista no web site Tudo Sobre Jazz:
<http://allaboutjazz.com/php/article.php?id=1404&pg=4&page=1>, acesso em 9 de abril de 2016.

os mundos dos músicos de jazz e dos intraempreendedores sociais se tornaram cada vez mais explícitos. Enquanto alguns dos termos que usamos neste livro (a exemplo de padrinho) não têm, para o nosso conhecimento, equivalentes ao léxico do jazz, as ressonâncias entre os mundos do jazz e do intraempreendedorismo social foram suficientemente fortes para que decidíssemos introduzir metáforas do jazz para descrever muitas das ideias que emergiram de nossa pesquisa.

1. O intraempreendedorismo social não é um ato solo

Nossas entrevistas sublinharam o ponto de que o intraempreendedorismo social de sucesso é uma atividade *grupal* (*versus* individual). O intraempreendedorismo e o empreendedorismo são distintamente diferentes a este respeito. Nenhuma significância pode ser alcançada por uma única pessoa trabalhando sozinha dentro de uma empresa, apesar dos esforços heroicos. Há simplesmente muito a ser feito.

Embora a primeira fase de nossa pesquisa foque em intraempreendedores sociais individuais (GRAYSON, MCLAREN e SPITZECK, 2011), ficou evidente quando revisamos a primeira rodada de entrevistas, assim como durante a segunda fase da pesquisa sobre o ambiente favorável para intraempreendedorismo social (GRAYSON, SPITZECK, ALT e MCLAREN, 2013), que um intraempreendedor precisava assegurar o suporte contínuo de outros para conseguir concretizar um projeto dentro de uma grande empresa. Por essa razão, alteramos a linguagem no relatório da segunda fase de nossa pesquisa para destacar a importância dos colegas apoiando o ambiente favorável para o intraempreendedorismo social.[5]

Enquanto há um estereótipo de negócio ocidental que celebra os esforços heroicos do intrépido *empreendedor* de negócios, um *intraempreendedor* social de sucesso, embora talvez tenha originado uma ideia própria de projeto intraempreendedor, deve aprender a trabalhar em, e então ajudar a criar, 'conjuntos' de indivíduos afins com ideias e habilidades complementares, como acontece com músicos de jazz que estão 'fazendo uma jam' ou tocando juntos, para ter sucesso.

Se o número de indivíduos envolvidos é suficientemente grande (isto é,. o projeto intraempreendedor requer a reunião de uma 'big band' com uma diversa variedade de talentos), a proporção de 'arranjo' orquestral requerida relativa à quantidade de improvisação livre pode precisar ser maior para fazer com que o projeto corporativo cresça a uma grande escala.

E, como em conjuntos de jazz, a mera presença de outros músicos não é o suficiente. Descobrimos que a qualidade da 'conversação' — os relacionamentos colaborativos — entre intraempreendedores sociais e seus colegas, tanto internos quanto externos à sua organização (geralmente parceiros em organizações não

---

[5] Estamos cientes que outros colegas que trabalham neste campo usam o termo '*intraempreendedorismo* social', colocando grande ênfase no trabalho do intraempreendedor social individual. Enquanto nós optamos por destacar a importância do ecossistema em promover a inovação que produz impactos sociais e comerciais, estamos tratando o termo como um só.

governamentais externas) era fundamental para determinar se a ideia poderia sair do papel e assegurar suporte em uma empresa.

Seria particularmente útil se o intraempreendedor fosse capaz de encontrar um indivíduo que pudesse agir como:

- Um corretor de poder para fornecer acesso a recursos e criar um 'espaço' ou 'cobertura' na qual o intraempreendedor poderia desenvolver um projeto, muitas vezes 'sob o radar' do restante da organização
- Um networker (pessoa que cria relacionamentos) eficaz que poderia conectar um intraempreendedor com contatos úteis e ajudar a reunir suporte para um projeto
- Um tradutor eficaz das ideias de um intraempreendedor que poderia destacar as ligações entre um projeto e o propósito e valores corporativos
- Um ouvinte habilidoso e coach/mentor que poderia ajudar a desenvolver não apenas a ideia do projeto, mas também o intraempreendedor a um ponto onde eles poderiam desempenhar um papel de liderança no projeto e tornarem-se advogados eficazes da sustentabilidade dentro da organização
- Alguém geralmente aberto a desafiar o intraempreendedor, assim como outras pessoas
- Alguém inteligente que corra riscos, preparado para contornar as regras para possibilitar a experimentação para alcançar a 'prova de conceito' de um projeto intraempreendedor

Nós rotulamos esses indivíduos de 'padrinhos'. Embora reconheçamos que este termo se refira a um papel religioso dentro da tradição cristã e tenhamos procurado um sinônimo mais secular, não encontramos uma alternativa totalmente satisfatória.[6] Um 'mentor', por exemplo, compartilha muitos dos atributos de um padrinho, mas não captura a variedade completa de atributos listados acima. Subsequentemente, nós descobrimos um precedente para o uso do termo 'padrinho' em um contexto secular: na tradição chinesa, o papel de um padrinho é altamente não religioso por natureza.

2. 'Woodshedding' o aperfeiçoamento de habilidades para tocar em 'bandas' corporativas

Muitas pessoas, particularmente não músicos, acreditam que os músicos de jazz simplesmente sentam e começam a produzir música espontaneamente, sem uma

---

6 Quando verificamos os sinônimos para 'padrinho' em thesaurus.com, os principais sinônimos eram 'patrocinador' e 'segurador'. Outros sinônimos incluíam advogado, arrimo, benfeitor, patrono, promotor, patrocinador, anjo, garantidor, suporte principal, garantia, sustentáculo, outro aderente, investidor.

preparação séria. Nada poderia estar mais distante da verdade. Todos os músicos de jazz devem fazer sua parte de 'woodshedding' — desenvolver um amplo espectro de habilidades técnicas. Músicos jazzistas frequentemente descrevem sua prática como 'woodshedding' visto que um músico ia frequentemente a um *woodshed*, ou seja, um depósito de madeira, para aprimorar suas habilidades de maneira privada. 'Eu tive anos de treinamento como pianista clássica', diz a membro do nosso time, Melody MacLaren,

O SAXOFONISTA ALTO TONY KOFI É MOSTRADO EXECUTANDO UM SET TRIBUTO A THELONIOUS MONK COM SEU QUARTETO NO HERTS JAZZ FESTIVAL, EM 2013. KOFI EXEMPLIFICA UM SOLISTA EXPERIENTE QUE FEZ SEU 'WOODSHEDDING', TENDO ADQUIRIDO UM PROFUNDO ENTENDIMENTO DO DISTINTO ESTILO RÍTMICO E HARMÔNICO DE MONK, MAS ENTÃO CRIA LINHAS MUSICAIS ÚNICAS QUE REFLETEM TANTO A INFLUÊNCIA DE MONK QUANTO A 'CONVERSAÇÃO' EM ANDAMENTO COM OUTROS MEMBROS DO QUARTETO (JONATHAN GEE, PIANO, BEN HAZLETON, BAIXO, WINSTON CLIFFORD, BATERIA).

mas eu tive que desenvolver um conjunto completamente novo de habilidades para o jazz — particularmente a escuta e o desenvolvimento de um senso rítmico e pulsação mais precisos, assim como acostumar meu ouvido a formas harmônicas completamente novas — antes de poder participar propriamente de uma conversação de jazz. Eu levei anos e ainda tenho que trabalhar nisso.

Como Stephen Keogh, um baterista profissional de jazz e educador que dirige a Fundação Global de Música diz:

> O jazz é uma linguagem ... que a pessoa precisa aprender o vocabulário e a gramática. Depois pode haver uma conversação ... existem princípios que devem ser aprendidos, vividos, memorizados, e um instrumento que deve ser dominado, além da atenção ao som, pulso, entonação, repertório etc. Isso tudo é treinamento e ele nunca para.

Arnie Somogyi, um contrabaixista profissional, líder de banda e palestrante no Conservatório Birmingham, adiciona:

> Um músico improvisador de sucesso deve desenvolver a técnica requerida para comunicar sua 'linguagem' musical. Bill Evans, por exemplo, tem uma técnica pianística bem diferente da de Monk, que foi vista por alguns como primitiva. Mas eles fazem sons muito diferentes no piano. A técnica de Monk era integral tanto para sua forma de tocar piano quanto para sua composição.[7]

Como músicos de jazz, intraempreendedores sociais de sucesso investiram um tempo considerável em prática técnica de vários tipos. Eles frequentemente têm um apetite por aprendizado que se desenvolve em um estágio inicial da vida e continua até a fase adulta. Como Malcolm Gladwell escreveu em *Fora de Série – Outliers* (2008), 'A prática não é aquilo que uma pessoa faz quando se torna boa em algo, mas aquilo que ela faz para se tornar boa em algo'.

A prática também lhe ajuda a desenvolver a intuição que lhe permite 'tocar' — seja um instrumento musical ou realizar seu trabalho cotidiano em seu ambiente de trabalho — sem ter que pensar constantemente em tudo o que faz. Extraindo de *Blink – A decisão num piscar de olhos* (2005) de Gladwell, nosso colega consultor de gerenciamento Lionel Bodin observou:

> Você precisa trabalhar na sua intuição. As pessoas tendem a gastar milhões de horas observando a melhor opção — e no fim elas escolhem primeiro a opção intuitiva. As pessoas treinam suas intuições todos os dias ... elas ainda precisam pensar, mas ainda precisam ficar confiantes sobre suas intuições ... existe uma ligação com o intraempreendedorismo ... Intuição é ouvir o ambiente.

Arnie Somogyi observa que esse 'treinamento intuitivo' ocorre 'muitas vezes subconscientemente. Na verdade, estamos continuamente improvisando em nossas vidas cotidianas'.

Muito antes de se tornarem grandes improvisadores, os melhores músicos de jazz devotaram tempo e esforço em desenvolver habilidades técnicas individuais. Dominar um instrumento exige muitas horas tocando escalas, arpejos e *riffs* para

---

7 Veja mais sobre estilos contrastantes de piano no jazz em 'Jazz Notes – Howard Eiland', http://lit.mit.edu/lit2005-2006/spotlightarticles/jazz.html, acesso em 9 de abril de 2016.

tocar notas fluentemente, no tempo correto e com um bom som; aprendendo sobre formas rítmicas e harmônicas e estrutura composicional; e internalizando o repertório de composições de jazz compartilhado, conhecido como padrões de jazz. Os padrões 'são uma parte importante do repertório musical dos músicos jazzistas, já que são amplamente conhecidos, executados e gravados por músicos de jazz e amplamente conhecidos por ouvintes[8], embora não haja uma lista definitiva. Enquanto músicos eruditos praticam os trabalhos de Bach, Mozart, Beethoven e Bartok, músicos jazzísticos praticam os trabalhos adaptados de compositores teatrais da Broadway como Irving Berlin, Cole Porter, George e Ira Gershwin, Richard Rodgers, Lorenz Hart e Oscar Hammerstein; compositores de bebop como Charlie Parker, Dizzy Gillespie e Thelonious Monk; artistas mais contemporâneos como Miles Davis, John Coltrane, Herbie Hancock e Wayne Shorter; e muitos outros.

Arnie Somogyi acrescenta: 'A maioria dos bons músicos de jazz tem um gosto musical variado e eclético, que mistura gêneros. Parafraseando Ellington, existem dois tipos de música: a boa e a ruim'.[9]

Intraempreendedores sociais de sucesso devotaram tempo aprendendo habilidades associadas com a especialidade de sua própria corporação, seja ela marketing/comunicações, engenharia, aquisições, finanças ou alguma outra profissão ou função de negócios, assim como ganhando um senso intuitivo de como os negócios funcionam em geral. Eles 'aprenderam os ossos do ofício' de como as coisas são feitas em suas próprias companhias, internalizaram os valores da empresa (o que mais importa) e, principalmente, como, quando e onde comunicar ideias na linguagem de seus colegas corporativos, desenvolvendo um robusto '*case* de negócios' para suas ideias de projetos. Eles também dominaram a delicada arte de equilibrar os comportamentos de empreendedores que correm risco e dos empregados que seguem regras dentro de uma grande organização.

3. Grandes intraempreendedores sabem como fazer uma boa 'jam' com os outros

Para músicos de jazz, a prática solitária não é suficiente. Músicos jazzistas precisam desenvolver suas habilidades de escuta e de improviso tocando em grupos com outros — uma atividade conhecida como 'fazer uma jam' — onde eles podem testar linhas harmônicas ou rítmicas não familiares com seus colegas músicos na segurança relativa de uma configuração informal.

Arnie Somogyi, um compositor experiente, observa que ideias verdadeiramente novas podem ser geradas antes mesmo de serem lançadas em uma jam session, 'tanto por indivíduos quanto em ensaios com uma banda onde as ideias são abertas a interpretações e "workshopping"'.

---

8 Veja http://en.wikipedia.org/wiki/Jazz_standard.
9 Veja http://jazz-quotes.com/artist/duke-ellington/.

Entretanto, na preparação para uma 'jam', os músicos fizeram sua parte de 'woodshedding', como descrito acima. Tocar em uma 'jam' requer conhecimento aprofundado de padrões de jazz, juntamente a um conhecimento geral da 'forma' musical — a estrutura rítmica e harmônica das composições jazzísticas — e, mais importante, a capacidade de ouvir com atenção focada a música sendo tocada por outros músicos do conjunto e, em resposta, comunicar ideias relevantes de maneiras apropriadas. Com o tempo, um músico que é visto como proficiente em trocar

O SAXOFONISTA ALTO PERICO SAMBEAT E O PIANISTA ALBERT SANZ (MOSTRADO COM O CONTRABAIXISTA ALEX DAVIS) OUVEM ATENTAMENTE A UM SOLO DE BATERIA POR STEPHEN KEOGH DURANTE A PERFORMANCE DE SEU QUARTETO NO PIZZA EXPRESS DEAN STREET, EM LONDRES. SAMBEAT, SANZ E KEOGH TÊM MUITOS ANOS DE EXPERIÊNCIA TOCANDO JUNTOS EM DIFERENTES CONJUNTOS E DESENVOLVERAM UM ENTENDIMENTO ÍNTIMO, E CONFIANÇA, NA MANEIRA DE TOCAR UNS DOS OUTROS.

e transformar ideias musicais ganhará a confiança de outros músicos. Eles serão convidados a mais jam sessions ou até a fazer performances em público com, e talvez juntar-se a, um conjunto.

Intraempreendedores sociais, como grandes músicos jazzistas, são excelentes em trocar e desenvolver novas ideias em trocas informais com colegas. Como o ganhador do Prêmio Nobel, Linus Pauling, eles reconhecem que 'A melhor maneira de ter uma boa ideia é ter muitas ideias'.

Para participar com êxito no equivalente corporativo de uma 'jam'[10] — talvez um *brainstorming* ou outra reunião coletiva (face a face ou até mesmo online) onde novas ideias são consideradas para ação corporativa — o intraempreendedor social precisa ter dominado a 'forma' adequada de trocar novas ideias em sua organização. Além de seguir regras explícitas que podem ser definidas para

---

10 A IBM elevou a 'jam' a uma arte corporativa; veja https://www.collaborationjam.com/.

reuniões corporativas (por exemplo conter críticas, acolher ideias incomuns, tentar combinar e melhorar ideias), isso implica em ouvir abertamente e responder com ideias relevantes e persuasivas, com base nas habilidades sociais associadas à 'competência emocional' como identificado por Daniel Goleman (1998: 27).

O intraempreendedor social é mais propenso a ser ouvido e entendido se estiver trabalhando dentro de uma cultura organizacional que adota o diálogo aberto para estimular o fluxo criativo de ideias necessárias, para que ideias verdadeiramente inovadoras surjam — o que nós referenciamos como 'cultura do café' (GRAYSON et al. 2013: 10). Em outras palavras, como Cassiano Mecchi da Danone reportou, existe liberdade para 'pensar coisas malucas em qualquer posição e em qualquer reunião'.

Por meio dessa prática de 'conjunto', muitas ideias inovadoras podem ser geradas e as melhores são refinadas até o ponto onde podem ser testadas com uma audiência mais ampla antes de serem implementadas em projetos-piloto. A inovação é uma atividade colaborativa que melhora com a prática.

4. 'Paying your dues' (pagar suas dívidas) cria uma licença para operar — e quebrar regras

Para fazer a transição de geração de ideias à liderança de projeto, os intraempreendedores sociais precisam ter a confiança de seus colegas e gerentes que controlam o investimento dos recursos corporativos, tempo e energia em projetos. Ajuda se os intraempreendedores sociais tiverem, na linguagem do jazz, 'paid their dues' (pago suas dívidas) — investido tempo trabalhando e provando suas habilidades em uma organização, e assim, ganhado a confiança de seus colegas — antes de pedir permissão e ajuda para desenvolver um novo projeto.

Um dos gigantes do mundo do jazz, Charlie Parker (um dos fundadores do movimento 'bebop') foi à frente para tocar em uma jam session no Clube Reno em Kansas City quando tinha apenas 16 anos. Ele se afastou das convenções harmônicas do dia tão amplamente que Jo Jones, o baterista, arremessou um prato nele e o tirou do palco. As palavras imortais de Parker foram reputadamente, 'Eu voltarei'. O crítico do *The Guardian*, John Fordham, considerou isso como sendo um momento tão importante na história do jazz que o selecionou como um dos '50 eventos-chave da história do jazz' (FORDHAM, 2011) e ele também foi imortalizado no filme biográfico de Clint Eastwood, *Bird* (1988).[11] Apenas quando Parker foi a Nova York e começou a fazer jams em Minton's Playhouse no Harlem ele conheceu

---

[11] Arnie Somogyi observou que a retirada do jovem Parker do palco pode ter sido mais o resultado de woodshedding insuficiente nesse estágio de seu desenvolvimento do que a pura inconvencionalidade de seu modo de tocar. Ele acrescenta: 'Uma parte chave do desenvolvimento musical de Parker foi a transcrição — ele diminuía a velocidade dos solos de Lester Young e assimilava a linguagem jazzística neles. Tendo melhorado como músico, ele foi então capaz de sentar em jam sessions e desenvolver sua musicalidade'.

jovens afins, dissidentes do swing, como o baterista Kenny Clarke, o ex-pianista de igreja Thelonious Monk, o guitarrista estrela de Benny Goodman, Charlie Christian, e o trompetista harmonicamente avançado, John Birks 'Dizzy' Gillespie.[12] Nas primeiras horas no Minton's, o bebop, ou apenas bop, foi forjado (FORDHAM, 2011).

Resumindo, Parker esteve 'pagando suas dívidas' ao lado de outros músicos, além de desenvolver suas próprias habilidades musicais. Somente resolvendo as coisas juntos de uma maneira orgânica, com o passar do tempo, as velhas regras poderiam ser quebradas.

Nós descobrimos que aspirantes a intraempreendedores sociais eram mais propensos a encontrar dificuldades lançando suas ideias se não tivessem estado por muito tempo em suas empresas. Reciprocamente, aqueles que viveram carreiras intraempreendedoras por mais tempo em suas empresas são aqueles que 'pagaram suas dívidas'. Jo da Silva passou anos desenvolvendo sua reputação como engenheira dentro da Arup antes de apostar em começar a Arup International Development. Chris Harrop entrou para a Marshalls UK como diretor de marketing e estabeleceu-se com sucesso nesse cargo, ganhando a confiança do conselho antes de embarcar em seu ambicioso projeto Fairstone. Dorje Mundle era um consultor estabelecido da PricewaterhouseCoopers (PwC) trabalhando com clientes farmacêuticos (e já havia trabalhado na Shell e na Novo Nordisk antes disso) antes de entrar para a Novartis e conseguir 'permissão do topo' para desenvolver um modelo de negócios de base da pirâmide de mudar o jogo.

5. Os intraempreendedores 'acompanham' os outros assim como 'solam'

Os músicos jazzistas em nosso time estendido experienciaram 'aquela coisa no jazz onde você tem alguém que faz cinco refrões e, então, todo mundo se perde! Normalmente um instrumentista de linha de frente'. Músicos de jazz habilidosos são ótimos tanto em 'comping' (acompanhar outros membros da banda) quanto em 'solar' (tocar sua própria interpretação de uma melodia de jazz). Ouvir, assim como falar claramente, são ambas habilidades essenciais para uma ótima 'conversação' de jazz.

De maneira similar, intraempreendedores sociais de sucesso tendem a ser ótimos comunicadores, diferente dos 'solistas' descontrolados que 'pregam' sobre

---

12 Arnie Somogyi observa que, embora Charlie Parker possa ter um perfil histórico mais proeminente, Gillespie realmente merece mais crédito como fundador do movimento bebop: 'Parker era um gênio inconstante, desorganizado e com um sério vício em drogas, enquanto Dizzy incorporou todos os tipos de novas influências em sua música e conseguiu dirigir a big band em que muitas figuras importantes no desenvolvimento do bebop floresceram. O resultado composicional de Parker era principalmente restrito a solos escritos sobre sequências 'padrão', que então se tornaram 'cabeças'. Em contraste, Dizzy escreveu materiais novos e inovadores. As pessoas gostam de pensar em Parker como um inventor, porque isso se ajusta ao mito de gênio torturado e excêntrico'.

sustentabilidade sem ouvir as necessidades dos negócios. Intraempreendedores sociais 'ouvem' o que outros no negócio dizem que precisam, 'acompanhando-os' como for necessário. Apenas depois eles 'falam' sobre suas ideias — sempre de maneiras que façam sentido para os outros, em especial a tomadores de decisão seniores que controlam os recursos necessários. Eles praticam e refinam suas habilidades de escuta/acompanhamento e fala/solo ao longo do tempo.

Nessa veia, Arnie Somogyi cita o trabalho do trompetista de jazz, líder de banda e compositor Miles Davis, considerado um dos músicos mais influentes do século XX:

> Miles era ótimo em juntar 'times'. Ele empregava os músicos que poderiam mover a música em novas direções sem que soasse forçada. Todas as bandas de Miles eram inovadoras, mas saíram de uma tradição com pontos de referência ao que havia sido feito anteriormente.

Quando todos na 'banda' corporativa são adeptos do 'solo' e do 'acompanhamento' — tocando ideias já colocadas à frente por outros membros da banda e ajudando novas ideias a surgirem — o todo colaborativo se torna mais do que a soma de suas partes.

6. Intraempreendedores são excelentes tanto como 'sidemen' quanto como 'líderes de banda'

No jazz, um 'sideman' é qualquer membro da banda que não é o líder da banda. 'É geralmente requerido aos sidemen que sejam adaptáveis a muitos estilos de música diferentes e, portanto, capazes de se encaixar sem problemas em um grupo no qual já estão tocando'.[13]

De maneira similar, intraempreendedores sociais de sucesso dependem não apenas de um único indivíduo, mas de um time — às vezes um pequeno conjunto, às vezes uma 'big band' altamente orquestrada — onde todos fizeram seu 'woodshedding', são excelentes em suas próprias disciplinas e também são adeptos de colaborar com outros como 'sidemen' ou 'líderes de banda', para concretizar ideias em novos produtos ou serviços.

Podemos ilustrar como essas metáforas podem funcionar aplicando-as a uma intraempreendedora social específica.

---

13 <http://en.wikipedia.org/wiki/Sideman.>

Jo da Silva, Diretora, Arup International Development

Desde cedo, Jo da Silva aprendeu a lição fundamental do fazer música no jazz: a vida 'não é um ato solo', mas é vivida em comunidade com os outros:

Jo da Silva nasceu em 1967 em Washington, DC, enquanto seu pai estava em missão diplomática nos Estados Unidos. Desde cedo ela absorveu o amor de seus pais por viagens, assim como o que ela descreve como 'valores pré-guerra', que enfatizam a importância da comunidade e da contribuição à sociedade, o uso cuidadoso de recursos e ganhar a vida (versus fazer dinheiro).

Jo fez o início de seu 'woodshedding' na forma de trabalho acadêmico em Cambridge. Mas ela também viajou para o exterior, adquirindo um conhecimento de trabalho de vida em países em desenvolvimento que serviriam para ela nos anos seguintes:

O amor de Jo por projetar e fazer coisas a levaram a escolher a engenharia como profissão. Entretanto, os contos de seus pais sobre lugares exóticos a inspiraram a intercalar o trabalho acadêmico em Cambridge com viagens aventureiras na Turquia, no Oriente Médio e na Índia.

O trabalho de alívio de pobreza permite que Jo aplique suas habilidades técnicas a projetos no mundo real, improvisando soluções práticas com outros ('fazendo jams') no contexto de generosidade prática para outros seres humanos em uma base diária. Essa experiência desenvolveria a inteligência social necessária para ser um 'sideman' ou uma 'líder de banda' em projetos colaborativos:

Depois de se formar, ela voltou para viver na Índia — construindo uma clínica e um sistema de fornecimento de água, assim como empreendendo outros projetos — 'vivendo até contra a natureza e sua forma linda e crua ... onde a humanidade está lá em três dimensões, iluminada todos os dias'.

A experiência na Índia revelou-se fundamental para o aumento da consciência de Jo sobre a interdependência dos seres humanos e seu ambiente, moldando seu desejo em desenvolver e aplicar suas habilidades de engenharia para resolver problemas sociais. Ela entrou para a Arup como graduada em engenharia, inspirada pela ênfase no humanitarismo do fundador Ove Arup e fazendo um trabalho interessante e recompensador.

Em seguida, vemos Jo se apresentando tanto como 'sideman' (parte da Força Tarefa Sustentável da Arup) quanto como continuando a desenvolver e aplicar suas habilidades técnicas dentro da empresa ('pagando suas dívidas' dentro da Arup e também em organizações de alívio da pobreza) e fora da empresa em projetos de alívio pós-desastres:

Em paralelo com sua carreira de engenheira, Jo começou a assumir projetos de alívio pós-desastres. O impacto psicológico do primeiro — construir campos de refugiados na Tanzânia depois do genocídio na Ruanda em 1994 — 'marcou o começo do fim da engenharia convencional' para Jo. Ela entrou para a Força Tarefa Sustentável da Arup formada por um conselho diretor que estava 'buscando pessoas para serem ativistas, não animais corporativos'.

Jo começa a se apresentar como uma 'líder de banda' de projeto, recrutando seus próprios 'sidemen' e montando um pequeno 'conjunto':

Jo coliderou um grupo de construção de engenharia que focou em criar infraestruturas sociais como escolas e bibliotecas, principalmente para clientes do setor público em áreas urbanas desfavorecidas, aumentando o time de 6 para 35 pessoas em três anos.

Agora Jo lidera uma massiva 'big band' e orquestra uma 'performance' de alívio de desastre em larga escala fora da firma:

Embora Jo tenha conduzido suas atividades de recuperação pós-desastre separadamente de seus projetos de trabalho, o desastre do Tsunami de 2004 provou-se um importante ponto decisivo. Ela foi convidada pela UNHCR, a Agência de Refugiados da ONU, para coordenar a construção de abrigos pós-desastre no Sri Lanka com aproximadamente 100 ONGs, construindo 60.000 abrigos em seis meses.

Mas, então, ela aposta em começar e liderar sua própria 'banda', com base em toda a amplitude de suas habilidades técnicas e administrativas:

Determinada a criar um foco dentro da Arup para lidar com a pobreza e a vulnerabilidade em países em desenvolvimento, Jo escreveu diretamente ao presidente e engajou diretores seniores, apelando a eles para reconhecerem uma nova oportunidade de cumprir a missão da Arup de 'moldar um mundo melhor' criando uma empresa de consultoria dentro da firma, focada em trabalho de desenvolvimento.

De maneira importante, Jo enquadrou esse projeto como um empreendimento comercial (*versus* filantrópico):

> Eu não pedi os recursos da Arup. Desde o princípio eu fui clara que a Arup International Development precisaria operar como um negócio autossustentável, embora operando em margens menores que nosso negócio comercial e em uma base não lucrativa.

Persuadindo a gerência da Arup de que isso complementaria as atividades beneficentes da Arup e os permitiria fazer contribuições maiores e mais profissionais para aliviar a pobreza, Jo foi capaz de estabelecer a Arup International Development, que aproveitou as habilidades e redes da Arup para fornecer conselho estratégico e especialidade técnica acessível exclusivamente a organizações que buscavam melhorar o bem-estar social e reduzir a vulnerabilidade em países em desenvolvimento.

Agora ela é uma 'líder de banda' responsável por um conjunto 'de crossover' que está criando um repertório totalmente novo no domínio do intraempreendedorismo social:

Começando com três meses de financiamento, ela agora amadureceu a Arup International Development em uma entidade próspera dentro do grupo, oferecendo serviços que abrangem desenvolvimento urbano, água e saneamento, redução de risco de desastre, adaptação a mudanças climáticas, abrigo e educação.

> Eu não me sinto valente, me sinto sortuda por ter habilidades que podem ser usadas e fazer uma diferença real ... eu não poderia trabalhar para uma empresa que está fazendo dinheiro para acionistas de terceiros. [Com uma] consciência social, você pode fazer dinheiro, mas fazer dinheiro não é a *raison d'être* (razão de ser).

A partir da narrativa única dessa intraempreendedora social podemos destilar vários paralelos entre o jazz e o intraempreendedorismo social (Tabela 1).

Tabela 1 Atividades jazzísticas e intraempreendedorismo social

Atividades jazzísticas	Atividades de intraempreendedorismo social
Woodshedding. Aprender seu ofício musical, muitas vezes a partir de prática solitária, como uma base para tocar em conjunto	**Ossos do ofício.** Adquirir conhecimento aprofundado de seu 'ofício' especialista ou profissão como uma base para desempenhar um papel produtivo no negócio e sociedade em geral
Ser um bom sideman. Aprender a 'comp' (acompanhar) outros em seu conjunto, e também a 'solar' (expressar suas próprias ideias musicais)	**Aprender a ser um bom membro de um time.** Apoiar outros colegas de seu time e também liderar projetos
Fazer uma jam. Experimentar e desenvolver ideias com outros	**Brainstorming.** Desenvolver suas próprias ideias com suporte e feedback de outros em ambientes informais
Paying your dues (pagar suas dívidas). Ganhar a confiança e o respeito de seus colegas músicos	**Construir uma licença para operar.** Ganhar a confiança dos colegas no negócio e de outros em sua rede pessoal mais ampla
Tornar-se um líder de banda. Recrutar músicos para um novo conjunto	**Tornar-se um líder de projeto.** Engajar um pequeno time para estabelecer prova de conceito por meio de um projeto-piloto de intraempreendedorismo social
Compor e apresentar-se. Criar novas peças para companheiros de banda para se apresentar e para que outros apreciem	**Fazer um projeto-piloto.** Testar uma nova estratégia para criar valor social e/ou ambiental, além de valor comercial para a empresa
Lançar um projeto musical em larga escala, como uma big band ou um festival envolvendo muitas pessoas	**Elevar em escala um projeto-piloto.** Engajar um grande número de colegas e/ou parceiros além da empresa

Em geral, descobrimos que as metáforas de jazz nos ajudaram a reenquadrar nossas observações sobre intraempreendedorismo social, e atividades de negócios mais gerais, de maneiras novas e úteis. Nosso colega da Accenture, Lionel Bodin, um consultor de gestão que também liderou suas próprias bandas de jazz, apontou, por exemplo, que enquanto a literatura de gestão é cheia de metáforas apoiadoras que focam em competitividade, ganhos e na importância de líderes individuais, as metáforas de jazz enfatizam o valor da cooperação e fornecem uma visão mais sutil de liderança (como no exemplo de sidemen que demonstram excelência não somente em suas próprias disciplinas instrumentais, mas também em suas capacidades de escutar e contribuir com um 'todo' musical maior).

UM ENTENDIMENTO PROFUNDO DA FORMA DO JAZZ, COMBINADA COM O DOMÍNIO DE SEU INSTRUMENTO E UMA CAPACIDADE DE OUVIR OS OUTROS, PODE PERMITIR QUE INDIVÍDUOS EM UM CONJUNTO TOQUEM JUNTOS EM UM TEMPO COMPARATIVAMENTE MAIS CURTO. ESTE COMBO ESTUDANTIL, RETIRADO DE PAÍSES AO REDOR DO MUNDO, APRESENTOU-SE NO CONCERTO FINAL DO 2013 GLOBAL MUSIC FOUNDATION LONDON JAZZ WORKSHOP, NO KINGS PLACE HALL TWO DEPOIS DE TEREM ESTADOS JUNTOS POR APENAS CINCO DIAS SOB A ORIENTAÇÃO DO PIANISTA NOVA-IORQUINO BRUCE BARTH. DA ESQUERDA PARA A DIREITA: JIN YE (PIANO), DUNCAN ALLBROOKE (GUITARRA), COLE DAVIS (CONTRABAIXO), LUIGI VENTIMIGLIA (TROMPETE), VÍCTOR JIMÉNEZ GÓMEZ (SAX ALTO), SCOTT HUGH DUFF (BATERIA), ACHIM KUHN (SAX TENOR).

DE MANEIRA SIMILAR, INTRAEMPREENDEDORES SOCIAIS COM UM ENTENDIMENTO PROFUNDO DO PROPÓSITO E DOS VALORES DE SUA PRÓPRIA EMPRESA, QUE DOMINARAM SEUS PRÓPRIOS 'EMPREGOS' E 'PAGARAM SUAS DÍVIDAS' O SUFICIENTE PARA GANHAR A CONFIANÇA DE OUTROS, PODEM COLABORAR COM COLEGAS E OUTROS PARCEIROS AO REDOR DO MUNDO EM NOVOS PROJETOS.

Essa ênfase no coletivismo também harmoniza bem com temas culturais orientais, particularmente a ênfase na responsabilidade corporativa chinesa em alcançar uma 'sociedade harmoniosa' sobre a qual escrevemos em *Ethical Corporation* (Corporação Ética — GRAYSON, 2013). Escrito a partir de perspectivas, em grande parte, ocidentais e com exemplos principalmente ocidentais, o intraempreendedorismo social se encaixa bem com a crescente ênfase nas grandes tradições filosóficas asiáticas em teoria e prática administrativa moderna na China, Índia e outras economias globais em crescimento rápido.

Ao longo deste livro, usaremos essas metáforas para dar vida às diferentes mentalidades, comportamentos e habilidades de intraempreendedores sociais, assim como às características-chave do 'ambiente favorável' para o intraempreendedorismo social que foram identificadas por meio de nossas entrevistas com intraempreendedores e seus colegas, além de outros especialistas no campo da inovação social corporativa.

Nossa ambição: criar uma 'cena jazz' para o intraempreendedorismo social

Como os cofundadores do movimento bebop que revolucionou o jazz, nossa ambição é começar uma revolução de negócios criando um novo tipo de 'cena jazz'. Nós queremos construir uma 'comunidade de prática' (LAVE e WENGER, 1991) acerca do intraempreendedorismo social, permitindo que profissionais corporativos, acadêmicos, ONGs e outras partes interessadas continuem a desenvolver, compartilhar e aplicar seu aprendizado coletivo para melhorar a qualidade e a escala do intraempreendedorismo social.

Assim como acontece com músicos jazzistas, o sucesso da nossa comunidade dependerá do comprometimento de nossos membros em alcançar a excelência em suas respectivas disciplinas por meio de uma base de 'woodshedding'; uma capacidade de 'escutar' as ideias de outros, muitas vezes trabalhando em campos ou setores diferentes do nosso; uma disposição em servir como 'sidemen' em 'conjuntos' colaborativos, 'acompanhando' outros 'solistas' que tomam o centro do palco para apresentar novas ideias; e uma consciência contínua das condições em constante mudança que possibilitam, ou impedem, projetos intraempreendedores de serem concretizados, trabalhando para manter o espírito intraempreendedor vivo onde for possível.

Figura 1 Uma rede social jazzista
Fonte: Gleiser e Danon (2003).

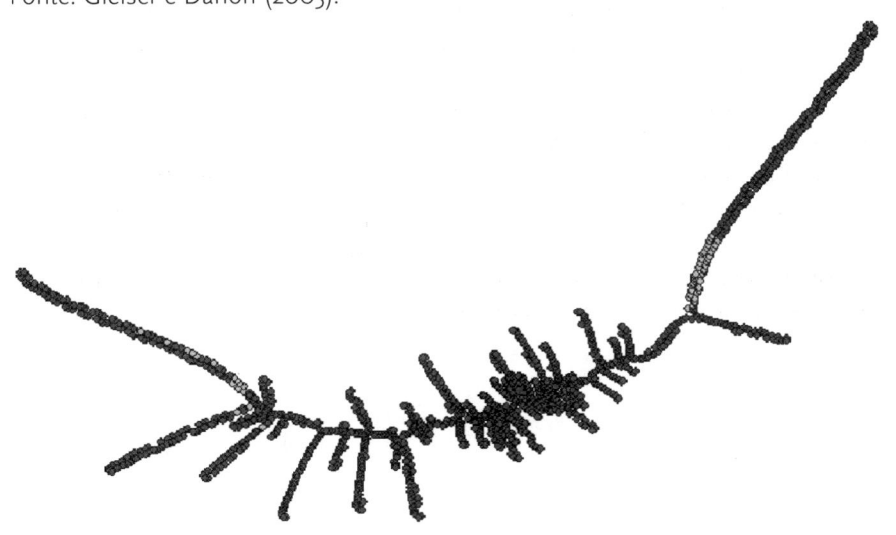

O diagrama de rede social na Figura 1 ilustra como, independentemente dos méritos do trabalho dos indivíduos, o 'ambiente favorável' externo pode exercer um poder enorme, por vezes oculto. Baseado no The Red Hot Jazz Archive, uma base de dados digital de bandas de jazz que se apresentaram entre 1912 e 1940, este diagrama retrata a forma da comunidade jazzística durante esse período, baseado em quem estava colaborando com quem. Enquanto Stephen Keogh observa que músicos de sucesso devem 'ter boas habilidades de escuta, considerar o trabalho em equipe e ter atenção à qualidade como indispensável', sugerindo, muito sensivelmente, que os melhores músicos deveriam tocar uns com os outros, o que surge é que a comunidade do jazz era, na primeira metade do século XX, dividida em linhas raciais. Na Figura 1, músicos à esquerda são negros enquanto os músicos à direita são brancos.

Devemos, portanto, ser comprometidos a buscar, engajar e estimular intraempreendedores sociais e outros aspirantes a agentes de mudança, quem quer que sejam e onde quer que estejam — por isso a dedicação no início deste livro.

Para alcançar isso, esperamos inspirar muito mais pessoas já no mundo dos negócios, assim como aqueles planejando a trabalhar em negócios, para que possam alcançar um impacto social significante, satisfação pessoal e talvez até mesmo sucesso individual, tornando-se, ou apoiando outros a se tornarem, intraempreendedores sociais.

Também queremos convencer atuais e futuros líderes de negócios do valor de promover um ambiente favorável para o intraempreendedorismo social em suas organizações, como uma parte integral de suas inovações e desenvolvimento de novos negócios; a melhor administração de seus impactos sociais, ambientais e econômicos; e criar um ótimo lugar para se trabalhar — resumindo, um negócio que 'vibra' como um clube de jazz mas também é construído para durar.

Queremos persuadir organizações não governamentais (ONGs) e agências internacionais de desenvolvimento a pensar de maneira mais abrangente sobre seus relacionamentos com grandes negócios; e desafiar escolas de negócios e escolas de políticas públicas a introduzir o papel de intraempreendedores sociais em suas pesquisas e ensino.

Nós damos as boas-vindas a todos os 'gatos' com pensamentos similares que queiram juntar-se à nossa 'banda'. A jam começa agora!

Como este livro está organizado

O modelo na Figura 2 dá uma visão geral do argumento central deste livro e, assim, explica o que seguirá.

Figura 2 Como este livro está organizado

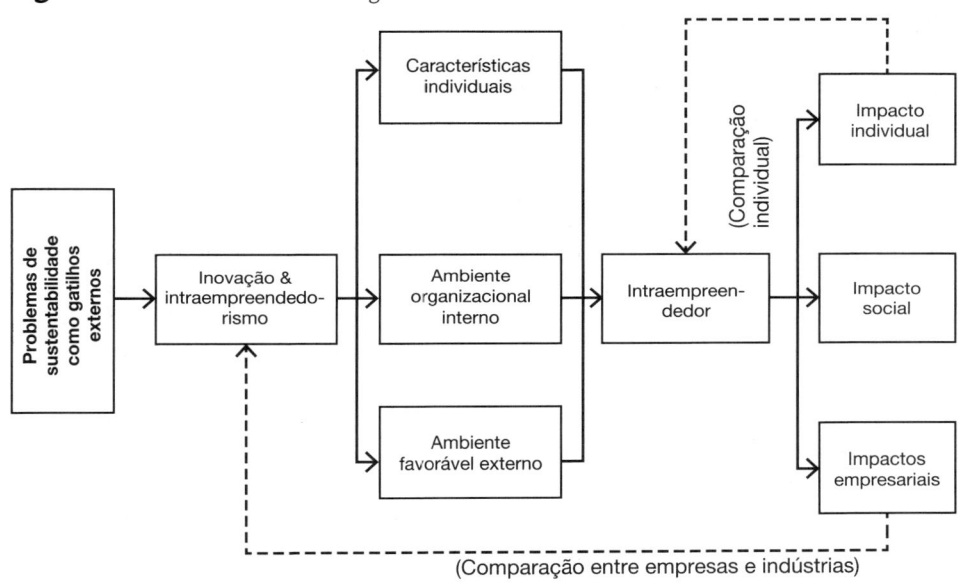

```
                                    Características
                                    individuais
                                                              ┌─── Impacto
                                                              │    individual
                                                    (Comparação
                                                     individual)
  Problemas de      Inovação &      Ambiente        Intraempreen-    Impacto
  sustentabilidade  intraempreende  organizacional  dedor            social
  como gatilhos     dorismo         interno
  externos
                                    Ambiente                         Impactos
                                    favorável externo                empresariais

                          (Comparação entre empresas e indústrias)
```

Começaremos nossa jam session observando os problemas de sustentabilidade que são usados como disparadores externos para a inovação (Capítulo 1). Intraempreendedores sociais percebem desafios globais, como inclusão financeira, escassez de água e desenvolvimento regional, não como problemas, mas como uma inspiração para a inovação. Isso leva a inovações que, por um lado, criam valor para a empresa e, por outro, criam benefícios sociais ou ambientais para a sociedade.

No entanto, o intraempreendedorismo social e as inovações sustentáveis dependem de vários fatores. Primeiro, as características do indivíduo — nossos intraempreendedores sociais. Que mentalidade, habilidades e atitudes conduzem seu comportamento? O quanto são diferentes da população corporativa normal? Quais são os diferentes tipos de intraempreendedores sociais? Existe algo em comum em sua jornada desde ter uma ideia, passar pelo fazer o piloto, até dimensioná-lo? Essas perguntas nos guiarão no Capítulo 2.

O segundo aspecto importante de ter sucesso com o intraempreendedorismo social está no ambiente organizacional interno. O Capítulo 3 observa como as corporações reagem quando um intraempreendedor social se torna ativo e sugere um caso de negócio para empresas para apoiar o intraempreendedorismo social. O Capítulo 4 foca no que realmente é um ambiente favorável interno. Ele sugere que isso depende da estratégia, liderança, cultura organizacional e estruturas corporativas, do acesso a recursos, assim como das relações humanas. Quanto melhor o suporte organizacional para os intraempreendedores, maiores as chances de novas ideias surgirem e se tornarem bem-sucedidas no mercado. A falta de suporte pode fazer com que o intraempreendedor social deixe a organização e tente vender a ideia em outro lugar.

O terceiro aspecto importante é o ambiente favorável externo. Nós vimos muitos intraempreendedores sociais colaborando com ONGs, organizações de desenvolvimento e outros parceiros externos em seus projetos de inovação. Isso marca uma grande diferença dos intraempreendedores tradicionais, que nunca ou raramente colaboram com esses atores em seus projetos. O Capítulo 5 explica como os intraempreendedores sociais colhem bons relacionamentos com investidores não tradicionais.

Uma vez que um intraempreendedor social tem uma ideia inspirada por desafios sociais ou ambientais e é capaz de explorar ainda mais essa ideia dentro de um ambiente favorável interno e externo, podemos esperar alguns resultados e impactos. Esses impactos são detalhados no Capítulo 6, detalhando como seus projetos ajudaram intraempreendedores sociais com suas carreiras (ou não). Claro, intraempreendedores sociais comparam os avanços em suas carreiras com o dos outros na organização, mas eles também têm outras considerações. Um aspecto importante no negócio é explorar como o intraempreendedorismo social cria valor para a empresa (tangível e intangível), e como esses projetos são comparados a outros projetos de inovação ou outras empresas que objetivam usar questões de sustentabilidade como uma alavanca para a inovação. Finalmente, exploramos o legado que as inovações apresentadas por intraempreendedores sociais deixam na sociedade.

Com esses seis primeiros capítulos nós explicamos o fenômeno relativamente novo do intraempreendedorismo social. Obviamente, nós aprendemos muito durante os últimos anos com a pesquisa do tópico, conversando com intraempreendedores sociais e seus padrinhos, nos envolvendo com especialistas e programas-piloto com o objetivo de ajudar intraempreendedores sociais a ter mais sucesso com suas ideias. O Capítulo 7 dá, portanto, algumas recomendações baseadas em nossas experiências e conhecimentos coletados especialmente para intraempreendedores sociais e administradores.

Quando Muhammad Yunus fundou o Grameen Bank em 1983 ninguém falava sobre empreendedorismo social. Quando Grameen recebeu o Prêmio Nobel da Paz em 2006 *todo mundo* falava sobre empreendedorismo social. Hoje algumas pessoas falam sobre intraempreendedorismo social. Entretanto, sentimos que estamos no começo de uma nova era na qual as pessoas começam a ser agentes de mudança em seus trabalhos cotidianos, aproveitando-se das capacidades de suas organizações para lidar com questões sociais e ambientais de maneira inovadora. Portanto, o Capítulo 8 fornece um panorama de como esse futuro pode vir a ser. Já hoje podemos ver a formação de várias redes, mas muito mais pode ser feito em termos de conexão de pessoas, inspiração de outras, desenvolvimento de intraempreendedores sociais e investigação de apoio.

Em nossa Conclusão, encerraremos tudo na última música durante este show. Podemos ter visto o começo de uma maneira completamente nova de fazer negócios com o intraempreendedorismo social. Uma maneira que usa o poder dos negócios para o bem. No entanto, este movimento, nossa 'big band', precisa que muito mais shows aconteçam por todo o mundo. Estamos ansiosos para vê-lo no palco.

1
Como os intraempreendedores sociais estão ascendendo a negócios globais e desafios sociais

Os negócios de hoje enfrentam múltiplos 'megadesafios'. Eles incluem:
- Difíceis condições de negociação em curso em muitas partes do mundo, resultado da crise financeira global de 2008 e da crise da zona do euro
- Como reconciliar as novas oportunidades de negócios a partir da previsão de três bilhões extras de consumidores intermediários até 2030 com restrições planetárias, para que nove bilhões de pessoas possam viver razoavelmente bem com as restrições de um planeta até 2050
- A ameaça à estabilidade social e política de crescentes desigualdades globais e locais, onde o negócio é visto a exacerbar com pacotes de compensação executiva do tipo 'o vencedor leva tudo'
- Ser convidado persistentemente a contribuir com o cumprimento dos novos Objetivos de Desenvolvimento Sustentável da ONU
- Uma falta de confiança em muitas instituições, incluindo negócios, como ilustrado pelo Edelman Trust Barometer anual
- Intensificar a competição de mercado fortalecida pela conectividade global e modelos de negócios disruptivos
- A era da 'Naked Corporation' (veja TAPSCOTT, 2003) em que 'tudo é para registro' e tecnologias de informação e comunicações, incluindo mídias sociais, forçam uma grande transparência e responsabilidade

- Pelo menos para os jovens talentos globais que querem 'levar todo o seu eu para o trabalho', um sentido de que sua lealdade é condicional e precisa ser conquistada e reconquistada por empregadores

Não causam surpresas, em face de tal complexidade, os negócios estão frequentemente tropeçando e buscando novas fontes de inovação, conhecimento e meios de conectividade com os empregados e com a ampla sociedade. Esse é o contexto global no qual o intraempreendedorismo social e a inovação social corporativa estão surgindo.

Desafios globais como oportunidades para inovação social lucrativa

Essa miríade de desafios globais, embora inumeráveis, criam oportunidades para intraempreendedores sociais. As divisões e oportunidades listadas na Tabela 1.1, estabelecida inicialmente pela SustainAbility (2007) e aumentada de 10 para 15 pela nossa equipe, descreve as realidades dos desafios enfrentados em muitas partes do mundo — mas eles podem ser igualmente percebidos como oportunidades para inovação.

Tabela 1.1 Divisões e oportunidades globais

Divisões	Realidades	Oportunidades
1 **Demográfica**	O mundo está caminhando para uma população de 9 bilhões até 2050, com 95% do crescimento esperado em países em desenvolvimento. Pouco menos de 11% das pessoas do mundo têm mais de 60 anos. Até 2050 essa porcentagem terá crescido para 22% (de uma população de 9 bilhões), e para 33%[1] em países em desenvolvimento	Satisfazer as necessidades de bilhões de pessoas afetadas por falhas de mercado em ambos, países em desenvolvimento e desenvolvidos
2 **Financeira**	40% da riqueza mundial pertence a 1% da população, enquanto os 50% mais pobres podem reivindicar apenas 1% da riqueza (RANDERSON, 2006)	Ajudar os pobres a se tornarem financiáveis, seguráveis e empreendedores

---

[1] Departamento de Assuntos Econômicos e Sociais da ONU, Divisão Populacional (2012) 'World Population Prospects: The 2012 Revision', http://esa.un.org/wpp/index.htm, acesso em 27 de março de 2016.

3 **Nutricional**	O mundo produz agora comida suficiente para todos, porém mais de 840 milhões de pessoas ainda enfrentam fome crônica todos os dias[2]	Lidar com as necessidades daqueles com pouquíssima comida — ou muita
4 **Recursos**	60% dos serviços de ecossistema, como água fresca e regulação do clima, estão sendo degradados ou usados de maneira não sustentável[3]	Permitir o desenvolvimento que use recursos da terra de uma maneira sustentável
5 **Ambiental**	A perda da biodiversidade, secas e a destruição dos recifes de coral são apenas alguns dos desafios enfrentados pelo globo	Criar mercados que protejam e melhorem o ambiente
6 **Saúde**	Cerca de 34 milhões de pessoas convivem com HIV/AIDS no mundo[4], agora a sexta maior doença fatal[5]	Criar mercados que encorajem estilos de vida saudáveis e permitam acesso igualitário à assistência médica
7 **Gênero**	Dois terços do 1 bilhão de pessoas analfabetas do mundo são mulheres[6]	Permitir e empoderar mulheres a participarem igualitária e regularmente na sociedade e na economia
8 **Educacional**	Mais de 57 milhões de crianças ao redor do mundo frequentam a escola primária. Pelo menos 250 milhões de crianças não sabem ler ou fazer contas[7]	Fornecer os mecanismos para transferir e compartilhar conhecimento e aprendizado que delegue poderes a todos os níveis da sociedade

2 Programa Alimentar Mundial da ONU, 'Hunger Statistics', <http://www.wfp.org/hunger/stats>, acesso em 27 de março de 2016.

3 Programa das Nações Unidas para o Meio Ambiente, 'Millenium Ecosystem Assessment', <http://www.unep.org/maweb/en/condition.aspx>, acesso em 27 de março de 2016.

4 Organização Mundial de Saúde, Observatório Global de Saúde, 'HIV/AIDS', http://www.who.int/gho/hiv/en/, acesso em 27 de março de 2016.

5 Organização Mundial de Saúde, 'The Top 10 Causes of Death', Fact sheet no. 310, atualizado em julho de 2013, <http://who.int/mediacentre/factsheets/fs310/en/>, acesso em 27 de março de 2016.

6 UNESCO, Educação, 'Statistics on Literacy', http://www.unesco.org/new/en/education/themes/education-building-blocks/literacy/resources/statistics/, acesso em 27 de março de 2016.

7 DFID (Departament for International Development) 'Making Sure Children in Developing Countries Get a Good Education', Gov.UK, 11 de outubro de 2013, http://www.gov.uk/government/policies/making-sure-children-in-developing-countries-get-a-good-education, acesso em 27 de março de 2016.

9 Digital	Uso global da internet até 566% 2000–12 (2,4 bilhões junho 2012: 34% do mundo) apenas 16% de penetração na África[8]	Desenvolver tecnologia inclusiva que permita todos os níveis da sociedade a lidar com cada uma dessas divisões de maneira mais eficaz
10 Segurança	Os conflitos mais mortais no mundo estão concentrados na Ásia Central e Sul e no Oriente Médio e no Norte da África (HSRP, 2012). A África e a Ásia contabilizam 8,8 milhões dos mais de 10,5 milhões de refugiados e pessoas deslocadas (UNHCR, 2013)	Trabalhar para promover segurança e reduzir conflitos com base na desigualdade e exclusão
11 Desenvolvimento econômico local e desemprego	Um registro de que 202 milhões de pessoas poderiam estar desempregadas no mundo em 2013; quase 13% daquelas com menos de 24 anos estavam desempregadas (RUSHE, 2013)	Criar modelos de negócios sociais inclusivos que forneçam empregos e apoiar negócios novos e existentes
12 Mobilidade	Mais de 1 bilhão de carros no mundo em 2010 (SOUSANIS, 2011)	Conectar e integrar soluções de mobilidade, por exemplo, que permitam um uso inteligente de infraestrutura existente
13 Consumo sustentável	McKinsey & Co (2013): A Economia Circular oferece economia de materiais na Europa que poderiam valer $380 bilhões em um período de transição inicial e até $630 bilhões com adoção total	Inovar produtos e serviços que tragam uma melhor qualidade de vida enquanto minimizam o uso de recursos naturais assim como emissões e desperdício
14 Urbanização	A população urbana será quase o dobro, aumentando de aproximadamente 3,4 bilhões em 2009 para 6,4 bilhões em 2050, quando 70% da população mundial será urbana[9]	Desenvolver negócios e bem-estar em regiões rurais para reduzir a migração para as megacidades do mundo e fornecer serviços de baixo custo e facilidades para moradores urbanos
15 Energia verde	Consumo mundial de energia previsto para crescer 56% até 2040 (US EIA, 2013)	Fazer melhor uso de fontes de energia renovável, tornando a energia renovável mais disponível e, onde possível, copiando a natureza (biomimetismo)

---

8 Internet World Stats (2012) 'Internet Usage Statistics: The Internet Big Picture', http://www.internetworldstats.com/stats.htm, acesso em 27 de março de 2016.

9 Organização Mundial de Saúde, Observatório Global de Saúde, 'Urban Population Growth', <http://www.who.int/gho/urban_health/situation_trends/urban_population_growth_text/en/>, acesso em 27 de março de 2016.

Considere como a iniciativa Shakti do intraempreendedor social Vijay Sharma na Hindustan Unilever, a maior empresa de bens de consumo de movimento rápido da Índia, lidou com as divisões financeira e de gênero descritas acima. Shakti significa 'poder' em sânscrito e seu objetivo primário é empoderar as mulheres indianas a se tornarem microempreendedoras por meio da distribuição dos produtos da empresa, tais como detergentes, sabonetes e xampus em pequenas vilas rurais.

A Hindustan Unilever reconheceu que investir na geração de renda da população rural pobre era crucial para expandir seu alcance e aumentar as vendas. Começando com 17 mulheres em um estado, o programa cresceu para criar oportunidades de emprego para mais de 40.000 mulheres empreendedoras em 15 estados em 2013, fornecendo acesso a produtos de qualidade por mais de 100.000 vilas e mais de 3 milhões de famílias todos os meses.

Segundo a Vijay, a iniciativa tem superado as 'barreiras que dividem e tiram a dignidade das pessoas e as oportunidades dos negócios' (citação de uma das entrevistas em SustainAbility, 2008). Susheela, uma participante do programa, capturou a essência desse impacto em mulheres empreendedoras: 'Quando as pessoas me veem, elas se aglomeram ao meu redor e me chamam de "Shakti amma". Hoje eu sou alguém' (WRIGHT, 2008: 26).

A Unilever comprometeu-se a aumentar o número de empreendedoras Shakti que a empresa recruta, treina e emprega para 75.000 em 2015.[10]

Imagine como as empresas que seguirem o exemplo da Hindustan Unilever poderiam contribuir para fazer pontes entre as divisões listadas na Tabela 1.1. Como o Banco Santander poderia reduzir a divisão financeira, a Danone, a nutricional, Novartis, a saúde e a Microsoft, a divisão digital. Felizmente, cada uma dessas empresas — e muitas outras — está começando a ver o potencial.

O interessante sobre intraempreendedores sociais é que, apesar da enorme escala desses desafios, eles se envolveram de maneiras que são relevantes para suas experiências pessoais, habilidades e redes e que evoluem organicamente com o passar do tempo. Ao 'ouvir' com consciência profunda ao contexto social e ambiental mais amplo nos quais suas empresas operam, os intraempreendedores sociais podem começar a improvisar soluções — trabalhando inicialmente em pequenos 'conjuntos' em projetos-piloto — que podem ser testadas para estabelecer sua viabilidade e provável adaptação para uma orquestração de 'big band' com o passar do tempo.

Um pouco antes de sua morte, o 'pai da administração moderna', Peter F. Drucker, observou: 'Cada problema social e global de nosso tempo é uma oportunidade de negócio disfarçada.'

A Tabela 1.2 mostra como os intraempreendedores sociais estão ajudando a revelar as oportunidades de negócios disfarçadas dentro de problemas sociais e globais.

---

10 <http://www.hul.co.in/sustainable-living/casestudies/Casecategory/Project-Shakti.aspx>, acesso em 6 de dezembro de 2013.

Tabela 1.2 Desafios globais e resposta intraempreendedora social

	Assunto	Intraempreendedor Social	Caso nas páginas
Social	Logística nas favelas	Sacha Carina van Ginhoven, TNT	98
	Escola Social do Varejo	Paulo Mindlin, Walmart	102
	Coletivo – varejo nas comunidades	Claudia Lorenzo e Pedro Massa, Coca-Cola	164
	Inclusão Digital	Arun Pande, Tata Consultancy Services	49
	Doenças/acesso a remédios	Graham Simpson, GSK, Dorje Mundle, Novartis	50
	Crianças/direitos humanos no trabalho	Chris Harrop, Marshalls	48
	Falta de moradia	James Inglesby, Unilever	58
	Obesidade/nutrição	Lucas Urbano, Danone	101
	Capacidade de construção de ONG/sociedade civil	Gib Bulloch, Accenture Development Partnerships	93
	Envelhecimento e demografia	Julika Erfurt, Accenture	174
Ambiental	Redução de Emissões	Lucas Urbano, Danone	101
	Mudança climática	Hugh Saddington, Telstra Carrina Gaffney, The Guardian	44
	Água e esgotamento de recursos	Priscila Matta, Natura Emma Stewart, Autodesk	104
	Poluição e desperdício	Tom van den Nieuwenhuijzen, Van Nieuwpoort Group	59
	Energia verde	Roberto Bocca, BP Stefan Koch, E.ON Mandar Apte, Shell Mark Siebert, Siemens Emma Clarke, Cavendish Nuclear	39 73 143 46 69
	Perda de biodiversidade	Marijn Wiersma, FMO	61

Econômico	Capacitação financeira dos clientes	Aparecida Teixeira de Morais, Tribanco	52
	Mobilidade	Ian Mackintosh, SABMiller Kenan Aksular, Athlon	40 75
	Consumo sustentável	Karl Feilder, DHL	67
	Pobreza	Michael Anthony, Allianz Nick Hughes, Vodafone M-PESA	34 79
	Urbanização	Jo da Silva, Arup	17
	Educação	Paul Ellingstad, HP	42
	Desenvolvimento econômico local e desemprego	Vijay Sharma, Unilever, Shakti Ian Mackintosh, SABMiller	58 40

Retificando desigualdades sociais por meio de soluções de negócios inclusivos

Muito do trabalho dos intraempreendedores sociais foca em corrigir as desigualdades que frequentemente surgem no mundo em desenvolvimento em termos de acesso à comida, água e abrigo, assim como outras necessidades básicas. Por meio do desenvolvimento de produtos e serviços empresariais inovadores muitas vezes em parceria com organizações locais, as empresas podem ajudar a reengajar consumidores excluídos na 'base da pirâmide' (BdP), um conceito popularizado por escritores como o falecido C.K. Prahalad (2004).

Descobrimos que a maioria daqueles que entrevistamos era engajada em 'negócios inclusivos' (criando meios de subsistência sustentáveis e fornecendo bens e serviços acessíveis para comunidades de baixa renda), reduzindo o consumo de recursos e suavizando os impactos da mudança climática. Os intraempreendedores sociais não precisam necessariamente escalar eles mesmos suas iniciativas, já que as pequenas mudanças que instigam dentro das grandes organizações podem ter um impacto imediato em milhares — e em alguns casos, milhões — de pessoas. Vamos examinar alguns desses exemplos com mais detalhes.

Michael Anthony, Allianz: fornecendo microsseguros[11] para os pobres

Michael Anthony, originalmente um jornalista que informava sobre problemas sociais, queria fazer algo que tivesse um impacto em longo prazo. Sua inspiração pessoal foi o trabalho de sua tia, que viveu em São Paulo e trabalhou em creches em uma favela, Monte Azul. Ele ficou interessado inicialmente por uma oferta feita pela Allianz para fundar uma rede social. Como resultado de entrevistar o CEO da empresa, ele estabeleceu um contato de alto nível. Três meses mais tarde, ele conseguiu um emprego de gerente de projetos da Allianz com um foco de responsabilidade corporativa social. Ao longo do ano seguinte, ele focou em mudança climática, ajudando a pesquisar e produzir um relatório sobre como as seguradoras poderiam administrar os riscos associados (KESTING e ANTHONY, 2007).

O desafio social: criar viabilidade financeira na 'base da pirâmide'

Um significativo número de pessoas em países como Egito, Índia, Indonésia, Colômbia e as nações da África subsaariana de Camarões, Senegal e Madagascar estão vivendo na 'base da pirâmide', com menos de US$2 por dia. Eles não têm acesso a serviços financeiros convencionais que os ajudariam a se tornar financiáveis, seguráveis e empresariais.

O desafio de negócio: administrar os riscos de crescentes catástrofes naturais

O relatório de riscos que Michael produziu para a Allianz identificou os riscos da mudança climática para a empresa, assim como para a indústria de seguros como um todo:

> Tanto para a Allianz quanto para a Dresdner Bank, o aquecimento da terra há muito tempo se tornou uma questão de negócio. Independentemente de saber se é seguro, comércio de emissões, gestão de ativos ou financiamento de projetos, muitas áreas de atividade precisam levar em consideração os efeitos das mudanças climáticas (KESTING e ANTHONY, 2007:4).

A solução: parceria para oferecer microsseguros para os pobres

Como consequência do tsunami no Oceano Índico em 2004, um fundo especial, que Michael decidiu que deveria ser usado para mais do que apenas filantropia, foi estabelecido. Ele então trabalhou 'secretamente', fora de seu 'emprego', na CARE que tinha ampla experiência com programas de alívio de desastres, para estabelecer um fundo de microsseguros e também com a Deutsche Gesellschaft für Internationale Zusammenarbeit (GIZ) (anteriormente GTZ) em desenvolver parcerias públicas-privadas na Indonésia. Ele desenvolveu um forte *case* para investir no projeto, notando uma gama de benefícios empresariais e socioeconômicos, incluindo:

---

11 N.E.: Microsseguro: modalidade de seguros que se destina aos consumidores de baixa renda

ASPIRANTES A INTRAEMPREENDEDORES SOCIAIS PODEM APRENDER COM O EXEMPLO DOS GRANDES MÚSICOS DE JAZZ QUE ADQUIREM HABILIDADES FORA DOS LIMITES ESTREITOS DE SEUS 'EMPREGOS'. AQUI, TUTORES DA GLOBAL MUSIC FOUNDATION TROCAM INSTRUMENTOS EM UMA JAM SESSION DE 2008, EM CERTALDO, ITÁLIA: O TROMPETISTA KEVIN DEAN TOCA PIANO, O CONTRABAIXISTA ARNIE SOMOGYI TOCA VIOLÃO E O PIANISTA GREG BURK TOCA BATERIA

- Os microsseguros ajudam as pessoas pobres, de baixa renda e a classe média baixa a construir estabilidade financeira e uma subsistência sólida
- Existe uma demanda alta para microsseguros por todo o mundo
- Comunicação e distribuição de produtos conseguem melhores resultados em colaboração com parceiros locais
- O desenvolvimento mútuo de produtos é a melhor maneira de atingir o cliente e criar uma demanda maior para microsseguros
- A Allianz cria produtos economicamente viáveis e rentáveis
- Pertencendo aos primeiros impulsionadores, a Allianz pode moldar ativamente o mercado de microsseguros

Como resultado, o emprego de período integral de Michael tornou-se administrar as parcerias da Allianz com organizações de microfinanças que geriam o contato entre o seguro e os consumidores. A Allianz e cada parceiro analisaria o que as pessoas em um mercado específico precisavam. As organizações de microfinanças e as ONGs ajudavam a moldar um novo produto que poderia ser vendido pelas instituições de microfinanças. A Allianz cobriria os riscos de seguros.

Enquanto é difícil medir o impacto social de maneira precisa, os compromissos de microsseguros da Allianz a partir de junho de 2013 cresceram para abranger 11 mercados com o número de vidas microsseguradas totalizando 23,6 milhões na Ásia, 200.000 na África, 300.000 na América Latina, assim como políticas adicionais de microsseguros cobrindo ativos nessas regiões (ALLIANZ, 2013).

O que fica aparente nesse relato é que Michael fez seu *'woodshedding'*[12] — inicialmente como um jornalista investigando problemas sociais e então especializando-se no campo da mudança climática. Ele 'fez uma jam' para testar 'composição musical' colaborativa com novos parceiros (CARE e GTZ [atualmente GIZ]) antes de estabelecer uma nova 'banda crossover' dentro do crescente domínio de microsseguros.

Dorje Mundle, Novartis: orquestrando um negócio saudável na 'base da pirâmide'

Dorje Mundle atribui seu interesse em 'questões profundas da vida' à sua criação em uma família que era interessada em filosofia e sistemas de crença, envolvendo-o desde uma idade precoce em discussões sobre Budismo e Cristianismo.

E como outros intraempreendedores sociais que entrevistamos, Dorje também desenvolveu um interesse precoce na natureza, com os programas de documentários sobre a vida selvagem de David Attenborough despertando um interesse em zoologia e biologia. Ambos os conjuntos de experiências foram percebidos como principais influências formativas:

> Essas foram as maiores coisas — paixão sobre a vida selvagem e a natureza — e então o interesse em sistemas de crença, mas também questões sobre moralidade. E então, na universidade, entender qual é o impacto dos seres humanos na biodiversidade, nas economias, populações, padrões de tempo etc. Muitas questões morais sobre capital próprio, justiça intergeracional e assim por diante.

Incorporadas a essas experiências seria usual ter formas conceituais de 'woodshedding' e 'fazer jams':

- Não apenas ser exposto a sistemas de crenças religiosas/espirituais contrastantes (*versus* ser exposto a apenas um), mas também aprender a como avaliar e aplicá-los, em diálogos com outros

- Não apenas ser exposto a fatos biológicos, mas também absorver tais princípios biológicos de sustentação como a evolução, a homeóstase e a interdependência de formas de vidas em ecossistemas. Logo antes da universidade, veio o tipo de experiência de mudança de vida que vários intraempreendedores sociais relataram:

> No meu ano sabático [1991], eu passei seis meses na Índia em um projeto social equipando mulheres desabrigadas em favelas com habilidades para sustentar um meio de subsistência. Depois eu viajei pela Índia e fui exposto à pobreza e outros problemas sociais.

Depois da Índia, Dorje foi para a Universidade de Reading, onde estudou zoologia. Ele começou, então, a trabalhar como ecologista e biólogo de conservação, fazendo avaliações de impacto ambiental em um meio corporativo: 'Isso me direcionou para os interesses em sustentabilidade ... Eu fiquei mais interessado e envolvido em questões mais amplas — política ambiental corporativa, economia ambiental, lei ambiental — por 3 anos e meio.'

---

12 N.E.: Gíria para o ato de praticar um instrumento musical.

Em seguida veio outra sessão de 'woodshedding' — educação em um nível acadêmico mais avançado: 'Depois eu fui para o MSc (Mestrado em Ciências) da Imperial College, que tinha vários desses componentes mais amplos no currículo. A essa altura eu comecei a trabalhar ativamente em mudanças climáticas.'

Depois de um período de tempo com uma companhia de petróleo, uma firma de consultoria e uma companhia farmacêutica, em 2008 Dorje se mudou para a Novartis, na Suíça, onde se tornou Chefe do Grupo de Gestão de Cidadania Corporativa.

A Novartis é uma empresa multinacional de produtos de cuidados com a saúde que opera em 140 países. Seu portfólio diversificado inclui medicamentos inovadores, produtos farmacêuticos genéricos econômicos, vacinas preventivas, ferramentas de diagnóstico e produtos para a saúde do consumidor.

O desafio social: fornecer produtos e serviços para pessoas no BdP

Em *A Riqueza na Base da Pirâmide*, Prahalad (2004) identificou os bilhões de pessoas por todo o mundo que ganham menos de $2 por dia como consumidores e empreendedores em potencial na 'base da pirâmide'. Tradicionalmente, eles foram amplamente ignorados em estratégias de negócios em empresas globais porque é mais difícil operar negócios lucrativos tendo como alvo esses grupos do que aqueles com rendas mais altas. Prahalad chamou a atenção de negócios, governos e agências doadoras para pararem de pensar nos pobres como vítimas e, em vez disso, começarem a vê-los empreendedores criativos e complacentes, assim como consumidores exigentes de valor. Ele acreditava que, ao trabalhar com organizações da sociedade civil e governos locais para criar modelos locais de negócios, as multinacionais poderiam ajudar a reduzir a pobreza.

O desafio de negócio: servir a BdP sustentavelmente

Para a Novartis, assim como para outras companhias globais, engajar pessoas na BdP como produtores ou consumidores de maneiras lucrativas provou-se extremamente desafiador. Respostas até hoje incluíram esquemas de microcrédito; uso de redes eletrônicas para remover ineficiências na cadeia de suprimentos agrícolas; novos produtos sob medida para suprir as necessidades da extrema pobreza; fundos de capital de risco social para desenvolver produtos e serviços da BdP; e parcerias negócios–comunidade para oferecer novos serviços em mercados da BdP.

A solução do intraempreendedor social: um modelo de negócios que cria impacto social e comercial positivo

Em seu novo papel na Novartis, Dorje trabalhou com colegas de mentes afins para conduzir uma mudança estratégica fundamental na maneira em que a responsabilidade corporativa era administrada na empresa, com a ajuda de um gerente 'padrinho' que ajudou a prepará-lo para seu papel de liderança. Com essa experiência de *woodshedding* extensiva trabalhando em diferentes setores de atividade, assim como sua educação, nas costas, Dorje começou criando uma abordagem inteiramente nova para a responsabilidade corporativa na Novartis — comparável a encontrar um novo gênero de jazz:

> Eu fui trazido e encarregado de ajudar a conduzir a agenda de RC na Novartis para uma nova direção. Construída sobre uma forte plataforma filantrópica *pro bono* acerca de doações de medicamentos e pesquisa *pro bono* sobre doenças negligenciadas, isso era sobre ser muito mais estratégico e alinhado empresarialmente e integrado — conec-

tando a RC com condutores de valores mais amplos. Seja condutor de inovações nessa abordagem. Um grande foco em inovação de negócios.

A Índia tem uma população de 830 milhões de pessoas vivendo em áreas rurais e 65% não têm acesso a produtos básicos de cuidados com a saúde. A maioria das pessoas vive com menos de US$3,00 por dia. Ao mesmo tempo, 80% de todos os gastos em cuidados com a saúde na Índia vão para o setor privado, o que torna o país altamente atrativo para fornecedores de cuidados com a saúde. Confrontado por esse desafio, Dorje afirma:

> Não há uma bala de prata mágica ou uma solução tamanho único. Nós aprendemos com nossas atividades filantrópicas que você precisa trabalhar em parceria com outros. Não é sobre simplesmente doar remédios em um país onde médicos locais nem sempre sabem como aplicar o medicamento ou onde a água que você toma para engolir os comprimidos está contaminada.

Uma das 'Iniciativas de Valores Compartilhados' da Novartis na Índia fornece, atualmente, acesso à assistência médica para 42 milhões de pessoas por 33.000 vilas em 10 estados indianos. A iniciativa também educa aproximadamente 4 milhões de pacientes rurais sobre questões de cuidados com a saúde por ano. De acordo com Dorje, 'a iniciativa retornou lucros modestos dentro de 30 meses — é um modelo de negócios de alto volume e margem baixa'. Seguindo esses resultados positivos, a Novartis está agora replicando modelos análogos em 12 países africanos e asiáticos.

Como um grande líder de banda de jazz, Dorje descreveu a chave para o sucesso de sua equipe como sendo 'não sobre mim, mas sobre ter empresários inteligentes, engajados e brilhantes'. Ele caracterizou seu papel como:

> algo como um orquestrador. Eu tenho muitas responsabilidades diferentes para me envolver profundamente em projetos individuais. Esse é um papel global. É sobre me certificar de que as pessoas certas estão envolvidas com as habilidades e capacidades certas, no tempo certo e nos processos certos.

E ele tinha ambições de construir uma 'banda' bem grande e 'compor' peças em um estilo inteiramente novo:

> Não é suficiente para mim ter apenas a mim e uma equipe de RC envolvidos — se você construir isso em uma mentalidade e conduzir para a organização comercial mais ampla, você pode começar a fazer coisas em uma escala fundamentalmente diferente.
>
> Ir em frente, juntando tudo isso, gostaria de aumentar nossos níveis de aspiração como uma organização ... Um pouco do que estamos fazendo agora é ótimo, mas temos algumas ordens de grandeza de impacto adicional que podemos alcançar se aproveitarmos isso de maneira inteligente. Agora estamos melhores posicionados a fazer isso já do que já estivemos.

Intraempreendedores sociais no setor de energia, como Roberto Bocca, antigamente na BP, têm tentado aproveitar os conhecimentos empresariais de seus empregadores para fornecer soluções de microenergia para vilas isoladas.

Roberto Bocca, BP: energizando soluções alternativas para abastecer a pobreza

A companhia multinacional britânica de petróleo e gás BP, conhecida anteriormente como British Petroleum, é a quinta maior companhia de energia do mundo,[13] com operações em mais de 80 países.[14]

Desafio social: combater a pobreza energética na Base da Pirâmide

Enquanto a falta de acesso à energia a preços acessíveis é um problema mundial em crescimento, ela atingiu proporções de crise no mundo em desenvolvimento, com entrega de serviços básicos como cuidados com a saúde e educação impossibilitados por seus efeitos em cadeia. De acordo com o *Guardian* (PROVOST, 2013, citando o relatório da Practical Action, *Poor People's Energy Outlook 2013*), 'a pobreza energética deixou mais de 1 bilhão de pessoas em países em desenvolvimento sem acesso adequado à assistência médica, com funcionários sendo forçados a tratar pacientes de emergência no escuro e centros de saúde com falta da energia necessária para armazenar vacinas ou esterilizar suprimentos médicos'. A situação é particularmente grave na Índia, onde quase metade de todas as unidades de saúde que servem 580 milhões de pessoas operam sem eletricidade, e na África subsaariana, onde centros de saúde que servem mais 255 milhões de pessoas também operam sem energia.

O desafio de negócio: desenvolver soluções comercialmente viáveis para a demanda de energia

Como outras companhias operando no setor de energia, a BP enfrenta demandas de energia crescentes mundialmente que devem ser supridas por uma mistura cada vez mais diversa de combustíveis e tecnologias por seus mercados. O crescimento econômico fraco combinado com preocupações sobre a volatilidade de mercados financeiros e de commodities, segurança energética e mudanças climáticas criam todo uma incerteza contínua para a BP, assim como para outras companhias de petróleo e gás.

A solução do intraempreendedor social: microgeração de energia isolada

Começando em 2004, Roberto Bocca, então chefe dos Mercados de Consumidores Emergentes para a BP Alternative Energy, conduziu o desenvolvimento de negócios para fornecer acesso a soluções de energia mais limpa, segura e acessível a um grande número de consumidores emergentes por todo o mundo em desenvolvimento.

Começando na Índia, Roberto e sua equipe foram pioneiros em modelos de negócios colaborativos inovadores e produtos que permitiam que a BP servisse consumidores em mercados emergentes de maneira lucrativa e sustentável. Trabalhando com ONGs para garantir pesquisas de mercado de qualidade, os gerentes da BP Índia passaram um tempo convivendo com aldeões rurais para adquirir um entendimento profundo de suas necessidades energéticas e desenvolver novos produtos para suprir esses desafios. A equipe de-

---

13 Ranking BP baseado em capitalização de mercado, PFC Energy 50 (2012), <https://www.pfcenergy.com/PFC-Energy-50/PFC-Energy-50>, acesso em 27 de março de 2016.

14 Relatório Anual BP e Formulário 20-F 2012, <http://bp.com/content/dam/bp/pdf/investors/BP_Annual_Report_and_Form_20F_2012.pdf>, acesso em 27 de março de 2016.

senvolveu uma rede de distribuição de empreendedores locais em mais de 3.000 vilas e no fim de 2008 — em apenas quatro anos — o número de famílias indianas usando fogões abastecidos pela BP havia escalado para 400.000.

Apesar dessa conquista significativa, uma mudança de CEO de John Browne para Tony Hayward em 2007, e uma mudança estratégica subsequente para estabelecer mercados para garantir lucratividade corporativa, resultou no projeto de energia alternativa sendo vendido para um dos subordinados de Roberto, que levou o negócio em frente. Roberto, que então deixou a BP e se tornou Diretor Sênior, Chefe de Indústrias Energéticas no Fórum Econômico Mundial, foi filosófico sobre sua experiência na BP, observando que isso o permitiu garantir seu novo emprego no FEM.

> O que é melhor do que fazer negócios que estão indo bem? Minha abordagem [é que] devem ser negócios bons ... mas ao fazer negócios deve-se levar em conta o ambiente e a sociedade — pessoas, lucros e planeta.

Outros, tais como Ian Mackintosh na Nile Breweries (parte da SABMiller), têm trabalhado com agricultores locais e comunidades indígenas na Uganda para obter fontes de ingredientes naturais para seus processos de produção, dando a esses fornecedores uma fonte de renda estável. Tendo estabelecido resolver um problema puramente comercial, Mackintosh posteriormente descobriu que sua solução inovadora criou benefícios socioeconômicos em cadeia para comunidades locais e desde então tornou-se mais proativo em usar poder de negócios para lidar com questões sociais.

Ian Mackintosh, SABMiller: fermentando cervejas lager a baixo custo com uma pegada socialmente inovadora

A SABMiller plc é uma das maiores cervejarias do mundo, com interesses em fabricação de cerveja e acordos de distribuição por seis continentes. Sua subsidiária Nile Breweries é a fornecedora líder de cerveja produzida localmente na Uganda.

O desafio social: reduzir os riscos de consumo de álcool na 'base da pirâmide'

Uma estimativa de 315 milhões de africanos vivem com menos de $1 por dia — aproximadamente o mesmo custo de uma garrafa de cerveja. Esses consumidores 'da base da pirâmide' têm fabricado tradicionalmente álcool caseiro com ingredientes locais variando desde bananas a melancias e raízes e tubérculos comestíveis. Às vezes os ingredientes não são lá tão saudáveis: no Quênia, por exemplo, houve várias fatalidades depois que cervejeiros caseiros adicionaram metanol e ácido de bateria para dar um toque de emoção às suas cervejas. Sem regulamentação desse então chamado mercado informal de cerveja, os bebedores estavam 'colocando suas vidas nas mãos dos fabricantes', de acordo com Gerry van den Houten, diretor de desenvolvimento empresarial e cadeia de suprimentos para a SABMiller África (CAPELL, 2009).

O desafio de negócio: desenvolver produtos competitivos para o mercado africano

Ian Mackintosh, então Diretor Técnico da Nile Breweries, enfrentou o desafio comercial de permitir que o produto Eagle Lager de sua companhia competisse com esses produtos de cerveja de baixo custo, embora potencialmente ameaçadores à vida na Uganda. O preço de varejo da Eagle Lager era alto devido ao elevado custo de fabricação, eficiências pobres, logística complexa, infraestrutura física fraca e um regime de impostos punitivos.

A solução do intraempreendedor social: mudar as regras do jogo

Para Ian, essas deficiências e desafios demonstravam claramente a necessidade de 'mudar as regras do jogo'. Isso exigia uma abordagem multifacetada envolvendo as fontes de eficiência internamente, assim como buscando novas oportunidades para reduzir os custos externamente.

Parte da resposta geral era desenvolver uma cerveja lager de alta qualidade a ser produzida utilizando ingredientes exclusivamente produzidos localmente para substituir o caro material importado da Europa e da América. O ingrediente primário escolhido para este produto era uma variedade de sorgo[15] desenvolvido localmente. O sorgo é amplamente cultivado na Uganda e agricultores de subsistência estão familiarizados com seu cultivo. O requerido era trabalhar com agricultores locais para introduzir uma nova variedade e para desenvolver práticas agronômicas mais comercialmente viáveis para melhorar as produções e estabilizar a qualidade.

O produto final não era, de fato, significativamente mais barato que as lagers tradicionais em oferta. Entretanto, munido com o estudo de viabilidade PwC demonstrando os benefícios socioeconômicos de introduzir um novo modelo operacional para a economia rural, Ian foi capaz de persuadir o Ministro das Finanças a reduzir os impostos especiais de consumo aplicados a cervejas claras feitas exclusivamente com ingredientes locais. Por sua vez, isso permitiu que a Nile Breweries oferecesse o produto ao mercado com descontos consideráveis comparados às principais lagers e, assim, crescer o mercado geral com benefícios concomitantes para a companhia, para os agricultores e para o governo.

As recompensas sociais: uma melhor qualidade de vida para os agricultores locais

Através da experiência de colaborar de perto com agricultores por todo o país, Ian descobriu os benefícios socioeconômicos significantes a serem adquiridos por fornecer um mercado estável e consistente para produtos agrícolas e apoiar práticas agrícolas melhores.

Ao reconhecer o 'ganha-ganha' desse modelo de colaboração, ele concluiu que 'deveria ser um requerimento obrigatório que os negócios pensassem sobre essa abordagem'. O modelo desenvolvido em Uganda foi agora adotado como padrão de melhor prática pela SABMiller e está sendo aplicado com sucesso a várias oportunidades de desenvolvimento de empresas em muitos países pela África e ao redor do mundo.

Ian Mackintosh, agora Diretor Técnico, Zambian Breweries, SABMiller, diz:

> Muito frequentemente, enquanto viajava pela África, eu fui confrontado pelos cadáveres de projetos de auxílio extintos cobrindo de lixo as paisagens de áreas rurais do continente atingidas pela pobreza. Começo a acreditar que a indústria internacional de auxílio está combatendo os problemas de alívio da pobreza e desenvolvimento socioeconômi-

---

15 N.E.: Sorgo é o quinto cereal mais produzido no mundo.

co de trás para frente. A filantropia de talão de cheques é uma clara contradição nos termos. Eu acredito que a única abordagem viável em longo prazo é identificar uma necessidade de negócio comercialmente viável e então trabalhar com as partes interessadas para desenvolver capacidade local para satisfazer essa necessidade. Qualquer outra coisa é vaidade pura.

Paul Ellingstad, HP: transformando educação por meio de inovação tecnológica

O desafio social: construir um mundo mais inclusivo por meio de conhecimento compartilhado

De acordo com as estatísticas do governo do Reino Unido, mais de 57 milhões de crianças por todo o mundo não vão para a escola primária. Pelo menos 250 milhões de crianças não sabem ler ou fazer contas.[16] De acordo com o Departamento de Desenvolvimento Internacional do Reino Unido (DFID):

> Sem uma boa educação, [crianças] terão menos probabilidade de conseguir um trabalho e cuidar de suas famílias no futuro. Com menos pessoas trabalhando e mais pessoas necessitando suporte, elas terão problemas para prosperar, atrasando seus países e, por fim, a economia global.
>
> Educação de alta qualidade pode mudar isso, ajudando a transformar países para o benefício de todos nós. A educação de qualidade ajuda cidadãos a trabalharem juntos para criar sociedades e instituições abertas e fortes. Um ano a mais de boa escolaridade aumenta o crescimento econômico anual de um país em 1%, deixando países pobres mais ricos e, em longo prazo, com menos necessidade de auxílio estrangeiro — e mais capazes de fazer trocas.[17]

Remediar desigualdades em oportunidades educacionais e acesso ao conhecimento é a chave para construir uma sociedade mais balanceada e equitativa.

O desafio de negócio: fazer a diferença por meio da inovação

Na HP, objetivos sociais e comerciais são entrelaçados por meio da inovação social: 'Nós sabemos que a tecnologia pode transformar como as pessoas fazem negócios. Para fazer uma diferença ainda maior, estamos devotando nosso pessoal, nossa tecnologia inovadora e nossa presença global à tarefa de melhorar e salvar vidas ao redor do mundo'.[18] A HP tem uma longa tradição de apoiar inovação na educação assim como na saúde, no empreendedorismo e em comunidades. Esse *ethos* é enraizado na filosofia dos fundadores da companhia, Bill Hewlett e Dave Packard, que disseram:

---

16 DFID, 'Policy: Making Sure Children in Developing Countries get a Good Education', atualizado pela última vez em 11 de outubro de 2013, <http://www.gov.uk/government/policies/making-sure--children-in-developing-countries-get-a-good-education>, acesso em 27 de março de 2016.
17 Ibid.
18 HP, 'Global citizenship: Our legacy', <http://www8.hp.com/us/hp-information/social-innovation/our-legacy.html.>

Eu acho que muitas pessoas supõem, erroneamente, que uma empresa existe simplesmente para fazer dinheiro. Enquanto esse é um resultado importante da existência de uma empresa, temos que ir mais fundo e encontrar as razões reais para a nossa existência.[19]

A solução do intraempreendedor social: usar tecnologia para transformar a educação

Paul Ellingstad é Diretor de Iniciativas de Progresso Humano, liderando o Escritório de Inovação Social Global da HP, cujo propósito declarado é colocar 'seus ideais em ação todos os dias, aplicando o talento e a tecnologia da HP para fazer uma diferença positiva em saúde, educação, empreendedorismo e comunidades por todo o mundo'.[20]

Ao longo de sua carreira, Paul trabalhou em empresas de tecnologia, embora não essencialmente em funções tecnológicas. Baseado na costa oeste da Irlanda, ele vê a si mesmo como um intraempreendedor social e agente de mudanças para ajudar outros agentes de mudanças a reunir tempo, recursos e conexões para fazer a diferença, enquanto a HP faz a transição de filantropia corporativa para inovação social. Ele é uma mistura clássica de *O Ponto da Virada* de Malcolm Gladwell de especialista, conector e vendedor (GLADWELL, 2009). De acordo com Paul, a essência do que a equipe global faz é

> estabelecer uma estratégia de inovação social que esteja alinhada e integrada com a estratégia geral de negócios, e então 'liderar pelo exemplo' — conduzir programas globalmente, mas também servir como modelo para como várias partes da organização também podem conduzir programas dentro de suas respectivas áreas de negócios. Essa não é uma questão de 'ou/ou' entre a 'centralização' ou 'decentralização' da estratégia ou execução, mas sim uma coexistência, e ouso dizer 'responsabilidade compartilhada', entre nossa equipe e os interessados em outras partes da organização.

A estratégia da HP é focar em áreas onde a empresa possa fazer a maior diferença:

- Auxiliando na transformação da educação STEM+ (ciência, tecnologia, engenharia, matemática e outras disciplinas e habilidades de alta tecnologia do século XXI)
- Ajudar a dirigir a mudança em direção a um aprendizado personalizado
- Empoderar empreendedores

Esse trabalho educacional é parte de uma agenda de sustentabilidade mais ampla que também engloba a saúde, o ambiente e a comunidade.

Transformando a Educação STEM+[21]

A **iniciativa HP Catalyst** 'reúne organizações de todo o mundo que são apaixonadas por transformar a educação'. O esquema 'bate no poder da colaboração por meio de uma rede global de educadores cujo objetivo é transformar o ensino STEM+ e aprendizagem da educação secundária até o nível universitário e inspirar estudantes a usar sua ingenuidade técnica e criatividade para lidar com desafios sociais urgentes'. **Fundos de Inovação da**

---

19 Ibid.
20 Ibid.
21 HP, 'Global citizenship: Education', <http://www8.hp.com/us/en/hp-information/social-innovation/education.html>, acesso em 27 de março de 2016.

Educação fornecem subsídios para instituições de educação chave na China e na Índia 'para dar vida a novas visões da sala de aula e ajudar professores a transformarem seus papéis de fornecedores de conteúdo e instrutores para facilitadores, coaches e conselheiros ... Esses subsídios são destinados a promover colaboração entre educadores dentro e através de salas de aula, instituições e países e para aumentar a visibilidade de abordagens de aprendizado personalizadas'.

Aprendizagem personalizadas

VideoBook é uma nova solução educacional e abordagem de aprendizado com um objetivo ambicioso: transformar a maneira que os estudantes aprendem na Índia, onde apenas cerca de metade de todos os jovens podem acessar a escola primária, e apenas 12,4% das 220 milhões de crianças da Índia vão para a faculdade.[22] A tecnologia VideoBook, mantida pela HP Sustainability & Social Innovation, transforma documentos de texto simples em documentos ricos em mídia para dar vida aos assuntos. VideoBook ganhou o Prêmio de Inovação Tecnológica em Educação do *Wall Street Journal* em 2012.

Empoderando empreendedores

O **programa HP LIFE e-Learning** oferece a aspirantes a empreendedores donos de pequenos negócios habilidades empresariais valiosas e treinamento em TI. O **Social Innovation Relay**, uma parceria com o Junior Achievement Worldwide, é uma competição mundial que 'desafia jovens estudantes, de idades entre 15 e 18 anos, a criar conceitos de negócios inovadores para ajudar a resolver alguns dos desafios mais urgentes no mundo'.

Reengenharia de processos de negócios para melhorar a gestão de recursos e suavizar impactos ambientais

Muitos intraempreendedores sociais são particularmente conscientes da importância e dos benefícios de gerir recursos limitados de maneira inteligente e trabalham para promover tais práticas. Trabalhando em diversos setores como agricultura, telecomunicações, logística, saúde e beleza e produtos farmacêuticos, eles desenvolveram processos para alcançar eficiências de custo operacional, assim como reduzir a produção de CO_2 e suavizar outros impactos ambientais prejudiciais.

Hugh Saddington, Telstra: ajudando clientes a se conectarem com os benefícios do trabalho remoto

Telstra é a companhia líder de serviços de telecomunicações e informações da Austrália, fornecendo serviços de telefonia local e de longa distância, serviços móveis, *dial up*, *wireless*, DSL e acesso à internet a cabo para indivíduos, negócios e organizações governamentais.

---

22 HP, 'Global citizenship: VideoBook',< http://www8.hp.com/us/en/hp-information/social-innovation/learning-my-way.html>, acesso em 27 de março de 2016.

O desafio ambiental: reduzir o uso de energia

Para organizações australianas, a necessidade de reduzir o uso de energia tornou-se uma questão social e ambiental urgente, com maiores exigências de comunicação para consumo de energia e emissões de efeito estufa e expectativas de investidores de energia mais eficiente e suavização dos efeitos de mudanças climáticas. A legislação tornou os CEOs legalmente responsáveis pelas emissões de gás de efeito estufa e uso de energia nas empresas.

O desafio de negócio: operações de manutenção em uma economia de precificação de carbono

Para a Telstra, assim como para seus consumidores, o uso de energia também é uma questão econômica. O aumento dramático no preço do petróleo e o comércio de esquemas de emissões estão criando tanto pressões quanto oportunidades para empresas reduzirem e administrarem seu uso de energia e custos associados de maneira inteligente.

A solução do intraempreendedor social: promover os benefícios de novas tecnologias de telecomunicações para reduzir o uso de energia

Como um especialista de marketing na indústria de comunicações e informação australiana (ICT), Hugh Saddington passou muito tempo pensando sobre tendências de marketing e campanhas. Tendo sido 'verde' desde seu tempo de universitário, ele se tornou pessoalmente interessado em aumentar a conscientização da mudança climática. Ele viu um óbvio cenário 'ganha-ganha': o maior uso de tecnologia de comunicações poderia ajudar a aumentar a produtividade dos consumidores da Telstra por meio de videoconferências, trabalho remoto e flexível e gestão de frotas, enquanto também reduziria as emissões de gases de efeito estufa e aumentaria a quota de mercado da companhia.

Entretanto, a apresentação inicial de Hugh do caso para lidar com a mudança climática para um superior da Telstra foi vista com ceticismo. Em resposta, ele criou suas próprias 'calculadoras de sustentabilidade' e trabalhou com o WWF Austrália assim como outras organizações ao longo de um período de dez meses para produzir um White Paper (SADDINGTON e TONI, 2009) que estabelecia um case de negócios mais aprofundado para ação. Ao apresentar as calculadoras para clientes empresariais e do governo em reuniões, ele estimulou o interesse em melhorar tanto suas próprias práticas de sustentabilidade quanto as da Telstra.

Apoiado por um *case* de negócios forte e uma extensiva rede de alianças-chave e englobando 'skunkworks'[23] de colegas entusiastas dentro da organização, assim como diversos aliados fora (WWF Austrália e amigos na BT UK), Hugh juntou uma 'massa crítica' de recursos para 'esverdear' as práticas empresariais da Telstra e seus clientes, assim como estimular a demanda de clientes para os serviços ICT da empresa.

Quando David Thodey, o antigo chefe de Hugh, tornou-se CEO da Telstra, Hugh o engajou como um defensor de redução de carbono que poderia promover o *case* para ação para a equipe de liderança da empresa. Essa jogada provou-se ser essencial em ganhar o compromisso da gerência sênior a tomar medidas.

---

23 Um projeto *skunkworks* é tipicamente desenvolvido por um grupo pequeno e vagamente estruturado de pessoas que pesquisa e desenvolve um projeto primariamente por uma questão de inovação radical (The American Heritage Directory of the English Language, 4ª edição em dictionary.com, acesso em 27 de março de 2016).

Meu coração sempre esteve com a sustentabilidade, desde o começo — [é a] coisa certa a se fazer, o que a sociedade espera (Hugh Saddington, Gerente Geral de Estratégia de Marketing e Analítico de Empresas e Divisão Governamental, Telstra).

Conectar-se com indivíduos afins e construir redes para aumentar a conscientização de problemas e instigar ações coletivas é uma característica marcante do trabalho de intraempreendedores sociais.

Mark Siebert, Siemens: TI para Programa de Sustentabilidade

O Dr. Mark Siebert trabalhou na Siemens Business Services em várias divisões de gestão enquanto buscava obter um PhD em busca semântica e criação de conhecimento.

Um ativista social, Mark foi membro do programa Pioneers of Change[24] (Pioneiros da Mudança) e membro do The Impact Hub em Berlim. Como vários intraempreendedores sociais trabalhando nos limites da inovação em suas companhias, Mark 'encontrou coisas interessantes que ainda não estavam institucionalizadas e eram implícitas. É seu trabalho ou seu *hobby*?' A inovação era institucionalizada na Siemens (por exemplo, laboratórios de inovação, círculos de alto potencial) e então era improvável que os intraempreendedores fossem identificados explicitamente.

Desafios ambiental e social: mudança climática e desigualdade de acesso a bens e serviços

Negócios, assim como a sociedade em geral, tornaram-se cada vez mais preocupados com os impactos e os custos da mudança climática. Enquanto os custos de negócios são substanciais (a Unilever, por exemplo, observou em 2012 que a mudança climática havia custado €200 milhões à empresa no ano anterior [BUSINESS GREEN, 2012]), os custos sociais estimados são assombrosos: a Climate Policy Initiative[25] (Iniciativa de Políticas Climáticas) estima que o investimento global em suavizar a mudança climática — muito aquém da necessidade — estabilizou em US$359 bilhões em 2012 (CLIMATE POLICY INITIATIVE, 2013).

Remediar desigualdades em acesso à tecnologia da informação (fechando a 'divisão digital') é visto como vital para assegurar igualdade econômica, mobilidade social, democracia e crescimento econômico (INTERNET WORLD STATS, s.d.). A iniciativa 50X15, lançada pela AMD em 2004 no Fórum de Economia Mundial, é um 'ecossistema colaborativo de entidades públicas e privadas organizadas para permitir acesso acessível à internet e capacidades computacionais para 50% da população mundial até 2015'.[26]

Ideia intraempreendedora social: usar TI para lidar com a mudança climática e entregar serviços governamentais

Reconhecendo que a TI tem o potencial de atacar uma ampla variedade de problemas sociais, ambientais e políticos significativos, Mark e seu colega David Murphy começaram a construir uma rede interna na Siemens de pessoas interessadas em questões de sustentabilidade.

---

24 < http://pioneersofchange.net/>, acesso em 27 de março de 2016.
25 <http://climatepolicyinitiative.org/>, acesso em 27 de março de 2016.
26 <http://50X15.org>, acesso em 27 de março de 2016.

A primeira onda de seu engajamento concentrou-se em 'TI Verde': aplicações ecologicamente corretas e de economia de recursos em ressonância com seus empregados, assim como com clientes, que foram capazes de economizar custos relacionados à sua infraestrutura de TI. Quando a Siemens IT Solutions and Services integrou considerações de sustentabilidade em sua estratégia central, um novo cargo foi criado na 'TI Verde' e David foi nomeado. Isso criou um espaço formal para introduzir novas ideias e fornecer uma base para ligar inovações de sustentabilidade diretamente à estratégia central da companhia.

Querendo usar TI para direcionar mudanças sociais, Mark migrou para a unidade de vendas do setor público da Siemens em uma época em que o governo alemão incorporou TI à sua constituição e promoveu soluções de TI para lidar com desafios demográficos.

Seus clientes estavam cada vez mais interessados em como as tecnologias Web 2.0, tais como Facebook, Twitter e LinkedIn, podiam moldar a opinião pública e comportamento de voto. Inspirados pela bem-sucedida campanha online do Presidente Obama nos Estados Unidos, os partidos alemães estavam agora observando diálogos em rede e e-participações. Parte do programa de investimento estabelecido pelo governo alemão para confrontar a crise econômica foi dedicada a tecnologias de e-governo 2.0. A Siemens ofereceu a integração desses novos serviços em uma infraestrutura geral de TI e apoiou processos abertos de inovação para gerar novas soluções a novos desafios.

Essas inovações tecnológicas 'Web 2.0' têm fornecido aos cidadãos acesso facilitado a serviços públicos, permitido que a população se envolva com outros em tópicos de interesse mútuo e que se torne politicamente ativa.

Intraempreendedores sociais trabalhando com empresas de mídia, como Carrina Gaffney então pelo jornal *Guardian* no Reino Unido, reconheceram que uma proporção significante da população está interessada em questões de sustentabilidade. Desenvolvendo conteúdo personalizado para lidar com esse novo segmento de leitores posiciona as questões de sustentabilidade nas principais mídias.

Outros intraempreendedores sociais estão alavancando as capacidades de firmas de consultoria para melhorar a efetividade das organizações da sociedade civil, particularmente no mundo em desenvolvimento. Gib Bulloch estabeleceu a Accenture Development Partnerships como uma 'empresa social corporativa' pioneira que emprega um modelo de negócios inovativo e não lucrativo para canalizar as capacidades de negócios centrais da Accenture para o setor de desenvolvimento (veja o Capítulo 2, página 83), enquanto Jo da Silva criou a Arup International Development para fornecer 'aconselhamento técnico especializado e soluções práticas que reduzem a pobreza e melhorar a saúde ambiental, econômica e humana em países em desenvolvimento'. Ralf Schneider, ex-*Chief Learning Officer* (Diretor de Desenvolvimento e Aprendizagem) na PwC, lançou o programa de aprendizado experimental Ulysses para dar aos parceiros da PwC a oportunidade de 'desenvolver suas habilidades de liderança, conduzir mudanças culturais e promover uma perspectiva global em ambientes difíceis'. Chris Harrop na fornecedora britânica de suprimentos de pavimentação de jardins Marshalls foi pioneiro em melhorar os padrões ambientais ligados ao abastecimento ético e, como resultado de seus esforços ele também se tornou agora o Diretor de Sustentabilidade da Marshalls, além de seu papel no marketing.

Chris Harrop, Marshalls: pavimentando o caminho para o abastecimento ético de produtos

Marshalls é a fornecedora de pavimentação líder no Reino Unido com mais de 120 anos de experiência. A empresa opera pedreiras e fábricas produzindo pedras naturais e produtos de paisagismo duros como concreto, incluindo tijolos, lajes, azulejos, pavimentação e paredes. Seus clientes são empresas de construção, comerciantes de materiais de construção e lojas de DIY (Do It Yourself — Faça você mesmo).

O desafio social: lidar com questões de mudança climática e trabalho em cadeias de suprimentos

Em 2002, Chris Harrop, que havia ingressado na empresa no ano anterior como Diretor de Marketing, conduziu uma pesquisa de consumo para identificar tendências sociais globais e seu impacto sobre a sociedade e consumidores. A pesquisa destacou a crescente preocupação dos consumidores com questões ambientais, principalmente a mudança climática, e questões de direitos humanos nas cadeias de suprimentos.

O desafio empresarial: desenvolver produtos de pavimentação para um mercado competitivo

Além da identificação dos condutores ambientais, sociais e de estilo de vida que estavam moldando as tendências de compra dos consumidores, a Marshalls estava tentando estabelecer uma vantagem de marca em um mercado cada vez mais competitivo.

Chris percebeu que a Marshalls poderia obter arenito na Índia, que era comparável em qualidade, mas mais econômico, que o arenito de Yorkshire. Entretanto, ele precisava encontrar uma maneira de lidar com preocupações sobre questões de trabalho infantil em potencial e impactos ambientais.

A solução do intraempreendedor social: arenito produzido eticamente

Para entender as questões do processo de obtenção em profundidade, Chris realizou uma excursão prolongada de estudos da Índia. Lá ele se encontrou com fornecedores para ganhar um entendimento em primeira mão de questões como salários, segurança e trabalho infantil — em resumo, 'para virar o máximo de pedras possíveis para ver o que estava acontecendo'.

Ao retornar para o Reino Unido, Chris persuadiu os diretores seniores de que a Marshalls deveria se tornar a primeira empresa em seu setor a se juntar à Iniciativa de Comércio Ético e a se comprometer em estabelecer um processo de abastecimento ético verificável. Trabalhando em parceria com uma fornecedora indiana e a ONG local Hadoti Hast Shilp Sansthan, Chris desenvolveu o primeiro produto de paisagismo obtido eticamente da indústria.

Auxiliado por repórteres do *Guardian* e do *Daily Telegraph*, que ele convidou para investigar as questões de cadeias de abastecimento indianas, Chris lançou uma campanha de comunicações que persuadiu o setor de construção, distribuidores e consumidores a pagarem um prêmio pela eticamente obtida Marshalls Fairstone.

Chris está trabalhando agora em replicar o processo de obtenção ética na China e em expandir as emissões de carbono do produto por todo o Grupo Marshalls.

Não há como ser um ambientalista eficaz se você não tem um negócio ou economia bem-sucedidos. Você precisa da riqueza para conduzir as melhorias. Você precisa reconhecer que existem pessoas que precisam de empregos, pensões, calor, luz e roupas (Chris Harrop, Diretor de Marketing/Diretor de Sustentabilidade, Marshalls plc).

Arun Pande, TCS mKRISHI: empoderando produtores rurais com acesso móvel a serviços de negócios

Para o Cientista-chefe e Chefe de Inovações da Tata Consultancy Services (TCS) em Mumbai, Arun Pande, as inovações sociais e ambientais são 'sobre o negócio' e a empresa não 'faz' responsabilidade social corporativa como uma função separada.

> Deve haver um modelo de negócio em que você faz dinheiro, algumas pessoas ganham dinheiro, e outras pessoas ganham outros benefícios, para que seja sustentável... primeiro você observa o problema social e então você arranja uma maneira de resolvê-lo através do negócio.

A inovação aconteceria tanto formal quanto informalmente por meio de laboratórios de inovação corporativa e duas redes: a iConnect, com ideias surgindo de parceiros e grupos internos de negócios; e a rede CoI (CoInnovation), conectando a TCS com pequenas empresas, empresas de tecnologia, startups e consultorias.

Desafio social

A agricultura é a contribuidora-chave para a economia indiana, mas os milhões de agricultores em pequena escala enfrentam vários desafios, como baixa produtividade e eficiência, informação inadequada e acesso limitado a serviços. Dificuldades econômicas de condições climáticas extremas, doenças e consequentes perdas de colheitas e gado também levam a suicídios entre os agricultores.

Desafio empresarial

A TCS visou desenvolver serviços integrados e personalizados para comunidades agrícolas que pudessem satisfazer as necessidades de vários consumidores (alfabetizados, semialfabetizados ou analfabetos), lidar com as várias línguas da Índia e fornecer em escala para milhões.

Solução do intraempreendedor

O interesse de Arun Pande foi provocado por uma visita a sua pequena cidade natal na Índia rural e ao ouvir relatos que vários agricultores estavam cometendo suicídio. Por curiosidade, ele começou a investigar as causas e percebeu que, como chefe de Inovações para a TCS, ele tinha acesso a soluções de informações e tecnologias de comunicação que poderiam ajudar a lidar com algumas das causas subjacentes à pobreza rural e ao desespero. Isso levou ao desenvolvimento da mKRISHI.

Usando texto e símbolos visuais, a mKRISHI oferece uma variedade de serviços para agricultores como conselhos sobre pesticidas e fertilizantes, quanto e quando utilizá-los, quando colher em relação ao tempo para limitar os danos às colheitas e disponibilizar preços de mercado para que possam escolher onde e quando vender com base nas últimas informações sobre taxas globais atuais e preços futuros, assim, aumentando a renda.

Os bancos também poderiam usar o programa mKRISHI possibilitando pagamentos de empréstimos mais rápidos aos agricultores; companhias de produtos agrícolas podem ter acesso direto aos agricultores, possibilitando ligações mais próximas com a base de consumidores; e o governo é capaz de comunicar novas políticas governamentais aos agricultores. Entre os parceiros da TCS para o mKRISHI estão companhias de alimentos agrícolas, ONGs, universidades agrícolas e empreendedores de vilas.

A plataforma TCS mKRISHI atraiu uma grande variedade de elogios nacionais e globais.[27] O próximo objetivo da empresa é começar a medir o impacto econômico e social do projeto, não apenas para a empresa, mas também para os stakeholders. 'Nós queremos ver como isso pode ser escalado para milhões e milhões de agricultores.'

Graham Simpson, GSK: diagnósticos de saúde a baixo custo para a África

A GSK (GlaxoSmithKline) é uma empresa de saúde global conduzida pela ciência que pesquisa e desenvolve uma ampla gama de marcas e medicamentos inovadores. De acordo com seu *web site*, 'o sucesso comercial depende da criação de novos produtos inovadores e fazer com que sejam acessíveis para a maior quantidade de pessoas que precisem deles quanto possível'.[28] A empresa tem escritórios em mais de 115 países, grandes centros de pesquisa no Reino Unido, EUA, Espanha, Bélgica e China e uma extensa rede de fabricação com 87 locais no mundo.

Desafio social: diagnosticar doenças em países em desenvolvimento com recursos limitados

Graham Simpson é um químico orgânico que chefia a Unidade de Performance Terapêutica Química de Peptídeos na GSK. Tendo completado o programa de voluntariado baseado em habilidades GSK PULSE (veja a descrição no Capítulo 4, página 118), ele identificou o diagnóstico de doenças em países em desenvolvimento como um problema de assistência médica importante que a empresa poderia tratar. Ele articulou este desafio em sua inscrição na competição da Liga dos Intraempreendedores como segue:

> Diagnósticos baratos e confiáveis de doenças em áreas rurais remotas, com condições climáticas desafiadoras, falta de eletricidade ou água limpa e funcionários de assistência médica treinados inadequadamente são problemas muito espalhados em países menos desenvolvidos. Em especial, o cuidado com a saúde de mães e crianças leva à mortalidade e morbidade significantes com condições não diagnosticadas sendo deixadas sem tratamento. Com doenças infecciosas como a malária e a tuberculose, o

---

27 Veja Tata Consultancy Services, <http://www.tcs.com/offerings/technology-products/mKRISHI/awards-recognition/Pages/default.aspx>, acesso em 27 de março de 2016.

28 GSK, 'What we do',< http://www.gsk.com/about-us/what-we-do.html>, acesso em 8 de janeiro de 2014.

diagnóstico no ponto de atendimento não é possível com as limitações em recursos de assistência médica.[29]

Desafio empresarial: desenvolver soluções inovadoras de assistência médica

De acordo com o *web site* da GSK:

> O negócio é focado acerca da entrega de três prioridades estratégicas que visam aumentar o crescimento, reduzir o risco e melhorar nossa performance financeira em longo prazo. Essas prioridades são: cultivar um negócio global diversificado, entregar mais produtos de valor e simplificar o modelo operante.[30]

Graham descreveu a seguinte 'oportunidade social corporativa'[31] para a GSK por meio da qual a empresa poderia desenvolver novos produtos criando tanto valor comercial quanto valor social:

> As vidas de dez milhões de pessoas poderiam ser salvas anualmente com uma solução de plataforma envolvendo uma colaboração de inovação aberta de parceiros especialistas. Em um exemplo específico, um recente estudo epidemiológico estima que, dos 30 milhões de nascidos vivos na África, mais de 300.000 bebês nasceram com anemia falciforme em 2012. Na África subsaariana é estimado que entre 50 a 80% das crianças nascidas com anemia falciforme morreram aos 5 anos devido a doenças infecciosas, muitas sem terem sido diagnosticadas como portadoras da doença.[32]

Isso é um desafio que engajou competidores farmacêuticos no mercado em que a GSK opera e, de acordo com Graham, possui uma posição distinta:

> A OMS [Organização Mundial da Saúde] apoia vários consórcios que estão investigando diagnósticos no ponto de atendimento. A especialização global que a GSK traz em descoberta, desenvolvimento e distribuição de novos medicamentos e vacinas, particularmente no mundo em desenvolvimento, traz forças únicas para a indústria. A especialidade da GSK em doenças do mundo em desenvolvimento, incluindo o desenvolvimento da vacina Mosquirix para a malária e parcerias extensivas com ONGs, governos e instituições por todo o mundo nos torna os parceiros ideais. Johns Hopkins e Jhpiego desenvolveram soluções inovadoras para questões globais de assistência médica, principalmente acerca de novos dispositivos que foram reconhecidos com a atribuição de vários subsídios e prêmios (Gates, USAID). Outros competidores no campo incluem PATH e FiND que têm experiência em desenvolver diagnósticos.[33]

---

29 Veja Changemakers, 'Low-cost diagnostics for Africa', <http://www.changemakers.com/intrapreneurs/entries/low-cost-diagnostics-africa>, acesso em 27 de janeiro de 2016.

30 GSK, 'Our mission and strategy', <http://www.gsk.com/about-us/our-mission-and-strategy.html>, acesso em 8 de janeiro de 2014.

31 Veja mais sobre oportunidade social corporativa no Capítulo 3 em 'O case de negócio para o intraempreendedorismo social'.

32 Changemakers, 'Low-cost diagnostics for Africa', <http://changemakers.com/intrapreneurs/entries/low-cost-diagnostics-africa>, acesso em 27 de março de 2016.

33 Changemakers, <http://www.changemakers.com/project/low-cost-diagnosis-africa?ref=related-entry>, acesso em 8 de janeiro de 2014.

A solução intraempreendedora social: colaboração para desenvolver ferramentas de diagnóstico de baixo custo com benefícios para trabalhadores locais de assistência médica

Graham Simpson lidera uma equipe diversificada de cientistas intraempreendedores colaborando de perto com a academia e uma ONG, a Jhpiego. A equipe da GSK tem experiência de voluntariado na África, com Graham e a companheira de equipe Michelle Wobker tendo passado por posicionamentos de seis meses no oeste do Quênia e em Gana em 2010. Dwight Walker, outro membro-chave, desenvolveu diagnósticos comerciais dentro da indústria. O grupo é parte de uma equipe mais ampla de microvoluntários dentro da GSK que ajudou no projeto. Com parceiros acadêmicos no Departamento de Engenharia Biomédica na Universidade Johns Hopkins e na Jhpiego, a equipe da GSK está trabalhando junto para desenvolver soluções inovadoras para a assistência médica em países em desenvolvimento.

De acordo com Graham:

> A GSK está ajudando a desenvolver dispositivos simples, baratos e com base em papel, capazes de produzir tiras de diagnósticos quantitativas no local. Esses testes podem ser administrados por trabalhadores de assistência médica minimamente treinados em ambientes quentes e úmidos, comum em países em desenvolvimento. A caneta pré-natal usa um design novo com um conta-gotas para entregar reagentes de forma consistente com um modelo de negócios gerando uma renda para o trabalhador de assistência médica. O teste G6PD usa uma tela visual inovadora que permite avaliação quantitativa em casos difíceis de detectar.
>
> Ambos os designs são parte de uma plataforma mais ampla que revolucionará o diagnóstico de assistência médica e acompanhará o tratamento em países em desenvolvimento. A triagem sistemática de recém-nascidos para anemia falciforme usando um simples exame de sangue não é uma prática comum em boa parte do mundo em desenvolvimento, especialmente em áreas rurais. Um simples teste ELISA microfluídico baseado em papel poderia identificar crianças com anemia falciforme e distingui-las daquelas com traço falciforme, que não requerem uma terapia intensiva com antibióticos.[34]

Caso Tribanco
Aparecida Teixeira de Morais, Tribanco: expandindo o treinamento para clientes para criar valor compartilhado.

Aparecida Teixeira de Morais é a Diretora de Recursos Humanos do Tribanco, braço financeiro do Grupo Martins. Graduada em Idiomas, Gestão de Pessoas e com um MBA, entrou para o Grupo Martins em 1989, mudou para o Tribanco em 2000 e, em seguida, rapidamente se tornou assistente de projetos, gerente de projetos, supervisora de RH e, finalmente, Diretora de RH. É membro do conselho do Instituto Alair Martins, um afiliado social, sem fins lucrativos. A missão corporativa é fazer pequenas lojas de varejo crescerem e se tornarem empresas sólidas! A cultura

---

34 Ibid.

corporativa é altamente empreendedora. O fundador do Grupo Martins, Alair Martins, ajudou seu tio a comandar uma pequena loja, quando era adolescente. Ao abrir sua própria empresa, ele sentiu que os distribuidores não prestaram atenção nele. Eventualmente, ele começou uma empresa de distribuição, abastecendo pequenos varejistas. O modelo de negócios é baseado em ajudar os empresários mais promissores a crescerem. Em 1990, o Tribanco foi criado para ajudar micro, pequenas e médias empresas (MPMEs) varejistas com produtos financeiros.

Normalmente, o departamento de RH é responsável pelo treinamento e desenvolvimento dos seus funcionários. Aparecida teve uma visão cujo RH do Tribanco também deveria treinar e desenvolver seus clientes — as pequenas lojas familiares de varejo. Ao investir em seu desenvolvimento, permitiram que esses pequenos varejistas obtivessem sucesso, em última análise, ajudando o Grupo Martins a cumprir sua missão. Desde cedo, ela defendia essa ideia internamente, o que levou ao desenvolvimento de um programa de treinamento aos varejistas. Isto demandou persistência e dedicação e exigiu a reorientação dos recursos para obter resultados de longo prazo. Como uma intraempreendedora, Aparecida trouxe mudanças impactantes para o negócio a partir do lado de dentro.

O acesso a serviços financeiros continua sendo um grande obstáculo à maioria dos brasileiros, incluindo MPMEs. O Brasil é um dos países de renda média menos "bancarisados", com apenas 64% da população economicamente ativa capaz de acessar serviços bancários. Mais especificamente, o deficit de financiamento limita a capacidade das MPMEs varejistas de obter crédito para comprar bens ou reinvestir nas lojas, e limita a habilidade individual de seus clientes de usar cheques ou cartões de crédito para comprar mantimentos. Finalmente, as MPMEs varejistas carecem de formação educacional e profissional, o que limita as oportunidades de expandir seus negócios.

O Tribanco desenvolveu um conjunto de produtos de treinamento para apoiar as MPMEs varejistas, operando em pequenas lojas, de propriedade familiar. Fornecem capital de giro e empréstimos para reforma de lojas. Criaram um "centro de treinamento e excelência" chamado Universidade Martins do Varejo (UMV). Em 2012, a UMV treinou 1.365 varejistas presencialmente e 1.833 por meio da internet. Os funcionários da UMV são treinados em gestão de varejo, análise de risco de crédito e eles, por sua vez, treinam os varejistas sobre como acessar crédito e avaliar a qualidade de crédito do cliente para receber o Tricard, que é um cartão de crédito de marca própria para ser usado em uma loja específica. Além disso, em conjunto com a International Finance Corporation (IFC), o Tribanco financia um módulo sobre o "Uso Consciente do Crédito", disponível para seus clientes do varejo.

A solução é inovadora para a empresa e para a indústria, porque eles viraram o negócio atacadista sobre suas próprias cabeças. Normalmente, os atacadistas não fornecem treinamento para os varejistas. O Tribanco estabeleceu uma vantagem competitiva em relação aos outros atacadistas por diferenciar sua proposta de valor para os varejistas e desenvolver relacionamentos de longo prazo. Os varejistas são mais capazes de servir a seus clientes, a maioria é de indivíduos de baixa renda que vivem na base da pirâmide econômica, o que ajuda a aumentar os ganhos e crescer.

O sucesso do Tribanco é derivado da relação de proximidade e compreensão com seus revendedores. Eles visitam proativamente a maioria das cidades que o Grupo Martins distribui e identificam os mais empreendedores dos proprietários de lojas pequenas. O Tribanco, então, faz parceria com eles fornecendo empréstimos, formação e outros serviços para ajudá-los a crescer. O treinamento é predominantemente oferecido por meio de aprendizagem on-line, além de visitas, encontros regionais e treinamento presencial. Empregam-se modelos de formação mistos para abordar as necessidades e limitações geográficas dos varejistas. Em alguma instância, a formação está ligada aos incentivos de desempenho, cujos varejistas ganham pontos com base em suas compras, que podem ser trocados por treinamento gratuito na UMV. Os agentes de crédito do Tribanco também fornecem treinamento de crédito para os trabalhadores da loja, permitindo-lhes conceder crédito a seus clientes finais por meio do Tricard, um cartão de marca própria.

O momento "aha" aconteceu quando um gerente recém-chegado propôs que "pequenas lojas não dão muita margem de lucro, portanto, elas deveriam ser descartadas." Assim, Aparecida pensou: "esse é o coração da nossa operação e do nosso futuro!" Felizmente, a alta administração do Tribanco não aceitou esta proposta e continuaram a possibilitar que pequenas lojas de varejo crescessem e se tornassem empresas sólidas.

O projeto já treinou mais de 302 mil varejistas de mais de 92 mil lojas em todo o Brasil, muitas vezes localizadas em áreas rurais ou urbanas mais pobres. Mais de 14.000 varejistas receberam empréstimos para a renovação das suas lojas e mais 800 receberam empréstimos para atualização tecnológica. O Tribanco, hoje, serve à 37.083 MPMEs com serviços de crédito e financeiros — aumentando a lucratividade, a sobrevivência a longo prazo e o crescimento desses varejistas. Finalmente, mais de 2,5 milhões de cartões de crédito estão sendo usados ativamente pelos clientes individuais em 9.000 pontos de venda. Isso fornece aos trabalhadores pobres uma maneira de suavizar os fluxos de caixa irregulares no curto prazo e promove uma maior inclusão financeira no longo prazo. A partir do momento em que o Tricard passa a ser, muitas vezes, o primeiro cartão de crédito de um indivíduo, os consumidores podem construir histórias de crédito e podem acessar maiores serviços financeiros no futuro.

Em 3 anos eles pretenderam continuar treinando os varejistas, com o objetivo de atingir pelo menos 20% da base de clientes até 2015. Pretendeu-se fornecer crédito e serviços financeiros para 60.000 lojas e aumentar o uso do Tricard para 4 milhões de usuários ativos, com 13.000 pontos de venda em 2015. Novos produtos financeiros foram lançados para os varejistas e seus clientes. Em 2009, o grupo lançou um produto de seguro e emitiu 62.000 apólices de seguro para os clientes de baixa renda. Em 2012, criaram um cartão híbrido que os clientes podem usar em várias lojas de bairro, em vez do cartão de marca própria, que só pode ser usado em uma loja específica.

O Tribanco recebeu US$ 35 milhões de investimento da IFC ao longo dos últimos oito anos. Na época do primeiro empréstimo, recebeu $200.000,00 como um subsídio correspondente à assistência técnica do IFC, para desenvolver módulos de formação financeira. Além disso, trabalhou em conjunto no conteúdo do módulo "Uso Consciente do Crédito", desenvolvido pela ONG brasileira Akatu pelo Consumo Consciente. Uma vez que o programa foi lançado em 2007, 100% dos funcionários do Tribanco receberam os nove módulos por meio do *web site* Form@r. Além disso, mais de 330 clientes têm livre acesso a estes cursos.

Comparando o trabalho dos intraempreendedores sociais e de seus 'parentes próximos'

Seguindo a partir da concepção de SustainAbility (2008) de intraempreendedor social como uma 'espécie', descobrimos muitos indivíduos trabalhando para efetuar mudanças sociais positivas que poderiam ser classificadas como 'parentes próximos' dos intraempreendedores sociais. Eles diferem dos intraempreendedores sociais no que podem trabalhar em organizações não comerciais, trabalhar explicitamente no campo da sustentabilidade (mas não para alcançar objetivos comerciais), ou são donos/gerentes de negócios comerciais, mas estão criando benefícios ambientais ou sociais como consequência de práticas de gestão responsáveis. Tais 'parentes próximos' incluem:

- Empreendedores sociais que trabalham em empresas criadas especificamente para alcançar objetivos sociais (ao contrário de comerciais)
- Defensores de sustentabilidade corporativa e membros de 'equipes verdes' de voluntários corporativos. Alguns comentaristas também consideram tais defensores e membros de equipes verdes como intraempreendedores sociais, porque eles estão desafiando o status quo organizacional. Entretanto, nós classificamos esses indivíduos em um grupo separado, já que têm remissão explicitamente reconhecida para promover objetivos de sustentabilidade e, diferentemente dos intraempreendedores sociais, não têm que negociar com gerentes e outros colegas para empreender seu trabalho de sustentabilidade

Fora da empresa:
- Empreendedores de setor público que estão instigando inovações sociais e ambientais benéficas trabalhando em departamentos ou agências governamentais
- Empreendedores responsáveis que estão administrando seus próprios negócios lucrativos de responsabilidade
- 'Fazedores de sentido': escritores, consultores e ativistas em questões de empreendedorismo e sustentabilidade
- 'Conversores catalíticos': pessoas que estão confortáveis em ultrapassar barreiras entre os setores público, privado e ONGs para reunir pessoas de diferentes setores. Este grupo engloba indivíduos construindo parcerias entre público–privado–comunidade (às vezes chamados de 'empreendedores civis'). Jason Clay da WWF refere-se a eles como 'extraempreendedores': 'agentes de mudança [que] resolvem problemas movendo-se entre companhias, organizações e setores, espalhando ideias e soluções de um para outro como abelhas polinizando flores' (CLAY, 2013)

- Diretores e gerentes de responsabilidade/sustentabilidade corporativa
- 'Sistemaempreendedores' que, de acordo com nossos colegas da Volans John Elkington e Charmian Love (2012),

> focam em mobilizar recursos para atacar desafios e buscar novas soluções inovadoras [mas], em vez de focar em desafios de uma nova empresa (como os empreendedores fazem) ou conduzir mudanças dentro de uma grande organização (como os intraempreendedores fazem), eles têm suas visões estabelecidas em mudanças em nível do sistema

'Parente próximo' dentro da empresa: James Dorling, Tesco

James Dorling exemplifica o indivíduo que é responsável por inovação mas para quem a sustentabilidade é o coração de seu trabalho, em vez de estar fora de seu núcleo de competências. Na época da nossa entrevista de 2010, James era Chefe de Construção e da Equipe de Projetos Especiais no supermercado varejista do Reino Unido Tesco e havia sido sugerido como um 'intraempreendedor social' para nossa pesquisa por um consultor que trabalhava no campo de sustentabilidade: o graduado pela Cranfield Charles Perry, cofundador da *Second Nature*, que havia trabalhado com James para alcançar 'lojas 100% recicláveis com nada de resíduos para aterros'. No entanto, James observou desde o início que, enquanto intraempreendedores sociais pareciam ser indivíduos que

> faziam coisas extraordinárias com suas empresas, que são relativamente não relacionadas com seus empregos, eu não faço. Toda a minha razão de estar na Tesco é para encontrar novas maneiras de reduzir nossa tensão ambiental; esse é o trabalho.

Em vez de ter que lutar para lidar com questões de sustentabilidade dentro do negócio principal, James era ativamente encorajado por seus colegas, inclusive o CEO, para mover o mais rápido possível:

> Este ambiente é extremamente dirigido e, se a ideia cativa as pessoas, você pode alcançar lugares com ela. Nós temos capital suficiente para investir em prioridades — temos muita liberdade pra fazer o que quisermos em várias lojas. A empresa tem mais de 1.000 lojas — você nunca será demitido por cometer erros nisso. Esse é um ótimo ambiente para se estar.

Isso ressoa bem com nossa metáfora "jazzística" sobre o valor de tocar em uma ótima banda para produzir ótima música. O guitarrista dos Rolling Stones, Keith Richards — um músico de rock 'n' roll com conhecimento de jazz —, capturou bem esta ideia em seu livro *Vida* (2010).

> É realmente um trabalho de equipe, um dando força para o outro, e todos em busca de um único objetivo, e por algum tempo não surge nenhuma nuvem no horizonte.

O BATERISTA MOSES BOYD É CAPTURADO OUVINDO ATENTAMENTE OS SEUS COLEGAS DE TRIO, O PIANISTA REUBEN JAMES E O CONTRABAIXISTA FERGUS IRELAND. EMBORA TODOS OS TRÊS MÚSICOS ESTEJAM APENAS COM SEUS VINTE ANOS, SUAS PERFORMANCES ENVOLVENTES REFLETEM UMA CAPACIDADE MADURA DE ESCUTA PROFUNDA E 'CONVERSAÇÃO' MUITO ALÉM DE SEUS ANOS.

E ninguém está conduzindo o processo. Depende totalmente de você. É jazz de verdade: eis o grande segredo. Rock and roll é somente jazz com forte acentuação na cabeça do tempo.

'Parente próximo' fora da empresa: Joseph Agoada, UNICEF

Joseph Agoada era um suposto empreendedor social que se tornou um intraempreendedor social do setor público com o programa UNICEF para crianças da ONU. Em 2009, patrocinado pela International Youth Foundation, ele viajou de Kampala para a Cidade do Cabo para aprender o que os jovens africanos queriam da Copa do Mundo de Futebol para ser sediada na África do Sul no ano seguinte. Joseph aprendeu que o que eles mais queriam nas vilas era simplesmente a chance de ver as partidas, já que existiam poucas TVs, exceto pelas dos bares. Isso deu a ele a ideia de erguer telas infláveis a céu aberto e inserir conteúdos educacionais durante os intervalos. A IYF não estava interessada na proposta e, como Joseph observa, 2009, apenas alguns meses depois da crise financeira mundial, 'não era uma boa época para encontrar patrocinadores corporativos para uma startup de empresa social especulativa'. Uma conversa ao acaso durante um 'happy hour' em um bar de Nova York com um estranho que era, por acaso, um oficial da UNICEF, levou a uma reunião 48 horas mais tarde, resultando em uma oferta que Joseph achou impossível recusar: 'Nós pegaremos a sua ideia, sua ONG, sua rede, remarcaremos como UNICEF e, se você concordar, forneceremos $150.000 para que isso aconteça'.

Seguindo seu sucesso em conduzir programas educacionais nos bastidores da Copa do Mundo, Joseph continuou a trabalhar dentro da UNICEF.

Debra Meyerson escreveu extensamente (MEYERSON, 2001, 2004; MERYERSON e SCULLY, 1995) sobre 'radicais moderados', a quem ela define como:

> Indivíduos que se identificam e são comprometidos com suas organizações, e também são comprometidos a uma causa, comunidade ou ideologia que é fundamentalmente diferente, e possivelmente em desacordo, com a cultura dominante de suas organizações. A postura ambivalente desses indivíduos cria vários desafios e oportunidades especiais (MEYERSON e SCULLY, 1995).

Vários dos sujeitos cujas histórias foram revistas pareceram ocupar essa categoria. Eles compartilham o desejo de alcançar objetivos de sustentabilidade com intraempreendedores sociais. Entretanto, eles não chegaram a desenvolver um produto, serviço ou processo de negócio comercialmente lucrativo dentro da organização que apoia esses objetivos — a característica definidora de um intraempreendedor social.

Como com a família estendida, intraempreendedores sociais e seus 'parentes próximos' podem fornecer uns aos outros um suporte mútuo valioso. Richard Ellis, Chefe do Grupo de Responsabilidade Social Corporativa (RSC) na Alliance Boots, argumenta que os intraempreendedores sociais necessitam de pessoas que possam, por exemplo, guiá-los pelos processos de aprovação e inovação corporativa. Pesquisas futuras poderiam examinar de maneira útil como eles trabalham uns com os outros para estabelecer objetivos de sustentabilidade. Citando Shakespeare erroneamente, 'uma pessoa em seu tempo pode ter diferentes papéis'[35] — às vezes, sendo um intraempreendedor social, mas em outras fases da vida sendo um ativista social ou um empreendedor social, ou um gestor responsável em uma grande corporação, por exemplo.

James Inglesby, Unilever

James Inglesby, originalmente da África do Sul, e em 2011 First Mover Fellow da Aspen, foi um líder de projeto da Nova Unidade de Negócios da Unilever, trabalhando em novos modelos de negócios para engajar consumidores da 'base da pirâmide'. Ele foi destacado para um projeto para levar banheiros portáteis para Gana, trabalhando efetivamente como um empreendedor social. Ele cofundou o The Clean Team, um negócio de saneamento[36] construído como uma inovadora parceria público-privada, que atraiu suporte

---

[35] Citado erroneamente do monólogo de Jaques 'All the World's a Stage', em *Como Gostais (As You Like It)* de Shakespeare.

[36] <http://www.cleanteamtoilets.com/>, acesso em 27 de março de 2016. Curiosamente para os autores, uma parte diferente da Universidade Cranfield, a Escola de Ciências Aplicadas, forneceu conselho e apoio técnico para o design e operação do banheiro.

internacional de ajuda a doadores, e agora serve em seu conselho. Saneamento é uma grande questão de saúde pública em países como Gana, onde 80% da população não têm acesso a seus próprios banheiros. Enquanto a Unilever não está propriamente no negócio de fornecer banheiros, o desejo intraempreendedor para Inglesby e seus colegas era de que, fazendo com que banheiros ficassem mais amplamente disponíveis, eles construiriam o mercado para os produtos de saneamento da Unilever. Dentro da Unilever, Inglesby também é agora o Gestor de Marketing da Unilever Nigéria, onde está desenvolvendo o negócio de cuidados pessoais com produtos não disponíveis anteriormente nos mercados carentes.

E alguns podem ter muitos papéis ao mesmo tempo. Em certa altura de sua carreira, Tom van den Nieuwenhuijzen foi simultaneamente o Diretor de Sustentabilidade de um negócio familiar com sede holandesa, o Van Nieuwpoort Group, trabalhando como um intraempreendedor social defendendo o desenvolvimento de cimento sustentável; um político eleito servindo como um membro de uma coalizão de quatro partidos no poder de seu Conselho local da Cidade de Eindhoven em nome do Partido Holandês Left Green; e um ativista social promovendo diversidade e direitos dos homossexuais.

Tom van den Nieuwenhuijzen, Van Niewpoort Group

Nascido em 1982, Tom van den Niewenhuijzen formou-se em engenharia pela Avans Hogeschool Tilburg antes de se juntar a uma prática arquitetônica como desenhista arquitetônico. Um ano mais tarde, no entanto, ele se juntou a uma empresa familiar de quarta geração no setor de construção, o Van Niewpoort Group.

Tom trabalhou inicialmente como gerente de projetos, depois como gerente comercial e consultor de vendas em uma das subsidiárias da companhia. Simultaneamente, ele continuava sua educação em meio período, fazendo mestrado em Sustentabilidade.

Sua tese sobre a The Natural Step[37] levou ao desenvolvimento de uma estratégia de sustentabilidade para o Van Nieuwpoort Group e tornou-o Gestor de RSC e Sustentabilidade do grupo.

Como parte de sua técnica de trabalho — mudando os limites, design e ambiente do trabalho (veja o texto explicativo na próxima seção) — ele percebeu as oportunidades de trabalho e benefícios sociais do concreto livre de cimento sendo defendido pelo departamento de P&D do grupo. Trabalhando com uma variedade de parceiros internos e externos, incluindo o Conselho da Cidade de Utrecht, ele lançou com sucesso o concreto livre de cimento.

Em paralelo, e descrevendo a si mesmo como tendo dois empregos de período integral e trabalhando 90 horas por semana, ele serviu como conselheiro eleito no Conselho da Cidade de Eindhoven, representando o Partido Left-Green dentro de uma coalizão gover-

---

[37] 'The Natural Step (TNS) é uma rede globalmente reconhecida de escritórios e associados individuais que compartilham a mesma marca, princípios e treinamento em desenvolvimento sustentável estratégico', <http://www.naturalstep.org/>, acesso em 27 de março de 2016.

nante de quatro partidos, e parte de um programa acelerado de desenvolvimento de talento nacional para seu partido.

Ele resume essa experiência como:

> Eu me graduei em Administração de Negócios, escrevendo minha tese sobre implementação de RSC através de Balanced Score Card. Eu usei a The Natural Step como um modelo de mudança dentro do Van Nieuwpoort Group. Em seguida, eu me certifiquei de que a Cidade de Eindhoven começasse a usar The Natural Step como um sistema de abordagem para todos os seus projetos futuros

Como outras empresas de construção, a Van Nieuwpoort Group foi muito atingida pela recessão. Tendo construído uma equipe de sustentabilidade no grupo e suas companhias operantes, Tom então teve que tornar esta equipe redundante; e apesar de gostar do apoio pessoal do CEO do Van Nieuwpoort, que era seu patrocinador, Tom também se tornou redundante.

Atualmente, ele é professor palestrante de Responsabilidade Social Corporativa e Gestão Internacional na Universidade Fontys de Ciências Aplicadas e dirige seu próprio negócio de consultoria de gestão de projetos no campo de sustentabilidade: o Avengers Way.[38]

Job crafting (redesenho de trabalho): o que é e por que é importante para intraempreendedores sociais?

O conceito de 'job crafting' foi definido primeiramente por Wrzesniewski e Dutton (2001: 179) como 'as mudanças físicas e cognitivas que os indivíduos fazem na tarefa ou nos limites relacionais de seu trabalho'. Berg, Dutton e Wrzesniewski (2008) adicionaram que o conceito de job crafting 'captura as mudanças ativas que os empregados fazem a seus próprios designs de trabalho de maneira que possam trazer inúmeros resultados positivos, incluindo engajamento, satisfação no trabalho, resiliência e prosperidade'.

Muitos dos indivíduos com perfis traçados neste livro, nós acreditamos, são compelidos a assumir diferentes formas de job crafting para serem bem-sucedidos como intraempreendedores sociais. Dependendo de suas circunstâncias e ambientes de trabalho, os intraempreendedores sociais negociam com colegas, muitas vezes começando com seus gerentes de linha, para adquirir tempo, espaço e os recursos necessários para estabelecer, como a falecida Anita Roddick primeiro descreveu, 'os negócios como incomuns'.[39]

---

[38] Baseado na entrevista do autor na Escola de Negócios Nyenrode em janeiro de 2012 e trocas subsequentes; e <http://www.linkedin.com/in/tomvandennieuwenhuijzen>, acesso em 27 de março de 2016.

[39] Um termo cunhado pela fundadora da Body Shop, Anita Roddick, para descrever tanto a década final de sua jornada com os negócios e uma chamada para ação para perseguir um propósito além dos lucros (veja RODDICK, 2005).

Aplicando nossa metáfora "jazzística" a este conceito, job crafting é uma forma de improvisação de carreira que requer que o aspirante a intraempreendedor primeiro empreenda uma quantidade substancial de 'woodshedding' (para entender profundamente seu trabalho no contexto organizacional antes de começar a alterá-lo), 'pagando suas dívidas' (fazendo o trabalho como é esperado, ao lado dos outros) e 'fazendo uma jam' (tentando novas ideias em diálogo com gestores e outros colegas). Apenas dessa maneira o intraempreendedor pode ganhar a confiança necessária para a experimentação ser bem-sucedida.

EMBORA O JAZZ SEJA FREQUENTEMENTE IDENTIFICADO COM SUAS RAÍZES MUSICAIS EM COMUNIDADES AFRO-AMERICANAS DO SUL DOS ESTADOS UNIDOS, A ATRAÇÃO DO FAZER MUSICAL COM IMPROVISAÇÃO COLETIVA PROPAGOU-SE MUNDIALMENTE, COMO ESTA FOTO DA TROMPETISTA JAPONESA EMI KITASAKO (TOCANDO AO LADO DO SAXOFONISTA TENOR ALEMÃO ROLAND HEINZ NO WORKSHOP DE JAZZ DO GLOBAL MUSIC FOUNDATION LONDON 2013, NO KINGS PLACE HALL TWO) ILUSTRA.

Marijn Wiersma, FMO

Marijn Wiersma é uma intraempreendedora social que redesenhou seu trabalho (job crafted) com sucesso. Criada na África, ela retornou à sua Holanda natal para estudar antropologia antes de retornar à África para trabalhar no Programa Alimentar Mundial da ONU na Etiópia. Ela se transferiu para o Equador para aprender espanhol por dois anos e então voltou novamente para a África: desta vez para Zâmbia. No processo, ela também se transferiu para trabalhar para uma ONG holandesa, a PharmAcces Foundation, trabalhando em acesso a medicamentos para pessoas vivendo com HIV e AIDS. Enquanto estava em Zâmbia, Marijn também estabeleceu a primeira escola de ensino de enfermagem da Zâmbia.

Em 2008, ela retornou à Holanda para se juntar ao banco de desenvolvimento holandês FMO como especialista social e ambiental. Em suas próprias palavras: 'Eu perdi completamente meu primeiro ano na FMO, tentando mostrar que a sustentabilidade podia ser algo mais do que redução de riscos'.

Um novo CEO transformou as circunstâncias de Marijn, quando ele colocou a sustentabilidade no coração da estratégia do FMO e reestruturou de um foco geográfico para setorial.

Marijn mudou do setor da América Latina para o financeiro. Nenhum dos outros membros da equipe de sustentabilidade queria ficar na divisão do setor financeiro.

> Eles não conseguiam ver o impacto de valor agregado multiplicador que era possível ter! Primeiro, eu pedi uma avaliação de nossas relações com cada um dos 200 clientes do banco por todo o mundo. Depois eu tentei criar uma nova linguagem. Eu encontrei um ensino americano em uma escola de negócios na Costa Rica com 15 anos de experiência no setor financeiro. Ele me ensinou a como me comunicar com banqueiros mais do que com especialistas de sustentabilidade. Em minhas viagens, eu deixei claro: 'Eu quero falar com o CEO e com o conselho mais do que com especialistas em sustentabilidade!' Eu também entrei em contato com meu chefe anterior — o antigo gestor da América Latina que também me entendeu. Mudando a conversa e os parceiros de conversa, e desenvolvendo uma linguagem mais simples relacionada a 'colateral', 'riscos de reputação' etc., nós começamos a ter um impacto. Mas foi necessário que o CEO do FMO mostrasse liderança e abençoasse a iniciativa. Nós poderíamos oferecer recompensas financeiras muito tangíveis para bancos que se tornassem bancos sustentáveis, tais como mudança do processo de crédito que diminuiria as margens de nossos empréstimos para você se você diminuísse seu perfil de risco abordando a sustentabilidade. Nós somos a primeira instituição financeira que fez isso com sucesso. Isso está atraindo um enorme interesse mundial em bancários e em campos de desenvolvimento — bancos comerciais estão vindo ao FMO para aprender sobre isso.
>
> Depois eu comecei a me coçar. Eu sou boa em startup! Então eu fui ao CEO e disse 'fiz meu trabalho atual. Mas eu ainda tenho valor agregado para dar à organização'. Ele então me ofereceu a chance de criar meu trabalho dos sonhos.

Isso era tornar-se Chefe de Conhecimento e Inovação para destravar o potencial das pessoas e encontrar os talentos escondidos na FMO.[40]

Quando nos encontramos com Marijn em novembro de 2013, ela nos deu uma atualização de seu trabalho, observando que,

> como intraempreendedores sociais fazem — eu redesenhei meu próximo trabalho... Enquanto desenvolvia nossa estratégia em longo prazo (tornarmo-nos um investidor de impacto líder dobrando nosso impacto e reduzindo nossa emissão de carbono pela metade), no início desse ano eu transformei a parte de conhecimento de meu trabalho em transição. Gestão de conhecimento ainda era muito quadrada e eu não podia gerir eficazmente as expectativas de que eu contribuiria com o lado da cultura/competência do conhecimento [enquanto] meus colegas apenas continuavam esperando melhorias do sistema/organizacionais de mim.

---

40 Baseado na entrevista do autor na Escola de Negócios Nyenrode em 2012 e em trocas subsequentes, e em http://www.linkedin.com/pub/marijn-wiersma/7/13b/76b, acesso em 27 de março de 2016.

Agora, seu mandato é:

(1) criar as tão chamadas intervenções significativas; (2) definir nossa 'abordagem de parceria' e construir coalizões estratégicas; e (3) desenvolver aprendizado organizacional e estratégias de desenvolvimento. No geral isso se resume a fazer perguntas difíceis, reunir grupos incomuns e guiar a natureza passiva de um banco para uma direção mais ativa e empreendedora.

2
Entendendo os intraempreendedores sociais individuais

Se você é um aspirante a intraempreendedor social, comece com a curta autoavaliação da Tabela 2.1.

Tabela 2.1 Autoavaliação: Eu sou um intraempreendedor social em potencial?

Em relação a novos projetos, eu		Nota				
		Nunca	Raramente	Às vezes	Frequentemente	Sempre
1	Tento evitar falhas e erros a todo custo	1	2	3	4	5
2	Adapto-os à cultura existente da companhia	1	2	3	4	5
3	Começo pensando sobre a gestão de projetos	1	2	3	4	5
4	Estou buscando objetivos sociais e ambientais	1	2	3	4	5
5	Estou normalmente incluindo minhas experiências do terceiro setor	1	2	3	4	5
6	Sinto que a maioria dos projetos não adicionam realmente valor	1	2	3	4	5
7	Avalio os aspectos legais assim como as políticas da empresa	1	2	3	4	5

8	Estou dedicado a planejar e executar	1	2	3	4	5
9	Tenho dificuldades em explicar o valor de negócio de indicadores sociais e ambientais	1	2	3	4	5
10	Estou frequentemente disfarçando questões sociais e ambientais em termos de negócios	1	2	3	4	5
11	Sou frequentemente visto por outros como muito cético	1	2	3	4	5
12	Conheço as regras que afetam a implementação do projeto	1	2	3	4	5
13	Fui convidado para ser gestor do projeto	1	2	3	4	5
14	Estou incluindo pontos de vista sociais e ambientais	1	2	3	4	5
15	Sou persistente em projetos que eu acredito que criam valor para a sociedade e para a empresa	1	2	3	4	5
16	Sou cético quando vejo objetivos sociais e ambientais	1	2	3	4	5
17	Certifico-me de que o projeto usa processos estabelecidos da empresa	1	2	3	4	5
18	Superviso a implementação como datas de entrega, escopo e qualidade	1	2	3	4	5
19	Sou visto como o 'cara ecológico' na equipe	1	2	3	4	5
20	Perco interesse no projeto se não consigo ver como a sociedade se beneficiará	1	2	3	4	5

Coloque suas notas para cada questão nesta tabela e some as colunas.

Notas (1)	Notas (2)	Notas (3)	Notas (4)	Notas (5)
1.	2.	3.	4.	5.
6.	7.	8.	9.	10.
11.	12.	13.	14.	15.
16.	17.	18.	19.	20.
Total	Total	Total	Total	Total

Nós explicamos os resultados no Capítulo 3. No entanto, primeiramente queremos explorar os tipos de intraempreendedores sociais, seus parentes próximos e a jornada intraempreendedora social.

Tipos de intraempreendedor social

Com base nos nossos dados de entrevista e no que aprendemos nos estudos anteriores, observamos os tipos de intraempreendedores sociais descritos na Tabela 2.2.

Tabela 2.2 Tipos de intraempreendedor social

Tipo de intraempreendedor social	Descrição
De partida	Sai da empresa devido à falta de suporte para suas ideias intraempreendedoras; ou o suporte que tinha antes desaparece com uma mudança na liderança do negócio ou nas prioridades de negócios
Exasperado	Continuou na empresa, mas desistiu de tentar fazer inovações sociais e está concentrando no trabalho central
Emergente	Começando com a ideia e ainda não sabe como o ambiente corporativo responderá
Empoderado	A empresa está encorajando a ideia ativamente, empoderando o intraempreendedor social

Nós descobrimos que um 'tipo' de intraempreendedor social não é fixo, mas evolui com o tempo, dependendo dos atributos em mutação do intraempreendedor social — englobando sua experiência de vida, tendências de comportamento, conjuntos de habilidades e redes de contatos — e o contexto no qual ele trabalha, incluindo a cultura organizacional, hierarquias de poder e recursos, clima de negócios, assim como o ambiente socioeconômico e político mais amplo.

Por exemplo, um intraempreendedor social 'empoderado' pode ampliar um projeto a um tamanho que exija um tipo diferente de indivíduo que possa gerir processos organizacionais em larga escala; o intraempreendedor social pode, então, sair da organização para lançar outros projetos ou permanecer na organização para assumir um tipo diferente de papel.

Em contraste, nós temos visto intraempreendedores sociais 'exasperados' que, quando não alcançam força inicialmente para suas ideias de projeto, mudam subsequentemente, depois de 'pagar suas dívidas' em cargos corporativos específicos, para outros cargos, equipes ou departamentos onde se tornam 'empoderados' para desenvolver ideias de projetos. Alguns mudam para outras organizações ou para setores completamente diferentes, associando-se a organizações não governamentais, instituições acadêmicas ou até começando suas próprias empresas sociais, muitas vezes enquanto continuam a trabalhar para companhias.

Para o propósito de nossa pesquisa, nós classificamos nossos intraempreendedores sociais em tipos baseados na 'imagem instantânea' de suas circunstâncias que obtivemos na época da entrevista. Entretanto, continuamos a acompanhá-los e ficamos surpreendidos pela diversidade e fluidez de seus caminhos — veja a próxima seção sobre 'A jornada do intraempreendedor social'.

Eis alguns exemplos dos diferentes tipos de intraempreendedores sociais que encontramos.

De partida: Karl Feilder, DHL Neutral

O impulso empreendedor de Karl Feilder tem origem nos difíceis primeiros anos de sua infância. Seu pai saiu de casa quando ele tinha quatro anos de idade, forçando a ele, sua mãe e irmã a se mudarem para um trailer onde uma mesa de jantar era também uma cama e não havia banheiro interno. Uma memória-chave é que seu pai levou seus brinquedos e os deu a seus novos enteados e, como consequência, ele 'passou muito tempo na vida metaforicamente tentando recuperar meus brinquedos!'. Ele ganhou uma bolsa de estudos para um internato pago, o primeiro da família a conseguir, e então obteve o diploma de Bacharelado em Engenharia com honras em Engenharia e Alemão da Universidade de Hertfordshire em 1987).

Karl tornou-se um engenheiro de software mas, desejando mais interação humana, ele mudou-se para vendas no final dos anos de 1980. Em 1990, ele e seis colegas começaram sua própria empresa (a Network Managers), auxiliados por um empréstimo bancário para um novo carro, que ele usou para financiar os negócios. Foi uma 'startup de garagem clássica' e Karl não teve salário por um ano. Depois de flertar com capitalistas de risco, o negócio foi eventualmente vendido para a Microsoft em 1995.

Mudando-se para a África do Sul, Karl começou uma segunda empresa de software (a Greenwich Mean Time Holdings) com sua noiva Sarah, contratando uma dúzia dos melhores alunos da Universidade da Cidade do Cabo e pagando seu empréstimo para a startup em seis meses. Dentro de poucos anos, ele tinha 'feito pilhas de dinheiro, ainda mais do que conseguia gastar — e eu sabia gastar'. Em 2000 a empresa foi vendida para a Sempres Holdings e Karl voltou com Sarah ao Reino Unido, onde sua primeira filha nasceu.

Karl embarcou, então, em uma série de reviravoltas empresariais para capitalistas de risco, 'consertando ponto-coms que não tiveram as graças de falir', mas achou o trabalho como 'assassino profissional' desmotivador. 'Você dava o coração e a alma para consertar uma empresa, contratava e motivava ótimas pessoas, e então o CR [capitalista de risco] simplesmente vendia o negócio por puro capricho — muitas vezes a um preço maluco'.

Durante esse tempo, de algumas maneiras provando sua habilidade de fazer mais do que parecia possível, ele e Sarah tiveram outras duas filhas, ele transformou outras três empresas e então voltou a estudar em Henley, obtendo um MBA em 2006. Mais tarde Karl disse, 'com o benefício da percepção tardia, eu acho que empreendedores deveriam ser proibidos de tirar um MBA — isso o atrasa e o faz pensar duas vezes sobre coisas que você instintivamente "sabe" que estão certas'.

O projeto intraempreendedor social: construindo um negócio para enfrentar a mudança climática

Em seguida, motivado por Sarah para fazer algo 'útil', um entusiasmado jardineiro biodinâmico ('Por que você não resolve a crise de carbono e salva o planeta?'), ele voltou sua atenção para a mudança climática, embora nunca tenha antes sido interessado em questões de sustentabilidade. Através de uma reunião afortunada com um amigo do internato que havia se tornado Diretor de Estratégia da DHL, Karl começou The Neutral Group com um foco inicial em ajudar a DHL a diminuir sua emissão de carbono. Entretanto, como um empreendedor comercial de sucesso, ele reconheceu a importância de ter um modelo de negócios viável para o fazer.

> Há pessoas da RSC, verde e de sustentabilidade em empresas nos últimos 20–30 anos, mas os conselhos e a gerência sênior não os levam a sério porque eles não conseguem colocar sua pauta em uma linguagem que faça o conselho se importar. A emissão de carbono e a redução de carbono precisam ser calculadas, disciplinadas, objetivas e expressadas em termos monetários. Muitas pessoas com títulos de sustentabilidade não são capazes de fazer cálculos e ficam desconfortáveis ao falar sobre kWh.

Feilder adquiriu apoio entusiasmado de um 'padrinho' — o CEO da DHL John Allan, que depois se tornou CFO da matriz da DHL, Deutsche Post. Quando Allan mudou-se para Bonn, Feilder fez o mesmo. Enquanto estava lá, ele foi capaz de influenciar a matriz a apoiar a DHL em empreender a emissão de carbono de toda a empresa e vários projetos pioneiros de energia e economia de carbono. Neste contexto, tendo 'pagado suas dívidas' como um 'empreendedor' comercial 'com apoio muito bom, [eu] ganhei liberdade e flexibilidade pra ir em frente'.

COMO ESSES JOVENS MÚSICOS DA JUNGEND JAZZ ORCHESTER SAAR, APRESENTANDO-SE EM UM CONCERTO EM SAARWELLINGEN, ALEMANHA, EM 2013, 'PAGAR SUAS DÍVIDAS' EM UMA ORGANIZAÇÃO DESENVOLVE SUAS HABILIDADES DE 'SOLO' E 'ACOMPANHAMENTO' E O FAZ GANHAR A CONFIANÇA DE GESTORES E OUTROS COLEGAS.

De partida para uma nova vida empreendedora

A 'cobertura aérea' de Feilder sumiu quando Allan saiu da Deutsche Post para se tornar Presidente da DSG (antiga Dixons). Karl negociou sua partida da DHL vendendo uma de suas empresas subsidiárias a eles, e agora preside The Neutral Group, baseado em Dubai[1], que oferece 'uma gama de serviços e soluções gerenciados, incluindo consultoria de cadeia de suprimentos de carbono, software, planos de redução de emissão e programas de implementação de redução de carbono'. Marcos importantes incluem a primeira consultoria de abatimento de carbono em Masdar City, o cluster (grupo) de tecnologia limpa global emergente em Abu Dhabi e um negócio de biocombustíveis.

Nunca alguém que espera sentado, Karl passou os próximos anos com o The Neutral Group, trabalhando em projetos globais com a British American Tobacco e Lockheed Martin, antes de finalmente encontrar seu último sucesso como um intraempreendedor social trabalhando em conjunto com restaurantes McDonald's.

Depois que a Neutral Consulting havia ajudado a escrever e começar a execução de uma nova estratégia de sustentabilidade de dez anos para o McDonald's pelos 38 países da região do Pacífico Asiático/Oriente Médio/África, Karl propôs à equipe de liderança seniores do McDonald's um plano audacioso para tornar a frota de entregas da empresa independente do preço de combustível mundial. Ele montou a Neutral Fuels, alcançando a tarefa aparentemente impossível de se tornar o primeiro produtor de biocombustíveis licenciado no Oriente Médio. Atualmente, a Neutral Fuels opera uma biorrefinaria de participação nos lucros com o McDonald's em Dubai, com uma segunda biorrefinaria do McDonald's dedicada em Melbourne, na Austrália, e ele planeja muitas mais.

Refletindo sobre sua experiência de três anos na DHL, Karl observa que, 'eu tive uma experiência fantástica. Eu sinto que fiz uma diferença real — influenciei o sexto maior empregador no mundo — eles têm mais de meio milhão de empregados'. No entanto, observando seu estilo de trabalho empreendedor intenso, Karl conclui que 'eu não acho que minha pressão teria aguentado muito mais eles — ou a deles aguentado a mim!'[2].

Exasperada: Emma Clarke, Cavendish Nuclear

Emma Clarke nasceu em 1985 em Londres. Quando tinha oito anos, sua família mudou-se para a cidade rural de Frome. Passando um tempo em Wales, na fazenda de seus avós, Emma experienciou uma criação dupla, urbana e rural, que promoveu um amor pelo campo e pela sustentabilidade. Ela absorveu os interesses de seus pais em jardinagem, autossuficiência e um desejo de minimizar o desperdício.

Viajar e acampar com o Woodcraft Folk — um movimento educacional progressivo que promove a compreensão do ambiente, da dívida mundial e do conflito global — aumentou a compreensão de Emma sobre o campo. Como resultado dessas experiências, ela desenvolveu uma ambição duradoura de criar um local de retiro onde as pessoas pudessem experimentar as práticas de sustentabilidade em primeira mão.

---

1 <www.tng.ae>, acesso em 27 de março de 2016.
2 Baseado em entrevistas de 28 de abril de 2010 e 18 de novembro de 2013.

Para desenvolver as habilidades necessárias para criar tal projeto, Emma optou em seguir sua graduação em filosofia com um mestrado em Desenvolvimento Sustentável na Universidade Exeter por meio do aprendizado a distância.

Enquanto isso, um cargo inicial na companhia de engenharia Cavendish Nuclear (uma subsidiária totalmente detida pelo Babcock International Group) levou à subsequente temporada de trabalho de administração e marketing durante o verão e feriados e, finalmente, um contrato. Embora ela tenha começado como Coordenadora de Aperfeiçoamento de Negócios, ela aspirava a um cargo mais focado em sustentabilidade, nutrindo ambições de estabelecer uma rede de sustentabilidade em toda a companhia. Aqui ela estabeleceu sua ambição na época de sua primeira entrevista em abril de 2010:

> Eu estou envolvida em reduzir a emissão de carbono [da empresa] para o Esquema de Eficiência Energética do CRC que em breve entrará em vigor e, como parte dessa esperança, aumentar a consciência entre os empregados da importância da sustentabilidade... [como a empresa é] uma organização tão grande (17.000 empregados em 6 divisões) eu também espero criar uma rede de sustentabilidade para os empregados trabalhando em melhorar a sustentabilidade.

Fase 1: Exasperação

Em abril de 2010, quando ela estava trabalhando para seu chefe, na época, por seis meses, Emma experimentava uma grande frustração. Enquanto percebia a sustentabilidade como tendo valor por si própria, sua missão era melhorar a eficiência e a economia de custos. Como muitos intraempreendedores sociais ou outros ativistas de sustentabilidade, foi dito a ela que deveria demonstrar um *case* de negócios robusto para iniciativas de sustentabilidade antes de ter permissão de implementar qualquer um deles.

Emma também estava experienciando dificuldades em se conectar com colegas afins que avançavam com projetos de sustentabilidade, seja dentro ou fora da empresa. Ela fez contato com um colega afim na divisão de Infraestrutura. Também conectou-se com o Gerente de Instalações local que entendia o valor de reduzir a emissão de carbono da companhia. Entretanto, ele estava achando suas próprias tentativas de fazer melhorias de sustentabilidade no local difíceis. Então seria extremamente desafiador estabelecer uma rede de sustentabilidade na empresa toda.

Quando solicitada a prever para onde os próximos três a cinco anos poderia levar, ela disse:

> Tudo depende se eu serei bem-sucedida em conseguir fazer essas mudanças. Se eu conseguir fazer um pequeno avanço ou se eu conseguir renovar meu contrato e torná-lo permanente, posso me ver sendo feliz aqui. Depois do meu mestrado, não quero trabalhar horário integral, mas talvez tenha que fazer isso. Eu me vejo progredindo o mais longe possível em um cargo de sustentabilidade, mas talvez tenha que mudar para outra organização.

Fase 2: A estrada para a emancipação

Quando nos encontramos novamente com Emma em novembro de 2013, muita coisa havia mudado: ela havia terminado seu Mestrado em Desenvolvimento Sustentável, que ela disse ter 'me dado mais credibilidade', e estava agora trabalhando como Assessora de Meio Ambiente e Sustentabilidade na empresa, dividindo seu tempo entre a Cavendish Nuclear e a Unidade de Negócios de Infraestrutura. Como, queríamos saber, ela havia sido capaz de conseguir este cargo, que era muito mais alinhado com seus interesses de sustentabilidade?

Depois de nossa entrevista anterior, Emma fez uma temporada de gestão de projetos como assistente de projetos em outra parte do negócio e seu gestor de linha a havia, então, enviado para um pouco de treinamento em gestão de projetos. Enquanto ela descreveu isso como uma 'boa experiência', ela adicionou que, 'O tempo todo eu ainda estava esperando para me envolver com trabalho ambiental e de sustentabilidade'.

Então, uma série de eventos levou a uma mudança significante em seu trabalho. Em fevereiro de 2012, um dos principais clientes da empresa organizou uma exposição com foco em sustentabilidade. Ela organizou um estande para a exposição, reunindo alguns casos de estudo ligados à sustentabilidade.

Em seguida, Emma juntou-se à equipe que preparava um lance para a estação de energia Hinkley Point C. 'Como a EDF é famosa pela sustentabilidade, a sustentabilidade era uma parte-chave do lance. Era uma oportunidade incrível.' Ela 'envolveu-se muito' com o projeto, trabalhando nele de abril a setembro de 2012. A equipe de lances 'era realmente muito aberta. Eu conduzi um workshop para ter certeza de que todos estavam cientes dos requisitos de sustentabilidade — levei ideias do que poderíamos fazer... [essas] foram muito bem acolhidas'. Foi uma 'grande mudança' integrar a sustentabilidade em todos os documentos de lances. Enquanto a Cavendish Nuclear ainda está esperando pelo resultado do processo de lance, se eles ganharem o trabalho, Emma terá uma oportunidade de 'trabalhar no local como parte da equipe de projetos em um cargo de sustentabilidade/meio ambiente. Isso é uma coisa positiva'.

Como resultado de uma licença-maternidade na Unidade de Infraestrutura de Negócios, que era mais avançada do que a Cavendish Nuclear em gerir sua performance de meio ambiente/sustentabilidade, Emma foi capaz de ser destacada para a Infraestrutura durante meio período para ganhar uma experiência valiosa trabalhando com a equipe de meio ambiente/sustentabilidade. Ela foi capaz de entregar suas responsabilidades de controle de documentos e gestão de projetos para outras pessoas.

Enquanto Emma tem que equilibrar sua carga de trabalho entre seus compromissos com a Infraestrutura e a Cavendish Nuclear, o que pode, às vezes, ser desafiador, ela observa: 'Eu tive muita sorte com meus gestores, eles sempre foram muito bons. Alguns não são envolvidos com o meio ambiente, mas ficam felizes em me deixar fazer essas coisas separadamente. Eles são sempre muito compreensivos'.

O progresso de sustentabilidade da Cavendish Nuclear também foi acelerado pelo estabelecimento de um grupo de trabalho ambiental para garantir que a empresa trabalhe em direção de objetivos ambientais e objetive alcançar o padrão ISO 14001. Isso tem sido um desafio porque, por meio de aquisições, a Cavendish Nuclear agora abrange cinco negócios diferentes tendo que trabalhar como um. De acordo com Emma, no início 'nenhum dos nossos procedimentos ou processos de gestão eram alinhados'. Ela escreveu o manual abrangente e reuniu alguns dos documentos necessários para o sistema de gestão ambiental para que pudesse ser padronizado por todo o negócio. O grupo de trabalho também estabeleceu um padrão exigindo um coordenador ambiental em cada local do negócio e instituiu o monitoramento de uso de energia para ajudar a reduzir a emissão de carbono da empresa.

Entretanto, os desafios permanecem, como Emma observa: 'Eu ainda não consegui obter uma abordagem e política consistentes em vigor e a adesão da administração sênior'. Enquanto isso, o Diretor de Garantia da empresa, com que seu gerente de linha arranjou uma reunião inicial, deu licença a ela para inventar uma política e um processo de sustentabilidade para ser apresentado ao Diretor Administrativo.

Nós perguntamos se havia alguém no horizonte que poderia ajudá-la com isso. Ela mencionou alguns gestores seniores que eram engajados com a EDF e mencionou que foi pedido à empresa para que reportasse o progresso em sustentabilidade. Ela também foi aprovada para fazer um curso para se tornar um membro associado do Instituto de Gestão e Avaliação Ambiental, uma instituição para praticantes ambientais.

Fazendo uma retrospectiva de sua transição, Emma admite que:

> Eu definitivamente fiquei frustrada... eu senti que estava na empresa por tanto tempo; achei que deveria seguir em frente... não apenas pela sustentabilidade, mas estava pensando, estou aqui há muito tempo. Mas as coisas começaram a andar. Eu pensei, eu *estou* feliz, as coisas estão acontecendo... eu preciso terminar meu treinamento, um bom passo em frente... eu estou muito mais feliz.

Elementos-chave críticos que permitiram a Emma continuar dentro da empresa e fazer a transição da 'exasperação' para 'emancipação' parecem ser:

- **Ganhar credibilidade**, tanto completando o mestrado em Sustentabilidade quanto **pagando suas dívidas** em projetos-chave

- Um destaque interno que permitiu que Emma aprendesse mais sobre o negócio (**woodshedding**), descobrisse colegas afins interessados em questões ambientais e de sustentabilidade

- **Pressão de um cliente** (EDF) para melhorar a performance de sustentabilidade para ganhar um grande contrato

- **Apoio de um gestor de linha 'padrinho'** que, apesar de não ser necessariamente familiarizado com os detalhes de questões ambientais/de sustentabilidade, reconheceu o comprometimento de Emma com essas questões e sua importância para o sucesso do negócio

- **O estabelecimento de uma rede** comprometida e melhorar a performance ambiental

Emma ainda está esperando, e preparando-se para, um 'bico' crítico com a equipe de gestão sênior para levar a pauta de sustentabilidade em frente de uma maneira coerente.

Vários caminhos agora estão abertos para Emma, dependendo de eventos futuros e do 'ambiente favorável' dentro da Cavendish Nuclear:

- Ela poderia seguir o caminho de uma 'radical moderada', ajudando a criar e implementar uma estratégia e política de sustentabilidade coerente em toda a empresa que será adotada pela gestão sênior

- Ela poderia se tornar uma 'intraempreendedora social', desenvolvendo novos produtos, serviços ou processos genuinamente, que serão adotados pela empresa

- Ela poderia, mais tarde no futuro, tornar-se uma *empreendedora* social — como Michael Anthony (Allianz) ou Nick Hughes (Vodafone) fizeram — voltando a seu sonho original de criar um retiro onde as pessoas possam experienciar as práticas de sustentabilidade em primeira mão

Enquanto isso, no entanto, ela é prova de que, construindo uma base de 'woodshedding' técnico, 'job crafting' de improvisação e apoio de outros do 'conjunto' de trabalho, é possível transcender a 'exasperação' e esculpir um cargo focado em sustentabilidade dentro de uma companhia.

Emergente: Stefan Koch, E.ON

Stefan Koch cresceu em uma pequena vila alemã e aprendeu a apreciar as pessoas e a natureza que o cercam. Quando começou sua carreira, ele ficou desapontado em aprender como as organizações de negócios reconheciam pouco seu potencial para geração de valor social. Stefan está convencido de que grandes negócios podem criar benefícios sociais assim como financeiros simultaneamente. No entanto, as companhias — especialmente as firmas multinacionais — ainda precisam aprender a integrar ambos os aspectos.

Sua confiança em ajudar organizações a melhorar sua performance social e comercial cresceu durante seus estudos na Universidade de Lund (Suécia) e na Universidade de Colônia. Enquanto estava lá, ele organizou uma série de palestras sobre 'Ética e Economia' que atraiu muitos de seus colegas estudantes. Juntos, eles abordaram o reitor para integrar questões éticas no currículo de negócios. Sua tese de mestrado objetivou provar que boas práticas de RC e abordagens de renda líquida dupla são atrativas para empregados em potencial.

Equipado com confiança, assim como com conhecimento em boas práticas de RC e experiências de RSC obtidas no Deutsche Bank AG, ele se juntou ao E.ON Energy como gestor de RC em janeiro de 2009, atraído pelo enorme potencial que poderia ter em desenvolvimento de sustentabilidade.

Com uma população esperada de 9 bilhões de pessoas até 2050, com a maioria do crescimento vindo de países em desenvolvimento, existe uma necessidade crescente por energia enquanto, ao mesmo tempo, os recursos estão ficando mais limitados. Desenvolver soluções de energia convenientes (solar, eólica, digestão anaeróbica, energia a partir de resíduos, modelos de produtos finais que aumentem a eficiência energética) que sejam acessíveis para as pessoas nessas regiões poderia criar potencialmente um mercado de US$500 bilhões (ARON, KAYSER, LIAUTAUD e NOWLAN, 2009). Qualquer empresa que encontrar soluções praticáveis pode se transformar em um líder internacional de energia nos próximos 30–40 anos enquanto, ao mesmo tempo, ajuda a lidar com os desafios globais, como a mudança climática e a degradação ambiental.

A ideia intraempreendedora social: MicroEnergy para o mercado da 'base da pirâmide'

Fascinado pela ideia de microcrédito de Muhammad Yunus, mas, ao mesmo tempo, mantendo uma perspectiva crítica, Stefan decidiu testar se o conceito poderia ser traduzido para o setor de energia. Inspirado por uma apresentação da MicroEnergy International, ele elaborou um plano pelo qual a E.ON Energy poderia usar sua experiência em produção e distribuição de energia para fornecer acesso à energia sustentável em países em desenvolvimento, especialmente em regiões onde os negócios locais exigem muita energia. Formas tradicionais de produção de energia por motores de combustível ou queima de madeira geram alto custo para os consumidores locais e também podem implicar em sérios impactos ambientais e de saúde. Se a E.ON Energy pudesse usar sua experiência no setor energético para fornecer acesso à energia em países em desenvolvimento, isso representaria uma oportunidade de negócio clara, assim como lidaria com questões ambientais e sociais acerca da energia.

Desenvolvimento do projeto

O sucesso inicial de Stefan veio com a apresentação da ideia da MicroEnergy para o CEO da E.ON Energy que reagiu positivamente à proposta. Ele e seus colegas de diferentes departamentos, como Clima & Energias Renováveis, Política de Energia, Pesquisa e Desenvolvimento, Projetos de Energia e Finanças & Riscos, juntaram-se para gerar um estudo de viabilidade e desenvolver um projeto-piloto. Ele também trabalhou em oportunidades de transferência de *know-how*. Enviar gestores ou especialistas seniores para projetos de microenergia existentes forneceria uma abordagem alternativa para o desenvolvimento pessoal e ampliaria os horizontes dos tomadores de decisão. Em sua maneira muito retraída, Stefan disse: 'Eu consideraria meus esforços um sucesso se tivéssemos o primeiro piloto direto ou indireto funcionando e pudéssemos provar primeiro os benefícios sociais e estimar os resultados financeiros em potencial em longo prazo'.

Para progredir o projeto ao estágio de piloto, Stefan e sua equipe teriam que superar vários obstáculos. Um seria convencer um patrocinador sênior a investir no projeto (comprometimento, tempo, recursos). Outro seria superar a dicotomia da filantropia *versus* desenvolvimento de negócios, à medida que os outros classificam sua ideia como uma ou outra. No entanto, Stefan estava convencido de que ambos precisavam estar alinhados:

> Você não será capaz de aumentar o impacto social se não existir uma abordagem de mercado e lucratividade em longo prazo, já que o lucro é um dos principais incentivadores de negócios, especialmente em países em desenvolvimento. Ao mesmo tempo, um foco puramente em lucros destruiria o potencial de realização e também a confiança na rede de investidores, que é o que torna essa iniciativa viável em primeiro lugar.

Um terceiro grande obstáculo seriam os sistemas de incentivo, que são baseados, principalmente, em resultados em curto prazo. Para o piloto MicroEnergy, Stefan estava esperando um período de retorno de, pelo menos, três anos, se não mais, do ponto de vista financeiro. A melhoria para as pessoas e regiões geraria, esperançosamente, resultados significantes antes disso.

Seu conselho para outros intraempreendedores sociais: 'Seja corajoso, defenda suas ideias mesmo que seja difícil às vezes. Se você não conseguir encontrar o *case* de negócios para seu projeto — pense novamente e crie-o! Mas não deixe o social de lado!'[3]

---

3 Fontes para esse perfil incluem a entrevista do autor com Stefan Koch, 10 de março de 2010; *web sites* <www.eon-energie.com; www.microenergy-international.de/>, acesso em 27 de março de 2016; e as seguintes referências: MORRIS, WINIECKI, CHOWDHARY e CORTIGLIA, 2007; NAVAJAS e TEREJINA, 2006.

Empoderado: Kenan Aksular, Athlon

Kenan Aksular é um intraempreendedor social empoderado. Ele trabalha para uma firma de locação de carros sediada na Holanda, a Athlon, que é propriedade do Rabobank. A Atlhon aluga 240.000 veículos em dez países. Kenan, filho de um pai imigrante iugoslavo e uma mãe holandesa, sonhou quando jovem em começar seu próprio negócio. Entretanto, os estudos escolares interrompidos por dificuldades familiares o levaram a ingressar na Athlon, inicialmente como vendedor, onde ele teve uma carreira de quase duas décadas.

Depois de um afastamento forçado de cinco meses devido à 'síndrome de *burnout*' ele pediu para ser transferido para um novo cargo e, em 2005, tornou-se o primeiro Gestor de Inovação da Athlon, reportando ao presidente da companhia. Logo depois, ele foi abordado por um estudante da Universidade Técnica de Delft que estava procurando um estágio para desenvolver sua tese de mestrado sobre 'Mobilidade 2020'. O trabalho do estudante levou Kenan a começar a questionar o modelo de negócios existente da Athlon.

O desafio empresarial: criar novos serviços sustentáveis

O raciocínio empresarial para Kenan é claro: Em média, os clientes corporativos da Athlon alugam veículos para cerca de 20% de seus empregados. Os outros 80% são, falando grosseiramente, deixados de lado para irem de ônibus, trem, bicicleta ou, possivelmente, com seus próprios carros. Se a Athlon pudesse dar ao restante desses empregados 'soluções de mobilidade', como Kenan gosta de falar, a empresa poderia mudar potencialmente sua base de clientes de 20% a 100% dos empregados. Sua motivação pessoal? 'Eu tenho dois filhos pequenos e gostaria de falar para eles "o pai de vocês estava no movimento que mudou as coisas". Eu quero fazer algo significativo!'[4]

A ideia intraempreendedora social: um plano de mobilidade sustentável

Como um primeiro passo, ele desenvolveu um *web site* mostrando onde os preços de combustíveis eram mais baratos dentro de um raio de 5 km da localização do usuário. Seu raciocínio era de que o custo total do contrato de locação incluísse um elemento substancial para o combustível e o 'aluguel econômico' recompensaria os motoristas que reduzissem seu consumo de combustível e usassem postos de gasolina mais baratos. Ele encontrou variações de €0,15 entre o preço mais baixo e mais alto de combustível. Nos primeiros três dias, o *web site* obteve 4 milhões de acessos. Quando Kenan buscou apoio da ONG WWF para o *web site*, ele foi apresentado ao modelo Trias Energetica da Associação Europeia de Fabricantes de Material de Isolamento (EURIMA) para economia de energia em prédios.[5] Isso, por sua vez, o estimulou a desenvolver um plano de mobilidade de cinco passos, baseado nas seguintes perguntas:

- Você precisa viajar? Faça uma comparação com trabalhar em casa, fazer videoconferências etc.

- Se sim, qual é o meio de transporte mais sustentável, por exemplo, transporte público, carona etc.?

---

4 Baseado na entrevista do autor em Amsterdã, 2012, e trocas de ideias subsequentes em Balch, 2013.
5 <http://www.eurima.org/energy-efficiency-in-buildings/trias-energetica>, acesso em 27 de março de 2016.

- Se for carro, qual é o veículo mais ambientalmente correto que a Athlon pode oferecer?
- Como podemos mudar o comportamento dos motoristas? Por exemplo, o empregador dá um orçamento de viagem para que os próprios empregados administrem.
- Podemos reinvestir as economias em redução de CO_2 com opções mais caras ou, se necessário, usar as economias para a compensação de carbono?

Desenvolvimento do projeto

Progressivamente, Kenan desenvolveu soluções intraempreendedoras para os diferentes passos.

A Athlon investiu em mais de 1.500 veículos elétricos. A empresa participou agora da **iniciativa A15 Energy Highway**, um projeto intersetorial que tinha como objetivo colocar 3.500 veículos elétricos nas ruas da Holanda até 2015. Além disso, Kenan negociou um acordo com a fabricante de VE de luxo sediada nos Estados Unidos, Tesla, para alugar o novo Modelo S nos mercados europeus da Athlon.

O **compartilhamento de carros** é outra área de negócios que Kenan está desenvolvendo. Em média, um carro alugado é usado por menos de 2,5 horas por dia. Na maior parte do dia, ele está parado e um estacionamento de escritório. Em 2012, a Athlon obteve uma participação minoritária na firma holandesa de compartilhamento de carro *peer-to-peer* SnappCar e está agora encorajando seus locatários corporativos a compartilharem seus carros durante o dia com colegas — 'B2E' (*business to employee*). A 'situação ideal' seria, basicamente, abrir o esquema de compartilhamento para todos.

Outro dos empreendimentos de não locação de Kenan é um **serviço de aconselhamento independente** que foca em reduzir a emissão relacionada a transportes das empresas. A Athlon Mobility Scan Consultancy trabalha com tudo, desde introduzir esquemas corporativos de bicicletas até o desenvolvimento de opções de caronas. 'A tecnologia está aí. Os produtos estão aí. Mas agora é uma questão de ajudar nossos clientes a conduzirem a mudança', ele afirma. Uma maneira de facilitar isso é com um cartão de mobilidade, que permite que os funcionários façam um pacote e táxis, estacionamento, aluguel de bicicletas e outros serviços de mobilidade de não locação por meio de um único sistema de cobrança.

O que começou como uma unidade especificamente para as operações holandesas tornou-se, desde 2009, uma equipe de inovação por toda a Europa por sustentabilidade e mobilidade.

Vamos observar agora a jornada intraempreendedora social mais detalhadamente.

A jornada intraempreendedora social

A noção da jornada intraempreendedora social foi descrita inicialmente pela inovadora e empreendedora Maggie De Pree[6] — então com a firma de consultoria

---

6 Maggie De Pree (prenome Brenneke) é uma inovadora, empreendedora e cofundadora da Liga dos Intraempreendedores. Veja seu perfil em> http://www.thehumanagency.net/about-us.html>.

Imaginals[7] — em um modelo que focava no desenvolvimento de um projeto intraempreendedor social. Os intraempreendedores sociais podem passar por vários estágios descritos como:

Inspiração → Design → Levantamento → Lançamento → Escala

1. **Inspiração.** Momentos 'reveladores' — obter ideias
2. **Design.** Pesquisar a ideia
3. **Levantamento.** Encontrar financiamento, mentores, aliados, impulso
4. **Lançamento.** Testar e talvez ir para a escala
5. **Escala.** Pegar a ideia intraempreendedora do mercado de teste para uma escala mais ampla

Figura 2.1 A jornada do intraempreendedor social
Fonte: © Imaginals: www.imaginals.net — Maggie De Pree.

Com base em nossas entrevistas, nós acreditamos que a jornada de desenvolvimento do intraempreendedor social pode conter ciclos de desenvolvimento de projetos/empreendimentos, mas no contexto de uma jornada de vida maior, frequentemente com vários segmentos ocorrendo paralelamente ao longo do caminho.

Dependendo das condições presentes no 'ambiente favorável' para o intraempreendedorismo social — e a quantidade de 'woodshedding' e 'jamming' que o intraempreendedor realizou — as oportunidades para a transformação de um 'tipo' para outro surgirão.

Como sugerimos no início deste capítulo, aqui estão alguns exemplos de indivíduos que encontramos cujos 'tipos' mudaram ao longo do curso de suas jornadas:

Intraempreendedores sociais **empoderados** subsequentemente tornaram-se **exasperados** ou **de partida** de suas organizações como resultado da mudança de uma gestão sênior ou outras condições no ambiente corporativo.

Um intraempreendedor social **empoderado** pode ter ampliado um projeto a um tamanho que exige um tipo diferente de indivíduo que possa administrar pro-

---

[7] <www.imaginals.net>, acesso em 27 de março de 2016.

cessos organizacionais em larga escala; o intraempreendedor social então **parte** da organização para lançar outros projetos ou permanece na organização, mas assume um tipo de cargo diferente.

Empreendedores de negócios de sucesso podem ter reconhecidos tardiamente os impactos sociais de suas operações e se tornado ativistas de sustentabilidade.

O empreendedor israelita Naty Arp foi membro do Kibbutz Hatzerim em 1965 quando ele e seus colegas membros do kibbutz cofundaram a Netafim, a empresa de irrigação por gotejamento, com base na tecnologia inovadora desenvolvida originalmente para garantir a sobrevivência do grupo no Deserto de Neguev. Embora a empresa tenha crescido e se tornado uma corporação global, ele reteve os valores sociais positivos do kibbutz, que eram fortemente ligados à proposta do negócio. Naty, agora CSO diretor de sustentabilidade e um membro do comitê de direção do Pacto Global da ONU CEO Water Mandate, observa:

> As pessoas se importam. Elas não precisam ser socialistas para se importarem com sua sociedade e comunidade. Quando fizemos isso no passado, quando introduzimos a irrigação por gotejamento, pensamos que era a coisa certa a se fazer. Na época não sabíamos o significado da palavra 'sustentabilidade'. Não sabíamos que a irrigação por gotejamento podia ajudar os agricultores do mundo todo a produzirem mais com menos.
>
> Hoje, quando o fazemos, percebemos que é uma ferramenta para a produção sustentável. Sabemos que ela dá uma resposta a questões centrais de sustentabilidade: segurança alimentar, escassez de água, disponibilidade de terras aráveis e questões de clima e energia. Nós fazemos isso pela sociedade e pela empresa — nós estamos fazendo coisas boas pela empresa — para melhorar o espírito de nossos empregados para que sejam parte disso. Voluntariando-nos juntos para ajudar agricultores desprivilegiados na cidade vizinha ou ajudando agricultores pobres na África a produzirem mais com menos é ajudar a empresa, não só a sociedade.

Intraempreendedores sociais **exasperados** podem ter mudado dentro de uma organização para uma equipe com a qual eles são mais ideologicamente alinhados ou podem ter **partido** de suas organizações para se tornarem intraempreendedores sociais **empoderados** em outras empresas.

Alguns praticantes de sustentabilidade tornaram-se **empreendedores sociais** dirigindo suas próprias empresas em paralelo com seus 'empregos' corporativos. Um intraempreendedor social, um empreendedor serial que foi recrutado por um negócio global para criar uma unidade intraempreendedora, **partiu** da companhia e voltou a ser um empreendedor comercial independente.

Intraempreendedores sociais **empoderados** podem ficar com os projetos que iniciaram e continuar a administrá-los. Outros intraempreendedores sociais podem continuar com seus empregadores multinacionais, mas mudar de trabalho, replicando suas ideias em outros mercados ou mudar para outras iniciativas sustentáveis.

Vamos examinar alguns aspectos da jornada mais detalhadamente.

A jornada intraempreendedora social da Vodafone com M-PESA no Quênia

Intraempreendedorismo social e M-PESA

A M-PESA da Vodafone ilustra essa jornada intraempreendedora social. A ideia original de Nick Hughes, um executivo sênior, e Susie Lonie, uma especialista em m-commerce na Vodafone, o M-PESA ('Dinheiro Móvel': *pesa* significa dinheiro em suaíli[8]) ajuda a transferência rápida e segura de dinheiro de uma pessoa para outra através de telefones celulares — assim, satisfazendo uma necessidade socioeconômica de tornar o dinheiro prontamente disponível para pessoas dependentes de dinheiro líquido para sustentar seu meio de subsistência, enquanto expande significativamente a base de inscritos locais da Vodafone. O serviço foi desenvolvido no Quênia por meio de uma parceria entre o Vodafone Group Services, a Safaricom (sua fornecedora de rede queniana), a Faulu Kenya (uma organização de microfinanças) e o Banco Comercial da África. M-PESA — que daria a uma economia composta de vários pequenos comerciantes acesso rápido e seguro aos fundos — atraiu 20.000 inscritos no mês de seu lançamento, crescendo para 10 milhões de usuários em três anos. O serviço, que agora acessa mais de 80% da população adulta do país e lida com fundos com cerca de um terço do PIB do país, claramente satisfez uma necessidade socioeconômica urgente.

Contexto: por que a M-PESA foi tão bem-sucedida no Quênia?

O M-PESA descobriu um novo mercado para a Vodafone no Quênia — um onde a população precisava ser capaz de movimentar dinheiro a distância de maneira rápida e segura, frequentemente a lugares e pessoas sem acesso a bancos ou serviços financeiros. A natureza migratória da população trabalhadora queniana — com parte da família trabalhando em áreas urbanas (por exemplo, Nairóbi) e parte dela baseada em vilas — estimulou a necessidade de remessas domésticas e o M-PESA forneceu uma solução fácil de usar. O que começou durante uma fase de testes como meio de repagar empréstimos de crédito de microfinanças ficou popular quando lançado e comercializado como um sistema de pagamento pessoa-para-pessoa e tem se evoluído, desde então, em uma plataforma de m-commerce abrangente. Usando suas contas M-PESA, as pessoas podem agora pagar por uma variedade de serviços, desde contas de luz até taxas escolares. A Bridge International Academy, que dirige escolas particulares de baixo custo nas partes mais pobres do Quênia, por exemplo, aceita pagamentos apenas através de sua conta bancária ou por meio do M-PESA. Isso não evita apenas riscos de segurança envolvidos em manusear dinheiro nas dependências da escola, como também alivia os pais da necessidade de estarem presentes enquanto fazem os pagamentos.

Como funciona

O M-PESA funciona de maneira simples. Os clientes podem registrar-se para uma conta em um dos estabelecimentos da Safaricom, onde o dinheiro pode ser convertido a e-money (dinheiro eletrônico). Seguindo as instruções em seu telefone, os pagamentos podem ser feitos em suas contas e transferidos para outro detentor de uma conta M-PESA; por exemplo,

---

8 Suaíli ou suaíle (sawahili) é o idioma banto como maior número de falantes.

para moradores da cidade enviarem dinheiro para casa, para suas famílias que ainda vivem em áreas rurais. Destinatários podem sacar a quantia em um estabelecimento da M-PESA ou em um caixa eletrônico. As contas são protegidas por um número pin, com suporte de serviço ao consumidor 24 horas e sujeito a taxas de transações nominais. Mais importante, a vasta rede de concessionárias M-PESA da Safaricom por todo o país e a marca altamente visível garantem que os clientes tenham acesso fácil ao dinheiro móvel. O sucesso da M-PESA no Quênia demonstra como a tecnologia móvel pode facilitar a inclusão financeira e melhorar a qualidade de vida para economias em desenvolvimento. Para entender como os telefones celulares podem tampar a brecha de desenvolvimento causada pela exclusão financeira, um resumo de seu papel em conectar pessoas a serviços essenciais é dada abaixo.

Telefones celulares e inclusão financeira

Em 2010, um estudo conduzido pela Corporação Financeira Internacional e a Harvard Kennedy School estimou que existiam mais de 5 bilhões de conexões de telefones celulares mundialmente e que, até 2012, 1,7 bilhão de pessoas em economias em desenvolvimento teriam acesso a telefones celulares, mas não a serviços bancários. Se os bancos, as operadoras de redes móveis, os serviços de suporte tecnológico e as entidades reguladoras financeiras se unissem proativamente para superar esse *deficit* de desenvolvimento, potencialmente 364 milhões de pessoas 'sem banco' teriam acessado serviços financeiros móveis até o mesmo ano.

O poder do dinheiro móvel está em sua convergência entre duas indústrias-chave: telecomunicações e bancária. Parcerias entre vários outros *players* (como órgãos do setor público, entidades reguladoras, fornecedoras de aplicações tecnológicas e varejistas) formaram uma estrutura externa de um ecossistema que ajudou a M-PESA a decolar no Quênia. Os outros componentes desse ecossistema foram as colaborações internas na Vodafone, que deram vida ao produto. No Quênia, o impacto combinado significou que o acesso a serviços financeiros havia aumentado significativamente em um curto período de tempo como destacado abaixo.

O impacto da M-PESA no Quênia

Em 2007, apenas 2,5 milhões de uma população de 39 milhões tinham contas bancárias no Quênia. Em abril de 2013, a Safaricom desfrutou de uma parcela de mercado de 70% no Quênia, com 19 milhões de inscritos, dos quais aproximadamente 15 milhões eram usuários M-PESA ativos fazendo transações de mais de $50 milhões diariamente (CHEBALLAH, 2013). A M-PESA agora contribui com 18% da receita total da Safaricom e é servida por 65.547 agentes, 26.000 adicionados no último ano financeiro (MWANGI, 2013). Em março de 2013, descobriu-se que sua receita aumentou em 29,5% desde o último ano financeiro para KSh21,84 bilhões (US$253 milhões) (SAFARICOM LTD, 2013).

Os altos níveis de exclusão financeira combinados com a parcela de mercado da Safaricom deram, assim, acesso a um vasto mercado inexplorado. Além da bem desenvolvida rede móvel no Quênia, o que funcionou em seu favor foi que o Banco Central do Quênia permitiu que a Safaricom operasse o M-PESA fora da estrutura da lei bancária, porque os fundos contidos em contas M-PESA não recebem juros e estão contidos em uma conta fiduciária com um banco licenciado, o que significa que nem a Vodafone nem a Safaricom podem usar esses fundos e colocá-los em risco. Tecnicamente, no lançamento, o Banco Central não deu uma licença para a Safaricom nem para a Vodafone: simplesmente emitiu uma carta afirmando que o Banco não tinha objeções à empresa oferecendo o M-PESA como serviço de pagamentos.

O M-PESA abriu caminho para mais produtos financeiros móveis para uma população até então sem banco. Em 2010, M-KESHO, uma conta de micropoupança (que recebia juros), foi lançada pela Safaricom em parceria com o Equity Bank e oferecida a clientes M-PESA. O M-PESA também fez parceria com a Syngenta para fornecer seguro agrícola — acessando quase 11.000 agricultores em 2010. Em 2013, o M-Shwari foi introduzido, permitindo que os assinantes da Safaricom tivessem acesso a contas poupança, para receberem juros em depósitos e fazer empréstimos através de seus telefones celulares. Ela tem agora 1,2 milhão de clientes ativos (CHEBALLAH, 2013; MWANGI, 2013). Outros produtos financeiros introduzidos no último ano incluem m-health (saúde), e-learning (aprendizado a distância online), serviços de m-agriculture (agricultura) e luz solar M-Kopa em uma base pré-paga (Safaricom Ltd, 2013).

Intraempreendedorismo social: jornada dentro da Vodafone

Como mostrado na Figura 2.1, a jornada do intraempreendedor social, de acordo com Maggie De Pree, segue cinco estágios-chave: inspiração (quando a ideia nasce), design (estudo da ideia), levantamento (encontrar recursos, defensores, mentores e condutores), lançamento (piloto e começar a escalar) e escala (comercializar para uma escala mais ampla). A Figura 2.2 traça os desenvolvimentos na Vodafone em cada um dos cinco estágios.

Figura 2.2 A jornada intraempreendedora social da Vodafone
Fonte: Desenvolvido a partir de © Maggie De Pree.

Estágio 1: Inspiração
A Vodafone cresceu dramaticamente de 1999 a 2001, com a aquisição da Mannesmann. Isso criou a necessidade de elevar as funções corporativas rapidamente e as equipes de

recrutamento corporativo de outras empresas, incluindo uma equipe de assuntos corporativos e responsabilidade corporativa de três pessoas da BP que incluía Nick Hughes.

O estágio no qual as ideias nascem, o momento 'revelador' da Vodafone ocorreu quando Nick, então responsável por ajudar a empresa a abordar os Objetivos de Desenvolvimento do Milênio de reduzir a pobreza em 50% até 2015, ouviu durante uma conferência internacional sobre microfinança em Joanesburgo que o Challenge Fund do Departamento de Desenvolvimento Internacional (DFID) do Reino Unido poderia estar interessado em apoiar um projeto-piloto para usar telefonia móvel em apoio à microfinança. Criado para fazer pilotos de projetos de parcerias público-privada para abordar a pobreza, este fundo ajudaria a Vodafone a pesquisar e testar um produto que traria inclusão financeira ao Quênia por meio da tecnologia móvel.

Apesar de ser encorajado a submeter uma proposta para o Challenge Fund, a proposta de Nick quase fracassou porque alguns membros do painel de avaliação questionaram a adequação de dar fundos a contribuintes comprometidos com o desenvolvimento internacional de uma grande multinacional. No entanto, ela foi aprovada e o £1 milhão do Challenge Fund, que a Vodafone combinou com recursos e conhecimentos técnicos, permitiu que Nick 'saísse do radar' e aproveitasse um grau de autonomia durante a crucial fase inicial. Como Susie Lonie, uma das pessoas-chave no desenvolvimento do M-PESA, colocou em uma entrevista depois de receber o Prêmio de Inovação Econômica e Social 2010 do *The Economist* juntamente a Nick pelo projeto M-PESA: 'Dinheiro ... foi o fator realmente determinante para nós ... o M-PESA poderia nunca ter existido se não fosse pelo Challenge Fund do DFID'.[9]

Armado com o dinheiro do DFID, Nick embarcou no trabalho levando ao estágio de 'design' incluindo o estabelecimento de conexões com parceiros em potencial, como bancos e agências de microfinança, fornecedoras de serviços tecnológicos, ONGs e entidades reguladoras bancárias e de telecomunicações para identificar as principais barreiras no acesso a serviços financeiros no Quênia. Uma parceria entre a Vodafone, a Faulu Kenya, uma organização de microfinança e o Banco Comercial da África, foi formada para juntar competências exigidas para testar o produto. Inicialmente, o foco era apoiar pessoas a repagarem empréstimos de microfinanças de uma maneira mutualmente vantajosa. Usando o vasto tempo de transmissão de vendedores da rede de distribuição da Safaricom, os clientes poderiam fazer repagamentos de empréstimos enquanto renovavam (ou recarregavam) seu tempo de transmissão. Isso não apenas permitiria que os repagamentos fossem feitos com mais rapidez e eficiência, mas também dariam à Faulu acesso mais veloz a áreas remotas.

Estágio 2: Design

Nick tentou inicialmente elaborar o projeto em visitas mensais do Reino Unido ao Quênia. Entretanto, pouco acontecia entre as visitas, e então Nick persuadiu Susie Lonie a aceitar uma transferência de três meses para o Quênia para entender as realidades práticas de satisfação da necessidade do usuário. Isso acabou virando uma tarefa de dois anos no Quênia. A necessidade de customizar produtos de m-commerce logo tornou-se aparente, já que eram adaptados a economias ocidentais mais maduras. Alguns dos fatores que ela teve que considerar enquanto desenvolvia o M-PESA incluíam: desenvolver ferramentas para apoiar

---

9 Entrevista de Nick Hughes e Susie Lonie seguindo o recebimento do Prêmio de Inovação Econômica e Social 2010, disponível em <http://www.economistconferences.co.uk/video/econoists-innovation-award-winners-2010/4500>, acesso em 8 de janeiro de 2014.

a Safaricom enquanto entregava o projeto localmente; determinar como o dinheiro seria armazenado, dado que o público-alvo não tinha um banco; fazer parceria com um banco comercial para fornecer serviços bancários convencionais, já que o e-money em questão precisava ser equivalente ao dinheiro real no banco; usar telefones móveis básicos para acessar grandes números; encontrar clientes para participar do piloto; e identificar pontos varejistas que agiriam como agentes M-PESA, dando início à rede de revendedores de tempo de transmissão com a Safaricom.

Esta fase viu Susie argumentando detalhes operacionais e de infraestrutura como: identificar um desenvolvedor de software para personalizar o produto, determinar onde os servidores ficariam alocados (a Safaricom foi considerada o local mais adequado), finalizar o nome da marca do M-PESA, recrutar e apoiar agentes, e testar o sistema na Faulu. Nick e a equipe da Safaricom também iniciaram discussões iniciais com a entidade reguladora financeira (o Banco Central do Quênia) mantendo-a informada do progresso e dos principais desenvolvimentos.

O apoio da Safaricom na gestão de consultas de consumo e transações de fluxo de caixa por meio de seus departamentos de atendimento ao cliente e financeiro ajudaram de maneira significativa o progresso do projeto em sua fase de lançamento. Formação e orientação contínua para empregados sobre o funcionamento do sistema, de seu modelo de negócios ao uso do aparelho, garantiram que os funcionários estivessem engajados e treinados. Sua confiança no produto impulsionou-o para frente, de acordo com Susie — coisa evidente pelo fato de que os funcionários de todas as funções o apoiavam para além de suas funções existentes. O M-PESA havia sido claramente um projeto de corpo e alma, embora tenha havido um ceticismo inicial na gerência nacional da Safaricom.

Sessões de treinamento também haviam sido realizadas com os empregados da Faulu para construir sua confiança na segurança das transações eletrônicas, que eram diferentes dos sistemas baseados em papel aos quais estavam acostumados. Susie descobriu que ela não estava apenas introduzindo uma nova tecnologia, mas também tendo de superar atitudes cautelosas em relação à potência da nova tecnologia.

Estágio 3: Levantamento

Esta fase viu a Vodafone fazendo o piloto do M-PESA por meio de oito lojas agentes e 500 clientes em outubro de 2005 na região de Thika no Quênia (JOSEPH, 2013). Providos de telefones celulares e uma compreensão de como fazer transações em dinheiro e repagamentos de empréstimos respectivamente, agentes e clientes começaram a testar o produto que logo mudaria o perfil econômico do Quênia. Contratempos operacionais foram encontrados pelo caminho, desde problemas básicos de como fazer as pessoas se acostumarem a usar telefones celulares para fazer pagamentos até construir a confiança dos agentes em pagar os saques de dinheiro ao receber uma mensagem de texto. Outros problemas relacionados ao uso incluíram clientes tendo de trocar os cartões SIM para fazer pagamentos, e uns até perdendo – os!

Lonie improvisou o produto com o progresso do piloto, desenrolando treinamento para clientes e customizando a tecnologia para expandir os negócios. As improvisações incluíram a SIMEX, que combinava números de telefones celulares com as contas M-PESA em um único SIM, permitindo que os consumidores comprassem tempo de transmissão com o e-money do M-PESA. A fase de levantamento também destacou que o M-PESA estava se provando ainda mais usável para os clientes do que para a instituição de microfinanças. Os clientes o estavam usando não só para repagar os empréstimos de microfinanças, mas para uma variedade de outros pagamentos, especialmente para transferências rápidas de fundos entre indivíduos (pagamentos de pessoa-para-pessoa). O parceiro microfinanceiro (Faulu), por outro lado, lutou para reconciliar seus sistemas de contas tradicionais com aquele modelo e-commerce do M-PESA. Assim, o projeto evoluiu da necessidade percebida inicialmente para uma necessidade real.

Estágio 4: Lançamento

Na Vodafone, este estágio viu a equipe M-PESA e os consultores de apoio fazendo uma série de melhorias técnicas para tornar o serviço o mais focado possível no usuário, com base nas descobertas do piloto, que foi concluído em outubro de 2006. O piloto demonstrou que o produto era técnica e comercialmente viável e tinha um mercado, não só no Quênia, mas também em outras economias emergentes — razão suficiente para a Vodafone e a Safaricom considerarem lançá-lo. Para a última, isso significava não apenas um novo fluxo de renda como fornecedora de serviço de pagamento, mas também uma oportunidade de aumentar sua base de clientes. Para a Vodafone, seu valor era aparente como um serviço de pagamento de remessas de baixo custo, tais como da Alemanha para a Turquia e da Europa para a Índia. Outras lições aprendidas durante o piloto incluíram: manter o serviço simples, garantir que os agentes tivessem meios de fazer transações entre dinheiro real e e-money e, mais importante, que a instituição microfinanceira pode não ter a infraestrutura para conduzir o serviço — concessionárias móveis tinham mais alcance para aumentar a escala. A oferta de lançamento do M-PESA incluía, assim, três funções básicas: habilidade de sacar e depositar dinheiro em lojas de agentes, fazer pagamentos de pessoa-para-pessoa e comprar tempo de transmissão pré-pago. Isso foi feito de acordo com as normas processuais da Vodafone e da Safaricom e teve sucesso devido às suas infraestruturas administrativas.

Estágio 5: Escala

Para preparar o aumento da escala, a Safaricom e a Vodafone, com forte assessoria e suporte jurídico, trabalharam com entidades reguladoras financeiras para garantir que não havia objeções. Susie começou a recrutar uma equipe para executar o serviço e estabeleceu uma agência de treinamento para apoiar os concessionários. O serviço decolou rapidamente, trazendo outros desafios, notavelmente a necessidade de redesenvolver a plataforma para permitir um alto número de transações, incorporar ferramentas para apoiar a rede 'depósito/saque' por toda a hierarquia de agentes e concessionários. Em 2013, havia mais de 15 milhões de assinantes (CHEBALLAH, 2013).

O suporte da liderança e a adesão interna para começar a testar o produto também foram facilitadores críticos que ajudaram o projeto a decolar. Enquanto o apoio da liderança da Vodafone ajudou a assegurar o Challenge Fund e iniciar o projeto, foi a vontade da Safaricom de testá-lo apesar dos riscos que deu vigor. Como Michael Joseph, Diretor Administrativo de Mobile Money (Dinheiro Móvel) da Vodafone, então chefe da Safaricom, subsequentemente explicou em um filme para a USAID: 'Nós lançamos isso (M-PESA) em 2007 sem saber o quanto seria um sucesso ou um fracasso, mas eu tinha uma alusão de que seria um produto fantástico, mas eu realmente não sabia' (JOSEPH, 2013). Realmente, ele tinha sido inicialmente cético, mas se preparou para ver o piloto evoluir.

A difusão do M-PESA

O sucesso do M-PESA está não apenas no fato de ter aumentado o acesso a serviços financeiros para milhões no Quênia, enquanto construía a fidelidade dos clientes da Safaricom, mas também de que o projeto tem sido replicado em outros países, como a Tanzânia, África do Sul, Filipinas, Afeganistão e, mais recentemente, Índia (STANDARD DIGITAL, 2013), depois que tentativas iniciais estagnaram devido a obstáculos regulatórios. Vittorio Colao, CEO da Vodafone, persuadiu Michael Joseph a sair da aposentadoria e se tornar Diretor Administrativo de Mobile Money da Vodafone — para ajudar a companhia a desenrolar serviços tipo M-PESA. Colao também disse que a Vodafone usará alguns dos procedimentos da venda de 2013 de sua participação na Verizon para financiar futuros lançamentos.

Assim, nossas entrevistas sugerem que os intraempreendedores sociais podem ser alguns (ou, na verdade, todos) desses tipos em diferentes estágios durante o desenvolvimento de suas ideias. Enquanto a interação entre o intraempreendedor social e o ambiente corporativo varia, nós observamos alguns conjuntos estáveis de mentalidades, comportamentos e habilidades.

Mentalidades, comportamentos e habilidades de intraempreendedores sociais

> Existe uma maneira de tocar com segurança, existe uma maneira de usar truques e existe a maneira que eu gosto de tocar, que é perigosamente, onde você arriscará cometer erros para criar algo que não criou antes (Dave Brubeck, pianista de jazz)[10]

Uma das características distintas de músicos "jazzistas" excepcionais, particularmente aqueles que mudaram as convenções básicas da forma musical, é sua habilidade, ou até predileção, de correr riscos artísticos. Isso não está enraizado na imprudência, mas sim no desejo natural — até um requerimento — de desafiar os limites musicais além do repertório atual em que os músicos já investiram tempo de 'woodshedding' considerável para dominar.

O risco é, na verdade, o centro de toda a composição musical de jazz em virtude de sua natureza de improvisação. Seja uma jam session com um punhado de músicos ou um concerto com um público de milhares, duas performances de uma música por qualquer conjunto não são iguais, não importa quantas vezes eles tenham tocado uma composição juntos.

---

10 Citado em 'All About Jazz', <http://www.allaboutjazz.com/php/jazzquotes.php>, acesso em 27 de março de 2016.

INTRAEMPREENDEDORES SOCIAIS EXPERIMENTANDO NOVOS PRODUTOS E SERVIÇOS PODEM APRENDER COM O EXEMPLO DE MÚSICOS JAZZISTAS QUE COMPÕEM NOVAS PEÇAS INOVADORAS QUE EXIGEM CONJUNTOS NÃO USUAIS PARA EXECUTÁ-LAS. AQUI, O GLOBAL ARTS ENSEMBLE COMBINANDO UM QUARTETO DE CORDAS CLÁSSICO (DARRAGH MORGAN (VIOLINO), NICKY SWEENEY (VIOLINO), GUSTAV CLARKSON (VIOLINO), ROBIN MICHAEL (VIOLONCELO)) E UM QUARTETO DE JAZZ (PETER KING (SAX ALTO), BRUCE BARTH (PIANO), JEREMY BROWN (CONTRABAIXO), STEPHEN KEOGH (BATERIA)). JUNTOS ELES REPRISARAM *JANUS* DE PETER KING, UMA SUÍTE ENCOMENDADA ESPECIALMENTE E APRESENTADA PELA PRIMEIRA VEZ NO LONDON JAZZ FESTIVAL 1997, NESTE CONCERTO DA GLOBAL MUSIC FOUNDATION NO KINGS PLACE HALL ONE, LONDRES, EM 2011.

Já existe documentação histórica suficiente sobre o que os grandes músicos de jazz pensam, aprendem e fazem. Mas pouco é conhecido sobre as características distintas de intraempreendedores sociais.

Uma vez que começamos a entrevistar e classificar os diferentes tipos de intraempreendedores sociais e a grande variedade de jornadas que eles estavam experienciando — exasperadas, de partida, emergentes e empoderadas — as perguntas que queríamos fazer em seguida eram: Quais são as características de intraempreendedores sociais que os tornam diferentes de seus 'parentes próximos' e outros colegas em suas companhias? E como podemos distinguir os diferentes tipos de intraempreendedores sociais de cada um?

Nós, então, começamos a observar:

- **Mentalidades.** Como os intraempreendedores sociais *pensam*; particularmente suas fortes convicções sobre suas próprias vidas e carreiras, sobre as empresas onde eles trabalham e sobre o mundo em geral
- **Comportamentos.** Como os intraempreendedores sociais agem, dentro e fora de suas empresas, e os princípios que os guiam
- **Habilidades.** O que os intraempreendedores sociais aprenderam como fazer que os torna diferentes uns dos outros

Apenas com a mentalidade certa, comportamentos e habilidades adequados os indivíduos serão capazes de lidar com os desafios atuais de sustentabilidade. Nós, portanto, tomamos como unidade de análise o histórico pessoal dos próprios intraempreendedores sociais para entender melhor como esses atributos surgiram. Estávamos particularmente interessados em descobrir por meio de nossas entrevistas se existiam circunstâncias de vida específicas (por exemplo, exposição precoce a questões sociais ou empreendedorismo, oportunidades para desenvolvimento de habilidades) ou traços de personalidade (por exemplo, uma tendência consistente de persistir diante da adversidade, abertura a novas experiências) comuns a intraempreendedores sociais.

Nós também estávamos interessados em descobrir se qualquer um desses fatores ambientais ou dessas características pessoais aumentavam ou diminuíam as chances de um intraempreendedor social guiar um projeto a uma conclusão bem-sucedida (por exemplo, produzir tanto impactos comerciais quanto sociais positivos).

Mentalidades

Uma mentalidade é definida pelos princípios e valores que moldam a tomada de decisão individual. Os princípios e valores da maioria dos intraempreendedores sociais que entrevistamos centralizam-se em criação de valor social, como preservar a natureza e servir aos outros.

> 'Eu fui criado para não desperdiçar nada ... minha mãe é cozinheira e meu pai é assistente social, mas eles sempre tiveram os mesmos interesses que eu — eles gostam de jardinagem e têm um livro sobre autossuficiência que eu acho interessante.'

> 'Eu sempre gostei de estar envolvida em projetos e queria ver os frutos. Eu fui inspirada por minha tia que estava em São Paulo e trabalhei em uma favela em Monte Azul com creches.'

> 'Eu acho que tenho uma mentalidade diferente, possivelmente porque eu tive uma carreira tão variada.'

Experiências precoces constroem consciência da interdependência das pessoas e seus ambientes

Vários de nossos sujeitos relataram que passaram por experiências precoces com a natureza, seja no mar, no campo ou em fazendas, o que atiçou um interesse e, muitas vezes, um desejo de preservar o ambiente natural.

> 'Embora eu tenha nascido em Londres, nós então mudamos para Frome quando eu tinha 8 anos — uma cidade bem rural. Eu passei um tempo em Wales na fazenda dos meus avós, então eu tive uma criação dupla, urbana e rural. Eu sempre amei o campo. Eu sempre fui atraída pela ideia de ser autossuficiente, o que evoluiu para a sustentabilidade.'

> 'Havia a minha família imediata e a família da minha meia-irmã em uma pequena propriedade em Cornwall ... Em uma chácara você vê de onde vem a sua comida. Eu tive influências de lá.'

Até mesmo experiências tardias podem despertar uma consciência similar:

> 'Além do intercâmbio de duas semanas na França, eu nunca tinha viajado. Então eu estava vivendo em uma floresta na Índia, vivendo junto da natureza em sua forma bruta e bela ... a humanidade está lá em três dimensões, iluminada todos os dias. Era enorme e — percebendo que somos todos seres humanos — diferente de casa — percebendo a dependência e o equilíbrio com o meio ambiente. Meu pensamento sobre a sociedade e o ambiente começou naquele ano.'

Como um de nossos Centro Doughty Visiting Fellows, Ron Ainsbury observou, o que parece distinguir os intraempreendedores sociais de outros que desenvolvem uma consciência das questões sociais e ambientais — por exemplo, empreendedores sociais — é que eles também reconhecem o potencial para grandes companhias, com sua escala e amplitude de recursos significativas, de terem um papel importante em lidar com essas questões.

Transcendendo o pensamento de 'isso ou aquilo' sobre negócios e sociedade

Intraempreendedores sociais superaram a dicotomia tradicional de pensar ou em termos empresariais ou em termos sociais. Muitos de nossos entrevistados lutaram com um ambiente corporativo que ou colocava suas ideias em um campo de filantropia ou de negócios. Eles, no entanto, foram capazes de articular como suas ideias podiam integrar tanto objetivos empresariais quanto sociais para um público empresarial.

> 'Havia um relacionamento em longo prazo. Eu poderia apresentar isso em uma estrutura empresarial. Isso não tem a ver com fazer dinheiro, mas também não tem a ver com filantropia. Este debate durou meses. As pessoas presumiam que era filantropia — eu dizia, não, isso tem a ver com fazer bons negócios.'

> 'Lição-chave? Quase disfarçar os aspectos sociais e apresentar [a ideia de projeto] como auxílio para aumentar a renda da empresa. Você ainda pode falar sobre sustentabilidade, mas enfatize o negócio — então as pessoas ficam mais felizes em conversar.'

Nossos entrevistados claramente exibiam princípios e valores orientados acerca da preservação e preocupação ambiental e social. Um intermediário no ambiente intraempreendedor social observou: 'A lealdade dos intraempreendedores sociais é maior em relação ao valor social do que à companhia'. Portanto, nós descrevemos sua mentalidade como orientada em direção à criação de valor social. No entanto, em contraste às muitas pessoas trabalhando no setor não lucrativo, os intraempreendedores sociais são capazes de entender o valor de negócio de lidar com questões sociais e superaram a dicotomia de ou lucro ou valor social.

Comportamentos

Os intraempreendedores sociais demonstraram alguns comportamentos dominantes no processo de se tornarem cientes dos desafios sociais e em sua abordagem para resolvê-los. Três comportamentos foram mais comuns: persistência e autoconfiança, aprendizagem, e solidariedade.

Todos os nossos entrevistados referiram-se como sendo persistentes ao seguirem suas ideias, especialmente quando perguntados sobre qual conselho dariam a outras pessoas.

> 'Perseverança — houve vezes em que senti que eu estava travando uma guerra de guerrilha dentro da organização. Seja determinado para fazer acontecer onde você acha certo para a organização.'

> 'Seja resiliente e casca-grossa sobre o cinismo e a desconfiança que receberá.'

> 'Não desista — é aí que entra a determinação obstinada. Nos primeiros dias, eu fui acusado de tudo por competidores, associações comerciais, pela mídia. Teria sido fácil varrer [as questões trabalhistas] para baixo do tapete. [P: O que o fez continuar?] Eu estava certo e eles estavam errados. Eu tinha visto isso e eles não.'

> 'Seja corajoso, defenda suas ideias mesmo que seja difícil às vezes. Se você não conseguir encontrar o *case* de negócios para seu projeto, pense novamente e crie-o.'

Seja agradavelmente persistente

Gib Bulloch, fundador do Accenture Development Partnerships, elabora ainda mais:

Muitos anos atrás (quando eu tinha um trabalho 'normal'), um cliente me disse que eu era 'agradavelmente persistente'. Na época, vi isso como sendo uma abreviação para 'pedra no sapato', o que, sem dúvida, eu consigo ser frequentemente. Mas o aprendizado para mim foi realmente acerca da necessidade de resiliência. Lutar por mudança e batalhar contra a inércia corporativa pode ser muito cansativo e é muito tentador desistir da esperança. Várias barreiras, obstáculos e pensamentos pequenos podem atrapalhar. Um grau de otimismo implacável e resiliência é necessário. O prêmio é muito alto para desistir facilmente!

Além disso, intraempreendedores sociais exibiram uma forte orientação de aprendizagem, principalmente ao expressar uma experiência de aprendizagem experiencial que envolvia tentativa e erro.

'Eu adorava a engenharia — eu sou viciada em aprender — você aprende coisas novas todos os dias.'

'Era um desses ambientes em que se você tentava alguma coisa, você poderia fazer mais do mesmo se tivesse sucesso. A partir daí eu decidi fazer Economia em nível avançado e Matemática, decidi que queria ir para a universidade e fazer negócios. Mas eu queria fazer uma graduação sanduíche: dois anos de estudo, um ano de trabalho e outro ano de estudo.'

Uma oportunidade significativa de aprendizado para intraempreendedores sociais pode surgir da experiência de chegar às comunidades ou ambientes onde querem fazer diferença.

'Eu fui até lá [Índia], fiz uma boa excursão de todas as áreas, tentei ver de todas as maneiras o que estava acontecendo. Se você observar questões sociais, é fácil ser persuadido por alguém com um interesse em especial. Eu tinha estado em lugares que as pessoas nunca estiveram — as pessoas lá diziam que nunca tinham visto ninguém como eu antes ... Você realmente tem que entender os problemas. É muito fácil dizer que o trabalho forçado é um problema. Você precisa visitar, entender, analisar profundamente o que está acontecendo.'

'Eu tinha passado um ano viajando por áreas muito remotas e pobres, onde um dólar por dia parece muito dinheiro, e eu vi então o impacto quando eu comecei a pagar os agricultores por sua primeira colheita. Eu vi o espanto e o alívio nos rostos dos agricultores — eu percebi que nós não entendíamos a pobreza. Eu senti, então, que deveria ser uma exigência obrigatória que os negócios pensassem sobre essa abordagem — ela permitia que as famílias criassem renda. Eu me senti orgulhoso. [A companhia] é pioneira — agora nós devemos promover isso para outras empresas no estágio internacional.'

'Em Ruanda eu assisti à floresta recuar dia a dia, a água no lago diminuir centímetro a centímetro à medida que era retirada para beber. Isso volta ao meu tempo na Índia, todo o negócio do equilíbrio da humanidade com a natureza. Parte do mundo, o mundo desenvolvido, produziu coisas maravilhosas e é obcecado pelo consumismo, ainda assim existem bilhões de pessoas sem. Temos uma sociedade global flutuando em um planeta azul brilhante flutuando no cosmos. Essa foi o começo do fim da engenharia convencional para mim.'

Alguns dos intraempreendedores sociais também foram enviados a um ambiente local por razões empresariais e experienciaram sua epifania durante tal visita, percebendo o potencial da criação de valor social. Essa é uma compreensão importante para qualquer um que quer criar um ambiente favorável para intraempreendedores sociais dentro de sua companhia.

O resultado-chave de aprendizagem é entender profundamente as questões sociais ou ambientais que os intraempreendedores sociais querem abordar. Isso muitas vezes resulta da visita de áreas e comunidades onde eles querem fazer a diferença.

Concluindo, o comportamento dos intraempreendedores sociais pode ser caracterizado como sendo persistente e ter uma orientação ao aprendizado. Como vimos, no entanto, a persistência em busca de um objetivo intraempreendedor social pode ter diferentes resultados: eles podem se tornar 'emergentes', 'empoderados', 'exasperados' ou 'de partida', dependendo das qualidades do ambiente 'favorável' (ou 'desfavorável') no qual eles estão.

Habilidades

As habilidades também são chamadas de talentos e descrevem a capacidade aprendida de realizar uma tarefa com um gasto mínimo de tempo e energia. As habilidades comuns que reconhecemos entre intraempreendedores sociais foram empreendedorismo e comunicação — ambas juntas criaram a confiança necessária que os intraempreendedores sociais precisam ganhar para buscarem suas ideias internamente.

Muitos dos nossos entrevistados aperfeiçoaram suas habilidades empreendedoras precocemente, aprendendo como vender bens e serviços e a lidar com as necessidades dos clientes.

> 'Com 15 anos todos nós tínhamos trabalhos: na quitanda, no posto de gasolina, começando a fazer vestidos para as amigas. Então aprendemos muito cedo que podíamos ganhar dinheiro e usá-lo para fazer o que quiséssemos.'

> 'Enquanto eu estava na escola, eu tinha um trabalho de meio período em uma barraca de feira — eu vendia potes e panelas, roupas de segunda mão, tecido — todo aquele lado comercial das coisas na verdade. Eu gostava daquilo e aquilo me atraía. Então desde cedo — 12, 13, 14 anos — eu aprendi sobre fazer dinheiro e ser empreendedor.'

Habilidades de marketing e comunicação apareceram para ajudar vários dos nossos sujeitos a construir um *case* de negócios para seus projetos e engajar o apoio de outros.

> 'Enquanto eu estava lá, eu fiquei mais interessado em marketing — entender realmente quais eram as necessidades e desejos dos consumidores, entender a dinâmica cliente/consumidor.'

Outras habilidades técnicas especializadas em campos como TI e engenharia pareceram ter auxiliado vários de nossos sujeitos a preparar um *case* de negócios detalhado para ação, planejando ou implementando um projeto.

Intraempreendedores sociais também parecem habilidosos ao trabalhar em parceria com outras organizações; isso pode ser a chave para estabelecer a credibilidade e ganhar a competência necessária para construir o *case* de negócios para a ação em questões sociais/ambientais e para implementar, ou fornecer validação externa para, programas de inovação social.

Nossos entrevistados relataram vários relacionamentos colaborativos com outras partes de seus negócios, mas também com ONGs, órgãos sociais, instituições educacionais e até organizações comerciais, todos beneficiando seus projetos de várias maneiras.

> Trabalhar com ONGs garantiu uma pesquisa de mercado de qualidade, provavelmente a pesquisa de mercado de qualidade mais extensa feita naquele segmento empresarial na Índia. A gerência indiana foi ficar com os moradores das vilas para entendê-los.'

> 'Tudo o que eu faço é verificado por um terceiro reconhecido. Se você for pego através de lavagem verde, os danos serão enormes.'

Essas habilidades empreendedoras, assim como as de comunicação, combinadas com um conhecimento profundo de seus negócios, ajudaram-nos a ganhar a confiança de seus empregadores. Essa confiança foi então considerada essencial para a liberdade necessária de experimentar novas ideias e ganhar o suporte de decisores corporativos-chave que determinam a estratégia e têm o poder de investir recursos em projetos de inovação social. Intraempreendedores sociais têm uma habilidade de encontrar e inspirar defensores para dar 'cobertura' e patrocinadores para sancionar recursos.

Kenan Aksular, da Athlon, persuadiu o presidente da empresa a dar a ele liberdade organizacional. O presidente, que é presidente do conselho, deu cobertura, que foi crucial nos primeiros dias quando havia ceticismo no conselho. Ao ser questionado sobre o porquê de o presidente ter dado esse apoio inicial antes que o impulso do trabalho de Kenan se tornasse óbvio, ele disse: 'o presidente é um visionário, pensa do mesmo jeito que eu. Ele é um não conformista também, não um tradicionalista!'.

Kenan ferve com novas ideias como a vinculação da mobilidade pessoal com o setor imobiliário; ou vincular sua paixão pessoal por carros clássicos antigos a seu trabalho com a ideia de que, como parte de um pacote global de locação sustentável, a Athlon possa oferecer carros clássicos para um deleite de fim de semana desportivo — não por si sustentável, mas se encoraja práticas mais sustentáveis no geral, ele considera que pode valer a pena.

> 'Eu tive sorte — eu tinha dois ou três diretores seniores que acreditavam em mim. Um para o qual trabalhei por dez anos e me conhecia como indivíduo, sabia que [esta pessoa] não age para fracassar.'

> 'Nos primeiros dias era justo dizer que eles só me deixaram ir em frente. A confiança que construí com os outros diretores significava que eles confiavam no meu julgamento. É preciso muita paixão pessoal e comprometimento e persuasão.'

> 'Os gestores sempre me deram liberdade porque eles sabem que eu entrego.'

A confiança é ligada a uma tolerância geral de experimentos que foram citados como características de empresas de longa vida (DE GEUS, 1997) e daquelas que são geralmente inovadoras.

Gib Bulloch, Diretor da Accenture Development Partnerships, elevou as parcerias colaborativas a uma arte.

Gib Bulloch, Accenture Development Partnerships[11]

Gib Bulloch foi educado na Universidade de Strathclyde (MBA, 1992) e na Universidade de Cambridge (Certificado de Pós-Graduação, Parcerias Intersetoriais, 2004). Ele passou a primeira fase de sua carreira em cargos profissionais em grandes empresas do setor privado (Engenheiro Petrolífero, BP; Analista de Negócios, Mars) antes de entrar para a equipe de estratégia da Accenture em 1996 onde trabalhou como consultor de gestão para multinacionais por vários anos.

Isso representa uma quantidade significativa de 'woodshedding' — ganhando uma educação de alta qualidade e então adquirindo uma variedade de habilidades técnicas, analíticas, de consultoria e gerenciais aprofundadas em diferentes setores industriais.

Ele descreve um 'momento eureca' que ocorreu enquanto estava viajando no Metrô de Londres e cruzou com um artigo no *Financial Times* sobre o Voluntary Service Overseas (VSO) buscando indivíduos com habilidades empresariais para trabalho voluntário em países em desenvolvimento.

> O artigo era sobre o novo programa de voluntariado corporativo da VSO chamado 'VSO Business Partnerships'. Em vez de buscar dinheiro em empresas, a VSO queria habilidades empresariais. Não havia falta de médicos, enfermeiras e professores inscrevendo-se para uma posição de dois anos na VSO — mas haviam pouquíssimos contadores, MBAs e gestores de negócios. A VSO queria que as companhias fornecessem a eles pessoas com essas habilidades por cerca de 6–12 meses de cada vez, a título de empréstimo, com seus trabalhos ainda garantidos para quando retornassem.

Ele acrescenta: 'Eu pensava que o desenvolvimento era apenas para médicos, enfermeiros e professores. Não para empresários como eu.'

Esse foi o evento catalítico que provocou uma mudança dramática de mentalidade: percebendo que pessoas em empresas poderiam ter um papel importante no campo do desenvolvimento. Gib persuadiu a Accenture para o destacar e ele foi para a Macedônia ocidental para trabalhar em um pequeno centro de suporte empresarial para pequenas e médias empresas (PMEs) buscando construir as habilidades empresariais dos funcionários locais.

Esta mudança, tanto na mentalidade quanto no comportamento subsequente, é de certa forma análoga a um músico na era pré-bebop —que estaria acostumado a ouvir acordes

---

11 Este relato é baseado nas seguintes fontes: BULLOCH, 2012; SUSTAINABILITY, 2008; entrevista conduzida em março de 2010; Net Impact: <http://london.netimpact.org.uk/gib-bulloch/>, acesso em 8 de janeiro de 2014; perfil do LinkedIn de Gib Bulloch:< http://www.linkedin.com/in/gibbulloch>, acesso em 27 de março de 2016.

maiores, menores, com sétima, com sexta, aumentados e diminutos — sendo exposto de repente e então aprendendo a incorporar em sua prática, acordes com 9as, 11as e 13as. Esses acordes continham os 'tons coloridos' que se tornaram mais comuns durante a era do bebop de Charlie Parker, Miles Davis e Dizzy Gillespie, juntamente a tempos rápidos, virtuosidade instrumental e improvisação construída sobre estrutura harmônica e melódica que caracterizava este gênero à medida que ele surgia.

Ele passou um ano na Macedônia como parte do Business Partnerships Scheme da VSO. Durante esse tempo, Gib forneceu planejamento empresarial para um centro local não lucrativo de suporte empresarial para PMEs.

Essa foi uma fase preparatória muito importante para a carreira de Gib. Ele teve que aplicar suas habilidades de consultoria empresarial em um contexto inteiramente novo, aprendendo a como fazer uma 'jam' (improvisar) no contexto cultural de um país estrangeiro, com colegas em um novo setor (não lucrativo). As 'harmonias' e 'ritmos' eram diferentes de qualquer coisa que Gib tinha feito antes. É como um músico de jazz 'trad' (tradicional) aprender a se tornar fluente no idioma de jazz 'bebop'.

MÚSICOS DE JAZZ PODEM FORMAR ALIANÇAS COM ARTISTAS CRIATIVOS FORA DO DOMÍNIO MUSICAL PARA PRODUZIR PERFORMANCES MULTIMÍDIA INOVADORAS. AQUI, O QUINTETO KIT DOWNES (COM LUCY RAILTON, VIOLONCELO, E JAMES ALLSOPP, CLARINETE BAIXO) TRABALHOU COM A ANIMADORA LESLEY BARNES PARA CRIAR UMA NOVA FORMA DE STORYTELLING MISTURANDO NOVAS MÚSICAS ORIGINAIS COM CURTOS FILMES ANIMADOS.

DE MANEIRA SIMILAR, PROJETOS INTRAEMPREENDEDORES SOCIAIS DE SUCESSO PODEM AUMENTAR A VARIEDADE DE PRODUTOS, SERVIÇOS E PROCESSOS QUE A COMPANHIA CRIA. COMO O FUNDADOR DA ADP GIB BULLOCH NOTOU, EMPRESAS INOVADORAS QUE FOCAM EM RESOLVER PROBLEMAS SOCIAIS PODEM SE VER TRABALHANDO COM ONGS PARCEIRAS EM DOMÍNIOS DE NEGÓCIOS COMPLETAMENTE NOVOS.

A ideia intraempreendedora social: Accenture Development Partnerships

Seu tempo no exterior criou uma ambição em combinar

> O poder de convocação da Accenture no setor corporativo com o da ADP no setor de desenvolvimento para ajudar coalizões intersetoriais integradas e de corretagem para ajudar a abordar grandes desafios sociais, econômicos e ambientais.

> A caminho de casa da Macedônia, eu me dei a tarefa de colocar esse pensamento em uma forma que meus colegas da Accenture não pudessem ignorar. Em vez de produzir uma pilha grossa de slides de apresentação do PowerPoint, eu escrevi um artigo de imprensa falso projetando seis meses no futuro. Ele foi estabelecido no Fórum Mundial de Economia em Davos, onde o Presidente da Accenture tinha acabado de anunciar o lançamento de um novo grande sucesso inovador sem fins lucrativos. Esse artigo falso obteve a atenção do Presidente que concordou em discuti-lo no café da manhã. Ele queria ouvir mais sobre a ideia. A jornada para criar a Accenture Development Partnerships havia começado.

Contando uma história atraente na forma de um 'artigo de imprensa do futuro', Gib criou uma nova 'composição' que chamou a atenção e o suporte do Presidente:

> Nós tínhamos uma ordem de fazer mais. Primeiro passo: peguei algumas estruturas da ideia para criar um negócio híbrido que viraria efetivamente o modelo de consultoria empresarial clássico de cabeça para baixo. Um modelo empresarial que era baseado acerca de uma contribuição de três vias: A Accenture fornece acesso a seus funcionários de alto desempenho livre de lucro e despesas corporativas; esses empregados voluntariamente desistem de uma porcentagem substancial de seus salários; e organizações sem fins lucrativos fariam um cheque para a Accenture por serviços de tecnologia e consultoria com taxas significativamente reduzidas, sem redução na qualidade desses serviços.

A Figura 2.3 ilustra essas três contribuições da Accenture (ACN no diagrama), empregados participantes e clientes.

Figura 2.3 O modelo empresarial Accenture Development Partnerships

Fonte: Accenture.

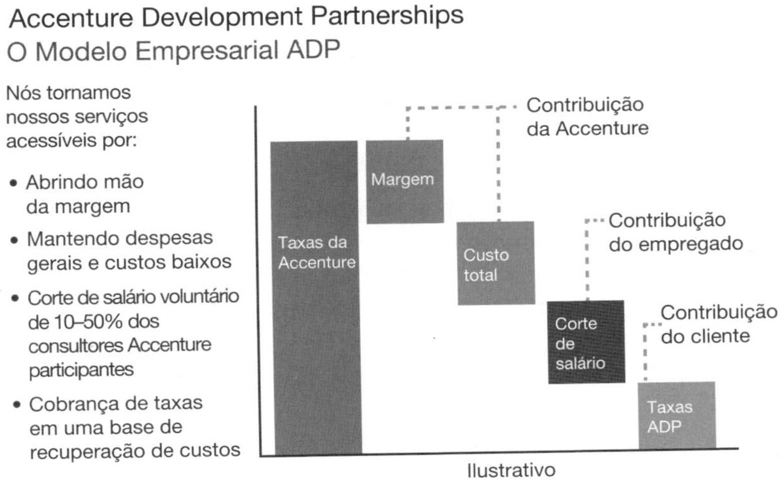

A essa altura, Gib havia se transformado de 'solista' para um 'líder de banda' em um 'conjunto':

É aqui que o conceito passou de um sonho individual para uma equipe pioneira; foi quando 'eu' tornou-se 'nós' na evolução da história. Nesse estágio nós éramos um 'movimento de guerrilha' — um pequeno grupo de amigos e colegas de apoio que trabalharam em seu tempo livre, noites, fins de semana, pausas para o café, a qualquer hora. Nós nos propusemos a reunir dados sobre as necessidades latentes de um setor em desenvolvimento, o que nossos competidores estavam ou não estavam fazendo, medir a oportunidade do mercado e assim por diante. Conjuntamente, nós levamos nossas descobertas para a equipe de liderança da Accenture no Reino Unido, buscando sua adesão. Nosso pedido? Queríamos que cada chefe de unidade nos emprestasse alguém para ser parte de um estudo de viabilidade, por três meses.

Uma quantidade significativa de 'jamming' — coletar, trocar e desenvolver ideias (em diálogos e pesquisas) — seguiu-se então para criar um modelo de negócios viável para o projeto.

A partir de inúmeras entrevistas com líderes de organizações não lucrativas, tornou--se claro que existia um interesse genuíno e uma necessidade para nossos serviços. A equipe do financeiro mostrou que se as despesas gerais e o lucro fossem renunciados pela firma, poderíamos retirar custos bem significativos do modelo empresarial. Sim, os números poderiam fazer sentido!

Mas talvez a descoberta mais significativa tenha vindo de uma pesquisa com milhares de nossos funcionários. Nós não perguntamos apenas sobre seus níveis de interesse, mas também o quão bem eles foram classificados dentro da Accenture. Os resultados mostraram uma forte correlação entre interesse e performance — as curvas de sino eram enviesadas para a direita, o que significa que as pessoas que queríamos atrair, reter e desenvolver no negócio eram exatamente as pessoas a quem a proposta mais atraía.

Isso certamente chamou a atenção da liderança e o estudo de viabilidade logo se transformou em um piloto no meio de 2002 e então em um lançamento em grande escala em 2003, focado inicialmente em trabalhar com ONGs.

Aqui, Gib estava desenvolvendo uma 'forma' totalmente nova de colaboração para a Accenture. Mas seus primeiros anos de desenvolvimento de habilidades técnicas, analíticas e gerenciais, seguidos por seu 'woodshedding' na VSO e prática de 'jamming' o teriam ajudado a desenvolver e refinar as habilidades críticas que permitiriam que ele orquestrasse uma nova forma de 'trabalho em conjunto' — por meio de fronteiras e setores nacionais — na ADP.

Uma característica particular do programa era a maneira com a qual os empregados da Accenture eram liberados de sua 'banda' corporativa para servir em um conjunto de parceria intersetorial no exterior, onde uma quantidade significativamente maior de improviso seria exigida, e então voltavam para casa, onde uma forma de improvisação completamente diferente seria exigida.

Os princípios-chave eram 'LRR': Liberação, Reintegração e Reconhecimento.

Liberação. Indivíduos que satisfaziam nosso critério de performance (você deve estar nas faixas superiores) podiam se inscrever para fazer um projeto Accenture Development Partnerships e então buscar aprovações do RH e da entidade na Accenture em que estão implantados. Uma vez que encontravam um projeto que combinava suas habilidades e disponibilidade (e preferências pessoais o máximo possível), eles frequentavam dois dias de treinamento que a maioria adorava.

Reintegração e Reconhecimento. Esses dois andam juntos — algo que nós, talvez, não prestamos muita atenção nos primeiros dias. Os empregados terão passado por experiências empolgantes, exigentes e, às vezes, de mudança de vida que terão testado sua desenvoltura ao limite. Eles normalmente voltarão melhores, mais felizes e mais engajados ... Entretanto, alguns lutarão para se ajustar ao retorno para um 'emprego normal' onde podem ter menos responsabilidade ou exposição ao cliente. Parte disso é inevitável, mas nós trabalhamos muito duro para amenizar essas desvantagens. Reconhecer a contribuição do indivíduo por meio de processos formais de gestão de performance, assim como informalmente como em reuniões comunitárias, é um caminho longo para fazer o participante que retorna sentir-se valorizado. Nós também buscamos garantir que as novas habilidades, desenvolvimento de conhecimento e confiança possam ser trazidas e aproveitadas no negócio comercial, muitas vezes em projetos comerciais que têm elementos de sustentabilidade ou de mercados emergentes neles.

Depois de um período de crescimento rápido, o negócio havia, em 2009, alcançado uma espécie de *plateau*. O 'estilo de tocar' da ADP precisava ser renovado trazendo músicos novos e diferentes para a 'banda':

Nós estávamos em um ponto de inflexão e a equipe pensou muito sobre como levar a Accenture Development Partnerships para o próximo nível.

Isso seria focar em convergência intersetorial — onde o negócio, o governo e a sociedade civil estão convergindo para criar mercados e soluções inovadoras que abordem desafios de desenvolvimento.

A convergência intersetorial vai além das discussões atuais acerca de valor compartilhado e modelos empresariais inclusivos para falar sobre uma mudança mais profunda que desafiará os papéis, estruturas e atores dentro da paisagem de desenvolvimento mais ampla. Enquanto continuaríamos a fornecer aconselhamento empresarial e tecnológico a ONGs e fundações e suportando seus programas no campo, o trabalho mais empolgante e inovador começou a emergir à medida que clientes comerciais aproveitaram o poder de convocação da Accenture para agir como uma corretora, ou mais frequentemente uma integradora, para uma nova geração de coalizões cada vez mais complexas.

Isso significava que podíamos, por exemplo, trabalhar na interface entre a Unilever e a Oxfam para conseguir colocar mais pequenos agricultores na Tanzânia dentro da cadeia de valor corporativo; e com a Barclays, CARE e Plan para levar as ofertas de microfinanças do banco para as vilas onde suas ONGs parceiras tinham o alcance, a confiança da comunidade e uma compreensão das necessidades locais. Isso nos viu trabalhando cada vez mais lado a lado com o grupo de Serviços Sustentáveis da Accenture, o que levou a uma recuperação comercial — por exemplo, nós conseguimos trabalhos que não teríamos conseguido nas costas da Accenture Development Partnerships.

Os impactos desse novo 'gênero' de conjunto têm sido significativos:

Em 2013, a ADP havia completado mais de 640 projetos separados; estava trabalhando com mais de 140 clientes, incluindo ONGs internacionais como a Oxfam e a World Vision, fundações como a Gates e a Rockefeller, agências financiadoras, negócios e governos (veja Figura 2.4); e os funcionários contribuíram abrindo mão de mais de $28 milhões em excesso de salário.

Figura 2.4 Base de clientes ADP
Fonte: Accenture Development Partnerships.[12]

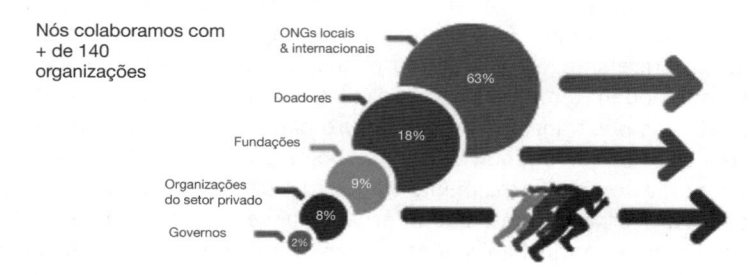

De acordo com Gib,

> Existe um efeito demonstrável em nosso recrutamento e retenção, mas a ADP está tendo um efeito positivo em nossa marca e em nossa reputação. Nós também estamos ganhando experiência útil em primeira mão de mercados emergentes para onde nossos clientes estão indo. Enquanto esse título de cargo não muda há vários anos, o papel de Gib 'muda a cada seis meses'. Ele passa agora mais tempo falando com clientes comerciais da Accenture e está trabalhando com parceiros para expandir a oferta da ADP e evoluí-la em uma 'empresa social corporativa' autossuficiente e de custo neutro. Como o movimento bebop, Gib estabeleceu um gênero totalmente novo de 'composição' intraempreendedora social. E ele evoluiu a ADP de um pequeno conjunto para uma 'big band'.

> Não execute [um projeto de inovação social] fora da RSC — execute-o fora do negócio e com pessoas que conheçam o negócio ... Saiba que políticas você pode contornar/quebrar — o quanto você pode navegar próximo do vento sem ser despedido!

Caso TNT
Sacha Carina van Ginhoven, TNT

Logística em favelas: endereços com base em celulares.
Sacha Carina van Ginhoven disponibiliza em seu site www.sachacarina.com, ao estilo Pinterest, fotos e vídeos das pesquisas de campo conduzidas no Quênia, Índia e Tanzânia.

---

12 < http://www.accenture.com/SiteCollectionDocuments/PDF/Accenture-FINAL-10-Year-Infographic-May-2013-FINAL.pdf>, acesso em 8 de janeiro de 2014.

Ela se apoia em um provérbio para prosseguir com seu projeto: "Se você está trabalhando em uma instituição com os meios para realmente fazer a diferença no mundo, o otimismo do espírito é uma responsabilidade moral." (Banco Mundial). Ela trabalha na TNT Express como Gerente do Programa Global de Inovação. O programa que desenvolve concentra-se na área onde os negócios, a tecnologia (ICS) e a sociedade se encontram. Dentro deste triângulo, sua ambição é criar valor compartilhado. Com o projeto de logística de favelas, Carina progrediu satisfatoriamente com as parcerias entre a TNT, a equipe da Vodafone's M-PESA e um grupo de representantes de uma favela local em Mumbai, na Índia.

Sacha Carina acredita em três características-chave que todo empresário deve ter: **ir para fora e conhecer pessoas**, fugindo do ambiente de escritório, em cada momento oportuno, é possível ir a campo e conhecer locais diferentes. Ela passou dois meses na favela de Kibera, visitou áreas rurais na Tanzânia e explorou as ruas confusas de Dharavi (Índia); **confiar fielmente em seus ideais**, sua verdadeira confiança neste projeto fez com que a TNT e a Vodafone quisessem participar dele. "Se você falar com o coração, você pode mover montanhas!"; **pensar diferente**, Carina misturou logística com telefonia móvel local para criar um mundo melhor.

Com um grupo de cinco alunos, Carina passou dois meses na favela Kibera, em Nairóbi (Quênia), para uma pesquisa de campo, em 2010. De volta à Holanda, um dos seus amigos de Kibera perguntou se seria possível lhe mandarem uma câmera. Dispostos a apoiar a sua carreira como jornalista, Carina e sua equipe tentaram enviar-lhe tal pedido. Neste momento, ela percebe que é quase impossível enviar uma câmera para alguém que vive em uma favela! "Aha", a ideia de criar endereços para assentamentos informais nasceu!

Até o presente momento, Carina conduziu uma pesquisa de campo na favela Dharavi. O resultado desta pesquisa é que há um grande potencial para localizações de endereço via GPS. Identificou-se, também, outras áreas com um potencial de impacto: áreas formais das megacidades em mercados emergentes (existem muitas casas "formais" em Mumbai que também não possuem endereço), áreas rurais e situações de emergência (por exemplo: localização via GPS pode ser usada para se entregar mantimentos e dar apoio aos atingidos após um desastre).

Chris, um morador da favela Kibera, explica: "Um milhão de pessoas vivem em Kibera, mas não temos endereços. Então, quando pedi uma câmera para usar como jornalista, eu não pude receber o pacote diretamente. Eu tive que andar até o correio mais próximo a 3,5 km de distância. E isso não aconteceu apenas uma vez, porque eu não sabia quando o pacote chegaria, então tive que fazer o caminho de ida e volta por vários dias. As pessoas que vivem em Kibera têm pouco dinheiro, por isso, quando um pacote chega, precisamos, até mesmo, subornar as autoridades locais para garantir a entrega..."

O estudo mostrou que o GPS dos celulares poderia se conectar à rede logística global da TNT. Os celulares com base em endereços poderiam ir além dos nomes das ruas e códigos postais nas áreas urbanas extremamente densas e estruturadas de forma confusa (as favelas). O dinheiro, por sua vez, poderia ser transferido pela M-PESA, um sistema de pagamento móvel da Vodafone[13]. Empresas em favelas locais poderiam seguramente fazer negócios no mercado global, afinal, pagamentos em dinheiro são impossíveis ao se fazer negócios no exterior!

---

13 Referência a outro caso no livro. Ponto importante como uma inovação social alavanca a outra.

Esta solução é inovadora para a *TNT express* e para a indústria de transportes, porque os endereços formais de hoje são baseados em nomes de ruas e de códigos postais. A experiência de se conectar telefones móveis aos endereços locais é nova para este setor.[14] A solução não será inovadora somente para a indústria de transporte, ela, também, terá um enorme impacto positivo em outros setores, bem como segurança alimentar, acesso aos cuidados de saúde, respostas de emergência. Carina afirma que "a logística está no cerne de todos os desafios globais."

Vamos ver alguns casos práticos: Um empreendedor de uma favela local vende bolsas de couro via internet. Ele recebe uma encomenda de um cliente na Europa. Por meio de uma mensagem de texto da M-PESA, ele sabe que o dinheiro está sendo pago pelo cliente. O dinheiro será lançado quando ele enviar a encomenda. Quando tudo estiver pronto, ele chama a TNT para transportar o pedido. A TNT identifica sua localização com as coordenadas do GPS. A encomenda será coletada. Se o pedido foi entregue ao cliente via TNT, a M-PESA transfere diretamente o dinheiro para o empresário da favela.

> Numa situação oposta, se um empresário de uma favela solicitar peças de reposição para a sua loja de bicicletas, ele pode usar seu número do celular como um meio de localizarem seu endereço. Ele paga via M-PESA. Esta empresa detém o dinheiro até que o empresário receba as peças de reposição. Em seguida, o dinheiro será transferido. A TNT entrega as peças por meio da localização via GPS que fora registrada com o número do celular. A logística confiável e os pagamentos seguros estimulam as empresas de favelas locais a saírem da pobreza, ligando-as ao mercado global.

Existem dois diferenciais importantes que poderiam dar uma vantagem ao sistema de endereços com base em celulares: primeiro, estes poderiam ser diretamente conectados a uma rede global. Operadoras locais não possuem conexão direta com uma rede global; segundo, este sistema de endereços com base em celulares poderia usufruir da opção de transferir dinheiro de forma segura via pagamentos móveis. Os pagamentos seguros são fundamentais para estimular as empresas locais a participarem do mercado global.

Dentro de três anos, Carina pretende usar a experiência da Índia e implementar o projeto e ter endereços com base em celulares implantados em Honduras. Este é um dos primeiros países que ela quer apoiar para desenvolver a logística e a infraestrutura, buscando capacitar as comunidades na base da pirâmide locais. A TNT apoia o desenvolvimento da logística de Honduras por meio da parceria com a SUSTAIN (SUSTAIN é uma ONG fundada pela TNT, UPS, WVI e *Care International*) para dar consultoria em soluções de cadeia de fornecimento sustentável para os países subdesenvolvidos.

O valor da pesquisa para os negócios da TNT é aprender mais sobre endereços com base em celulares. Superar as tecnologias pode, sempre, ser útil no futuro para os processos essenciais. A TNT apoia os desenvolvimentos da SUSTAIN em Honduras, que podem servir como um piloto para se localizar endereços, com base em GPS, dos agricultores locais.

---

14 Nos artigos publicados é possível ler mais sobre o projeto:
<http://www.guardian.co.uk/sustainable-business/delivery-slum-business-mo... http://urbanpoverty.intellecap.com/?p=558>, acesso em 26 de agosto de 2016.

Caso Danone Emissões

As parcerias no negócio em busca da redução do aquecimento global

lucas Urbano se considera um homem simples, nascido no interior de São Paulo, em Ribeirão Preto. Ama sua família e amigos. Gosta de pescar e jogar futebol. Desde jovem segue os exemplos que teve, acredita que o trabalho duro, a humildade e o compromisso com o que está por vir são as chaves para o sucesso. Ao seguir estes princípios diariamente e lembrando-se do sonho de transformar a si e ao mundo, conseguiu viver experiências marcantes: ele foi um jogador profissional de futebol, um motoboy, um estudante da CAASO, um engenheiro e, hoje, um sonhador pragmático da Danone. Ele atuou como Gerente de Sustentabilidade na Danone em Brasil e é hoje Gerente de Natureza na sede de Danone, na França.

Desde 2007, a Danone desenvolve o Programa de Gerenciamento das Emissões. No mesmo ano, o CEO da Danone, Frank Riboud, declarou publicamente o compromisso da empresa de reduzir as suas emissões em 30% durante o período de 2008 a 2012 e vinculou esta meta com o bônus dos principais executivos. Este anúncio criou na Danone Brasil a necessidade de desenvolver um robusto Programa de Gestão das Emissões. O Lucas — treinado em Análise Ciclo de Vida (ACV) — foi contratado para mapear a pegada de emissões da empresa e sugerir áreas de melhora. Ele instituiu o Programa de Gestão de Emissões dos GEE, que pode ser dividido em três fases: planejamento, execução e avaliação de resultados. Cada fase envolve a participação de vários departamentos dentro da empresa. Na fase de planejamento, define-se a meta anual alinhada aos departamentos. Em seguida, a análise do ciclo de vida é realizada, o que possibilita o planejamento das iniciativas e dos projetos. No início, as iniciativas estavam focadas na fase industrial. Com o tempo, as iniciativas de logística e mudanças de embalagem também se tornaram peças-chave na redução das emissões.

Na fase de execução, os projetos são monitorados por membros da Equipe do Carbono (gestores de diferentes departamentos, liderados pelo próprio Lucas). As reuniões envolvem apresentações e discussões sobre os impactos dos novos projetos nas emissões da empresa. Desta forma, os responsáveis possuem a capacidade de analisar quais os atributos podem ser alterados. Na terceira etapa, os resultados de cada projeto são comunicados e avaliados mensalmente pela alta administração da Danone. Lucas implementou o projeto e a Danone ultrapassou as metas anuais, resultando em uma redução acumulada de 32% até 2012.

Esta solução é inovadora porque ultrapassa as emissões da cadeia de produção. As iniciativas permeiam vários elos da cadeia de valor, como provedores, processamento e pós-consumo. Em conjunto com esta ideia, foi proposto o Acordo do Carbono, estabelecido com empresas que fornecem matérias-primas e embalagens.

A redução dos GEEs também os ajudou a acessar novas fontes de capital, uma vez que, de acordo com os critérios de financiamento e investimento em projetos do Grupo Danone, a redução das emissões dos GEE já estava sendo levada em consideração. Os projetos que tenham impacto sobre a redução das emissões são considerados como "Green Capex", que permitem o projeto de ter um pay-back em 4 anos em vez dos exigidos 3 anos da análise financeira. Um exemplo seria a substituição de caldeiras movidas a óleo combustível residual por caldeiras alimentadas por biomassa na fábrica de Poços de Caldas. Normalmente, de acordo com as regras relativas ao acesso ao capital, esse projeto não seria viável, porém, quando Lucas demonstrou o potencial de redução da emissão dos GEEs, ele foi capaz de redefini-lo como "Green Capex", e hoje é o maior projeto de redução concluído pelo Grupo Danone.

Como mencionado anteriormente, desde o início do Programa de Gestão das Emissões dos GEEs, houve uma redução total acumulada de 32% ao longo da cadeia de produção, o equivalente a uma redução de 209 gramas de CO_2 por quilograma de produto fabricado. Alguns exemplos são:

- Caldeiras de Biomassa: redução de 16.244.43 kg de CO_2 por ano (substituindo as caldeiras movidas a óleo BPF)
- Rotas de DAL: redução de 2.359.92 kg de CO_2 por ano (otimização das rotas de coleta de leite, minimizando o deslocamento)
- Adoção do plástico verde HDPE: redução de 5.420.44 kg de CO_2 por ano
- Minimizar o retorno de caminhões vazios: redução de 4.074.46 kg de CO_2 por ano

Outro resultado é o número de acordos de carbono que já foram assinados: 21 dos maiores fornecedores da Danone se comprometeram a estabelecer um plano de redução das emissões dentro do período de três anos. Além disso, percebe-se que esses projetos também trazem outros benefícios climáticos, como, por exemplo, a diminuição da utilização de alguns recursos naturais não renováveis.

No caso do projeto da Danone, Lucas teve várias e importantes parcerias: Fundação Getulio Vargas, CES, Embrapa (Empresa Brasileira de Pesquisa Agropecuária), Instituto Ipê, CEMPRE (ONG Compromisso Empresarial para a Reciclagem), e algumas universidades, como USP e UFSCAR (duas das melhores universidades brasileiras).

Caso Walmart Brasil
Escola Social do Varejo

Em 2005, Paulo Mindlin era responsável pela criação do Instituto Walmart no Brasil. Com uma equipe de sete pessoas, juntos, participaram da construção da posição de liderança da empresa em questões sociais e ambientais. Entre os projetos, Paulo concebeu e implantou a Escola Social do Varejo, um programa de desenvolvimento profissional, que já treinou mais de 4.500 alunos, desde 2010, e, agora, será expandido para outros países.

Paulo sempre pensou em ajudar a melhorar o sistema econômico e a sociedade a partir de dentro para fora. Para isto, ele acredita que colaborar com uma grande e importante empresa é muito mais eficaz em transformar a economia do que assumir uma posição solitária e muito radical. Ele se enxerga como uma ponte entre a empresa e os *stakeholders* externos, pois é capaz de oferecer um valor para ambos os lados, que acabam se influenciando mutuamente. Paulo abraça a inovação e se considera uma pessoa muito persistente na busca da mudança ou de projetos que considera necessários.

A Walmart Brasil começou em Barueri, SP, Brasil. Adicionalmente, atua em outros seis estados brasileiros, quais sejam, Pernambuco, Ceará, Bahia, São Paulo, Paraná e Rio Grande do Sul. O programa Escola Social do Varejo intenta desenvolver as pessoas desde o início das suas carreiras ao combinar duas situações em uma única oportunidade. De um lado, os jovens no Brasil, que estão entre os grupos mais vulneráveis por não possuírem oportunidades de educação, habilidades de trabalho e desenvolvimento profissional. Isto acarreta em um elevado número de pessoas que carecem de habilidades básicas e conhecimentos para acessar o mercado formal de trabalho. A taxa de abandono em escolas públicas de ensino médio no Brasil está em torno de 50%. Do outro lado, o setor de varejo (o segundo maior empregador) está enfrentando uma crescente falta de profissionais que preencham posições básicas, pessoas qualificadas e interessadas em desenvolver uma carreira no varejo.

O programa Escola Social do Varejo consiste de 500 horas de aula, durante um período de oito meses. Os fundamentos metodológicos baseiam-se em trabalhar com as atitudes do próprio estudante (pró-atividade, senso de urgência, subserviência, empatia, persistência, liderança), enquanto se preenchem as lacunas educacionais (matemática básica e habilidades matemáticas aplicadas, leitura e compreensão de textos). Isso leva os alunos a estabelecerem um plano de carreira e de vida, desenvolvendo suas competências pessoais, sociais e profissionais. Além das horas/aula, o programa continua a ajudar e a oferecer orientação aos estudantes nos meses seguintes após a graduação, enquanto eles participam de entrevistas de emprego, por exemplo, ou encaram suas primeiras experiências profissionais.

A Escola Social do Varejo se concentra nos jovens adultos de 17 a 24 anos, provenientes das famílias de baixa renda (renda familiar inferior a dois salários-mínimos por mês). Na maioria dos casos, estes jovens são os primeiros em suas famílias a completarem o ensino médio. Os participantes também são escolhidos com base em seu potencial de transformação, considerando o nível de envolvimento e a vontade de autodesenvolver.

Marise, por exemplo, uma tímida estudante de 30 anos, da Bahia, matriculou-se no programa e seus amigos zombaram dela ao afirmarem que a profissão de padeiro era somente para os homens. Enquanto as aulas se desenrolavam, ela se abria, contara a sua história e começou a ser menos retraída em relação às suas metas, garantindo que seria a primeira mulher a trabalhar como padeiro na região. Rapidamente ela foi contratada por uma das lojas do Walmart em Salvador, Bahia, e um ano mais tarde foi promovida a supervisora da padaria com dois subordinados diretos.

O programa teve uma grande participação das mulheres (66%), o que está alinhado com o compromisso global da empresa com a causa de Empoderamento Econômico das Mulheres (*Women Economic Empowerment*). As parcerias com terceiros são importantes para garantir o sucesso do programa. O principal parceiro é o Instituto Aliança, uma ONG responsável pela execução do programa. Finalmente, as parcerias com o governo são o caminho para se ampliar o programa.

Até os dias de hoje, mais de 4.500 alunos, desde 2010, formaram-se e cerca de 80% destes estão empregados (apenas empregos formais), sendo metade deles no próprio Walmart. A taxa de rotatividade entre os ex-alunos tem sido consideravelmente mais baixa (menos de 50%!) do que a taxa média da empresa. O objetivo do projeto é desenvolver 10.000 estudantes no Brasil ao longo dos próximos cinco anos. Em uma escala global, o plano é transferir a metodologia a outros países, especialmente na América Latina. O programa foi reconhecido pelo Fórum Econômico Mundial como um dos que possuem as melhores práticas sociais do mundo[15].

---

15 Para mais informações, acesse< www3.weforum.org/docs/WEF_PS_TalentMobility_Report_2012.pdf>

3
Como as empresas reagem

O caso a seguir sobre a empresa brasileira de cosméticos Natura dá uma boa impressão de como até mesmo empresas consideradas como defensoras de sustentabilidade podem reagir a intraempreendedores sociais. Enquanto lê, sugerimos que você note quais aspectos da cultura da companhia criam e impossibilitam o trabalho do intraempreendedor social.

Priscila Matta, Natura: o desafio da intraempreendedora social

A Natura nasceu como uma empresa sustentável quando o economista Luiz Seabra se apaixonou pelo mundo de fórmulas e aromas enquanto trabalhava em um pequeno laboratório na década de 1960 e decidiu fundar seu próprio negócio em 1969.

No começo, a Natura era apenas um pequeno laboratório e uma loja minúscula na Rua Oscar Freire, no bairro elitista dos Jardins, São Paulo. No dia de sua inauguração, Seabra deu rosas brancas para os pedestres que passavam, com uma mensagem explicando o que ele queria fazer lá: falar com seus clientes (*Gazeta Mercantil*, 2000). Em 1974, a Natura mudou para um sistema de venda direta, o que se tornaria uma das principais razões por seu enorme sucesso. O próprio Seabra inaugurou um método de engajamento porta a porta, sendo o primeiro 'consultor' da Natura, um termo usado pela companhia para descrever seus vendedores. Ele diz:

> Os primeiros consultores da natura eram nossas próprias clientes, mulheres entre 40–45 anos que pensavam que não podiam fazer mais nada na vida, que pensavam que não podiam vender nada. E eu disse que elas não precisavam vender nada; em vez disso, elas deveriam estimular as pessoas a cuidarem de seus cabelos, pele e melhorar sua autoestima.[1]

Integrar saúde e beleza e criar uma sensação de bem-estar estavam no centro das intenções de Seabra. Ao longo dos anos, a atração dos cosméticos terapêuticos evoluiu para o

---

[1] <http://www.youtube.com/watch?v=cJ03jf7eJ3Q&feature=related>, baixado em 11 de julho de 2009, acesso em 3 de abril de 2016.

lema difundido da empresa: Bem Estar Bem. Na metamorfose de empreendimento empresarial para negócio de sucesso, Guilherme Leal e Pedro Passos juntaram-se a Seabra, criando uma fórmula de gestão efetiva: Leal é o homem das causas sociais, enquanto Passos é o homem dos números e Seabra é o filósofo, de acordo com suas próprias descrições. Essa combinação moldou a visão, a missão e os valores da empresa:

Razão de ser.[2] Nossa Razão de Ser é criar e comercializar produtos e serviços que promovam o bem-estar/estar bem.

Bem-estar é a relação harmoniosa, agradável, do indivíduo consigo mesmo, com seu corpo.

Estar bem é a relação empática, bem-sucedida, prazerosa, do indivíduo com o outro, com a natureza da qual faz parte, com o todo.

Visão
Por seu comportamento empresarial, pela qualidade das relações que estabelece e por seus produtos e serviços, será uma marca de expressão mundial, identificada com a comunidade das pessoas que se comprometem com a construção de um mundo melhor por meio da melhor relação consigo mesmas, com o outro, com a natureza da qual fazem parte, com o todo.

Crenças
- A vida é um encadeamento de relações. Nada no universo existe por si só
- Tudo é interdependente
- Acreditamos que a percepção da importância das relações é o fundamento da grande revolução humana na valorização da paz, da solidariedade e da vida em todas as suas manifestações
- A busca permanente do aperfeiçoamento é o que promove o desenvolvimento dos indivíduos, das organizações e da sociedade
- O compromisso com a verdade é o caminho para a qualidade das relações. Quanto maior a diversidade das partes, maior a riqueza e a vitalidade do todo
- A busca da beleza, legítimo anseio de todo ser humano, deve estar liberta de preconceitos e manipulações
- A empresa, organismo vivo, é um dinâmico conjunto de relações. Seu valor e sua longevidade estão ligados à sua capacidade de contribuir para a evolução da sociedade e seu desenvolvimento sustentável[3]

A estratégia da Natura
Marcelo Cardoso, VP de Inovação e Sustentabilidade da Natura em 2012, diz: 'Hoje, a Natura considera a sustentabilidade como fonte para inovação'. Isso está refletido em sua

---

2 Natura, que valia um Fusca usado, é empresa do ano do 'Valor 1000', ibid.
3 Retirado do site corporativo.

estratégia de inovação e seu melhor exemplo é a linha de produtos Natura Ekos. Lançada em 2000, a Natura Ekos é uma linha de cosméticos e fragrâncias pioneira, com base no uso sustentável de recursos da biodiversidade brasileira, que são extraídos de diferentes comunidades de extrativismo tradicionais e pequenos grupos de agricultura familiar.

> Em grego, Ekos é ôikos, a nossa casa. Em tupi-guarani, ekó é sinônimo de vida. Em latim, echo é tudo que tem ressonância, reverbera, logo, será ouvido. Somos eco de todos os povos que viveram e conviveram com a Natureza antes de nós.[4]

Considerada para ser a melhor iniciativa com base no mercado em sua busca por sustentabilidade, a Ekos foi construída acerca da ideia de apreciar o conhecimento das comunidades locais, reconhecendo seu trabalho, colaborando para construir uma cadeia de suprimentos que permite a autossuficiência e conserva o ambiente natural. Isso significa, por exemplo, que, se as considerações de sustentabilidade limitam o fornecimento de um certo ingrediente, a empresa interromperá a produção de produtos relacionados ou trocará por alternativas. Para mediar e facilitar os processos complexos exigidos por esses relacionamentos, parcerias com ONGs, centros de pesquisa e agências governamentais foram estabelecidas. Em 2013, a Natura lançou uma nova plataforma aberta de inovação chamada 'Cocriando Natura' para estimular ainda mais a inovação começando um diálogo com todos os interessados e contribuir com novas ideias.

Nos últimos dez anos, o modelo de negócios não usual provou ser um sucesso e tornou-se a principal plataforma de inovação e crescimento para a empresa. A Natura Ekos contribuiu com 10%–15% do volume de negócios [5] da Natura, tendo gerado de 2008 a 2010 mais de US$11,9 milhões para 2.301 famílias em 25 comunidades.[6] A empresa investe aproximadamente 3% de suas receitas em P&D, com um foco cada vez maior em biodiversidade desde o estabelecimento da linha Ekos (*Estado de São Paulo*, 2009). Inicialmente, a pesquisa de novos ingredientes das comunidades foi terceirizada, mas desde 2004 a Natura começou a mudar essa abordagem. Primeiro, a empresa internalizou o trabalho de descobrir novos ingredientes, assim como o conhecimento de como usá-los, e finalmente estabeleceu sua própria equipe para administrar os relacionamentos com as comunidades fornecedoras.

A lei brasileira sobre patrimônio genético e conhecimento tradicional associado

Desde 2001, o Conselho de Gestão do Patrimônio Genético (CGEN) brasileiro exige que empresas que lucram com o acesso ao patrimônio genético compartilhem os benefícios obtidos com os fornecedores (proprietários de terras), por meio da 'Lei da Biodiversidade' (MP 2.186-16)[7] brasileira. Além disso, a lei afirma que os fornecedores, incluindo comunidades indígenas e locais, precisam autorizar formalmente as empresas a usarem seus ingredientes e seu conhecimento tradicional associado. A Natura começou sua inovação e pesquisa sobre dados de biodiversidade brasileira antes do decreto da lei (*Valor Econômico*, 2003). Isso significa que a empresa precisou começar uma série de processos regulatórios para legalizar seus relacionamentos — uma tarefa complexa considerando a diversidade das comunidades

---

4 <http://www.natura.net/port/cosmoprof/por/produtos.asp>, acesso em 26 de agosto de 2016,
5 <http://www.natura.net/port/cosoprof/ing/portfolio/corpo.asp>, acesso em 3 de abril de 2016.
6 Relatório Anual 2010 da Natura.
7 <http://www.planalto.gov.br/ccivil_03/mpv/2186-16.htm>, acesso em 3 de abril de 2016.

fornecedoras envolvidas, a falta de experiência em lidar com comunidades locais no lado empresarial, e a legislação cheia de áreas obscuras (*Valor Econômico*, 2008).

Em 2000, antes da Lei da Biodiversidade ser decretada, a empresa havia comprado uma amostra de 73 kg do rico óleo de buriti produzido pela comunidade de Palmeira do Piauí para iniciar o desenvolvimento de uma variedade de produtos como sabonetes e óleos corporais. Como a Natura não tinha experiência em comprar ingredientes da biodiversidade brasileira, e nenhuma equipe para administrar os relacionamentos com comunidades na época, o acesso ao óleo de buriti foi feito por meio de uma terceirizada, que, por sua vez, o tinha adquirido de um comerciante local em Palmeira do Piauí. Ao fazer isso, a empresa estava acessando o resultado do conhecimento tradicional acumulado nessa comunidade ao longo de muitos anos. Embora a lei da biodiversidade brasileira ainda não tivesse sido decretada em 2000, a Natura decidiu livremente aplicar as normas correspondentes a esse relacionamento passado. Portanto, em 2006, a empresa foi para Palmeira do Piauí para legitimar o acesso ao óleo de buriti e compartilhar os benefícios do desenvolvimento do produto associado.

O primeiro passo foi entrar em contato com o comerciante local que vendeu a amostra inicial para identificar os produtores do óleo de buriti. Como o compartilhamento de benefícios não era exigido por lei na época, não havia necessidade de registrar as informações dos vendedores, e ele lembrou apenas alguns dos nomes envolvidos. Então, a Natura decidiu fazer reuniões abertas a toda a comunidade para deixar claro as vantagens de seguir a lei e discutir uma proposta de compartilhar os benefícios correspondentes.

No entanto, quando a empresa começou a discutir como os benefícios podiam ser compartilhados com as pessoas de Palmeira do Piauí, várias questões surgiram. Primeiro, os produtores de óleo de buriti não sabiam nada sobre legislação. Segundo, eles não estavam organizados em nenhum tipo de associação. Terceiro, os participantes dessas reuniões disseram que prefeririam receber os benefícios em dinheiro. E por último, muitos que não tinham nada a ver com a compra inicial queriam lucrar pessoalmente dos benefícios a serem distribuídos. Listas de pessoas foram criadas e foi difícil distinguir quem eram os produtores daqueles que apenas queriam dinheiro. Além disso, apesar da excelente reputação da companhia, apareceram alguns artigos na mídia sugerindo que a Natura estava sendo injusta em suas relações com as comunidades locais.

Para a Natura havia um relacionamento importante em jogo, assim como os resultados dessa iniciativa tanto para a comunidade quanto para a empresa. Com pouca experiência em entender as necessidades conflitantes e os interesses da comunidade, a Natura tinha falhado em sua abordagem inicial de se comunicar e estabelecer o processo de compartilhamento de benefícios localmente, e criou uma batata quente que ninguém na empresa realmente ousava tocar.

Priscila Matta é antropóloga e entrou na Natura em 2007. Seu batismo de fogo foi desenvolver uma estratégia em como resolver o relacionamento afligido com a comunidade de Palmeira do Piauí. Para fazer isso, pareceu natural a ela visitar a comunidade, mas devido às questões conflitantes que resultaram da última visita da Natura, seus supervisores imediatos queriam que ela primeiro construísse uma estratégia interna sólida. A dificuldade de tentar resolver tal questão complexa a distância a preocupou. Priscila diz:

Eu queria ir até a comunidade para descobrir o que aconteceu e como as pessoas eram organizadas social e politicamente, mas meu chefe imediato disse que eu só poderia ir se existisse uma estratégia de como agir. Eu disse que seria impossível criar uma estratégia sem ir até lá, mas ele não me deixou ir.

Passaram-se 13 meses desde que Priscila entrou para a Natura. Sem acesso direto à comunidade, ela mergulhou no caso o máximo que pode. Apoiada por uma equipe multidisciplinar, ela delineou possíveis cenários, estando preparada para qualquer resultado que as negociações com a comunidade pudessem apresentar. Gradualmente, seus esforços permitiram que ela projetasse uma estratégia detalhada e consistente, que poderia ser apresentada ao comitê executivo.

Priscila claramente tinha o potencial de agir como uma intraempreendedora social, neste caso criando valor para a companhia (reestabelecendo relacionamentos, mantendo a fluência dos processos de inovação e protegendo a reputação) assim como para as comunidades (compartilhando benefícios).

Para saber o que aconteceu em seguida veja no capítulo 4. Primeiro, no entanto, queremos explorar como as empresas reagem a intraempreendedores sociais e por que elas devem considerar visar o empoderamento maduro dos intraempreendedores sociais em potencial em seu meio.

Como as empresas reagem depende muito de sua maturidade em questões sobre responsabilidade e sustentabilidade corporativa. Simon Zadek (2004) rastreou as mudanças na crise de trabalho infantil que a Nike enfrentou na década de 1990. Ele distinguiu os estágios descritos na Tabela 3.1, para a qual adicionamos como isso impacta o intraempreendedor social.

Tabela 3.1 Obstáculos encontrados por intraempreendedores sociais

Estágio	Descrição	Impacto no trabalho de intraempreendedores sociais
Defensivo	A empresa negligencia qualquer responsabilidade por impactos sociais e ambientais, práticas e resultados irresponsáveis	Uma empresa na defensiva pode rejeitar ativamente as ideias de intraempreendedores sociais e, assim, fornece um ambiente hostil
Conformidade	A organização adota uma abordagem com base na lei e na política e aceita as responsabilidades sociais como um custo de fazer negócios	Os intraempreendedores sociais podem esperar ignorância, falta de consciência, indiferença e até espanto neste nível
Gerencial	Neste estágio a empresa define indicadores de performance social e ambiental e os insere em seus processos gerenciais	Neste estágio os intraempreendedores sociais são, muitas vezes, tolerados, mas observados de perto. As ideias são acidentalmente abafadas, não intencionalmente, mas porque a empresa tem dificuldades em entender o valor estratégico da ideia

Estratégico	Em um nível estratégico, a empresa integra questões sociais e ambientais em suas estratégias de negócios para se diferenciar dos competidores e oferecer escolhas mais responsáveis aos consumidores	Em um nível estratégico e civil, os intraempreendedores sociais são ativamente empoderados para criar valor compartilhado pelas novas ideias de negócios
Civil	À medida que a questão social e/ou ambiental é relevante para todos na indústria, a empresa engaja no ativismo corporativo para lidar com a questão em um nível industrial ou até mesmo interindustrial	

A Tabela 3.2 mostra como essas mesmas categorias podem ser aplicadas em um nível individual.

Tabela 3.2 Nível de maturidade de responsabilidade corporativa dos empregados

Tipo de empregado	Características
1. Bloqueador	Este tipo tem medo de qualquer coisa nova acontecendo dentro da empresa. Ele ou ela tenta evitar riscos a todo custo e é particularmente cético em relação a iniciativas sociais e ambientais como 'nós não fizemos isso nos últimos 20 anos, por que deveríamos começar agora?' Esta pessoa definitivamente não apoiará um intraempreendedor social realizando seu projeto.
2. Obediente	Este tipo de empregado sabe tudo sobre as regras e procedimentos da empresa para se defender. Se abordado com uma nova proposta de projeto ele avaliará cuidadosamente se está alinhada com os procedimentos da empresa — que é mais provável que não. Portanto, esta pessoa também é um improvável aliado de um intraempreendedor social porque, desafiado a trabalhar desviando das regras, ele lhe pedirá ou para falar com os Recursos Humanos para mudar sua descrição de trabalho ou com seu chefe para dizer a ele para ajudá-lo.
3. Implementador	Este tipo é melhor descrito como gerente de projetos. Ele sabe o que um intraempreendedor social está falando e já começa a planejar linhas do tempo de projetos, entregas e critérios de qualidade. No entanto, esta pessoa não se encaixa bem no papel de um motivador, muito menos inspirando outras pessoas.
4. Defensor	Debra Meyerson descreve essas pessoas como 'radicais moderadas'. Elas têm boas ideias para projetos sociais e ambientais, mas carecem de visão de negócios para vendê-las em linguagem empresarial para a administração sênior. Elas são boas para ter a bordo de um projeto intraempreendedor social, mas você precisa complementar a equipe com as pessoas que falem a linguagem empresarial e tenham a confiança dos líderes de negócios seniores.
5. Intraempreendedor social	Esses são os empregados que são capazes de pensar em negócios e sustentabilidade juntos para criar o que Porter e Kramer chamaram de 'valor compartilhado'. Se eles não sentirem que criam algum bem para a sociedade, eles não se envolvem.

Existe um alinhamento entre a empresa e o intraempreendedor social?

Lembra da autoavaliação no início do Capítulo 2 em 'Entendendo os intraempreendedores sociais individuais' (Tabela 2.1)? A soma das colunas refere-se aos cinco níveis individuais de maturidade na Tabela 3.2. Então a soma na coluna (1) lhe diz o quanto você é um bloqueador, já que as perguntas 1, 6, 11 e 16 objetivam ver o quanto uma pessoa se opõe a novos projetos. A soma da coluna (5) representa o intraempreendedor social, já que as questões 5, 10, 15 e 20 resumem comportamentos de intraempreendedores sociais quando se trata de novos projetos.

Os cinco níveis de maturidade no lado organizacional podem agora ser cruzados com os cinco níveis de maturidade das características individuais, o que nos fornece uma matriz 5×5 mostrada na Tabela 3.3.

Tabela 3.3 Matriz de maturidade de responsabilidade corporativa da empresa/do intraempreendedor social

	Bloqueador	Obediente	Implementador	Defensor	Intraempreendedor social
Civil					■
Estratégico				■	
Gerencial			■		
Conformidade		■			
Defensivo	■				

Por que algumas células estão sombreadas e o que isso significa?

A matriz mapeia níveis de maturidade individuais e organizacionais. As áreas sombreadas são aquelas onde a maturidade individual está em pé de igualdade com a maturidade organizacional. Nós chamamos essa área de 'mudança zero'. Um bloqueador está feliz em uma empresa defensiva e uma empresa defensiva está feliz com o bloqueador, portanto não há necessidade de mudança. O mesmo é verdadeiro para um obediente e uma empresa orientada à conformidade e assim por diante. No estágio final temos um intraempreendedor social empoderado em uma companhia cívica que objetiva coletar todas as ideias para criação de valor compartilhado. Isso é onde, hoje, Priscila Matta e a Natura se encontram — uma intraempreendedora social em uma empresa civil — e é o que explica por que Priscila não mudou de emprego recentemente.

ANTONIO DIANGELO (FLAUTA), ALEX ZAPHIROPOULOS (SAX TENOR), TOM NEALE (SAX ALTO) APRESENTAM UMA PEÇA DE 'FREE JAZZ' NO CONCERTO FINAL DO PAROS JAZZ ACADEMY 2011 EM PAROS, NA GRÉCIA. EMBORA O 'FREE JAZZ' POSSA PARECER SER SEM FORMA, ELE RETIRA EXPRESSÕES DO JAZZ ESTABELECIDO, MAS 'COLOCA UM PRÊMIO ESTÉTICO NA EXPRESSÃO DA 'VOZ' OU 'SOM' DO MÚSICO, AO CONTRÁRIO DA TRADIÇÃO CLÁSSICA NA QUAL O ARTISTA É VISTO MAIS COMO ALGUÉM QUE EXPRESSA OS PENSAMENTOS DO COMPOSITOR' (FONTE: EN.WIKIPEDIA.ORG/WIKI/FREE_JAZZ).

DE MANEIRA SIMILAR, ENQUANTO UM 'BRAINSTORM' OU 'JAM SESSION' CORPORATIVO PODE ENFATIZAR A LIBERDADE DE 'PENSAR COISAS MALUCAS EM QUALQUER POSIÇÃO E EM QUALQUER REUNIÃO', ISSO ACONTECE DENTRO DOS LIMITES DA CULTURA E DOS VALORES DA ORGANIZAÇÃO.

O que acontece nas células acima da área sombreada?

Acima da área sombreada a maturidade individual é menor que a maturidade organizacional. Isso cria um problema para o RH, à medida que o empregado precisa ou ser treinado ou ser dispensado.

O que acontece nas células abaixo das áreas sombreadas?

As células abaixo da área sombreada são campos nos quais o indivíduo é mais maduro que a organização para a qual trabalha. E isso pode criar várias consequências:

- **Mudar a empresa.** Essa é a primeira escolha de um intraempreendedor social. Por meio do projeto de inovação social você torna a empresa consciente de que a sustentabilidade pode criar valor para o negócio e para a sociedade
- **Pedir demissão.** A segunda opção pode ser mudar de emprego e procurar uma organização que forneça um ambiente melhor para a inovação social. Este é o intraempreendedor social de partida mencionado anteriormente

- **Integrar-se.** Este é o intraempreendedor social exasperado que desistiu de insistir em inovações sociais. Às vezes você o escuta lamentando na área do café sobre a cultura da empresa.

Quanta resistência você pode esperar?

A Figura 3.1 mostra quanta resistência você pode esperar. Na pior das hipóteses nós temos um intraempreendedor social trabalhando em uma empresa defensiva. Se não existem sinais de mudança, pedir demissão pode ser a única opção. Mesmo se a empresa estiver em um nível gerencial, existe uma distância significativa a ser coberta, então prepare-se para anos de engajamento já que convencer lideranças e mudar a cultura da empresa leva tempo.

Intraempreendedores sociais claramente têm habilidades empreendedoras e de marketing. Eles sabem o que as pessoas querem e como abordar suas exigências proveitosamente. Ao mesmo tempo, essas habilidades os ajudam a gerar a confiança necessária para embarcar em novas ideias com o suporte dos executivos seniores.

Parece haver uma gama de reações corporativas ao intraempreendedorismo social:

Hostilidade — rejeição ativa
Ignorância — falta de consciência
Indiferença
Espanto
Tolerância defensiva
Reprimir acidentalmente — não tem a intenção de suprimir, mas o faz
Empoderamento maduro

Os desafios

Intraempreendedores sociais encontram uma grande variedade de obstáculos para desenvolver seus projetos. A Tabela 3.4 ilustra os tipos de obstáculos-chave e exemplos específicos mencionados em entrevistas.

Tabela 3.4 Obstáculos encontrados por intraempreendedores sociais

Obstáculos	Exemplos
Limitações de mentalidades da gerência média e sênior	Não 'entende' intraempreendedores sociais Pensamento 'ou isso ou aquilo' Sustentabilidade vista como 'esquerdista' Pensamento de curto prazo Resistência à crítica do consumismo dentro da indústria da propaganda
Clima político interno	Nenhum patrocinador sênior Outras prioridades empresariais vistas como mais importantes Mudança no critério de sucesso (lucratividade é mais importante) ligado à perda de CEO patrocinador Ceticismo interno à forma como as ideias funcionariam Dificuldade em liberação de bens corporativos Pensamento em silo Escala inadequada de indicadores-chave de desempenho (KPI) (foco em empresa *versus* grupo)
Clima socioeconômico externo	Recessão
Conflito das partes interessadas	Priorizar clientes sobre as ONGs
Questões de personalidade do intraempreendedor social	Necessidade de continuar desenvolvendo novos projetos ou tornar-se inquieto
Burocracia corporativa	Muitos procedimentos internos e aprovações necessárias
Ausência de processos para engajar empregados em inovação	A empresa não tem um canal de inovações no qual os empregados podem alimentar suas ideias
Líderes sem visão	O comitê executivo não vê o valor de negócio da sustentabilidade e, portanto, não há um 'padrinho' fornecendo suporte
Sem críticas, por favor	A cultura corporativa trata a crítica como uma ofensa para o estilo de liderança atual

O *case* de negócios para o intraempreendedorismo social

STIR: as oportunidades

Para entender o *case* de negócios para encorajar e empoderar intraempreendedores sociais, as empresas precisam compreender as maneiras pelas quais os intraempreendedores sociais podem contribuir com a criação de valor. Nós chamamos isso de 'STIR': Sustentabilidade, Talento, Inovação e Reputação (veja Figura 3.1). A Tabela 3.5 estabelece o case de negócios para STIR.

Figura 3.1 STIR: Sustentabilidade, Talento, Inovação e Reputação

- **S**ustentabilidade: parte da estratégia da empresa e especialmente para engajar empregados em sustentabilidade
- **T**alento: ajudar a atrair, desenvolver e reter talentos; e construir engajamento dos funcionários e advocacia
- **I**novação/desenvolvimento de novos negócios: para melhores especialistas, conhecimentos e ideias de empregados
- **R**eputação: compartilhar histórias de intraempreendedorismo social de sucesso com investidores internos/externos

Centro: Encorajando o intraempreendedorismo social

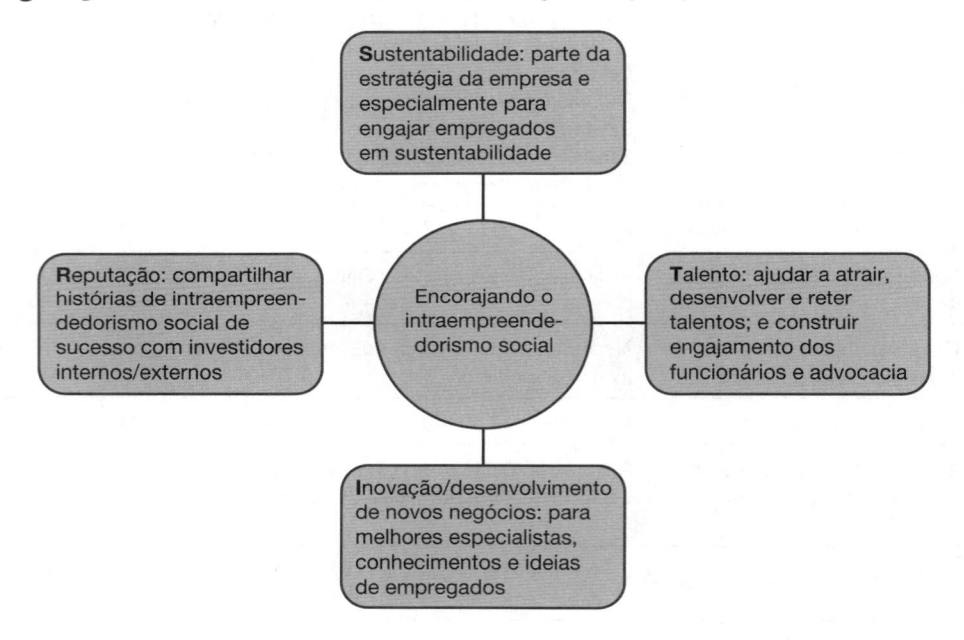

Tabela 3.5 *Case* de negócios para STIR (Sustentabilidade, Talento, Inovação, Reputação)

Categorias de benefícios de negócios	Benefícios de negócios em potencial/reais	Fatos comprobatórios
Sustentabilidade	Novos conhecimentos na questão de sustentabilidade (podem não estar muito cientes das implicações para seus negócios) Pode economizar ou fazer dinheiro Poderia ajudar o negócio a participar completamente na implementação dos Objetivos de Desenvolvimento Sustentável pós-2015	93% dos CEOs entrevistados para a pesquisa de CEOs da UNGC Accenture 2013 dizem que as questões de sustentabilidade serão críticas para o sucesso futuro de seus negócios 78% veem a sustentabilidade como uma oportunidade de crescimento e inovação

Talento	Melhora a motivação e moral do empregado — para os próprios intraempreendedores sociais, mas também potencialmente para outros preocupados com questões de sustentabilidade ou que se importam com os valores de seu empregador	Organizações que estimulam o engajamento do empregado desfrutam de uma grande variedade de resultados empresariais positivos: pesquisa feita por Towers Perrin (agora Towers Watson) vinculou o engajamento com o bem-estar do empregado e resultados financeiros positivos (margens operacionais) (TOWERS WATSON, 2012) Organizações que fornecem oportunidades para um 'bom trabalho', isto é, trabalho que é 'recompensador para empregados, empregadores e para a sociedade', cria benefícios para seus negócios assim como para seus empregados, de acordo com pesquisa realizada por The Work Foundation (BEVAN, 2012)
Inovação	Fonte adicional de criatividade e inovação Pode criar novas parcerias para os negócios criarem novas oportunidades de trabalho	A pesquisa da Gallup de 2010–12 sugere que o engajamento e a inovação estão ligados, 'empregados engajados apresentam a maioria das ideias inovadoras, criam a maioria dos novos clientes da empresa e dão a maioria da energia empreendedora' (GALLUP, 2013) 'Nós acreditamos que as inovações exigidas para criar o futuro não virão de uma única fonte. Nem da ciência. Nem da tecnologia. Nem dos governos. Nem dos negócios. Mas de todos nós. Devemos aproveitar o poder coletivo de parcerias incomuns para redefinir dramaticamente a maneira que prosperaremos no futuro' (Hannah Jones, chefe global de sustentabilidade e inovação da Nike)
Reputação	Benefícios de reputação possíveis como uma empresa internacional que empodera seus empregados; mas também para produtos e serviços resultantes que os intraempreendedores sociais geram	A Vodafone e a Accenture, por exemplo, têm aumentado seu perfil internacional e recebido publicidade positiva como resultado de criações de seus intraempreendedores sociais para ajudar a demonstrar aos governos e à sociedade civil que a empresa é um parceiro em potencial

O *case* social para intraempreendedores sociais é derivado de ter mais pessoas trabalhando em soluções para os desafios de desenvolvimento sustentável, o que pode ser levado a uma escala como parte de grandes corporações de sucesso. Esses exemplos podem, então, inspirar iniciativas de imitação e outros intraempreendedores sociais.

Os desafios *e* as oportunidades: inovação social corporativa

As inovações corporativas podem ser predominantemente para benefícios empresariais, benefícios sociais ou — o melhor de tudo — para ambos. Esta última categoria é definida como 'oportunidades sociais corporativas' (OSCs).

> Nós vemos as oportunidades sociais corporativas como atividades comercialmente viáveis que também propagam a sustentabilidade social e ambiental. Essas tendem a ser baseadas em um ou mais dos seguintes: inovações no desenvolvimento de produtos e serviços novos ou melhorados; servindo mercados carentes ou criando novos mercados; ou organizando os negócios de maneira diferente em um novo modelo de negócios: por exemplo, em como concebe e desenvolve os novos produtos e serviços, ou como eles são financiados, comercializados e distribuídos. O objetivo é ser capaz de criar um ambiente onde várias OSCs são possíveis. Quando isso começa a acontecer, você talvez possa também usar a oportunidade social corporativa para descrever a cultura corporativa, a mentalidade, 'a maneira como fazemos negócios aqui' (GRAYSON e HODGES, 2004: 11).

Como as empresas criam um fluxo de negócios regular, de alto volume e com qualidade para OSCs? Além de serem desenvolvidas por intraempreendedores sociais, as OSCs podem vir de:

- Equipes de gerenciamento de marca e desenvolvimento de novos produtos
- Processos de *brainstorming* ou inovação formais
- Esquemas de sugestão e sugestões *ad hoc* dos funcionários
- Fontes 'tradicionais' de inovação externa, como clientes, acadêmicos e associações comerciais
- Equipes verdes etc.
- A função RC traduzindo as sugestões dos empregados para a realidade
- ONGs dispostas a propor ideias para empresas que considerarem abertas a propostas OSC e capazes de compreender o potencial e executar as ideias (veja GRAYSON e HODGES, 2008)

- Parcerias empresa–ONG, por exemplo, esquema de empresa beneficente do ano etc. Essas OSCs poderiam ser um resultado pretendido ou acidental da parceria e, claro, um intraempreendedor social pode ter entendido a ideia como um resultado de estar ciente ou até estar ativamente envolvido na parceria empresa–ONG

Empresas bem-sucedidas vão querer incentivar o intraempreendedorismo social como parte de um impulso mais amplo para engajar todos os empregados em sustentabilidade e, como parte de esforços maiores para encorajar mais inovação de dentro e de fora. As empresas precisam de uma cultura que estimule inovação e envolva os empregados de forma geral. A abordagem de sucesso será estabelecer um ambiente favorável para o intraempreendedorismo social como parte integral disso.

Nick Hughes da Vodafone sentiu que a inovação resultava, muitas vezes, de 'ter uma abertura a ideias... qualquer ideia... seja de um cliente ou de um competidor... e testá-la com clientes reais'. A abordagem, de acordo com a colega Susie Lonie, deveria ser identificar 'um problema que precisa ser resolvido — não uma maneira específica de resolvê-lo'.

Em sua descrição do projeto TCS mKRISHI para apoiar produtores rurais (veja Capítulo 1), Arun Pande identificou os seguintes benefícios empresariais:
Novo mercado para a companhia
Contribuição direta a negócios existentes
Marca TCS melhorada como uma companhia pioneira e inovadora
Reputação corporativa melhorada
Percepção positiva da companhia pelos investidores

4
Ambiente favorável dentro de empresas

No final de nossa fase de pesquisa inicial com intraempreendedores sociais individuais, ficou evidente que, para explicar a grande variação em suas jornadas e resultados individuais, seria necessário entender melhor o 'ambiente favorável', tanto dentro quanto fora de suas empresas, que os ajudaram ou os impediram ao longo do caminho.

As empresas podem criar um ambiente favorável para o intraempreendedorismo social ou, no extremo oposto, um ambiente desfavorável. Aproveitar os talentos e o comprometimento de todos os empregados para alcançar objetivos de sustentabilidade é parte da mentalidade, dos comportamentos e das habilidades de gestores em empresas nos estágios mais avançados de maturidade RC (DUNPHY, GRIFFITHS e BENN, 2007; MIRVIS e GOOGINS, 2006; PORRITT e TUPPEN, 2003; ZADEK, 2004).

Os gestores precisam considerar a criação do 'ambiente favorável' para o intraempreendedorismo social como o marco fundamental na jornada para embutir a sustentabilidade e empoderar todos os empregados a tratar a sustentabilidade como parte de seus trabalhos. Uma empresa líder caracteriza isso como uma evolução de responsabilidade social corporativa (RSC) à 'maneira que fazemos negócio' de hoje para 'os negócios que fazemos' (de amanhã).

Como as companhias criam um ambiente favorável para o intraempreendedorismo social? O que se segue é uma discussão dos principais fatores que identificamos na revisão bibliográfica e em nossas entrevistas como facilitadores e incapacitadores de intraempreendedorismo social: cultura, recursos humanos, gestão e liderança, recursos, processos organizacionais e infraestrutura, estratégia e o ambiente externo.

Cultura que D.A.R.E.S.(ousa) promover a inovação social

A cultura organizacional foi identificada como uma importante influência no intraempreendedorismo social tanto em nossa revisão bibliográfica quanto por nossos sujeitos entrevistados. Mas o que é 'cultura'? Ela foi definida variadamente como:

> A maneira pela qual as coisas são feitas por aqui (DEAL e KENNEDY, 1982).

> A coleção específica de valores e normas que são compartilhadas por pessoas e grupos em uma organização e que controlam a maneira que elas interagem umas com as outras e com stakeholder fora da organização (HILL e JONES, 2001).

> Um padrão de suposições básicas compartilhadas que o grupo aprendia à medida que resolvia seus problemas de adaptação externa e integração interna, que funcionou bem o suficiente para ser considerado válido e, portanto, para ser ensinado a novos membros como a maneira correta de perceber, pensar e sentir em relação a esses problemas (SCHEIN, 2004).

Quais elementos culturais apoiam o intraempreendedorismo social? O resultado de nossa pesquisa empírica convergiu, em grande parte, com os fatores identificados em nossa revisão bibliográfica (ANTONCIC, 2007; ANTONCIC e HISRICH, 2003; CHRISTENSEN, 2005; KURATKO e GOLDSBY, 2004; MANTERE, 2005; NARAYANAN, YANG e ZAHRA, 2009; STOPFORD e BADEN-FULLER, 1994). Os fatores a seguir foram particularmente salientes:

Diálogo
Autonomia
Correr **R**iscos
Experimentação
Sustentabilidade

Diálogo

> A maneira de conseguir boas ideias é conseguir várias ideias e jogar as ruins fora (Linus Pauling, vencedor de dois prêmios Nobel).

Uma cultura de diálogo aberto é um atributo distinto de organizações em que o intraempreendedorismo tem sucesso. Criar tempo e espaço para uma ampla variedade de vozes serem ouvidas — face a face, não somente online — permite que as pessoas nas organizações se abram para o que está acontecendo no resto do mundo (*versus* permanecer imerso em seus próprios ambientes individuais ou equipes imediatas). Tal diálogo também facilita o fluxo criativo de ideias necessárias para que ideias realmente inovadoras surjam.

Nossos entrevistados descreveram frequentemente as qualidades de seus ambientes organizacionais que pareciam promover (ou inibir) o que poderia ser descrito como fluência ideativa — um termo normalmente reservado para descrever a inteligência ou criatividade em indivíduos (GUILFORD, 1959) — em *equipes* ou *organizações*.

Csikszentmihalyi' (1990) definiu 'fluxo' como 'um estado mental de operação no qual uma pessoa realizando uma atividade está completamente imersa em um sentimento de foco energizado, envolvimento total e satisfação'. Sawyer (2006) construiu sobre esse conceito, examinando uma grande variedade de atividades criativas — não apenas atividades altamente valorizadas como a produção de obras-primas de arte e empreendimentos científicos, mas também filmes, vídeos musicais, desenhos, videogames, hiperficção, performances de palco, inovações empresariais e avanços em tecnologia da computação. Ele propôs que 'criatividade não é somente uma propriedade dos indivíduos, é também uma propriedade dos grupos sociais'.

Uma atividade específica citada por Sawyer — com a qual uma das nossas equipes de pesquisa teve experiência direta — é a improvisação jazzística. Sawyer observa que, 'embora cada músico seja individualmente criativo durante a performance, a novidade e a inventividade de cada uma das reproduções dos artistas é claramente influenciada, e frequentemente melhorada, pelo "processo interacional e social" entre os músicos'.

Esses 'processos interacionais e sociais' também moldaram as experiências, tanto positivas quanto negativas, dos intraempreendedores sociais que entrevistamos. O sucesso de seus esforços para desenvolver produtos ou serviços inovadores produzindo tanto benefícios comerciais quanto sociais dependia não somente de seus próprios atributos pessoais, como persistência e habilidade de se comunicar eficazmente com os outros, mas também do grau de afinidade e engajamento de colegas que trabalhavam com eles para dar vida aos projetos.

O DIÁLOGO É UMA PARTE INTEGRAL TANTO DO FAZER MUSICAL NO JAZZ QUANTO DO INTRAEMPREENDEDORISMO SOCIAL. AQUI, O CONTRABAIXISTA ARNIE SOMOGYI E O TROMBONISTA JEREMY PRICE ENVOLVEM-SE EM UM DIÁLOGO MUSICAL ANIMADO DURANTE SEU TRIBUTO À MÚSICA DE CHARLES MINGUS, 'SCENES IN THE CITY'.

ASPIRANTES A INTRAEMPREENDEDORES SOCIAIS TAMBÉM PRECISAM DE ESPAÇO PARA SE ENGAJAREM EM DIÁLOGOS AO DESENVOLVEREM PROJETOS DE INOVAÇÃO SOCIAL. ISSO PODE SER APOIADO POR EMPRESAS QUE CULTIVAM A 'CULTURA DO CAFÉ' COMO PARTE DE UM 'AMBIENTE FAVORÁVEL' PARA O INTRAEMPREENDEDORISMO SOCIAL.

A capacidade organizacional de criar tempo e espaço para criatividade e aprendizado foi rotulada como 'cultura do café' (BUSINESS IN THE COMMUNITY, 2010) e é uma característica das organizações onde aprender faz parte da vida diária. Nesses ambientes vibrantes, o tempo e o espaço são colocados de lado regularmente para as pessoas relaxarem, conversarem, aprenderem algo novo e se conectarem com as outras. Ideias inovadoras fluem naturalmente em cenários onde o aprendizado de todos os tipos é intrinsecamente valorizado.

'[Existe uma] cultura de abertura para novas ideias.'

'Você precisa de uma cultura de diálogo, pessoas capazes e dispostas a ouvir e discutir ideias. Interesse em saber como as coisas são vistas de fora ... Existe um interesse genuíno em conversar, ouvir debates, consultar-se com externos.'

'Nós trouxemos vários recursos para ajudar as pessoas a saírem de um modo de debate e entrarem em um modo de diálogo.'

'Boa comunicação/*storytelling* são necessários para criar impacto com Conselhos — podem ser melhores que indicadores.'

'[Nós temos o] hábito da mentalidade "sim, mas", mesmo embora [estejamos em uma] empresa de inovação. Fiz uma regra — não se pode dizer "sim, mas"; deve ser "sim e"'

Contrariamente, a cultura pode ser um incapacitador se ela induzir medo de expressar visões abertamente:

> '[Eu sou] interessado no tópico [de sustentabilidade], mas cuidadoso porque eu tinha medo de ser ridicularizado por colegas.'

> '[A empresa] perdeu um intraempreendedor em potencial por causa da cultura corporativa, não valorizar as discussões abertas e não fornecer um ambiente favorável.'

> 'As pessoas temem fazer coisas de maneira diferente como se caso houvesse um erro eu pudesse ser despedido. Se houver bons resultados não se obtém reconhecimento.'

Autonomia

Os intraempreendedores precisam ser empoderados a desenvolver suas ideias proporcionando-lhes autonomia (ANTONCIC, 2007; CHRISTENSEN, 2005; KURATKO, IRELAND, COVIN e HORNSBY, 2005; NARAYANAN *et al.*, 2009; ROBERTS e HIRSCH, 2005). A liberdade de experimentar e correr riscos que foi concedida a alguns intraempreendedores sociais foi citada como fator-chave para suas realizações.

> 'Aqui eu fui capaz de tomar minhas próprias decisões e estou conduzindo o que preciso fazer.'

> 'Seu chefe imediato [no banco] estava em Londres, [ela estava em] Amsterdã. Ele deu a ela total discernimento e autonomia.'

Um desafio específico para intraempreendedores sociais é que a sustentabilidade pode ser percebida meramente como uma parte extra-anexada ao negócio ou puramente como uma forma de reduzir riscos (*versus* como uma oportunidade de negócios). Enquanto eles podem ser capazes de conquistar tempo e espaço para seus projetos, eles estão, muitas vezes, operando 'contra a corrente' da cultura predominante de sua companhia, onde a sustentabilidade é considerada, na melhor das hipóteses, apenas parcialmente relevante ao negócio central.

> '[A companhia está] há dois anos em transição de filantropia corporativa para inovação social ... buscando criar mercados, novos clientes e novos produtos e serviços por meio de uma melhor inovação social.'

> 'A companhia era 'voltada para o mercado' a respeito do projeto do intraempreendedor social, [então ele] teve que perseguir seu interesse em microfinanças em seu tempo livre ... teve que cumprir seu trabalho regular.'

Alguns intraempreendedores sociais estavam preparados para ir 'contra a corrente' das organizações conservadoras para desenvolver novos projetos:

> 'A cultura organizacional era profundamente conservadora, mas a inovação vem de pessoas "levadas" que querem chegar ao extremo.'

Correr Riscos

A cultura precisa encorajar os intraempreendedores a correr riscos (ANDERSON, DE DREW e NIJSTAD, 2004; CHRISTENSEN, 2005) e fornecer tempo para resolver problemas com colegas (HISRICH, 1990; KURATKO, MONTAGNO e HORNSBY, 1990). Já que experimentos intraempreendedores podem falhar, a cultura organizacional precisa exibir uma tolerância pelo fracasso, reconhecendo o valor do aprendizado por meio de experimentos fracassados (ANDERSON et al., 2004; CHRISTENSEN, 2005; KURATKO et al., 1990; STOPFORD e BADEN-FULLER, 1994).

Nossos entrevistados também citaram a importância de serem encorajados a correr riscos gerenciados e serem recompensados por fazê-lo, mesmo quando o fracasso ocorre:

> 'Nós temos uma cultura bem orientada ao risco ... nós temos a cultura onde podemos pensar coisas loucas em qualquer posição e em qualquer reunião.'

> 'A cultura é muito empreendedora, como se você tem uma boa ideia, você é desafiado a implementá-la ... um grande desafio é [alcançar] a escala [com um projeto de intraempreendedorismo social]'

A cultura pode ser incapacitadora se as pessoas tiverem medo de não serem reconhecidas ou recompensadas por correr riscos. Isso ocorreu, por exemplo, em um ambiente que era percebido por um entrevistado como 'altamente político, rígido ... sobreviventes interessados em suas carreiras [eram] mais propensos a terem sucesso'.

Experimentação

Intraempreendedores sociais também precisam de encorajamento, espaço e recursos para experimentação (ANDERSON et al., 2004; CHRISTENSEN, 2005; HOSTAGER, NEIL, DECKER e LORENTZ, 1998; STOPFORD e BADEN-FULLER, 1994).

> 'Em um ambiente onde o objetivo é reduzir a emissão de carbono pela metade até 2020, e o CEO está frustrado porque você não está se mexendo mais rápido, você tem um ótimo parque experimental, liberdade para gastar dinheiro, uma carga de impulso de outros lugares, esse é um ambiente fantástico.'

> 'Alta tolerância para experimentos, aplicando critérios flexíveis para definir e medir o sucesso.'

Uma sugestão interessante foi que a inovação é um fenômeno que ocorre naturalmente em organizações e o imperativo para as empresas não é promover ou criar tais novações, mas simplesmente não interferir nelas:

'Agora, neste momento, temos milhares de [consultores] fazendo algo inovador, algo que eles desenvolveram para ter novas experiências com clientes e com [a empresa] ... O que precisamos alcançar ... é evitar interferir com o fluxo natural da inovação que existe ... Nossa cultura de inovação está no sentido de dar vida à experiência de bem-estar do consumidor e da sociedade.'

'[Existe um] *ethos* de "inovação para companhias e nações" — fazendo coisas em larga escala; liberdade de fazer experimentos interessantes, mas de uma maneira disciplinada.'

Sustentabilidade no coração do negócio

Em contraste às companhias que focam puramente em inovação comercial, as empresas que promovem inovação social incorporam sustentabilidade e ética explicitamente em sua estratégia de negócios, visões e valores. Comunicar claramente como a sustentabilidade é integrada com o sucesso do negócio fornece uma direção útil para os intraempreendedores sociais (ANTONCIC, 2007; ANTONCIC e HISRICH, 2003; CHRISTENSEN, 2005; KURATKO e GOLDSBY, 2004; MANTERE, 2005; NARAYANAN *et al.*, 2009; STOPFORD e BADEN-FULLER, 1994).

Nossas entrevistas demonstraram que a força dos paradigmas sociais e ambientais das companhias (ANDERSSON e BATEMAN, 2000) determina a extensão em que os intraempreendedores sociais podem 'viver de acordo com seus valores ... e harmonizar a conduta corporativa com expectativas sociais' (SPITZECK, 2009: 169). Quanto mais essa prática de negócio responsável e sustentável é percebida como integral e aumenta as oportunidades para o sucesso dos negócios (GRAYSON e HODGES, 2001, 2004), melhor as chances de desenvolver e sustentar o intraempreendedorismo social na organização.

'Estamos buscando produtos e serviços que impactarão as questões de sustentabilidade dos nossos clientes ... a unidade na organização está vendo a sustentabilidade como uma oportunidade de negócios e uma parte necessária do ciclo de inovação.'

'Nossas raízes são empreendedoras e inovadoras ... veja os vencedores do Prêmio RSC [da empresa] que não tiveram responsabilidade RSC.'

'Eles não fazem "RSC": aqui estamos falando sobre os negócios.'

Como o especialista tradicional de responsabilidade corporativa pode incapacitar o intraempreendedorismo social

Em contraste às organizações onde a sustentabilidade está no coração da estratégia de negócios, companhias mais tradicionais podem conceber a sustentabilidade como uma 'extra' ao negócio central. Vários intraempreendedores sociais descreveram como a presença de um especialista ou uma função de responsabilidade corporativa em uma companhia poderia impedir, em vez de permitir, o intraempreendedorismo social.

Em contextos tradicionais de negócios, a responsabilidade social é frequentemente igualada à atividade filantrópica e pode ser percebida apenas como um custo ou risco, não como uma oportunidade de negócio. Intraempreendedores sociais em potencial podem, portanto, abster-se de empreender qualquer atividade que contrarie as visões predominantes sobre RC, especialmente se puder impedir a progressão de sua carreira na organização.

> 'A mentalidade "ou isso ou aquilo" sobre RC — RC custa dinheiro — é um desafio.'

> 'Embora [a empresa] tivesse reputação corporativa externa para sustentabilidade, [havia] pouca consciência interna — mentalidade de conformidade.'

> 'O critério de RC para seleção de fornecedores pode excluir o envolvimento com alguns fornecedores menores [que poderiam ser parceiros em atividades intraempreendedoras sociais].'

> 'No caminho rápido em que estou, não é realmente bom ser visto como [alguém] interessado no que pode ser considerado como esquerdista.'

> 'A percepção dos rumores [era] não fazer nada sobre a sustentabilidade, caso contrário...'

> 'Valores não são inovação, a cultura é mais conformista e oposta ao risco... não vendo a sustentabilidade sendo percebida como oportunidade.'

Essas observações apoiam o fato de que a empresa ainda não está em um nível de conformidade e luta para ver como a sustentabilidade pode ir além disso e adicionar valor à estratégia de negócios. Ocasionalmente, o relacionamento entre o intraempreendedorismo social e os especialistas em RSC pode ser competitivo (por exemplo, por recursos):

> 'O departamento de RSC tinha um pouco de competição da fundação corporativa [da empresa].'

> 'Alguns [gestores de RSC] tendem a ser protetores de território muito defensivos.'

Alguns intraempreendedores sociais, no entanto, trabalham para mudar percepções de RC/sustentabilidade em suas organizações, apesar dos riscos:

> '[A empresa] estava apenas em redução de riscos e não em oportunidade ... Portanto eu mudei o debate e a conversa ... começando com o risco e transferindo para oportunidade ... agora o banco de desenvolvimento empreendedor [foi estabelecido].'

Alguns sugeriram anteriormente que o departamento de RC pode se tornar obsoleto à medida que mais empresas embutem a RC em suas propostas e estratégias de negócios.

Entretanto, esperamos que os departamentos de RC continuem a evoluir, assumam diferentes papéis e tornem-se mais como uma consultoria interna, centro de especialidade e provocação para a ação em vez de desaparecerem. A analogia seria com a evolução da função de RH de ser um repositório para todas as questões relacionadas ao pessoal para a situação atual em que fornece aconselhamento especializado e experiência, mas na qual se espera que todos os gestores sejam capazes de lidar com questões gerais de RH. A promoção e o apoio de intraempreendedores sociais poderia estar entre esses novos papéis para a função de especialista de RC no futuro.

Um papel positivo para RC pode ser impulsionado enfaticamente por um intraempreendedor social que se encontre em um papel de especialista de RC:

> 'Eu entrei para o quadro de funcionários há quatro anos como Diretor Global de RC, reportando a cada três meses para o CEO e para o presidente; e para o comitê executivo e conselho. Eu me vejo como tendo sido contratado como um intraempreendedor social licenciado, ou seja, com um documento para ser um agente de mudanças.'

Os departamentos de RC normalmente se desenvolvem junto aos estágios de maturidade da companhia (veja Tabela 4.1).

Tabela 4.1 Estágios de maturidade do departamento de RC

Estágio	Maturidade de RC da companhia	Papel do departamento de RC
Defensivo	A empresa negligencia qualquer responsabilidade de impactos sociais e ambientais, práticas irresponsáveis e resultados	Algumas empresas se envolvem em projetos filantrópicos neste estágio que não estão, de maneira alguma, relacionados a negócios. Então o departamento de RC dá o dinheiro angariado para ONGs e instituições sociais e tem pouca interação com os negócios
Conformidade	A organização adota abordagem baseada em lei e política e aceita as responsabilidades sociais como um custo de se fazer negócios	O departamento de RC começa a ter um papel a fim de mapear os riscos sociais e ambientais
Gerencial	Neste estágio a empresa define indicadores de performance social e ambiental e os insere em seus processos de gerenciamento	O departamento de RC começa a coletar dados sociais e ambientais dos departamentos de negócios. Entretanto, a maioria desses dados é vista como um incômodo pelos negócios já que não entendem como isso é vinculado aos lucros e investimentos

Estratégico	Em um nível estratégico, a empresa integra questões sociais e ambientais em suas estratégias de negócios a fim de se diferenciar dos competidores e oferecer mais escolhas responsáveis para os consumidores	O departamento de RC age como consultores internos de sustentabilidade e capitalistas de risco corporativo investindo em projetos de inovação social e ambiental
Civil	À medida que a questão social e/ou ambiental é relevante para todos na indústria, a companhia se envolve em ativismo corporativo para lidar com a questão em um nível industrial ou até mesmo interindustrial	Os membros do departamento de RC representam a companhia em iniciativas industriais e ajudam a construir capacidades na cadeia de valor da empresa

O que acontece a intraempreendedores sociais agindo 'contra a natureza' de suas organizações?

Uma pergunta que surgiu de nossas entrevistas foi se os intraempreendedores sociais realmente *precisam* de oposição cultural contra a qual possam agir. Se a empresa fez um forte acordo estratégico com a sustentabilidade e estabeleceu objetivos e políticas específicos, isso desencoraja os intraempreendedores sociais porque eles e seus gerentes sentem que recebem menos discernimento, dado que já existe muito a ser feito a fim de alcançar os objetivos de sustentabilidade corporativos?

Não parece haver uma resposta fácil para essa pergunta. Alguns intraempreendedores sociais — como empreendedores comerciais — parecem prosperar na fase de startup de novos projetos quando têm uma licença para agir independentemente e têm oportunidades de criar mudanças sociais, comerciais e organizacionais. Isso é consistente com a teoria de autodeterminação de Ryan e Deci (2000), na qual competência, autonomia e relacionalidade são chaves para a automotivação e a saúde mental. Um dos membros do painel de especialistas que revisou nosso segundo Occasional Paper destacou o trabalho de Ryan e Deci sugerindo que oportunidades potenciais para intraempreendedorismo social (*versus* puramente comercial), em particular, 'estimularia um sentido de propósito [relacionalidade] com os empregados'.

> '[Eu não diria [que eu era] muito popular, mas podia fazer com que as pessoas fizessem coisas. A característica manipuladora aparecia repetidamente.' [Atributos-chave de personalidade autodescritos]: 'Tenacidade, mentalidade puramente sanguinária, não se renderia.'

> 'Sem salário por um ano. Escritório grátis na Universidade ... Science Park — quando estava exausto, dormia em sacos de dormir no escritório. Adorava isso. Uma startup de garagem clássica.'

Mas nem todos os intraempreendedores sociais descreveram a experiência de trabalhar sozinhos em climas culturais inóspitos positivamente. A resiliência e a navegação política eram citadas como qualidades cruciais para sobreviver à oposição, mas os intraempreendedores sociais não apreciavam necessariamente tais experiências:

> 'É bem solitário, você vive de autoconfiança e determinação.'

> 'Não desista — é aqui que entra a determinação obstinada. Nos primeiros dias, eu fui acusado de tudo por competidores, associações comerciais, pela mídia. Teria sido fácil varrer tudo isso para debaixo do tapete.'

> 'Saiba quais políticas você pode contornar ou quebrar — o quanto você pode navegar próximo do vento sem ser despedido!'

Todos os três indivíduos citados acima ainda estão trabalhando em suas organizações, sugerindo que, talvez, o que mais importe não seja que a mentalidade de sustentabilidade do intraempreendedor social esteja alinhada com a cultura organizacional, mas sim que o intraempreendedor social seja capaz de reconhecer totalmente os desafios culturais que ele encontra ao desenvolver seus novos projetos e tenha as habilidades e a inteligência emocional exigida para superar isso. Os intraempreendedores sociais que são incapazes de superar tais desafios culturais podem correr o risco de se tornarem cínicos ou exasperados, acreditando que 'essa organização não está vivendo de acordo com seus valores'.

Que tipo de cultura de inovação sua empresa tem?

Conhecendo os elementos-chave de uma cultura organizacional que ousa promover a inovação social, até que ponto você concorda ou discorda com as seguintes afirmações sobre a cultura de sua própria companhia?

Tabela 4.2 Que tipo de cultura de inovação sua empresa tem?

	Discordo totalmente	Discordo parcialmente	Não concordo nem discordo	Concordo parcialmente	Concordo totalmente
Nós praticamos o diálogo aberto					
As pessoas têm autonomia					
A cultura encoraja correr riscos					

Os intraempreendedores têm permissão para experimentar
A sustentabilidade é vinculada ao negócio principal

Odebrecht: uma cultura de empresa latino-americana que ousa ser diferente[1]

A Odebrecht é uma empresa brasileira diversificada de holding de negócios sediada em Salvador, na Bahia (Brasil) e ativa em construção, engenharia, infraestrutura, desenvolvimento de imobiliário, biocombustíveis, petróleo e gás, engenharia ambiental e petroquímicos, que emprega 87.000 pessoas e reportou rendas de US$23,34 bilhões em 2009. 54% da renda foram geradas no Brasil, 24% em outros países da América Latina, 10% na África e o restante na América do Norte, Oriente Médio e Europa.

A missão da empresa é 'gerar riqueza crescente para clientes, acionistas, integrantes e comunidades, tendo como rumo sua sobrevivência, seu crescimento e sua Perpetuidade'. Uma parte importante da abordagem de sustentabilidade da Odebrecht é institucionalizada na chamada Tecnologia Empresarial Odebrecht (TEO). Esta política, originalmente formulada pelo fundador da empresa (veja ODEBRECHT (1983)), descreve os valores e princípios da companhia, que regem a obtenção de resultados, a satisfação do cliente e a sustentabilidade em todas as operações. Valoriza as forças dos seres humanos, particularmente a vontade de servir aos outros, a habilidade e o desejo de progredir e o ímpeto de superar resultados anteriores.

Como a Odebrecht é uma organização muito empreendedora, uma abordagem de normas e conformidade seria limitar a criatividade e o engajamento dos líderes da firma, que contribuíram para a criação do portfólio de negócios altamente diversificado. Portanto, a Odebrecht optou por uma abordagem baseada em princípios, baseada em 'confiar nas pessoas' e seu desenvolvimento por meio do trabalho. Assim, os empregados da Odebrecht são confiados com muita autonomia e são capazes de correr riscos na execução de projetos, como demonstra o exemplo a seguir.

Devido a seus valores e visão, a Odebrecht não se vê como uma firma de construção, mas como uma fornecedora de serviços para o governo e para a sociedade, onde quer que a firma esteja presente, assim como uma indutora de desenvolvimento local. A sustentabilidade é central na estratégia a longo prazo da empresa para 2020, assim como no discurso de líderes seniores como Marcelo Bahia Odebrecht, Presidente e CEO:

> Vinculados ao Crescimento projetado para 2020 estão dois comprometimentos básicos: ao desenvolvimento social ... e à proteção ambiental ... Até 2020 seremos maio-

---

1 As informações sobre a Odebrecht são baseadas em um *case* publicado em Spitzeck, Boechat e Leão, 2013.

res, mas ainda seremos nós mesmos: pessoas conhecedoras que podem fazer coisas acontecerem e criar negócios que incluem desenvolvimento sustentável onde quer que estejamos presentes.

No Peru, a Odebrecht tem uma quota de 70% no consórcio CONIRSA para a construção de 700 km de estrada conectando Iñapari com San Juan de Mancona, Matarani e outras cidades. A CONIRSA terá uma licença de 25 anos para a operação e manutenção da estrada. O projeto começou em 2005 e o valor do contrato chega a US$1 bilhão.

Logo do começo, o projeto foi concebido como uma oportunidade para inclusão social e proteção ambiental. Antes da construção começar, a Odebrecht fez um diagnóstico dos indicadores sociais e ambientais e descobriu que 70% da população vivia em áreas rurais; 91,4% desses viviam na pobreza, quase 50% das crianças sofriam de desnutrição, 25% eram analfabetos e 35% da população estava sem acesso à energia, água potável e saneamento. O mapeamento das comunidades e seu interesse em serem conectadas à estrada, assim como evitar áreas ambientalmente sensíveis facilitou o planejamento da estrada.

Em 2007, o consórcio começou a investir em desenvolvimento local para as comunidades afetadas por este trabalho e desenvolveu iniciativas que visavam melhorar a saúde e a educação, assim como desenvolver formas sustentáveis de turismo que permitiriam que as comunidades se beneficiassem da nova estrada. Esperava-se que o investimento total alcançasse US$12,5 milhões ao longo de um período de cinco anos, com US$3 milhões vindo da Odebrecht e o resto de seus outros parceiros. Esses fundos financiaram projetos-piloto em turismo responsável e artesanato, negócios ecológicos como vendas de frutas locais, conservação da biodiversidade e fortalecimento das estruturas de governança local. O centros de turismo responsável foram criados em Tinque e Ausangate; eles incluem rotas para *trekking*, locais para acampamento e alojamentos.[2] Na seção de negócios ecológicos, um projeto focou em treinar 120 famílias de criadores de porquinhos-da-índia, aumentando sua produção em dez vezes e aumentando os preços em 300%. Mais de 230 produtores de artesanato foram treinados para melhorar o gerenciamento e a lucratividade. Como resultado do progresso inicial, a Odebrecht foi capaz de atrair cofinanciamento de vários bancos e instituições de desenvolvimento. Essas iniciativas experimentaram diferentes modelos de negócios que tiveram uma boa chance de criar valor compartilhado para a companhia e para a sociedade peruana.

A implementação e o financiamento dependeram do suporte de grupos de cidadãos locais; associações de artesanatos; ONGs como a Conservation International, Instituto Machu Picchu, Acción Sin Fronteras; bancos como Corporación Andina del Fomento, Fondo de las Américas, Inter-American Development Bank; instituições governamentais como o Ministério do Turismo e o Governo Regional de Cusco; associações industriais como a Asociación Peruana de Turismo de Aventura y Ecoturismo; assim como outros parceiros.

Alinhando e mobilizando todos esses parceiros atrás de um objetivo comum demonstra que a Odebrecht está aberta ao diálogo não só internamente, mas também com parceiros externos.

Estimativas do governo peruano supervisionando a construção calcularam que a estrada havia gerado aproximadamente US$3 bilhões em benefícios para o país até 2011 devido à criação de 10.000 empregos diretos e 30.000 indiretos, assim como o desenvolvimento econômico da região agora conectada à rede de estradas do Peru e do Brasil.

---

2 Para esses e mais exemplos veja www.isur.org.pe/proyectos, acesso em 6 de dezembro de 2013.

Gestão de recursos humanos

Nossa revisão bibliográfica descobriu que as práticas de recursos humanos (RH) podem contribuir para um ambiente intraempreendedor favorável, principalmente por meio do desenvolvimento pessoal e oferecendo reconhecimento. O desenvolvimento pessoal começa com o reconhecimento do valor das habilidades e conhecimentos dos empregados (ANTONCIC, 2007; CHRISTENSEN, 2005; HAYTON e KELLY, 2006), assim como seu potencial futuro (KURATKO e GOLDSBY, 2004; MANTERE, 2005). O potencial dos empregados pode ser desenvolvido por meio do fornecimento de treinamento e planos de carreiras claros (MANTERE, 2005; PARKER, 2011). O comportamento intraempreendedor deve ser recompensado (ANTONCIC, 2007; HORNSBY, NAFFZIGER, KURATKO e MONTAGNO, 1993; KURATKO et al., 2005) não apenas financeiramente, mas também por outros meios como reconhecimento, promoção, mais responsabilidades e autonomia (CHRISTENSEN, 2005; MORRIS e KURATKO, 2002; SATHE, 2003; STOPFORD e BADEN-FULLER, 1994).

Consistente com a bibliografia, nossos intraempreendedores sociais e seus colegas identificaram um espectro amplo de ferramentas gerenciais apoiando a inovação social. Elas incluem as seguintes.

Tempo de inovação pessoal

A Google permite que os empregados passem uma porcentagem designada de seu tempo de trabalho perseguindo suas próprias ideias de projetos que possam beneficiar a empresa e é explícito que isso inclui performance social e ambiental.

Talvez de maneira menos ambiciosa, mas mais aceitável para equipes de gerenciamento sênior, seria construir sobre a tendência das companhias comprometidas com a sustentabilidade e RC ativamente buscando o engajamento de seus funcionários nesse comprometimento (por exemplo, o impulso da Walmart para conseguir que todos os seus dois milhões de empregados tenham projetos de sustentabilidade pessoais).

Sessões de inovação e *brainstorming* em grupo

> '[Existem] apresentações regulares de "panorama" dos negócios, mercado, desenvolvimentos tecnológicos que acontecem e desenvolvimentos ARM [Holdings plc]; exercícios de tempo em [sessões] periódicas [de grupos sobre] onde queremos estar daqui a dez anos; dias de inovação: normalmente dentro dos escritórios ou divisões, para recuar de tarefas imediatas e *brainstorm*.'

Gerenciamento de conhecimento

'O sistema de gerenciamento de conhecimento conecta pessoas/habilidades/know-how (Now/New/Next), mas também encoraja uma perspectiva global mais ampla e orientada ao futuro sobre o que importa para a organização.'

'Uma parte importante é o nosso gerenciamento de conhecimento. Nós queremos aumentar a significatividade da nutrição. Então temos fóruns de sinergias envolvendo diferentes unidades.'

'Qualquer empregado pode sugerir projetos e as inovações não estão vindo apenas do departamento de P&D. Em uma reunião com a equipe de inovação, eles normalmente perguntam a todos os participantes se eles têm alguma ideia para novos produtos. Eles podem então levar isso ao marketing e, se a ideia for interessante, o iniciador é desafiado a desenvolver uma proposta mais detalhada.'

A inovação na TCS é encorajada por meio de um portal de funcionários. Empregados de todas as companhias Tata são encorajados a compartilhar suas ideias por meio do portal e uma vez por ano existe um pedido de ideias sobre tópicos específicos. Algumas ideias são então selecionadas para experimentação. A interação social na plataforma é uma maneira de encorajar as pessoas a compartilharem suas ideias.

Educação, treinamento e desenvolvimento pessoal

'[A empresa] está desenvolvendo agora um programa de gerenciamento educacional de primeira, baseado acerca de valores centrais, para desenvolver uma linguagem e compreensão comum de como liderar com valores e com inteligência social corporativa ... a ESADE fornece treinamento, e [a empresa] fornece mentores para cada um dos empreendedores sociais que a empresa está apoiando dentre os gerentes seniores.'

'[O gerente de RH] usa a sustentabilidade para melhorar o recrutamento/retenção; atividades de sustentabilidade são parte do desenvolvimento do *trainee*. O contexto é que o RH (como uma função e campo corporativo) não é inovador.'

'[A empresa] está no 43º lugar entre as 500 firmas mais verdes no Green Ranking *Newsweek* 2011. Fazendo investimentos significativos em ... educação de gestão orientada por valores.'

'[O novo chefe de Conhecimento e Inovação tem como objetivo] libertar o potencial das pessoas e talentos ocultos da [empresa] ... Visa agora descobrir intraempreendedores sociais — para introduzir a ideia de intraempreendedorismo social.'

'As pessoas giraram o mundo por meio do desenvolvimento de mercados para obter experiências culturais diferentes.'

'Global Growth Group: não mentores especificamente para a inovação, mas que tem orientação.'

Várias empresas tiveram programas de aprendizado experiencial projetados para aumentar a consciência dos desafios e oportunidades sociais. Por exemplo, a *iniciativa Ulysses da PwC* foi um programa de desenvolvimento de liderança global para futuros líderes da PwC, que foi executado por vários anos. O programa Ulysses foi projetado para construir uma rede global de líderes responsáveis que estavam comprometidos a desenvolver relacionamentos de qualidade com base em confiança com uma gama diversa de investidores. O programa englobava cinco módulos de aprendizado com uma tarefa de oito semanas de projeto em que equipes multiculturais trabalhavam em países em desenvolvimento em colaboração com organizações sociais.

As empresas também podem encorajar proativamente seus intraempreendedores sociais a ingressarem em redes externas, grupos on-line de apoio mútuo e programas de desenvolvimento, tais como o programa Aspen First Movers (veja Capítulo 5, 'Ambiente Favorável Externo').

IBM Corporate Service Corps

A IBM Corporate Service Corps foi lançada em 2008 para 'ajudar a fornecer IBMers com desenvolvimento de liderança de alta qualidade enquanto entrega alta qualidade em resoluções de problemas para comunidades e organizações em mercados emergentes'. O programa 'empodera funcionários IBM como cidadãos globais' enviando grupos de 10–15 indivíduos de diferentes países com um conjunto de habilidades para um mercado emergente de tarefas com base na comunidade de quatro semanas. Durante a tarefa, os participantes realizam projetos de desenvolvimento econômico orientados à comunidade, trabalhando na interseção de negócios, tecnologia e sociedade.

A Corporate Service Corps foi desenvolvida pelo intraempreendedor social Kevin Thompson, um Gestor de Programas Sênior para Cidadania Corporativa e Relações Corporativas da IBM e Aspen Institute First Mover Fellow. Neste cargo, ele apoia a liderança da IBM como especialista nas políticas, tendências e status da cidadania corporativa no mundo todo entre outras corporações, ONGs, governos e organizações multinacionais.

De acordo com a IBM, esta iniciativa 'oferece um benefício triplo: desenvolvimento de liderança para IBMers, treinamento de liderança e desenvolvimento para as comunidades, e maior conhecimento e melhor reputação no crescimento dos mercados para a IBM'.

Desde seu lançamento em 2008, a Corporate Service Corps

> teve um impacto positivo nas vidas de mais de 140.000 pessoas por meio de transferência de habilidades e construção de capacidades. Vários milhares a mais foram impactados positivamente por meio dos serviços das organizações que a Corporate Service Corps apoiou. O programa Corporate Service Corps enviou mais de 2.400

participantes em mais de 200 equipes para mais de 30 países ao redor do mundo. Os participantes vêm de mais de 50 países e serviram comunidades na Argentina, Brasil, Camboja, Chile, China, Colômbia, Egito, Etiópia, Gana, Índia, Indonésia, Cazaquistão, Quênia, Malásia, México, Marrocos, Nigéria, Peru, Filipinas, Polônia, Romênia, Rússia, Senegal, África do Sul, Sri Lanka, Taiwan, Tanzânia, Tailândia, Tunísia, Vietnã, EAU (Emirados Árabes Unidos) e Ucrânia. O programa continua a expandir para novos locais todos os anos.[3]

PULSE: A Parceria Voluntária da GSK[4]

O Pulse Volunteer Partnership é a iniciativa com base em habilidades da GSK. Por meio do PULSE, funcionários motivados como Graham Simpson (veja no capítulo 1) são combinados com organizações não lucrativas para contribuição por três a seis meses por tempo integral, contribuindo com suas habilidades para resolver desafios de assistência médica em casa e no exterior. Quando os voluntários PULSE voltam à GSK, eles agem como catalisadores para mudar a companhia para melhor. A PULSE Volunteer Partnership contribui com a missão da GSK para **fazer mais, sentir-se melhor e viver mais,** agindo como catalisadora de mudanças.

Mudar comunidades
Usando nossas habilidades profissionais para criar mudanças positivas e sustentáveis para organizações não lucrativas e para as comunidades que elas servem.

Mudar a si mesmo
Desafiando empregados a pensar de forma diferente sobre o mundo, facilitando o desenvolvimento da liderança e o crescimento pessoal.

Mudar a GSK
Trazendo novas ideias e nova energia de volta à GSK para ativar a mudança em sintonia com as necessidades globais de saúde.

Desde seu lançamento em 2009, o PULSE empoderou quase 300 empregados de 33 países a fazer parcerias com 70 ONGs em 49 países, impactando centenas de comunidades.

Desenvolvimento de funcionários de alto impacto
A cada ano, o PULSE convida funcionários motivados a se inscreverem em uma tarefa de voluntariado PULSE, empoderando-os a desenvolver suas habilidades de liderança enquanto trabalham para uma organização parceira. Empregados comprometidos que acreditam que podem fazer uma mudança sustentável e estão com a empresa há três anos ou mais passam por um processo de seleção rigoroso.

---

3 IBM Corporate Service Corps Overview, http://www.ibm.com/ibm/responsibility/corporateservicecorps/, acesso em 9 de abril de 2016.

4 PULSE Information, http://www.gsk.com/content/dam/gsk/globals/documents/pdf/PULSEInformation_PDF.pdf; www.gsk.com/content/dam/gsk/globals/documents/pdf/2012%20PULSE%20Impact%20Report%20-%20Final%20Version.pdf.

Suporte de voluntariado

'Os funcionários são encorajados a ser não executivos em conselhos lucrativos, empresas sociais, caridades para fertilização cruzada; O diretor de sustentabilidade está buscando promover um programa como o PULSE da GSK onde os ambiciosos têm uma oportunidade de cerca de destacamento de três meses em ONGs parceiras.'

'Trabalhar com a Street Football ajuda a identificar "os líderes adaptáveis para o futuro" ... quando ele trouxe a parceria para o desenvolvimento de liderança, os líderes viram o potencial para a companhia ... para cada pesquisa de empregado completada, doe 1 Euro para a Street Football.'

Recompensa e reconhecimento

'Os empregados são recrutados, induzidos, treinados, avaliados e recompensados por performance *versus* os valores [da empresa].'

'[A empresa] gasta X bilhões de Euros em sua pesquisa e desenvolvimento ... nós recompensamos o indivíduo por alimentar novas ideias ... com mais ênfase em sustentabilidade você vê pessoas alimentarem mais esse tipo de ideia.'

A recompensa e o reconhecimento podem não ser apenas financeiros: no TCS, o reconhecimento não financeiro dos empregados vem, por exemplo, na forma de artigos publicados, viajando para apresentar um artigo em uma conferência na Europa ou na América.

Métodos mistos

As organizações poderiam misturar ferramentas de gestão de RH para fornecer uma gama de suporte para atividades inovadoras, particularmente quando a força de trabalho é uma mistura de culturas e gerações e a inovação passa por vários estágios.

Estabelecer equipes verdes e iniciativas similares, por exemplo, pode criar oportunidades para empregados 'sentirem a temperatura' como supostos intraempreendedores sociais. Abordagens mais sofisticadas integram intraempreendedorismo social no desenvolvimento de talento e inovação.

'Você precisa de alguns instrumentos de RH, tais como gestão de sugestão e gestão de conhecimento. (1) A CR Academy foca no desenvolvimento de capacidades — permitindo que os executivos sejam "capazes de gerar uma cultura de inovação". (2) você precisa "dar espaço para a inovação"'

'A empresa era composta por muitas pessoas de cabelos brancos. Agora nós temos seis gerações vivendo aqui no 'centro nervoso' da [Empresa] no Brasil, que têm diferentes visões e valores ... Os gerentes precisam fazer uso do nosso Programa de Reconhecimento e estimular as equipes a participar. Eles também precisam tolerar mais erros.'

'Existem prêmios anuais para cada um dos valores da empresa ... tem o programa de orientação com Ashoka, no qual funcionários podem orientar jovens empreendedores sociais além de inúmeros programas diferentes de voluntariado ... vemos os subprodutos dos negócios.'

'Em geral, a inovação na [empresa] é encorajada por meio de um portal de funcionários. Os empregados de todas as companhias [do grupo] são encorajados a compartilhar suas ideias por meio do portal, e uma vez por ano existe um pedido de ideias sobre tópicos específicos. Algumas ideias são então selecionadas para experimentação ... [o chefe do laboratório de inovação] recebeu reconhecimento pessoal por seu papel no desenvolvimento [de novos serviços] para fazendeiros.'

Nós gostaríamos de ver o Desenvolvimento de Novos Negócios e funções RC encontrando-se regularmente para fazer um *brainstorm* dos potenciais para OSCs (oportunidades sociais corporativas — novos produtos e serviços, acesso a mercados novos ou carentes, novos modelos de negócios que têm impactos ambientais e sociais positivos (GRAYSON e HODGES, 2004)); e divulgando essas ideias internamente. Parte da descrição do trabalho dos defensores de sustentabilidade voluntária na KPMG Canadá é encontrar e encorajar intraempreendedores sociais. Apoiar intraempreendedores sociais pode se tornar uma maneira para que os gerentes de linha atendam a um KPI acerca de inovação, talento, desenvolvimento de novos negócios e sustentabilidade.

RH como incapacitador

Nossa revisão bibliográfica descobriu que as práticas de gestão de RH também podem agir como *incapacitadoras* para o intraempreendedorismo, principalmente quando falham em lidar com empregados resistentes a mudanças que são menos capazes de enfrentar desafios e contratempos, e, assim, não colaboram (JONES, JIMMIESON e GRIFFITHS, 2005; KURATKO e GOLDSBY, 2004; LOMBRISER e ANSOFF, 1995), e quando os empregados têm dificuldades em conhecer colegas (MANTERE, 2005).

Os relatórios de nossos intraempreendedores sociais focaram mais em obstáculos para suas ações individuais. Em vários casos, não existia um suporte para as iniciativas de inovação social e, portanto, projetos de intraempreendedorismo social em desenvolvimento tinham que ser iniciados e desenvolvidos no tempo livre dos funcionários e sem orçamento designado ou outros recursos. Entretanto, isso tinha o efeito de disciplinar intraempreendedores sociais a usarem seu tempo livre eficazmente, assim como a desenvolver projetos com um *case* de negócios forte que seria atraente para os gerentes.

> 'Não há apoio institucional para tais iniciativas. Mas eu não vejo isso como uma desvantagem — o engajamento está no princípio da atividade empreendedora.'

> '[Apoio?] Não temos. Um dos meus maiores desafios. Sem bônus especial etc. Eu tenho tentado dar às pessoas uma crença no futuro em um mercado difícil.'

> 'Você não recebe tempo oficial para fazer isso. [O padrinho] ajudou [o intraempreendedor social] para me cobrir até conseguirmos a aprovação dos superiores para fazer isso em tempo integral. Existe uma folga para usar o tempo e não houve resistência da gerência para explorar.'

Administração e liderança

Uma característica-chave de um ambiente favorável para o intraempreendedorismo social é 'a postura no topo': a liderança corporativa dando permissão aos empregados e genuinamente empoderando-os a tomar a iniciativa; enfatizando regularmente a importância da sustentabilidade para os negócios; e contando histórias que destaquem positivamente os exemplos de intraempreendedores sociais tanto dentro quanto fora da empresa, a fim de encorajar outros funcionários.

Nossa revisão bibliográfica descobriu que altos executivos precisam guiar e patrocinar os intraempreendedores, que, por sua vez, exigem que eles desenvolvam habilidades gerenciais essenciais. Primeiro, eles precisam comunicar uma visão corporativa clara (CHRISTENSEN, 2005; KURATKO e GOLDSBY, 2004; KURATKO *et al.*, 2005; MANTERE, 2005) assim como a importância do intraempreendedorismo e da inovação (ANTONCIC, 2007; DESS e LUMPKIN, 2005; KURATKO *et al.*, 2005; NARAYANAN *et al.*, 2009). Alinhados com as exigências da cultura corporativa, eles precisam encorajar o correr riscos (HORNSBY *et al.*, 1993; KURATKO *et al.*, 2005) e demonstrar tolerância com o fracasso (KURATKO, MONTAGNO e HORNSBY, 1990). Como os altos executivos têm acesso a recursos de sobra, um papel importante é defender projetos de inovação fornecendo recursos (CHRISTENSEN, 2005; KURATKO et al., 2005; KURATKO *et al.*, 1990), e delegar autoridade e responsabilidade (KURATKO *et al.*, 2005).

Além disso, fornecer direção clara e agir como um patrocinador requer uma boa comunicação (MANTERE, 2005), pensamento em longo prazo (CHRISTENSEN, 2005; KURATKO e GOLDSBY, 2004) e ter experiência com inovação (KURATKO *et al.*, 1990).

Em geral, essas descobertas também ressoaram com as experiências de nossos entrevistados:

'Central é a liderança e o líder ... aspectos centrais são, para mim, cultura, estruturas e como formar equipes.'

'[A cultura da inovação] depende muito da administração ... [como uma] orquestra — dependendo de como é conduzida, [determina] que tipo de música você obtém.'

[A administração] 'cria espaço', 'cerca projetos', 'muda regras' e também tem uma alta consciência das questões de sustentabilidade.

'O novo CEO põe, estrategicamente, a sustentabilidade no centro do negócio ... o CEO mostrou "liderança e iniciativa abençoada", "extremamente favorável".'

A base empurra as necessidades que o topo puxa

Gib Bulloch da Accenture Development Partnerships diz:

Eu aprendi muito rápido que se quisesse tentar conduzir mudanças de baixo para cima, eu precisava ter o suporte da liderança do topo. Eu acho que isso se aplica às mudanças em qualquer organização, não importa o seu tamanho.

O papel da liderança evoluiu com o tempo. Nos primeiros dias precisávamos de cobertura — precisávamos garantir que a ideia não seria sufocada por alguém seguindo cegamente uma política ou um procedimento inadequado. Mas com o tempo eu percebi que as regras tinham que mudar: essa ideia precisaria de oxigênio de verdade se precisasse evitar o definhamento da videira. No início foi o Presidente, Sir Vernon Ellis, que forneceu a cobertura e proteção. Quando ele se aposentou, garantiu que um novo líder sênior emergente (Mark Foster, anteriormente Chefe Executivo do Grupo de Mercados Globais e Consultoria Administrativa) assumiria. Nós tivemos sorte que essa transição de liderança foi feita suavemente. Agora estamos no nosso terceiro patrocinador executivo, Sander van't Noordende, Chefe Executivo do Grupo Accenture Management Consulting, que substituiu Mark em 2011 e está provando, felizmente, ser tão favorável quanto ele.

Os gerentes também têm um papel de enquadrar o contexto dos negócios claramente para os intraempreendedores sociais, estabelecendo padrões e abrindo portas para garantir a viabilidade em longo prazo de um projeto:

'[Existe uma] política genuinamente de portas abertas envolvendo todas as pessoas seniores, incluindo o CEO e os vice-presidentes executivos como eu mesmo vi — mas também enfatizava que [existem] portas difíceis para que as ideias passem.'

'Uma mensagem do topo era não fazer demais para não gerar expectativas. Ele acha isso importante, abaixar as expectativas e ser aberto sobre limitações, lutas, problemas, já que é um processo de experimentação ... A administração viu que isso não é uma coisa ruim, podemos explorar, testar e aprender. Eles também viram que essa área tem um significado potencial.'

A magia das duplas dinâmicas: intraempreendedores sociais e 'padrinhos'

Os duetos são a menor das formas dos conjuntos de jazz, mas eles podem ser combinações extremamente poderosas de fazer música. O saxofonista Branford Marsalis e o pianista Joey Calderazzo, uma 'dupla dinâmica' bem conhecida no mundo do jazz que se apresentou no Newport Jazz Festival em 2009 e, subsequentemente, lançou seu próprio álbum duplo em 2011[5], listou seus próprios cinco duetos favoritos da história do jazz: Don Byas (sax tenor) e Slim Stewart (contrabaixo); Bill Evans (piano) e Tony Bennet (vocais); Duke Ellington (piano) e Ray Brown (contrabaixo); Frank Sinatra (vocais) e Count Basie (piano); Thelonious Monk (piano) e John Coltrane (sax tenor).

Escrevendo no web site All About Jazz, o crítico de jazz Mark Corroto (2011) comentou sobre duetos de jazz:

> A característica definidora de todas as maiores parcerias no cinema, de filmes de amigos criando laços até os filmes clássicos de Katherine Hepburn e Spencer Tracy, é a tensão criada entre dois personagens autoritários, antes de sua colaboração eventual. O mesmo pode ser dito dos duetos de jazz e de improvisação. Combinando dois músicos autoritários, as faíscas voam e, se os dois cooperarem para fins solidários, a sessão produz um resultado valioso.

Os intraempreendedores sociais, trabalhando em conjunto com seus 'padrinhos' (veja na Introdução, páginas 8–9), também podem ser 'duplas dinâmicas'. Nos duetos que trabalham melhor, os atributos desses 'músicos', identificado por meio de nossa pesquisa, complementam um ao outro (veja Tabela 4.3).

---

5 Branford Marsalis e Joey Calderazzo, *Songs of mirth and Melancholy*, Marsalis Music (2011).

ESTE DUETO VOCAL ENTRE A VOCALISTA AMERICANA DE JAZZ DEBORAH BROWN E SUA PUPILA GREGA GINA ATHANASIOU NO PIZZA EXPRESS DEAN STREET, LONDRES, ILUSTRA COMO UMA 'MADRINHA' EXPERIENTE E UMA ASPIRANTE A INTRAEMPREENDEDORA SOCIAL PODEM COMEÇAR A GERAR NOVAS IDEIAS EM UMA 'DUPLA DINÂMICA'. ESSE DIÁLOGO PODE ENTÃO EXPANDIR PARA ENGAJAR OUTROS EM UMA 'CONVERSA' ORGANIZACIONAL MAIS ESTENDIDA SOBRE ATIVIDADES CORPORATIVAS QUE PROMOVAM TANTO INOVAÇÃO SOCIAL QUANTO COMERCIAL.

Tabela 4.3 Padrinhos e intraempreendedores sociais

Padrinho	Intraempreendedor social
Líder político	Desejo por agência/competência
Construtor de redes	Construtor de redes/engajamento de ONG
Tradutor (ideias => propósito corporativo)	Criador de *case* de negócios/buscando patrocínio
Coach/Ouvinte	Comunicador
Defensor de sustentabilidade	Defensor de sustentabilidade/natureza/saúde
Abertura a desafios	Abertura a experiências
Corredor de riscos	Empreendedorismo/persistência em face à oposição
Diplomata (Intraempreendedor 'canalizador')	Inquietação/Impaciência
Observador/criador de talento	Motivo de desenvolvimento pessoal/educacional Buscando trabalho significativos Buscando reconhecimento/recompensa

O padrinho que tem a coragem de se juntar ao intraempreendedor social e formar uma 'dupla dinâmica' não apenas fornece suporte para o intraempreendedor social, mas pode também ser a chave para desencadear um 'movimento' mais amplo na organização.

Nosso amigo e Doughty Centre Visiting Fellow, Ron Ainsbury, nos tornou cientes de um TED Talk, 'How to Start a Movement', de Derek Sivers (2010), no qual ele explica em apenas três minutos a importância, não do líder — nesse caso, o intraempreendedor social — mas do 'primeiro seguidor'. Os padrinhos que entrevistamos podem, em alguns aspectos, ser caracterizados como os primeiros seguidores, 'loucos' o suficiente para abraçar os intraempreendedores sociais e transformá-los de 'guerreiros ecológicos' ou 'abraçadores de árvores' em inovadores sociais dentro da companhia.

Sivers nota que

> o primeiro seguidor é uma forma subestimada de liderança em si próprio. É preciso coragem para se destacar assim. O primeiro seguidor é aquele que transforma um louco solitário em um líder ... se você realmente se importa em começar um movimento, tenha a coragem de seguir e mostrar aos outros como seguir. E quando você encontrar um louco solitário fazendo algo maravilhoso, tenha a coragem de ser aquele que se levanta e se junta a ele.

Essa dupla pode começar a mudar a cultura corporativa trabalhando junta para influenciar seus atributos principais: habilidades e competências, mentalidades, estruturas organizacionais, sistemas de controle, estruturas de poder, comportamentos de grupo e normas. O 'ecossistema' corporativo, como Maggie De Pree o chama — ou a 'big band' na nossa metáfora de jazz — começa a evoluir, com defensores, financiadores, especialistas técnicos e outros trabalhando juntos para catalisar a mudança em uma escala maior.

As Tabelas 4.4 e 4.5 fornecem alguns trechos de entrevistas com nossas duplas intraempreendedores/padrinhos. Eles ilustram como cada indivíduo teve um papel complementar ao elaborar projetos dentro dos ambientes corporativos desafiadores onde trabalhavam. Embora o padrinho tenha um poder mais formal do que o intraempreendedor social, os trechos de nossas entrevistas sugerem que seus relacionamentos são, na verdade, simbióticos: cada um fornece benefícios para o outro.

Tabela 4.4 Dupla dinâmica (1): Jo da Silva e Justin Evans na Arup

Jo da Silva Diretora, Arup International Development	Justin Evans Líder, Mercado de Infraestrutura Social UK-MEA, Arup
Eu comecei a trabalhar na Arup como engenheira graduada. E isso foi ótimo porque eu estava projetando prédios e trabalhando com alguns dos melhores arquitetos do mundo e ganhando dinheiro, compartilhando um apartamento com amigos — isso foi muito empolgante, eu adorei — foram dias ótimos, sem responsabilidades. Eu adorava a engenharia — eu sou uma viciada em aprendizado — você aprende coisas novas todos os dias.	Jo e eu nos cruzamos: quando ela era mais nova, uma engenheira graduada em Cambridge, ela trabalhou para mim. Eu mantinha uma ligação para Jo por meio da rede mais ampla da Arup.
Eu comecei com um sentimento que isso [criar a Arup International Development para implementar habilidades de engenharia onde eram mais necessárias] era a coisa certa a se fazer. Para justificar isso com uma base de evidências. Criar um negócio viável a partir disso. Isso requeria muita autoconfiança. Inicialmente eu estava muito sozinha — eu construí o espaço na Arup. Eu escrevi um artigo para o presidente, esse foi o início de uma conversa não solicitada... Eu disse que sou uma iniciadora de negócios, eis o plano, quero aumentá-lo até esse tamanho em 2–3 anos. Você é o bancário; eu estou pedindo um lugar para sentar...	Quando ela voltou do Sri Lanka, ela estava entusiasmada em estabelecer um grupo que faria coisas para aliviar a pobreza, mas também para se engajar em uma agenda de sustentabilidade mais ampla, particularmente no mundo em desenvolvimento.
Havia muita falação — algumas pessoas não achavam que era relevante para a firma. Outras achavam que era enormemente relevante. Tratava-se de persuadir os diretores-chave, construir o espaço para fazê-lo. Eu tive sorte — eu tive dois ou três diretores seniores que acreditavam em mim. Um com quem trabalhei por dez anos — ele me conhecia como pessoa, sabia que a Jo não se mexia para o fracasso.	Eu diria que, como patrocinador dela, comecei 18 meses atrás. Apenas por meio de uma série de conversas — Jo estava achando difícil fazer sua grande ideia acontecer. Havia muita 'melação' organizacional que a impedia de colocar os blocos iniciais de maneira eficaz. Eu diria que meu papel ... eu persuadi o Conselho que eu deveria ter interesse nela e no desenvolvimento de negócios internacional.
Não se trata de fazer dinheiro, mas também não é filantropia. Este debate se prolongou por meses. As pessoas supunham que era filantropia. Eu disse que não, trata-se de fazer bons negócios.	A ligação entre nosso trabalho de desenvolvimento internacional e o trabalho da causa filantrópica — a Jo estava no meio.

Era um diálogo — não uma negociação com um ponto final predeterminado. Eu desenhei um diagrama que explicou o espectro de operar de uma filantropia para uma grande oportunidade de negócios. Pediram-me para apresentar na Reunião Anual do Grupo. Foi aí que eu consegui o endosso, porque as pessoas podiam ver que não era só gastar o dinheiro da firma, mas sobre investir em uma nova área de negócios que teria benefícios empresariais em longo prazo.

O que eu fiz com ela foi estabelecer o desenvolvimento internacional, cercar e estabelecer isso como um negócio não lucrativo na firma. Passei as responsabilidades dela pelo Arup Cause para outras pessoas.

Eu estava entusiasmado em ajustar o modelo de negócios, que se relaciona adequadamente com a comunidade de desenvolvimento internacional: ONGs e uma série de outras organizações da ONU para a Federação Internacional da Cruz Vermelha, Fundação Rockefeller e assim por diante. Nós podíamos fornecer acesso às especialidades da Arup e serviços específicos sobre redução de risco de desastres, alívio da pobreza. Algumas de suas especialidades.

A Arup International Development começou como um subcentro de lucro, mas eu então negociei como meu próprio centro de lucros e perdas e também fui feita diretora — importante para credibilidade. Ano após ano — eu reconheço que você tem que escalar o sistema — a Arup International Development é uma entidade declaradamente não lucrativa na firma.

Em vez de fazer isso como uma parte normal de nosso negócio, a Jo e eu desenvolvemos esse novo modelo para como o negócio deveria ser operado. Despesas gerais que são aplicadas são adequadas. A Arup International Development é não lucrativa e tem um conjunto reduzido de despesas — recebe espaço no mundo global da Arup para lidar com projetos de desenvolvimento internacional com clientes — em Banguecoque, na América do Sul — Jo e sua equipe podem mover-se por ele.

Eu lhe dei espaço — eu facilitei tudo isso — seu lado empreendedor natural.

Programa Shell EMPOWER: criando cultura da inovação

O engenheiro químico Mandar Apte é parte do programa GameChanger[6] da Shell, uma iniciativa projetada para investir e levar ideias 'novas, em estado inicial' sobre energia para a prova de conceito. Com o apoio de seu 'padrinho', o gerente Russ Conser (veja Tabela 4.5), e outros colegas da Shell, Mandar desenvolveu o programa EMPOWER, que usa técnicas de meditação para ajudar os participantes a identificar e superar seus bloqueios a pensamentos de inovação e, assim, liberar sua criatividade.[7]

---

6 http://www.shell.com/gamechanger.
7 'Can Meditation Lead to Innovation?', http://www.shell.com/global/future-energy innovation/inspiring-stories/ashoka-changemakers-award.html, acesso em 9 de abril de 2016.

Desafio social: satisfazer demandas crescentes de energia globais

Como a Shell enquadrou esse desafio:

> Espera-se que mais de 9 bilhões de pessoas vivam na Terra em 2050, mais do que os 7 bilhões de hoje. As cidades em rápido crescimento da Ásia absorverão muito desse crescimento, com três entre quatro pessoas morando em centros urbanos. Bilhões de pessoas sairão da pobreza energética. À medida que os padrões de vida melhoram para muitos em todo o mundo e mais pessoas comprarem sua primeira geladeira, computador ou carro, o uso de energia aumentará. A demanda global total de energia poderá subir em até 80% de seu nível até o meio do século em 2000.

Desafio empresarial: moldar o futuro da energia por meio da inovação

Para acompanhar as demandas de energia mundiais, a Shell precisa 'entrar em ambientes mais desafiadores para liberar novos recursos e estimular a produção de campos existentes'. Ao mesmo tempo, a companhia precisa desenvolver 'novas tecnologias e uma abordagem inovadora para limitar nosso impacto no ambiente e encontrar maneiras eficientes de engajar com comunidades próximas às nossas operações'.

A solução do intraempreendedor social: empoderar a cultura da inovação com a EMPOWER

Como Mandar (APTE, 2013) descreve sua ideia:

> No início de 2011, o CEO da Shell, Peter Voser, compartilhou sua visão, tanto internamente quanto externamente, para a Shell ser a companhia de energia mais inovadora ao lidar com os desafios energéticos mundiais. Alguns de nós fizemos um *brainstorm* sobre como podemos ter um papel e alcançar a visão do CEO. Como a Shell tem mais de 100.000 funcionários espalhados em mais de 100 países, precisaríamos mudar atitudes individuais, assim como a cultura organizacional geral, que apoiaria a criatividade e a inovação.

Ao longo de dois anos, Mandar e sua equipe entrevistaram mais de 1.000 funcionários da Shell, perguntando: 'Quais são seus bloqueios pessoais para ser mais criativo e inovador?' A resposta indicava que os bloqueadores eram menos que uma falta de habilidades 'técnicas ou profissionais' e mais uma reflexão de uma 'falta de habilidades mentais e sociais'. Os resultados ressoaram com a própria experiência de Mandar; ele havia descoberto em primeira mão que 'a ausência de habilidades mentais e interpessoais [é] o que mata a inovação' antes que ela alcance o estágio experimental. Esse conhecimento forneceu a ele orientação importante e projetar o conteúdo do programa EMPOWER.

Mandar então colaborou com o programa Transformational Leadership for Excellence (www.tlexprogram.com) oferecido pela Association for Human Values (www.iahv.org) e projetado como uma intervenção única de duas horas chamada 'Introdução à EMPOWER' para ajudar os participantes a identificar seus bloqueadores pessoais à inovação e criar hábitos amigos da inovação. Provas de técnicas de respiração e meditação também foram fornecidas para criar resiliência 'interna' e criatividade. Os participantes poderiam então escolher participar de um workshop de dois dias da EMPOWER projetado para fornecer um mergulho profundo no aprendizado da inovação, identificando vários papéis no processo de inovação que eles poderiam escolher desempenhar (além de apenas a geração de ideias) e criar resiliência usando a prática da meditação.

Benefícios e impactos

Em dois anos, mais de 400 funcionários participaram de um programa de treinamento completo de dois dias da EMPOWER e mais de 1.000 funcionários participaram do módulo 'Introdução à EMPOWER'. Esses eventos eram organizados de baixo para cima por funcionários entusiastas que participaram dos programas e viram benefícios pessoais e organizacionais para sustentar o ímpeto. Alguns dos benefícios relatados pelos participantes do *workshop* completo da EMPOWER são:

- 96% dos consultados destacaram como eles agora têm uma compreensão melhor de seus bloqueadores de inovação
- 82% dos consultados indicaram que têm uma compreensão melhor de qual papel podem desempenhar na cultura da inovação
- 88% dos consultados avaliaram que os *workshops* ajudam a aceitar múltiplas perspectivas — um facilitador-chave para inovação
- 90% 'recomendariam o *workshop* para seus colegas'
- 82% dos consultados avaliaram muito bem que o treinamento foi um bom uso de seu tempo
- 82% dos consultados disseram que sua autoconsciência aumentou por uma parte substancial do dia devido à prática de meditação aprendida no treinamento da EMPOWER

O programa EMPOWER de Mandar foi perfilado pela Wharton Business School (Knowledge@Wharton, 2012). Mandar também foi indicado como um dos quatro vencedores da competição inaugural da Liga de Intraempreendedores (Construindo Negócios Melhores de Dentro para Fora) em abril de 2013 (SCHWARTZ, 2013).

A IMPORTÂNCIA DO SILÊNCIO — EM FAZER MÚSICA E INOVAÇÃO — É FREQUENTEMENTE NEGLIGENCIADA. O PIANISTA BRITÂNICO FRANK HARRISON, APRESENTANDO-SE COM SEU TRIO NO ST. MICHAEL NA NORTH GATE CHURCH, EM OXFORD EM 2012, TORNOU-SE CONHECIDO PELA AMPLIDÃO DE SUA MÚSICA, INFLUENCIADA PARCIALMENTE POR GRANDES PIANISTAS DE JAZZ COMO BILL EVANS E KEITH JARRET.
O INTRAEMPREENDEDOR SOCIAL MANDAR APTE, QUE DESENVOLVEU O PROGRAMA EMPOWER DA SHELL EMPREGANDO TÉCNICAS DE MEDITAÇÃO, OBSERVA QUE 'O SILÊNCIO É A MÃE DA CRIATIVIDADE'.

Tabela 4.5 Dupla dinâmica (2) Mandar Apte e Russ Conser na Shell

Mandar Apte **GameChanger, Shell International**	**Russ Conser** **Gerente da GameChanger, Shell International**
Depois de dez anos trabalhando na Shell, eu me inscrevi para um cargo na GameChanger já que a descrição do emprego 'estava em sintonia' com minha personalidade. O trabalho envolvia investir no estágio inicial de novas ideias em energia para criar prova de conceito. Eu não era um capitalista de risco, mas um engenheiro químico em treinamento. Logo percebi que a GameChanger era um lugar 'seguro' onde agentes de mudança/inovadores podiam levar suas ideias criativas e conseguir a 'permissão' para testar a ideia se ela satisfizesse um critério de investimento. Durante minha entrevista, meu gerente, Russ Conser, um dos gerentes mais empoderantes que conheci na Shell, havia me perguntado sobre minha vida de voluntário fora da Shell, onde, por mais de uma década, eu havia ensinado técnicas de meditação para milhares de pessoas, incluindo veteranos de guerra, professores de ensino médio e estudantes. Em resposta eu disse que se empoderarmos as pessoas com ferramentas para lidar com emoções negativas então, naturalmente, elas se tornarão agentes de mudança para espalhar positividade à sua volta. Ele havia dito que a inovação se trata da sua mentalidade, especialmente em um estágio inicial da inovação. Você falhará a não ser que tenha resiliência interna (uma atitude interna para ficar em pé novamente e continuar marchando em frente e não deixar que o fracasso lhe afete). Ele estava aberto à ideia de colocar tempo e energia em desenvolver um currículo que liberasse a criatividade nos funcionários da Shell usando práticas de meditação. Isso foi como um 'padrinho' — um papel central.	A inovação é fundamentalmente um desafio de pessoas. Eu aprendi que no trabalho também... você entende bem parte das pessoas, então coloca em estruturas boas de negócios, criando equipes vencedoras. Isso é especialmente verdade na inovação. Quando você está fazendo algo realmente novo — quando as pessoas dizem que não é possível — eu aprendi cedo que a paixão, a crença contra as probabilidades, o rebelde faz isso funcionar. O Tech Venture Group (capital de risco) e a GameChanger (um anjo de investimento inicial) fizeram a interconexão durante 2001. Eu estava no Tech Venture Group de 1998 a 2002, depois fui para a GameChanger. A crença no herói empreendedor tornou-se rapidamente ainda mais profundamente enraizada. Em estágios iniciais, ideias malucas — o desafio era, você tem que ser tecnologicamente bom, mas as barreiras principais para a inovação revolucionária são sociais: como as pessoas conectam-se umas com as outras — eram todas dinâmicas sociais. A mecânica nós sabemos fazer, mas as dimensões inter-humanas são chave. Todas essas coisas são formativas e estabeleceram a base que me permitiu responder a Mandar.

A inovação é como reunir uma orquestra, um conjunto de jazz — todo mundo tem que desempenhar seu papel. Foi assim que me identifiquei com minha própria ideia. A ideia de fornecer técnicas de meditação para meus colegas na Shell para ajudar a reduzir o estresse no ambiente de trabalho e melhorar relacionamentos interpessoais me passou pela cabeça em 2005, quando me tornei professor de meditação da Art of Living Foundation. Desde 2005, eu ensinei milhares de pessoas de todos os caminhos de vida, então eu conhecia o poder e os benefícios da prática de meditação para aprimorar o desenvolvimento pessoal, mas precisava de um cozinheiro, alguns temperos, alguém para provar e alguém como Russ que confiasse em minhas capacidades. Frequentemente fui desafiado por meus colegas de equipe da GameChanger sobre o valor de facilitar workshops de aprendizagem de inovação. Eu fiquei surpreso com como uma ideia 'nova' como a EMPOWER não havia se encontrado com sua curiosidade e apoio, mas talvez não fosse uma ideia de inovação tecnológica tradicional. Russ desempenhou um forte papel de apoio participando no programa e ajudando a dar vida à EMPOWER e a liberar minha própria criatividade!

Depois de passar os primeiros dois anos aprendendo sobre gerenciamento de inovação e o programa GameChanger, eu percebi que uma cultura de inovação vibrante exigiria muitos papéis que os funcionários podem escolher desempenhar e não apenas geração de novas ideias. É por isso que projetei o programa EMPOWER, para empoderar os participantes a identificar os diferentes papéis exigidos no processo de inovação que eles poderiam escolher desempenhar.

Nós precisamos de químicos e físicos e engenheiros, mas também de pessoas com diferentes perspectivas culturais ... Mandar é técnico, mas foi um intraempreendedor social desde o começo. Sua paixão. Eu fico estimulado com alguém com um catalisador novo e legal.

Eu gosto de aplicar o que sei sobre sistemas sociais para fazer as coisas acontecerem. O programa AWARE, Better World — a paixão pessoal de Mandar por energia é social e humana. Usou seu passado sobre engenharia petrolífera para falar geeky, mas é pessoal/social, sua paixão. A GameChanger tem apoiado há bastante tempo ... isso me deu espaço e liberdade para operar. Mandar queria explorar algumas novas dimensões.

Se você perguntasse para mim em 2010 qual seria o problema número um em inovação para a Shell, era cultural. No início da minha carreira, havia permissão para fazer coisas malucas. Eu senti que, com o passar do tempo, o espaço para ser diferente havia encolhido na empresa. Mandar tinha essa paixão por meio do programa EMPOWER de aplicar mindfulness/respiração para criar espaço para a inovação. Isso empoderou Mandar, mas também empurrou uma força restritiva de inovação na Shell em geral.

Depois de 15 workshops EMPOWER e com mais de 400 graduados no programa, temos muitos relatos de como os participantes incorporaram as técnicas de meditação em suas vidas pessoais e profissionais. Os participantes também compartilharam como o programa os ajudou a pensar de forma inovadora, criar novas ideias e melhorar os relacionamentos pessoais e interpessoais.

Eu acho que, no geral, as coisas não estão assinadas, seladas e entregues ainda. No processo de o apoiar por oportunidades ... conseguir reconhecimento [por exemplo,. Prêmio da Liga dos Intraempreendedores], ele será mais bem-sucedido — o termo 'intraempreendedores sociais' deu a ele mais experiência.

Eu acho que estamos quase lá (embora eu tenha me aposentado). Estou muito orgulhoso que agora asseguramos um papel especial para Mandar na Shell, onde seus sucessos são validados e institucionalizados. Nós também temos novos defensores para Mandar ... 'planejamento de sucessão' para mentores — pessoas com poder que podem fazer alguma coisa ... eu aprendi no GameChanger — o coração do processo funciona muito bem e somos geralmente bem referenciados por fazer isso. Eu aprendi que o quanto é difícil depende menos de onde estamos na organização do que com quem você se liga — traços de personalidade, sistemas de crenças, maneiras de trabalhar.

Eis o que outros intraempreendedores sociais tiveram a dizer sobre 'padrinhos':

'O chefe cria espaço para perseguir novos projetos, age como um defensor de RC no conselho, impulsiona a inovação.'

'Seu chefe anterior, que hoje é diretor em uma empresa diferente, o ajudou muito a enquadrar as iniciativas de sustentabilidade de maneira mais [parecida] com negócios ... Acesso à gerência sênior é muito importante. Você precisa de um padrinho dentro da organização que o ajude a fazer as coisas acontecerem.'

'[O patrocinador gerencial] apoiou esta ideia [do intraempreendedor social], colocou [o intraempreendedor social] em contato com as pessoas certas e conectou vários projetos localmente.'

'Eu falo duas horas a cada três semanas com o CEO e digo a ele o que eu acho que deveria acontecer. Ele acredita no que estou fazendo — ele é meu patrocinador.'

'Ele [gerente] deu a ela discernimento e autonomia abundantes.'

Um gerente talentoso pode também funcionar em um papel híbrido como intraempreendedor social e padrinho:

> ### Cassiano Mecchi: Um agente para a mudança
>
> Cassiano Mecchi, então com a Danone Brasil, vê a si mesmo como um intraempreendedor social e um agente de mudanças para ajudar outros agentes de mudanças a reunir os meios de tempo e recursos e conexões para fazer a diferença, dando permissão e encorajamento para outros empregados a serem intraempreendedores sociais.

A perda de um gerente que é um patrocinador ou 'padrinho'-chave para o projeto pode ter um grande impacto e pode requerer adaptações significantes para garantir que um projeto intraempreendedor social sobreviva:

> 'A unidade de microfinanças [estava] começando a progredir na época da crise bancária de 2008. O patrocinador sênior [do intraempreendedor social] tornou-se redundante; corte de custos massivo. Para sobreviver, a microfinança se mudou para a Divisão de Mercados Emergentes.'

Os gerentes também podem ter um impacto *incapacitador* no intraempreendedorismo social em um ambiente que é altamente politizado, sujeito a pressões econômicas severas ou onde a sustentabilidade não é percebida como uma questão que necessite de atenção urgente:

> 'A chefe imediata [do intraempreendedor social] foi transferida para este departamento porque ela não foi bem-sucedida como gerente comercial. Lá tinha pouco conhecimento de RSC e deu [ao intraempreendedor social] poucas possibilidades de desenvolvimento. Um dia [ela] gerenciou alguns projetos que criaram mais visibilidade e seu chefe sentiu-se desconfortável.'

> 'O CEO ... tinha o trabalho de tirar [a empresa] do vermelho. Ele era nada compreensivo com a sustentabilidade ... ele era neutro. Gerenciamento apático.'

> 'Difícil mudar a mentalidade do Conselho/SMT ... [a companhia matriz] não tem política de sustentabilidade ... o conselho e estágio de redução de riscos ... gerentes de loja/HQ não têm nenhum KPI para sustentabilidade.'

> 'Eu acho que a maior barreira é a mentalidade da gerência. A gerência supõe um sistema de planejamento e controle. Essa é a lógica de escolas de negócios pelos últimos 150 anos. Eles acreditam que se eu planejar algo, eu posso controlar mais tarde e terei bons resultados.'

Recursos

Nossa revisão bibliográfica descobriu que um facilitador-chave para o intraempreendedorismo é a disponibilidade de recursos, incluindo capital, tempo, conhecimento, habilidades e recursos de folga em geral (ANDERSON *et al.*, 2004; HOSTAGER *et al.*, 1998; KURATKO *et al.*, 1990, 2005; MANTERE, 2005). De particular importância está o tempo, como um processo de inovação é muitas vezes não linear e repetitivo, construindo sobre o aprendizado da experiência passada (ANDERSON *et al.*, 2004; CHRISTENSEN, 2005; HORNSBY *et al.*, 1993; KURATKO *et al.*, 1990). A organização precisa combinar as exigências de recursos do projeto intraempreendedor com os recursos que estão disponíveis não apenas dentro da organização, mas também dentro de sua rede (CHRISTENSEN 2005; KURATKO *et al.*, 2005; NARAYANAN *et al.*, 2009).

Fatores incapacitadores nesta categoria são a falta de recursos (KURATKO e GOLDSBY, 2004), assim como a alta rotatividade de funcionários (ANDERSON *et al.*, 2004).

De nossas entrevistas, parece que as empresas podem apoiar a inovação social com uma ampla variedade de recursos e eles são normalmente combinados:

Infraestrutura da inovação

Várias empresas investiram fundos em redes internas que forneceram um foco para acessar, iniciar, apoiar e celebrar projetos de inovação sociais por meio de diferentes estágios de desenvolvimento.

Por exemplo, a Philips criou um conselho de inovação com fundos e um esquema de liberação de tempo de trabalho para o qual grupos de empregados com ideias intraempreendedoras sociais poderiam dar um lance.

> '[A empresa] investiu £2,5 milhões em laços de caridade inovadores para o fundo do Future Business Centre — uma incubadora de negócios para empresas sociais ... os funcionários agirão como mentores e membros do conselho para as empresas sociais encubadas por meio do Future Business. Criou um Yammer interno — a rede social da empresa.'

> '[A empresa] agora investiu em uma Unidade de Inteligência/Insight Social juntamente à sua função tradicional de Inteligência do Consumidor/Insight de Mercado ... Quatro anos atrás, [a empresa] comprometeu € 200 milhões para microfinança e agora tem um milhão de clientes por toda a América do Sul.'

> 'Um programa (Blue Camp) de € 2 milhões para inovação. Se for bom, pode juntar-se e pesquisar constantemente para encontrar bons candidatos — expor suas ideias — o júri seleciona — é parte do programa acelerado de administração ... mentores para a corte de desenvolvimento gerencial.'

'Recentemente nós introduzimos o filtro de ideias. Primeiro você tem o estágio da ideia. Isso pode vir de qualquer pessoa na empresa. Se essa ideia for aprovada, ela ganha recursos para ir de ideia a conceito. Se o conceito for aprovado, ele vira um projeto inicial.'

'[O Chefe de Conhecimento & Inovação] pode chamar *ad hoc* o Conselho de Força Tarefa de inovação para avaliar ideias malucas ... Inovadores de nome e fama — reconhecimento público.'

'Além dos laboratórios de inovação, eles têm duas organizações. Uma é a iConnect — ideias que vêm de parceiros e grupos de negócios internos; e o outro é o CoI (rede CoInnovation) ... agora eles adotaram o modelo de negócios de 'consórcio', conectando as empresas no campo (sementes, fertilizantes, irrigação, seguro etc.) que normalmente não interagem ... a interação social na plataforma é uma maneira de encorajar pessoas a compartilharem suas ideias.'

'Mais a ver com como isso [a sustentabilidade] é traduzida por meio da organização ... bolsos de ações onde a base está trabalhando fantasticamente.'

Equipes de projetos para projetos de inovação podem cruzar as fronteiras departamentais e precisam ser flexíveis ao longo do tempo:

'Alguém acima que jogava xadrez e cuidou de juntar as peças certas foi muito sábio em estabelecer essa estrutura para [intraempreendedorismo social] crescer. A estrutura era muito Frankenstein — nós colocamos o VP para P&D, um gerente na cadeia de fornecimento e uma equipe de um *trainee* e um estagiário.'

'Nas reuniões com a equipe de inovação, eles normalmente perguntam a todos os participantes se eles têm alguma ideia para novos produtos. Eles então levam isso ao marketing e, se a ideia for interessante, o iniciador é desafiado a desenvolver uma proposta mais detalhada.'

Em algumas empresas, os departamentos e iniciativas de RC podem fornecer o foco para desenvolver projetos de inovação social e integrá-los com operações centrais de negócios:

'Posicionar o departamento de RC como um Escritório de Projetos ... incorporar os *insights* dessas novas unidades para tomada de decisões dominantes ... desenvolveu um modelo de "relacionar/incubar/traduzir" para ajudar [a empresa] a fazer isso.'

'A CR Academy é um recurso interno.'

Contabilidade de 'improvisação'

Lucas Urbano, Danone, Gerente de Sustentabilidade

Na época de nossa pesquisa, Lucas era responsável pelos projetos de sustentabilidade na Danone, no Brasil, tais como o projeto Kiteiras, experimentando novas formas de negócios inclusivos por meio da implementação de um modelo de vendas diretas.

Um aspecto marcante do intraempreendedorismo social era o grau de improvisação, um tipo de 'jazz' financeiro, exigido por intraempreendedores sociais e seus colegas para financiar projetos dentro dos sistemas de contabilidade corporativos.

Algumas empresas, como a Danone, criam mecanismos especiais de financiamento para projetos de inovação social. A Danone incorpora a sustentabilidade na contabilidade com um 'CAPEX Verde', que dá ao projeto de sustentabilidade um ano a mais para liquidar. A empresa também criou um Fundo de Ecossistema na crença de que 'um Ecossistema forte faz um negócio forte'. Esse fundo investe em projetos que visam fortalecer a cadeia de valor por meio da inclusão social. Esses projetos devem beneficiar famílias de baixa renda e os fundos investidos devem ser gerenciados por uma ONG envolvida no projeto.

No Brasil, a Danone embarcou no Projeto Kiteiras visando aumentar as vendas por meio da aplicação do modelo de vendas diretas. A companhia visa criar 420 empregos para mulheres empreendedoras vendendo 700 toneladas de iogurte por ano. Em 2013, o projeto já havia criado 220 empregos e 345 toneladas de iogurte haviam sido vendidas. A renda mensal das mulheres aumentou na média de R$225, aproximadamente US$100 extras por mês.

Outros intraempreendedores sociais destacaram os recursos financeiros como um grande desafio:

'O orçamento é sempre um problema.'

'Oficialmente não existiam recursos fornecidos.'

Amortizar os custos da inovação pela organização pode ajudar a apoiar os projetos de inovação que podem, caso contrário, permanecer sem recursos.

'Na [Empresa] existe uma entidade com uma conta bancária ... para desenvolver ideias inovadoras.'

'Trabalhar em equipes multidisciplinares é muito fácil na [Empresa] ... [o intraempreendedor social] sugeriu um projeto e os diretores gostaram da ideia de fazer um estudo sobre como conectar os produtos [da empresa] e a biodiversidade. Eles perguntaram quanto isso custava. Ele respondeu cerca de 40.000. Ele então perguntou se eles cobririam 50% dos custos e eles concordaram. Ele sabia, no entanto, que o estudo custaria metade disso e, assim, conseguiu financiá-lo pela sede corporativa ... Recursos não parecem ser um problema se a proposta de negócios é clara e se ela cria valor em termos de vendas, reputação ou marca.'

'Orçamentos não são formalizados, mas vários exemplos de investimentos de recursos em inovação — por exemplo, Project Eden [tratamento de águas residuais].'

'Somos pagos pela Fundação [Empresa] Brasileira. Aspectos importantes de nossa estratégia de criação de valor compartilhado são (1) Nutrição, (2) Água e (3) Desenvolvimento Local ... Nós temos alguns projetos, tais como nosso navio [da empresa] na Amazônia, colaborações com fazendeiros etc., mas eu ainda acho difícil criar o *case* de negócios para isso.'

'Existe pouco orçamento para inovação disruptiva, então eles não estão pensando sobre os fazendeiros, por exemplo, mas em como fazer dinheiro de um desafio.'

Enquanto as regras que regem os financiamentos iniciais de projetos podem variar, alguns entrevistados sugeriram que, para garantir e sustentar o investimento no intraempreendedorismo social, um *case* de negócios viável para investimento deve ser desenvolvido e um critério para avaliar os benefícios do negócio deve ser acordado:

'O resultado mais interessante da pesquisa seria, onde é o impacto empresarial? O contexto empresarial precisa ser bem claro.'

'A seleção de projetos para desenvolvimento depende de articular o *case* de negócios.'

As companhias podem oferecer fundos modestos de Pesquisa e Desenvolvimento para empregados para os permitir 'comprar' um pouco de seu próprio tempo para trabalhar sobre uma proposta de intraempreendedorismo social ou para financiar outros custos associados com o testar da ideia. Isso poderia incorporar pagamentos faseados, para que apenas os projetos mais comercialmente promissores e aqueles com maior impacto social positivo passem para assegurar um maior financiamento para lançamento e expansão subsequente. A Vodafone, por exemplo, agora encoraja os empregados a fazerem lances competitivamente por fundos internos de inovação. A Marks and Spencer tem um fundo similar para empregados fazerem lances competitivamente para ajudar com a implementação de suas extensões ambiciosas do Plan A para tornar a Marks and Spencer a principal varejista global mais sustentável até 2015.

Processos organizacionais e estruturas

Os principais componentes das estruturas e processos organizacionais como discutido na bibliografia são: design organizacional, trabalho de equipe, sistemas de gerenciamento e capacidades organizacionais.

Um design organizacional plano, enxuto e orgânico como visto em organizações com base em projetos ou matriz é considerado um favorecedor do intraempreendedorismo (ANDERSON et al., 2004; CHRISTENSEN, 2005; NARAYANAN et al., 2009). Tal design permite equipes multidisciplinares a trabalharem autonomamente em projetos de inovação (ANDERSON et al., 2004; ANTONCIC e HISRICH, 2003; BRUNAKER e KURVINEN, 2006; CHRISTENSEN, 2005; MANTERE, 2005; NARAYANAN et al., 2009; STOPFORD e BADEN-FULLER, 1994).

A fim de manter o controle e, ao mesmo tempo, conduzir o desenvolvimento de projetos de inovação, os autores argumentam que os sistemas de gerenciamento têm um papel central em fornecer políticas e procedimentos, avaliação formal e, em caso de sucesso, a distribuição de recompensas (ANTONCIC, 2009; CHRISTENSEN, 2005; KURATKO e GOLDSBY, 2004; MANTERE, 2005). A comunicação aberta e de alta qualidade tem um papel importante em traduzir a visão em planos estratégicos e metas, assim como criar um consenso em metas de desempenho individual e de equipe (ANTONCIC, 2007; BRUNAKER e KURVINEN, 2006; HONIG, 2001; KURATKO e GOLDSBY, 2004; MANTERE, 2005). O intraempreendedorismo também lucra com as capacidades organizacionais tais como experiência anterior em inovação e empreendimentos de negócios (NARAYANAN et al., 2009).

Vários desses atributos organizacionais da revisão bibliográfica também foram mencionados por nossos entrevistados.

Estruturas igualitárias apoiam o intraempreendedorismo social

Voltando às ideias de criatividade, fluxo e fluência ideativa (levantadas na seção anterior neste capítulo em Diálogo), o conceito de fluência ideativa é associado com hierarquias associativas mais planas e indivíduos (MEDNICK, 1962) e, de nossa revisão bibliográfica e entrevistas, parece que estruturas organizacionais mais planas também podem ser mais condutivas em desenvolver a fluência ideativa apoiando o intraempreendedorismo social em companhias do que em organizações hierárquicas.

A descentralização da organização como um todo e da responsabilidade por inovação pode ter um efeito positivo no intraempreendedorismo social:

> 'Há uma abertura para inovação já que a organização é descentral[izada] — está na responsabilidade dos CEOs regionais. Essa descentralização nas regiões depende da cultura. [A companhia] atrai mais pessoas empreendedoras.'

'A inovação "sempre parte da cultura porque [a organização é] muito descentralizada." As pessoas veem seus trabalhos diários/principais de maneira mais ampla — então elas tomam a iniciativa.'

'Equipes técnicas e de inovação trabalham de perto com o marketing e com desenvolvimento de produto ... empresa muito descentralizada ... muito da inovação é desenvolvida em parceria com empresas operacionais.'

'[A empresa] tem uma característica especial: nós atraímos um monte de pessoas boas. Nós atraímos pessoas com uma inquietação de fazer alguma diferença no mundo. E muitas vezes as pessoas ficam frustradas porque elas enfrentam essa situação. Processos, burocracia ... O maior desafio é encontrar uma maneira de acabar com isso. [A empresa] é um ambiente aberto. As pessoas querem trabalhar aqui e querem criar relações diferentes e querem fazer uma contribuição. Então nosso ambiente provoca isso.'

'[No setor de energia (*versus* farmacêutico)] a inovação é uma responsabilidade mais ampla na [Empresa sem um departamento de inovação] ... mais vindo de pessoas trabalhando nas questões diariamente.'

A participação dos funcionários — outra manifestação de igualitarismo — foi citada como uma 'grande' condutora do intraempreendedorismo e também ajudou a promover uma 'cultura de participação'.

Nossa revisão bibliográfica descobriu que estruturas e processos organizacionais podem incapacitar o intraempreendedorismo se o design organizacional for altamente centralizado, burocrático e hierárquico (ANDERSON *et al.*, 2004; HISRICH, 1990; KURATKO e GOLDSBY, 2004; SINGH, 2006), e também se existir uma visão estreita de inovação como a tarefa do departamento de P&D, e a tendência de criar silos (CHRISTENSEN, 2005). Os obstáculos do trabalho de equipe giram principalmente em torno de um foco excessivo nas descrições de trabalho, resultando na dificuldade de formar equipes (KURATKO *et al.*, 1990). Os obstáculos apresentados por sistemas gerenciais são controles excessivos (ANTONCIC, 2007) e inconsistência estratégica em visão, metas, avaliação e recompensas (MANTERE, 2005). Finalmente, a comunicação hierárquica (KURATKO e GOLDSBY, 2004) e o mecanismo gerencial (NARAYANAN *et al.*, 2009) também são percebidos como incapacitadores em potencial para o intraempreendedorismo.

Desequilíbrios de poder e 'fluxo' de impedimento da burocracia

Novamente, as descobertas da revisão bibliográfica ressoam com muitos dos comentários de nossos entrevistados. A imersão de nossos intraempreendedores sociais nas práticas operacionais de suas respectivas disciplinas (por exemplo marketing, gerenciamento de cadeia de suprimentos), combinada com sua consciência sobre questões sociais e ambientais, melhora a capacidade de desenvolver inovações sociais aplicáveis comercialmente. Colegas que trabalham em equipes formais de P&D e inovação não desfrutam necessariamente de tais vantagens.

> 'Na [Empresa] o poder está concentrado nas mãos dos diretores. O ambiente é hierárquico, centralizado e autocrático. Tudo precisa da aprovação dos diretores. Outras empresas oferecem mais espaço para tomadas de decisão autônomas ... Se você está sob o radar, você ficará muito tempo na empresa.'

> 'A estrutura/hierarquia organizacional pode ser uma incapacitadora se escalões inferiores bloquearem o caminho para boas ideias fluírem para a gerência superior; é preciso boa comunicação/*storytelling* para criar impacto com os Conselhos.'

> 'Existem lacunas hierárquicas à medida que estavam implementando uma organização mais plana — no entanto, a distância da experiência entre os níveis é muito grande. Ao mesmo tempo, ele [VP, Cadeia de Suprimentos] não tem certeza se as pessoas gostariam de mais poder.'

> 'Nós estamos longe [das fontes de inovação], mas temos uma forte motivação para criar um ambiente de inovação. [A empresa] ainda é uma companhia hierárquica organizada, ainda temos burocracia, rigidez, autorizações, então estamos experimentando o choque das duas perspectivas.'

> 'O modelo de negócios é muito processual, com muita ambiguidade e hierarquia, o que desacelera as coisas consideravelmente. Como estamos em uma unidade pequena, podemos acelerar bastante as coisas, o que não é verdadeiro para outras áreas.'

> 'Um grande desafio no ambiente atua onde precisamos de mais aprovações do que antes... como operações da UE de outras companhias norte-americanas — foco na sobrevivência.'

> 'As equipes não precisam tomar muitas decisões — o diretor sim. Seria bom liberar os diretores das obrigações operacionais e distribuir o poder mais igualmente.'

As mudanças organizacionais também podem impactar no processo de inovação:

> 'Várias fusões nos últimos anos... poderiam dar bases para conversas mais estruturadas com os empregados do que era possível no passado... Um nível organizacional em que as pessoas podem fazer sugestões sem se importar que entre elas esteja alguém da equipe de gestão.'

Este intraempreendedor social destacou a necessidade de autoconfiança e habilidades de construção de alianças para se contrapor aos efeitos incapacitadores do ambiente hierárquico:

'Nós estamos organizados em forma de matriz. Portanto, eu tenho muitos chefes e pessoas com quem consultar. Então a habilidade de formar alianças e alinhar pessoas diferentes é muito importante. A dificuldade é em permear a organização com sua cultura atual. Existe uma forte hierarquia aqui e o poder é centralizado. Você precisa ter coragem para entrar no escritório do diretor.'

Processos de inovação

Algumas empresas começaram a desafiar ativamente seus empregados para contribuírem com seu canal de inovações sugerindo projetos que não só gerem negócios, mas também valor para a sociedade. Alguns dos exemplos na Tabela 4.6 já são bem conhecidos, mas sentimos que essa é uma tendência em empresas que visam explorar o poder do intraempreendedorismo social ou inovação aberta em geral.

Tabela 4.6 Empresas que desafiam seus funcionários a desenvolver valor compartilhado

Empresa	Processo
General Electric	**Ecomagination** De acordo com a empresa, 'o Ecomagination é o compromisso da GE em construir soluções inovadoras para os desafios ambientais atuais enquanto conduz o crescimento econômico'. Em 2010, a GE estabeleceu a meta de crescer a receita dos produtos certificados ecomagination em duas vezes a taxa da receita total da empresa. Essa meta foi alcançada em 2012, quando a receita do ecomagination alcançou US$25 bilhões e reduziu as emissões de gases de efeito estufa em 4,88 milhões de toneladas. Para satisfazer a meta, a GE investiu US$1,4 bilhão em P&D [8] A GE também lançou um programa chamado Eco-Treasure Hunts, que envolve os empregados em uma competição sobre economia de energia. Depois de 200 Eco-Treasure Hunts, a empresa foi capaz de economizar US$150 milhões em contas de energia (RUSSELL, 2012)
Odebrecht	**Prêmio Destaque (Highlight Prize)** A Organização Odebrecht conduz o Prêmio Destaque desde 1992 para destacar projetos que adicionam valor ao negócio. Na categoria de Responsabilidade Social, a empresa busca projetos que criem impactos positivos em comunidades ou no ambiente. O prêmio encoraja os empregados a compartilharem as boas práticas, que então são alimentadas no sistema de gerenciamento de conhecimento da empresa. Ricardo Lyra afirma 'Como atuamos de forma descentralizada, é importante que iniciativas tomadas, por exemplo, em Alagoas, estejam disponíveis para serem replicadas no Rio Grande do Sul.'[9]

---

8 Veja o Relatório Ecomagination da GE em http://www.ge.co/globalimpact/ecomagination.html#!report=top, acesso em 7 de janeiro de 2014.
9 Retirado de http://www.odebrechtonline.com.br/materias/01401-01500/1435/, acesso em 9 de abril de 2016.

Shell	**GameChanger** A Shell acredita que 'algumas pessoas não conseguem parar de sonhar com ideias para melhorar as coisas' e para se engajar com elas lançou a iniciativa GameChanger. Eles convidaram pessoas a submeterem suas ideias sobre aumento de produção de energia, gestão de carbono, conversão de energia, armazenamento e distribuição, assim como transporte de abastecimento. A companhia investe nas boas ideias que são apresentadas. Veja nossos perfis do intraempreendedor social Mandar Apte e seu 'padrinho' Russ Conser, que gerenciou o programa (veja Cap. 4, Tabela 4.5).[10]
Natura	**Cocriando Natura** A Natura acredita no poder da criação coletiva e lançou em 2013 o programa Cocriando Natura. A Natura dá um desafio tal como 'relacionamento entre mãe e bebê' ou 'transparência' e envolve pessoas com um interesse em trabalhar nesse tópico seja em reuniões ou on-line. Em seguida, a empresa compartilha seu aprendizado no processo.
IBM	**IBM Innovation Jam** A IBM transformou a 'jam' do jazz em uma arte, engajando mais de 300.000 funcionários em inovação e resolução de problemas. Em 2006, a IBM abriu o processo a todos e reuniu mais de 150.000 pessoas de mais de 100 países. Como resultado, a empresa lançou dez novos negócios com financiamento inicial de US$100 milhões.[11] As jams de inovação são feitas on-line e são uma maneira de fazer crowdsourcing de novas ideias.

Caso Danone Ecosystem Fund

Danone – Como selecionar e financiar os melhores projetos de intraempreendedores?

A Danone, multinacional francesa, já tem um histórico amplo de engajamento com temas sociais e ambientais. Começando com a famosa palestra de Antoine Riboud em Marseille no ano 1972, proferida na Convenção Nacional da Associação dos Empregadores, onde ele anunciou: "Responsabilidade Corporativa não termina nos portões da fábrica ou nas portas dos escritórios. Os empregos e negócios criados são parte central da vida dos empregados, e a energia e a matéria-prima que nós consumimos mudam nosso planeta. Opinião pública existe para nos lembrar da nossa responsabilidade no mundo industrializado de hoje".[12]

Por isso a empresa adotou a visão de "oferecer saúde via comida ao máximo possível de pessoas"[13]

---

10 Veja http://www.shell.com/global/future-energy/innovation/game-changer/what-is-gamechanger.html, acesso em 8 de janeiro de 2014.
11 Veja http://www.collaborationjam.com, acesso em 9 de abril de 2016.
12 Veja< http://danone.com.br/nossas-iniciativas/sustentabilidade/>, (acesso em 26 de fevereiro de 2015).
13 Danone (2013): Sustainability Report 2013, p. 34.

Nos anos mais recentes, a empresa se destacou com ações mais concretas, como a parceria Grameen-Danone em Bangladesh – um *joint-venture* que produz iogurte para melhorar as deficiências nutricionais de crianças.[14] Vendo os impactos desta parceria, a Danone inaugurou um fundo de investimento — o Danone Communities Fund — para estimular mais empresas sociais que providenciam soluções contra pobreza e fome.[15]

Estas ações vêm de uma crença profunda de que o sucesso da empresa e da sociedade estão interligados, ou como disse Franck Riboud, o filho de Antoine e então CEO da Danone, em 2009: "Como uma empresa pode se desenvolver num deserto econômico-social? É no interesse da empresa de cuidar bem de seu ambiente econômico e social, ou numa palavra de seu ecossistema."[16]

Para identificar os pontos que precisam de um cuidado estratégico, a Danone começou um monitoramento socioambiental identificando assuntos materiais — aqueles que claramente impactam no negócio e na percepção de vários *stakeholders*.[17] Dentro dos aspectos identificados são:

- Disponibilidade de leite de boa qualidade e com preços competitivos. A empresa tem mais que 30.000 fornecedores diretos de leite. Em algumas regiões como no México a empresa tem de importar leite por falta de oferta, o que, ao final, aumenta o custo de produção.

- Conquistar a base de pirâmide com iogurtes. Isso aumenta a venda para um público de baixa renda.

- Tratar dos resíduos pós-consumo. Sobretudo no Brasil, com a nova Lei de Resíduos Sólidos, as empresas têm uma corresponsabilidade para ofertar uma logística reversa e com isso evitar multas. Em 2013 a empresa já recuperou 40% de resíduos de embalagem.

Todos estes aspectos envolvem o "ecossistema" da Danone inclusive fornecedores, clientes, autoridades e outros *stakeholders*. Para estimular a criatividade dos colaboradores e fornecer ideias de como lidar com estes desafios, a Danone criou o Ecosystem Fund — um fundo de investimento no ecossistema.

O Ecosystem Fund[18] é um *Endowment Fund* adotado com € 100 milhões aprovado na reunião geral de acionistas no dia 23 de abril de 2009, com o propósito de fortalecer e desenvolver atividades dos parceiros da Danone que representam seu ecossistema: fazendeiros, fornecedores, terceirizados, distribuidores, transportadoras, autoridades locais e nacionais. O fundo pode investir em:

---

14 Veja o caso de Grameen-Danone neste livro.
15 Veja por exemplo. <http://www.danonecommunities.com/> (acesso em 24 de fevereiro de 2015).
16 Palestra de Mariano Lozando (CEO Danone Brasil na FDC International Conference em Rio de Janeiro em 2013).
17 Danone (2013): Sustainability Report 2013, p. 51–53.
18 As informações sobre o Ecosystem Fund foram extraídas do site http://ecosysteme.danone.com/ e da apresentação http://ecosysteme.danone.com/wp-content/uploads/2013/04/14-06-27-Ecosystem-Fund-General-presentation.pdf (acesso em 24 de fevereiro de 2015) senão referenciado por outras fontes.

1. Emprego — apoio a atividades econômicas para criar emprego
2. Competências & Empregabilidade — aumentar a competência e capacidades via treinamentos
3. Microempreendedorismo — apoio a atividades econômicas e projetos empreendedores que fortalecem o desenvolvimento de pequenas e medianas empresas.

O funcionamento do Ecosystem Fund

Só as subsidiárias da Danone têm direito a sugerir projetos a serem financiados pelo Ecosystem Fund. O fundo investe em projetos de 5 *clusters*[19]:

1. Fornecimento
2. Desenvolvimento local
3. Microdistribuição
4. Serviços de cuidados a enfermos e idosos
5. Reciclagem

Os critérios de seleção são:

- Tem de ter alocação de recursos humanos dedicados ao projeto
- Criação do projeto em colaboração com uma ONG
- Ser replicável e possível de escalar
- Criar valor econômico e social dentro do ecossistema da Danone
- Iniciado por uma unidade de negócio da Danone e integrado a estratégia de negócio
- Apoiado por um executivo sênior da Danone

Os projetos também precisam ter o apoio por escrito do CEO da região onde se originou o projeto e apresentar indicadores de impacto como exemplo, quantas pessoas foram impactadas, como aumenta a qualidade de vida deles (aumento de renda), quais competências foram desenvolvidas, como a saúde melhora, quais impactos ambientais podem ser registrados (redução de emissões de CO_2) etc.

Resultados

Até 2013 um total de €97,6 milhões financiaram mais que 40 projetos em 20 países. Deste orçamento, o Ecosystem Fund contribuiu €47,2 milhões. O resto vinha de parceiros e instituições (€33,9 milhões) e unidades de negócio da Danone (€16,5 milhões). Os investimentos estão administrados por 42 ONGs parceiros. Até 2015 os projetos beneficiaram diretamente 30.000 e indiretamente 2 milhões de pessoas. Em total, as iniciativas financiadas visam a criar mais que 50.000 empregos. Aqui alguns exemplos de investimentos do fundo:

---

19 Um vídeo explicando o valor compartilhado gerado dos investimentos do fundo está disponível em <https://www.youtube.com/watch?v=N4CE2CbAh8M>, acesso em 26 de fevereiro de 2015. No YouTube se encontram também vários casos onde o fundo investiu.

Fornecimento — Disponibilidade de leite de boa qualidade

Um total de 19 projetos representando 45% do orçamento se encaixam nesta categoria. O propósito é de "assegurar e desenvolver o fornecimento de leite e frutas via uma agricultura sustentável e empoderamento de agricultores que gera valor para consumidores e comunidades locais.[20]

Um projeto aqui são as Comunidades de Coletores de Leite na Egípcia desenvolvido em parceria com Care. O centros coletam leite e encaminham para a produção da Danone, mas os Centros também oferecem serviços veterinários, orientação sobre nutrição animal, bem como programas de treinamento.

O benefício para o negócio do projeto é o fornecimento de ingredientes localmente que reduz o custo de produção e aumenta a produtividade da cadeia de valor. O benefício social se realiza no aumento de qualidade de vida dos agricultores como aumento de renda, criação de empregos e empoderamento. Em 2013 o projetos atendeu a 857 famílias de agricultores com a construção de três comunidades de coletores de leite, criou 22 empregos e vende 320 toneladas de leite por mês, que representam 8% do fornecimento da Danone em Egípcia.

Microdistribuição — Conquistar a base da pirâmide

Na base da pirâmide a Danone visa a criar modelos de distribuição inclusivos, dando a comunidades carentes acesso aos produtos e também mais conhecimento sobre saúde e nutrição. Projetos neste campo representam 14% do orçamento do fundo.

O projeto Kiteiras no Nordeste do Brasil capacitou mulheres como vendedoras da Danone que vão distribuir produtos de porta a porta. O projeto foi desenvolvido com o distribuidor QueroKit e a Aliança Empreendedora.

Benefícios para o negócio incluem a venda de 700 toneladas de produto por ano e a disseminação da marca na base de pirâmide. O projeto impacta a qualidade de vida das mulheres e já aumentou a renda das mulheres envolvidas em R$230 por mês mais os aprendizados dos treinamentos.

Reciclagem — Tratar dos resíduos pós-consumo

Reciclar o resíduo como embalagens e providenciar insumos reciclados aos processos da Danone é a visão desta linha de investimentos que representa 12% do orçamento.

O projeto Pepenadores[21] no México, feito em parceria com a Bonafont (marca da Danone), MundoSustentable, Pro Natura, Promotora Ambiental e Ashoka, capacitou catadores, melhorando os processos de reciclagem. Só 20% dos resíduos de México são reciclados e 90% disso devido ao trabalho de catadores, em muitos casos crianças. O investimento permitiu a construção de um centro de separação que aumentou a produtividade como também a segurança dos catadores.

Com isso, a Danone criou vantagens de negócio facilitando o fornecimento de PET reciclado para embalagens. Ao mesmo tempo, os catadores se beneficiam com reconhecimento, aumento de renda, profissionalização e o meio ambiente com uma redução de lixo gerado e CO_2 produzido.

---

20 Veja: <http://ecosysteme.danone.com/wp-content/uploads/2013/04/14-06-27-Ecosystem-Fund-General-presentation.pdf>, p. 16, acesso em 23 de fevereiro de 2015.

21 Veja <http://www.porunmexicomasligero.com.mx/comunidad_ligera_pepenadores.php#/10>, acesso em 26 de dezembro de 2015.

Resultados além dos projetos

Os projetos demostram que, com o fundo, a Danone está alavancando o potencial de seus intraempreendedores e criando modelos de negócio inovadores que geram valor social e econômico ao mesmo tempo. Além dos projetos, isso cria vantagens adicionais para a Danone, tais como:

- 90% dos colaboradores sentem orgulho de pertencer ao Grupo Danone e 86% recomendam a empresa como lugar para trabalhar.[22]

- Mídia espontânea em revistas como Forbes[23] e também reconhecimentos públicos de organizações sociais como, por exemplo, Business in the Community (BITC) na Inglaterra[24].

- Envolve e capacita os colaboradores em negócios sustentáveis via a prática no dia a dia.

Diz Franck Riboud: "Existem três bilhões de pessoas vivendo com €2 por dia (...) por que não criar um modelo negócios que possa funcionar com esse gigantesco grupo da baixa renda? Não por caridade, mas com a ideia de dividir lucros."[25]

Estratégia

Nossa revisão bibliográfica descobriu que as características de uma abordagem estratégica favorável para o intraempreendedorismo são: proatividade, uma orientação clara para clientes, materialidade, perspectivas em longo prazo e melhora das capacidades organizacionais.

A proatividade é primariamente expressada por uma varredura ambiental prospectiva, integrando diversas tendências socioeconômicas, políticas e comerciais na estratégia da empresa (ANDERSON *et al.*, 2004; ANTONCIC, 2007; KANTER, 1983; LOMBRISER e ANSOFF, 1995; STOPFORD e BADEN-FULLER, 1994; ZAHRA, 1991, 1993).

Nessas mesmas linhas, a proximidade com os clientes (ANTONCIC, 2007; ROBERTS e HIRSCH, 2005) é considerada uma facilitadora do intraempreendedorismo, com alguns autores relatando que a firma ocasionalmente 'acampa' em locais de clientes por longos períodos de tempo para melhor entender suas necessidades (CHRISTENSEN, 2005: 314).

Claramente, as organizações podem demonstrar impactos materiais de atividades intraempreendedoras, sejam elas novos produtos ou serviços, novos clien-

---

22 Danone (2013): Sustainability Report 2013, p. 27 e 33.
23 Veja: <http://www.forbes.com/sites/ashoka/2014/03/03/co-creation-moving-beyond-csr/>, acesso em 26 de fevereiro de 2015.
24 Veja: <http://www.bitc.org.uk/our-resources/case-studies/danone-ecosystem-fund>, acesso em 26 de fevereiro de 2015.
25 Veja <http://epocanegocios.globo.com/Revista/Epocanegocios/0,,EDR77938-8374,00.html>, acesso em 2 de março de 2015.

tes, processos ou novos empreendimentos (ANTONCIC, 2007; ANTONCIC e HISRICH, 2003), o que normalmente segue junto a uma estratégia de diversificação (ANTONCIC e HISRICH, 2003; NARAYANAN *et al.*, 2009).

Uma abordagem estratégica favorável para o intraempreendedorismo também é baseada em uma perspectiva em longo prazo (CHRISTENSEN, 2005; KURATKO e GOLDSBY, 2004), o que permite à organização aprender e construir capacidades organizacionais.

As empresas estão descobrindo os riscos e as oportunidades emergindo em um contexto operacional caracterizado por maior transparência, conectividade, mercados globais onde a fabricação é mais visível aos consumidores e demandas por contabilidade de uma gama mais ampla de investidores (MARCUS, 2012). Como o intraempreendedorismo social é normalmente uma atividade estratégica, as características da estratégia corporativa poderiam agir como facilitadores e incapacitadores do intraempreendedorismo social.

Com o reforço da gerência sênior, os intraempreendedores sociais eram empoderados a projetos-piloto que eram desenvolvidos em modelos de negócios completamente novos:

> 'Poderíamos fornecer acesso às especialidades e aos serviços específicos [da empresa] sobre redução de riscos de desastres, alívio da pobreza... em vez de fazer isso como uma parte normal de nosso negócio, [o intraempreendedor social] e eu desenvolvemos este novo modelo para a maneira que o negócio deveria ser operado.'

> 'Minha filosofia fundamental é que se você realmente quer alcançar uma mudança em nível de sistema, você precisa integrar isso profundamente nos negócios, não apenas da sede ... isso se tratava de ser muito mais alinhado e integrado estratégica e empresarialmente — conectando a RC com condutores de valores mais amplos. Seja condutor de inovação nessa abordagem. Grande foco em inovação de negócios ... se você quer alcançar um impacto social, encontra uma maneira economicamente viável de entregar isso. Você descobrirá uma diferença significativa nesse pensamento.'

> 'A diferenciação é crítica porque meu produto é normalmente 20% mais caro que o mercado — isso tudo devido à ética, trabalho adulto, salários-mínimos, saúde e segurança ... Precisamos de uma marca que diferencie. E seja comercialmente bem-sucedida. Está começando a nos diferenciar das pessoas que não apoiam esse padrão.'

Entre as capacidades estratégicas necessárias estão as competências dos funcionários (AMO e KOLVEREID, 2005; CHRISTENSEN, 2005; JENNINGS, COX e COOPER, 194; MANTERE, 2005), acesso a redes (CHRISTENSEN, 2005; MANTERE, 2005; NARAYANAN *et al.*, 2009) e a experiência com a inovação (ANTONCIC, 2007; NARAYANAN *et al.*, 2009).

Contrariamente, os incapacitadores estratégicos são a visão em curto prazo (CHRISTENSEN, 2005) e uma orientação ao design de tarefa (MANTERE, 2005). Nós vimos evidências disso entre nossos intraempreendedores sociais:

'Nosso CEO brasileiro [nome] tem uma liderança forte, o que dá ênfase ao curto prazo à cultura "mostre-me o dinheiro". Nós não temos um líder como o Fabio Barbosa que nos inspiraria mais sustentabilidade.'

'A mentalidade aqui em [empresa] é negócios e curto prazo. Meu sonho seria que, no futuro, recebêssemos mais demanda por colaboração de departamentos internos. Meus colegas não veem sustentabilidade em seus L&P [Lucros & Perdas]'

Case Coca-Cola Coletivo

Coca-Cola Coletivo Varejo[26]

A transição de pessoas da classe D e E para a C pode gerar um aumento de até 30% no consumo de bebidas. Em um cenário de crescimento da classe média do Brasil, a Coca-Cola percebeu uma oportunidade de se conectar com esse público e, em 2009, estabeleceu como um de seus objetivos aumentar a presença e relevância em áreas de baixo poder aquisitivo. Abordagens típicas do *business as usual*, tais como o aumento de canais de distribuição ou o desenvolvimento de novas campanhas de *marketing*, não funcionariam para captar esse mercado e a Coca-Cola estava ciente que deveria ajudar a resolver um problema social para conseguir aproveitar uma importante oportunidade de negócio.

Visando atingir o objetivo estabelecido, Claudia Lorenzo (hoje vice-presidente de Relações Corporativas) e Pedro Massa (hoje Diretor de Valor Compartilhado) buscaram entender o contexto e como o consumidor se enxerga dentro desse contexto, de modo a desenvolver um projeto efetivo e que se adequasse às demandas locais. Para isso, desenvolveram um estudo antropológico das comunidades de baixa renda nas quais o projeto atuaria. Esse estudo teve duas frentes:

1. Reuniões semanais e estudos com professor de antropologia da PUC-Rio para discutir comportamentos e aspirações das comunidades de baixa renda das grandes cidades brasileiras.

2. Imersão por três dias de 15 executivos sêniores da Coca-Cola nas comunidades, os quais moraram com famílias locais e estabeleceram relações com as lideranças locais.

---

26 O caso do Coletivo da Coca-Cola já foi publicado em Árabe M. e Spitzeck H. (2015): GRS Insight — Criando Valor Compartilhado, Fundação Dom Cabral, Nova Lima. Outra fonte essencial foi FSG (2014): Thirsty for more: Coletivo Case Study, disponível em: <http://assets.coca-colacompany.com/da/90/9a6068334c5290a069f29e88f8ab/coletivo-case-study-2014.pdf>, acesso em 21 de maio de 2015.

A partir dessa imersão, foi possível identificar as principais demandas sociais ligadas ao negócio da Coca-Cola, quais sejam, baixa produtividade entre os pequenos varejistas, alto nível de desemprego entre os jovens, baixo nível de educação formal e acesso limitado às oportunidades econômicas. Diante desse cenário, olharam para dentro da empresa se questionando sobre quais competências poderiam ajudar a construir um futuro melhor para esses jovens e identificaram as seguintes características: (i) cadeia logística grande, (ii) está presente em todos os lugares e (iii) motivação. Como a Coca-Cola poderia, então, alavancar o que tem de melhor?

Nesse contexto, criaram o Coletivo Varejo, um programa de treinamento que visa capacitar, principalmente, os jovens desempregados que vivem em área de baixa renda e ajudá-los a encontrar novas oportunidades econômicas. O desemprego entre jovens é quase quatro vezes maior do que a média de desemprego e para cada dez jovens no Brasil, nove são de classe baixa, tendo menos acesso à capacitação e oportunidades. Os treinamentos técnicos oferecidos pelo Coletivo Varejo abrangem diferentes áreas, como empreendedorismo, varejo, logística, reciclagem, extrativismo e artes. Vale ressaltar que também faz parte da iniciativa da Coca-Cola de capacitar 5 milhões de mulheres na cadeia de valor global até 2020, sendo que 49 mil mulheres já foram capacitadas por meio do Coletivo Varejo.

Os projetos dessa plataforma são concebidos em cocriação, isto é, a Coca-Cola define suas estratégias em conjunto com as lideranças da comunidade e desenvolve um modelo de atuação que utiliza a sua cadeia de valor como alavanca para desenvolver e criar oportunidades. Atualmente, a plataforma trabalha com sete modelos diferentes de Coletivo, conforme mostrado no quadro abaixo[27]:

Em parceria com pequenas ONGs dentro das comunidades de baixa renda, a Coca-Cola criou um sistema de franquias sociais, ajudando a desenvolver centros de capacitação em varejo para jovens de 15 a 17 anos. As aulas teóricas são ministradas por professores locais, sendo que comerciantes locais dão aulas práticas, o que torna os moradores mais abertos para o aprendizado e para visualizar novas oportunidades, além de reduzir o custo do processo seletivo desses comerciantes. 60% da carga horária total do treinamento é voltada para empoderamento pessoal e 40% é voltada para as competências técnicas de varejo. O acompanhamento das capacitações e a orientação dos professores são feitos pelo Instituto Coca-Cola, enquanto o acompanhamento da parte comercial é realizado pela área comercial do projeto, vinculada à empresa e não ao instituto. Dessa forma, o Coletivo Varejo capacita jovens para o primeiro emprego formal no setor do varejo, utilizando parceiros e clientes da Coca-Cola como empregadores. Os jovens formados pelo Coletivo tendem a ficar mais tempo no emprego, o que contribuiu para tornar a plataforma uma fonte de talentos de alta qualidade para empresas de grande relevância no setor, como McDonald's e Subway. Com a experiência do Coletivo Varejo a Coca-Cola montou uma plataforma Coletivo que traz a mesma ideia para logística, artes, reciclagem entre outros.

Segundo Pedro Massa, Diretor de Valor Compartilhado da Coca-Cola, quatro componentes são essenciais para a plataforma Coletivo:

- Tecnologia Social Proprietária: o Instituto Coca-Cola é responsável pela implementação de toda Tecnologia Social da plataforma, sendo responsável por toda inter-

---

[27] Coletivo Coca-Cola — um caso de transformação. 2013. Disponível em: <http://www.plurale.com.br/site/noticias-detalhes.php?cod=13126&codSecao=20>. Acesso em 1º de setembro de 2016.

locução com as comunidades. Dessa forma, "concentra todo o conhecimento para implantação dos diferentes modelos de Coletivo, desenvolvimento dos processos e ferramentas para garantir a qualidade em todas as unidades, além do monitoramento da plataforma nas comunidades[28].

- Transformação Social em Larga Escala: no primeiro ano de implementação (2009), a plataforma Coletivo estava presente em quatro cidades e contava com cinco unidades, beneficiando cerca de 500 pessoas. Quatro anos depois, em 2013, existiam mais de 500 unidades espalhadas em 150 cidades do país e 65 mil pessoas beneficiadas. Além disso, a plataforma, que contava apenas com a modalidade do Coletivo Varejo, diversificou-se. A larga escala foi possível devido ao fato da iniciativa estar atrelada à cadeia de valor da Coca-Cola, cuja diversidade também permitiu a criação das demais modalidades.

- Modelo de Parceria de Valor Mútuo: a Coca-Cola conta com diferentes *expertises*, as quais são complementares entre si e obtidas por meio de parcerias. Essas parcerias são responsáveis por ampliar o impacto social positivo nas comunidades, sendo que ocorrem com diferentes parceiros estratégicos: (i) parceiros locais — responsáveis por operar os Coletivos, (ii) parceiros nacionais — possuem papéis decisivos na coordenação com parceiros locais e contribuem para a execução nacional da plataforma, (iii) parceiros institucionais — fundamentais na execução e para potencializar os resultados do Coletivo, e (iv) parceiros de empregabilidade — responsáveis por contratar os jovens que participaram da capacitação oferecida pelo Coletivo.

- Mensuração de impacto: a Coca-Cola mensura o valor social e de negócio gerado pelo Coletivo de forma sistemática, realizando a pesquisa antes do projeto, logo após o término do curso e até seis meses após a conclusão do Coletivo. Como consequência, o Coletivo foi citado na publicação "*Measuring Shared Value*" (Mensurando Valor Compartilhado) da *Harvard Business Review* como uma das melhores práticas de modelo de mensuração de impacto.

Pelo menos 30% dos jovens graduados no programa Coletivo encontram um trabalho nos seis meses seguintes à graduação, contribuindo para um aumento de até 50% na renda familiar em média. O foco do programa de ensino no treinamento de competências importantes para a vida aumentou a autoestima dos participantes em 20%, a confiança em assumir um cargo de liderança em 60%, em conseguir ganhar o suficiente para sustentar a própria família em 40% e em conseguir boas oportunidades no trabalho em 50%.

As vendas da Coca-Cola nas comunidades atingidas pelo Coletivo crescem cerca de 9,5% ao ano (comparando com a média do setor no Brasil de 6%), o que é resultado do aumento da produtividade de pequenos varejistas, dos níveis mais altos de prosperidade econômica nessas comunidades, devido ao aumento do poder aquisitivo dos participantes, e do engajamento dos moradores locais com a marca da empresa.

---

28 Coletivo Coca-Cola — um caso de transformação. Disponível em: <http://www.plurale.com.br/site/noticias-detalhes.php?cod=13126&codSecao=20>. Acesso em 1º de setembro de 2016.

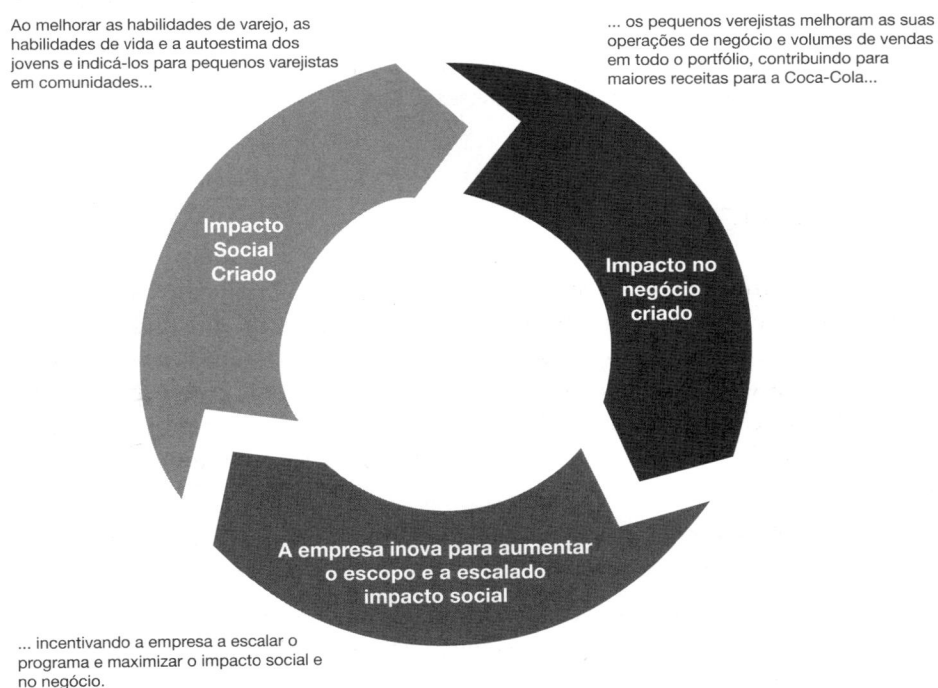

Figura 4.1 Círculo virtuoso de valor compartilhado — Coca-Cola Coletivo Varejo.

Ao melhorar as habilidades de varejo, as habilidades de vida e a autoestima dos jovens e indicá-los para pequenos varejistas em comunidades...

... os pequenos varejistas melhoram as suas operações de negócio e volumes de vendas em todo o portfólio, contribuindo para maiores receitas para a Coca-Cola...

Impacto Social Criado

Impacto no negócio criado

A empresa inova para aumentar o escopo e a escalado impacto social

... incentivando a empresa a escalar o programa e maximizar o impacto social e no negócio.

Fonte: Adaptado de FSG — Thirsty for more, 2014.

A implementação do Coletivo resultou em alguns *insights*-chave no sucesso da plataforma. São eles:

- O projeto não é da Coca-Cola, mas da comunidade.
- Deve-se iniciar o projeto com hipóteses sobre resultados e impactos, dentro de um modelo financeiro.
- No discurso interno, deve-se priorizar o negócio e o modelo financeiro em detrimento do impacto social.
- É essencial ouvir a comunidade e combater o egocentrismo da empresa, o que foi possível por meio da criação do Instituto Coca-Cola, do apoio de antropólogos e da vivência dos executivos na comunidade.
- Deve-se engajar na vivência, uma vez que todos os *insights* do projeto surgiram nesse período e essa experiência resultou em uma mudança da cultura interna da empresa, da percepção e do entendimento da realidade social por parte dos executivos.
- Os colaboradores das demais áreas orgulham-se de trabalhar na Coca-Cola devido à existência do Coletivo, sendo importante levá-los para conhecer o projeto de perto e fortalecer o vínculo com a empresa.

- Medem-se os benefícios para o *bottom line*, além dos demais benefícios intangíveis do modelo de negócio.
- Relatório com resultados (venda, renda, marca, autoestima etc.) deve ser enviado para todos os executivos a cada três meses.

Ambiente externo

Um dos pontos-chave da divergência de nossa revisão bibliográfica sobre inovação e nossas entrevistas com intraempreendedores sociais foi que os últimos citaram suas conexões com organizações externas, sejam essas ONGs, fornecedores ou outros parceiros comerciais ou agências governamentais, como sendo instrumental na instigação ou desenvolvimento de suas atividades intraempreendedoras sociais. As conexões com esses contatos externos preencheram uma variedade de funções importantes:

- elas levantaram a consciência de uma gama de questões de sustentabilidade que eram essenciais para o negócio;
- facilitaram a criação de um *case* de negócios para o desenvolvimento das atividades intraempreendedoras sociais que poderiam ser apresentadas aos gerentes seniores;
- ajudaram a legitimar as atividades dos intraempreendedores sociais tanto com públicos de investidores internos quanto externos;
- ajudaram no desenvolvimento de planos operacionais rentáveis e de tempo eficaz para fazer projetos-piloto de intraempreendedorismo social, às vezes fornecendo conselhos técnicos;
- ajudaram a avaliar os resultados, custos e benefícios (sociais/comerciais) de projetos.

Eis alguns dos exemplos citados:

> 'Em 2000, [o especialista de Assuntos Corporativos teve] conversas com a UNDP em Nova York sobre o tópico "Seguros de Pequena Ilha". Perceberam que, devido à falta de seguro, existia menos investimento e crescimento e, por fim, desenvolvimento humano. Trouxe esse tópico internamente. Fez um estudo com a GTZ [agora GIZ] em Laos, Índia e Indonésia. A Índia e a Indonésia eram candidatas adequadas para um piloto [de microsseguros]. A Indonésia começou, já que em 2004 houve um tsunami.'

> '[O sujeito da entrevista] cocriou um Fórum de RC de Cambridge com outras companhias e acadêmicos etc., em Cambridge [para] expor problemas de sustentabilidade ao fórum para solução *open-source*.'

'Então nós vemos uma combinação de áreas para criar produtos e serviços. Por exemplo, rastreamos a desnutrição de pacientes e desenvolvemos um aplicativo de iPad que ajuda as pessoas a fazerem um diagnóstico, rastrear os desenvolvimentos e ter acesso a nutricionistas e soluções em potencial. Então a inovação agora vem de uma combinação de fatores ... Existem duas fontes de inovação, (1) Globalmente e (2) Localmente. Nós conduzimos programas de inovação abertos com universidades locais. Nós lançamos dez produtos em 2011, a maioria deles foi renovação.'

Em uma empresa, o Gerente de Programa de RSC e Mobilidade que também é Presidente do Conselho de Inovação relata que conexões externas principais são com a WWF (endosso do plano de mobilidade); outras ONGs ('meus observadores de tendência, por exemplo, interpretam futuras leis da UE); Imperial College (para o lance do Sétimo Framework Programme for Research da União Europeia); um médico (sobre verificação de mobilidade); e a Universidade de Aachen (parceira para construir um veículo elétrico por €5.000).

Conexões interdepartamentais dentro da companhia também podem ser uma parte útil para a rede de um intraempreendedor social para rastrear questões de RSC e instigar projetos de inovação social:

'Na [empresa] aqui estou operando sempre em parceria com mais colegas técnicos e mantendo uma comunicação discreta ... nós temos um departamento de sustentabilidade que é preocupado com questões ambientais. A área é, portanto, mais técnica e foca em água e energia ... o departamento de RSC toma conta dos programas sociais e de nossas iniciativas de criação de valor compartilhado.'

As redes de intraempreendedorismo social podem ser moldadas por forças políticas ou de mercado, as questões de sustentabilidade que são essenciais para os negócios e pela presença/ausência de investidores no geral.

Mudanças em pacotes para uma empresa são instigadas em conjunção com um cliente (Walmart) e governo ('nova lei de resíduos sólidos'). Os parceiros incluíam a CEMPRE (resíduos sólidos), o departamento de procuradoria interno e fornecedores pesquisando material de embalagens.

'Nós trabalhamos com governos locais, universidades... com a ONU, OMC, aonde quer que exista um investidor. Grupos de conselheiros independentes.'

'[A empresa varejista] entrou na sustentabilidade porque [nós fomos] forçados ... a ONG pressionou a recompra da AP&P. Agora em parceria com a Rainforest Alliance. A equipe de Assuntos Ambientais dos EUA fez uma parceria acerca de embalagem e energia. Poucas [parcerias] com acadêmicos localmente — principalmente projetos de alunos ... Consórcio de Comércio — certificação ambiental para produtos de escritório; 24 fornecedores globais fizeram parceria — observando embalagens.'

'Parceiros nesses projetos [de inovação] não são normalmente relacionados a TI. Em mKRISHI, por exemplo, eles trabalham com um modelo de consórcio — entre os parceiros estão empresas agroalimentares, ONGs, universidades agrícolas, empresários de aldeias.'

'Trabalhando com o Conselho da Cidade de Utrecht em concreto livre de cimento; forte pressão regulamentar/governamental do investidor privado; colaboração com professor da Universidade Técnica Delft, Universidade Eindhoven, Iniciativa de Concreto Sustentável.'

A forma das parcerias pode variar pelos países dentro de um único grupo corporativo:

'[A fabricante de cervejas] estava envolvida em iniciativas industriais (consumo responsável; Parcerias por Água; cadeia de suprimentos). Na Índia existia uma parceria com a Confederação das Indústrias Indianas e ONGs Indianas (reciclagem de água/treinamento de fazendeiros). Na África do Sul [a empresa trabalhava] com a WWF e com autoridades locais — substituiu árvores para reduzir o consumo de água. Em 2011 houve um compartilhamento de conhecimento entre todas as pessoas nas parcerias de água.'

A inovação social também pode ser perseguida por meio de redes de pares. Um intraempreendedor social ajudou a estabelecer redes no setor bancário na Holanda para promover o diálogo entre CEOs de bancos varejistas.

Em algumas ocasiões, a atividade de inovação social pode ser apoiada pela canalização de recursos corporativos externamente para empreendedores sociais. Junto com a ESADE e agora com a Fundação PwC, a BBVA (empresa espanhola do setor financeiro) lançou o Momentum para ajudar dez empreendedores sociais espanhóis com a aspiração e potencial de crescimento, para fazer isso com sucesso. O programa GameChanger da Shell investe em novas invenções em estágio inicial que poderiam impactar no sistema de energia, ajudando seus investidores a progredirem para o estágio de 'prova de conceito'. De maneira similar, uma empresa de energia apoia o trabalho de inovação de universidades e instituições de pesquisa.

Iniciativas de sustentabilidade precisam ser bem executadas; caso contrário, elas podem sair pela culatra. Uma empresa colaborou em um projeto com uma ONG 'sem escutar as outras ONGs'. De acordo com o intraempreendedor social, a companhia aprendeu, em retrospecto, que especialidade técnica é muito importante.

Fornecedores podem ser parceiros críticos na inovação social:

'Em nossa cadeia de fornecedores nós ajudamos os agricultores a irem melhor, por exemplo, em Kakao nós queremos crescer 3% globalmente — então precisamos aumentar a produção para cumprir essa meta ... Nós temos 31 instalações de produção no Brasil — a P&G, por exemplo, tem três. Então temos muito impacto em nossa cadeia de valor local. Nós precisamos fazer isso para continuar a operar

... Além disso, nossas vendas precisam continuar e os clientes estão esperando sustentabilidade.'

'Nós temos um grande impacto em comunidades locais e, portanto, tentamos criar fidelidade com nossos agricultores e fornecedores locais, ajudando-os a melhorar a produtividade e a qualidade ... Há muita pressão do mercado pela sustentabilidade.'

'[Nós] falamos com empresas de reciclagem; fornecedores de materiais; governo local/nacional. Menos com ONGs.'

Cultura e parcerias

Atitudes culturais podem moldar (positiva e negativamente) a formação de parcerias externas potencialmente úteis.

Uma varejista holandesa onde um intraempreendedor social trabalhou esperou para lidar com questões de sustentabilidade técnica internamente. O intraempreendedor social 'gostaria de trabalhar com ONGs, mas a empresa é bem *old school*', então a companhia trabalhou com estudantes internamente.

'[Eu] fui para um jantar de sustentabilidade e a cada prato você mudava de mesa e se apresentava para novas pessoas. Quando eu dizia que trabalhava para a [companhia aérea] eu recebia uma reação negativa.'

'Nós ainda temos a mentalidade interna-externa. Quem trabalha para a [empresa] está dentro, parceiros estão fora.'

Accenture: criando um ambiente favorável para o intraempreendedorismo social

Uma organização que criou um ambiente favorável para a inovação, incluindo intraempreendedorismo social, tal como a Accenture Development Partnerships (veja mais nas páginas 83–88) é a empresa de consultoria de gestão multinacional, serviços de tecnologia e terceirização Accenture.

Variadamente descrita pelos executivos seniores como uma 'fábrica de talentos', uma 'loja de talentos', uma 'máquina de talentos' ou uma 'multiplicadora de talentos', a cultura organizacional trata muito de recrutar, alimentar e reter funcionários talentosos.

'Não temos outra riqueza além de nosso pessoal', diz Armelle Carminati-Rabasse, então diretora de RH e agora Diretora de Recursos na Unibail-Rodamco.

Nós não temos fábricas, não temos equipe de vendas, não temos redes de distribuição, não temos produtos físicos. Nós temos uma única marca. Nossos produtos são os talentos vibrantes que nos servem. É por isso que prestamos atenção específica à maneira que construímos nosso capital humano.

Mark Spellman, chefe global de estratégia da Accenture e chefe do High Performance Institute (um grupo de reflexão interno desenvolvendo partes de liderança de ideias para a Accenture) acrescenta:

> Nós temos duzentas e cinquenta mil pessoas. Estamos crescendo em 10% a cada ano e temos 10% de taxa de rotatividade. Isso significa que você está recrutando cinquenta mil pessoas por ano para que realmente possa seguir em frente com o show.

Jill Huntley, chefe de Cidadania Corporativa, descreve a cultura da Accenture como aquela 'onde os funcionários buscam maneiras de melhorar as coisas: é conectada a encontrar melhores maneiras de desenvolver capacidades.'

As práticas de recursos humanos são designadas para fazer esses 50.000 novos recrutas efetivamente rápidos, assim como garantir que todas as 250.000 pessoas tenham uma gama de oportunidades para desenvolvimento profissional contínuo. Enquanto o objetivo é garantir que os consultores continuem ocupados com o trabalho voltado para o cliente, haverá inatividade à medida que os projetos dos clientes evoluem e as cargas de trabalho variem. Qualquer inatividade deve ser usada produtivamente para desenvolvimento profissional contínuo (CPD, do inglês *continuous professional development*) ou desenvolvimento de projetos e negócios. Os funcionários individuais podem, portanto, propor projetos para pesquisar oportunidades em potencial. Eles devem encontrar um patrocinador interno, capaz e disposto a usar uma certa quantidade de seu tempo para investigar a ideia.

O principal programa de cidadania corporativa global da Accenture Skills to Succeed também é estruturado agora para criar oportunidades para funcionários voluntariarem seu tempo pessoal e de trabalho e faz isso de maneiras que melhorarão o CPD e potencialmente também trarão *insights* de inovação social desenvolvidos por meio do Skills to Succeed de volta ao restante do negócio.

O trabalho do Skills to Succeed com projetos de microsseguros em Camboja, por exemplo, ajudou a firma subsequentemente com um trabalho para uma grande companhia de seguros.

Orientação e *coaching* é uma grande parte do *modus operandi* da Accenture: vários programas de inovação da empresa têm orientação incluída e, na prática, o requerimento de conseguir um patrocinador formal para seu projeto de 'inatividade' pessoal torna esses patrocinadores mentores também.

É cada vez mais reconhecido dentro da empresa que trabalhar em ADP, ou Skills to Succeed ou negociando colocações externas pode ajudar na progressão de sua carreira. Spellman argumenta:

> Ao passar parte de seu tempo engajado acerca de uma dessas plataformas, isso na verdade acelera sua carreira, porque eu acho que você obtém um conjunto de experiências mais rico e mais variado. Por exemplo, você pode passar três anos trabalhando em uma grande empresa petrolífera em Londres ou você pode passar dois anos trabalhando na empresa petrolífera e então sair e passar um ano trabalhando na Guatemala tentando ajudar uma ONG. Você provavelmente acabará sendo um consultor mais desenvolvido e mais interessante por ter feito o dois mais um do que seria tendo feito apenas os três anos na empresa petrolífera. Eu argumentaria que você, na realidade, consegue pessoas melhores e mais desenvolvidas. Nós estamos em um mundo onde eu acho que você precisa cada vez mais de uma combinação de habilidades analíticas e inteligência emocional e o diferenciador é cada vez mais a inteligência emocional e as habilidades

colaborativas e a habilidade de trabalhar interculturalmente tanto geográfica quanto setorialmente: o analítico é necessário, mas não é suficiente.

Será que essas 50.000 novas contratações da Accenture deste ano ouviriam a liderança de topo ou estariam mais propensas a entrar em contato com a gerência média? Spellman é honesto em termos de **gestão e liderança**:

> A resposta direta é: é uma mistura como é de se esperar. Você obteria algumas mensagens bem consistentes do topo sobre o valor dessas plataformas e por que são importantes. Eu acho que as realidades operacionais do que acontece quando você chega ao chão são diferentes: alguns lhe darão a mensagem e alguns talvez não e eu acho que isso varia bastante de lugar para lugar — então eu diria que é uma oportunidade para melhorar! Uma coisa que eu gostaria de dizer é que, particularmente em uma organização como a nossa, quanto mais você tiver pessoas que tiveram experiências de dois anos em Londres e um na Guatemala e que foram bem-sucedidas em seu próprio direito e estão caminhando pelo sistema, então obviamente eles se tornarão seus embaixadores também, então é um processo evolutivo.

De maneira geral, no entanto, os executivos seniores enfatizam a importância da inovação e do desenvolvimento de talento, a importância dos indivíduos serem proativos em seu próprio desenvolvimento de carreira e habilidades, e a abertura da organização para a inovação.

Isso é reforçado pelos **recursos** disponíveis para apoiar a inovação, incluindo o intraempreendedorismo social. Existe uma competição anual de inovação global que acontece desde 2006, onde os funcionários podem competir com novas ideias de negócios e os ganhadores dividem prêmios em dinheiro para desenvolver suas propostas. A competição de 2012 gerou 325 inscrições de 18 países. De acordo com Huntley, houve um esforço consciente nos anos mais recentes de focar em inovação com um potencial pelo bem social. Também existem esquemas de prêmios anuais de inovação onde as pessoas competem com seus trabalhos de projetos existentes. Unidades de vários países também conduzem competições de inovação. A França, por exemplo, executou a *chaîne d'innovation* (cadeia de inovação) onde equipes conjuntas compostas de funcionários voluntários, voluntários de companhias clientes estudantes de MBA e estudantes de escolas de arte, design e arquitetura trabalham juntos durante um período de seis meses para tentar moldar a nova ideia. Na Accenture Espanha, existe uma competição de inovação para os empregados de um ano. Unidades individuais de negócios também têm orçamentos para P&D e mercado e desenvolvimento de talentos, que os funcionários podem apoiar.

Os processos e estruturas organizacionais são projetados para criar trabalho de equipe, compartilhamento de conhecimento e inovação. A natureza de mudança rápida de consultoria de cliente significa que os indivíduos se encontram em equipes que estão constantemente se formando e reformando, como uma ameba. Claro, até uma organização especializando-se em ICT para apoiar a gestão de conhecimento, existem desafios em manter 250.000 funcionários no circuito. A equipe de prática de estratégia está experimentando com um Café de Liderança de Ideias virtual que visa replicar o que acontece em um café real: as pessoas se encontram, sentam, tomam uma xícara de café e começam a discutir ideias. O Café de Liderança de Ideias permite que funcionários individuais em qualquer parte do mundo exponham suas ideias e encontrem outras pessoas interessadas em colaborar para as desenvolver. Mark Spellman acredita que isso poderia estimular mais intraempreendedorismo social, especialmente se criar mais possibilidades de expor a consciência social da base geralmente jovem de empregados da Accenture. Huntley diz:

> Isso costumava ser para indivíduos com resiliência, persistência, mentalidade sanguinolenta. Atualmente, o intraempreendedorismo social é mais fácil de fazer como parte de um programa formalizado, porque existem mais lugares ao redor do mundo onde empreendimentos conjuntos entre a Accenture e organizações não lucrativas estão ocorrendo, como a Numerique em Camboja.

. Assim, a inovação ligada ao desenvolvimento de talento está no centro da estratégia da própria Accenture. Bruno Berthon, que chefia a prática de Sustentabilidade global da Accenture, que emergiu do intraempreendedorismo social do próprio Berthon, argumenta que ter um cardápio de diferentes maneiras que os empregados da Accenture podem ser capazes de passar mais tempo trabalhando com clientes não tradicionais, como tarefas *pro bono*, programas de cidadania corporativa como o Skills to Succeed, turnês de obrigações com ADP, competição de inovação e projetos de inatividade de clientes aprovados, ajuda a estimular a inovação social:

> Nós percebemos que a inovação social pode ser um modelo de inovação muito atraente no sentido de renovação para novos modelos de negócios que são bem difíceis de inovar normalmente; mas trabalhando em novos ambientes que não podem pagar por um modelo de negócios clássico ou que não têm a infraestrutura necessária, você é forçado a inventar um tipo diferente de modelo de negócios; e você aprende por meio desse tipo interessante de experiência que você pode transformar em um modelo de negócios sustentável. Eles também criam mais oportunidades para os funcionários trabalharem com ONGs, agências de desenvolvimento, clientes etc. e, assim, tocar no ambiente externo e entender melhor os elementos da mudança social, assim como empresarial. Mark Spellman argumenta que 'em um mundo convergente, onde problemas complexos precisam de mais do que apenas decisores políticos, mais do que apenas negócios e mais do que apenas uma sociedade civil que se torna um plano de fundo muito interessante para empreendedores e intraempreendedores florescerem.'

O 'ambiente favorável' dentro da Accenture forneceu à Julika Erfurt, uma gerente da Prática Estratégica da Accenture, uma oportunidade de desenvolver um fluxo de serviços para um novo cliente focado em envelhecimento e mudança demográfica.

Julika Erfurt: adicionando envelhecimento e mudança demográfica aos serviços dos clientes Accenture

Salvador Pozo

Como muitos de sua geração que cresceram no leste da Europa, Julika Erfurt foi politizada em uma idade bem precoce. Ela nasceu no que era a Alemanha Oriental em 1979 e passou sua infância em Leipzig, onde as demonstrações contra o Partido Comunista da Alemanha Oriental eram frequentemente vistos como o início do fim da Guerra Fria começou. Julika estava na escola com as crianças de vários líderes da oposição; suas aulas eram muitas vezes canceladas em favor de debates políticos intensos; e ela e seus pais juntaram-se às demonstrações semanais de demandas por liberdade de expressão, eleições livres e liberdade para viajar.

O SAXOFONISTA TENOR SIMON ALLEN É MOSTRADO SOLANDO COM O OCTETO STAN TRACEY ENQUANTO OUTROS MEMBROS DA LINHA DE FRENTE (DA ESQUERDA PARA A DIREITA), MARK NIGHTINGALE (TROMBONE), MARK ARMSTRONG (TROMPETE), SAM MAYNE (SAX ALTO) E NADIM TEIMOORI (PRIMEIRO PLANO) ESCUTAM ATENTAMENTE. OS INTRAEMPREENDEDORES SOCIAIS, COMO MÚSICOS HABILIDOSOS, PRESTAM MUITA ATENÇÃO UNS AOS OUTROS TOCANDO PARA QUE SEUS PRÓPRIOS SOLOS CONTRIBUAM PARA UMA 'CONVERSAÇÃO' MUSICAL AMPLA E COERENTE.

O Muro de Berlim caiu logo antes do décimo primeiro aniversário de Julia. Depois da reunificação, ela viu algumas das consequências negativas como o desemprego elevar-se localmente, e colapsos de famílias e até mesmo aumento de suicídio em sua comunidade. Na Universidade McGill ela se graduou em Ciências Políticas e Antropologia. Sua paixão pela justiça e igualdade foram ainda mais desenvolvidas por dois períodos no Sri Lanka, trabalhando sob a orientação de um antropólogo conectado à ONG Centre for Poverty Analysis (CEPA), com o apoio da agência de desenvolvimento internacional Alemã GTZ (agora GIZ). Como Julika descreveu na época:

> Eu passei um tempo em fábricas na zona de livre comércio perto de Colombo e então no sul do país. Eu estava trabalhando principalmente com jovens mulheres trabalhadoras e foi uma verdadeira surpresa. Eu fui para lá imaginando que esses lugares eram fábricas escravizadoras e, em vez disso, eu encontrei as mulheres trabalhadoras frequentemente vistas com liberdade e independência.

Julika entrou para a Accenture em 2005 onde ela continuou a estudar e refletir sobre os desafios e oportunidades do desenvolvimento sustentável.

Cerca de seis anos atrás, ocorreu-me que todo mundo na minha equipe estava falando sobre o ambiente, mas eu não escutava tantas pessoas falando sobre os desafios de envelhecer e a mudança demográfica. Eu estive doente por um período e fiquei afastada do trabalho, e isso me deu tempo para ler e refletir ainda mais.

Recuperada e de volta ao trabalho, ela começou conversas com seus colegas de Consultoria Estratégica e com outros colegas na Accenture Sustainability Practice. Ela foi capaz de conseguir tempo para desenvolver seu conhecimento e especialidade sobre o envelhecimento e a mudança demográfica. O Institute for High Performance, o grupo de reflexão interno da Accenture, e a prática de Sustentabilidade tornaram-se 'patrocinadores' internos e a introduziram ao Centro Doughty de Responsabilidade Corporativa em Cranfield, assim como a John Elkington e seus colegas da Volans. Juntos eles foram capazes de organizar uma série de conversas de mesas-redondas, realizadas na Accenture como a 'Second Half Network', onde os indivíduos e as organizações interessadas na interface entre mudança demográfica e sustentabilidade e empreendedorismo podiam desenvolver pensamento e ação.

Por meio dessas mesas-redondas, o trabalho com clientes em múltiplos países e a publicação de artigos de liderança de ideias para a Accenture, Julika construiu um perfil como uma pessoa 'a ser procurada' para questões demográficas. Enquanto ela estava incerta se isso um dia se transformaria em uma prática de consultoria separada, por enquanto ela sabia que seu intraempreendedorismo social havia encontrado uma expressão concreta no trabalho de consultoria que ela fazia para ajudar clientes e ver as oportunidades da 'economia da terceira idade'.

No Capítulo 3 nós introduzimos a história de Priscila Matta, uma intraempreendedora social da Natura no Brasil e fizemos a pergunta de como ela poderia assegurar a melhor maneira de a empresa comprar suas ideias. Tendo examinado a gama de maneiras que as companhias podem responder a intraempreendedores sociais em seu meio e o que forma um ambiente favorável, vamos voltar novamente à história de Priscila.

Natura: como Priscila fez a música começar

Como uma ótima musicista de jazz, Priscila fez seu 'woodshedding' como antropóloga. Ela passou anos aprendendo a 'ouvir' e desenvolvendo uma compreensão profunda das perspectivas dos outros.

Suas habilidades antropológicas permitiram a ela entender diferentes comunidades, uma das quais era a comunidade de pessoas trabalhando para a Natura. Ela entendeu que ser bem-sucedida nesta reunião executiva significava conseguir permissão para os próximos passos em projetar uma estratégia real para resolver o relacionamento afligido com a comunidade de Palmeira do Piauí. Ela também entendeu que a falta de conhecimento era a principal razão pela resistência da Natura em continuar com o *case*: 'No começo a Natura não sabia o que fazer. Eles tinham os valores certos, mas nenhum *know-how* para lidar com esse tipo de questão.'

Priscila era também uma 'interna' na Natura e havia desenvolvido um sentido profundo dos valores e princípios da empresa. O desafio era ouvir as 'vozes' tanto da empresa quanto da comunidade e 'improvisar' um solo que refletisse e fizesse sentido para ambos.

Sua apresentação, portanto, precisava mostrar à Natura os primeiros passos práticos que poderiam ser tomados para resolver a questão sem colocar ainda mais o negócio e a reputação da Natura em risco. Com isso em mente, ela projetou sua apresentação, sabendo ao mesmo tempo que uma visita à comunidade mudaria significativamente a estratégia que ela estava apresentando.

Sua avaliação dos executivos da Natura estava correta e sua estratégia para convencê-los funcionou. Durante a apresentação de Priscila, os executivos podiam ver claramente a qualidade de sua abordagem. Eles também reconheceram as necessidades para sua visita à comunidade. O trabalho que ela havia feito nos últimos meses combinado com a qualidade da apresentação deu aos executivos a confiança para aprovar sua abordagem. Priscila havia completado com sucesso o primeiro marco — ela ganhou a confiança dos executivos e a permissão de começar seu trabalho com a comunidade.

Quando Priscila chegou a Palmeira do Piauí em outubro de 2008, seu primeiro passo foi fazer um diagnóstico, para que ela pudesse entender como a situação havia evoluído desde 2006. Acompanhada por outro antropólogo independente (como exigido pelo Conselho de Gestão do Patrimônio Genético Brasileiro em casos de acesso ao patrimônio genético e associado ao conhecimento tradicional), ela falou com muitos membros na comunidade, cuja história então começou a ser revelada. Originalmente, as pessoas de Palmeira do Piauí não vendiam nada para pessoas de fora. Sua comunidade era baseada em uma economia de subsistência. Pouco a pouco essa situação começou a mudar, já que pequenas quantidades de óleo de buriti e raízes doces foram vendidas para comerciantes de baixa escala a preços baixos. Na época, a renda gerada por essas vendas não havia afetado ainda a estrutura social da comunidade.

Priscila então percebeu que a distribuição iminente de benefícios poderia danificar potencialmente a comunidade e criar ganância, assim como ressentimento. Era quase impossível identificar quem eram os 'proprietários' do conhecimento relacionado aos processos de produção do óleo de buriti e, de diferentes maneiras, a planta buriti representava um meio de viver para a maioria das pessoas em Palmeira do Piauí, que raramente sabiam como ler e escrever. Consequentemente, era muito complexo explicar o que a nova 'Lei da Biodiversidade' brasileira significava para eles. Diferenças entre a linguagem empresarial e da comunidade e a novidade do assunto dificultaram a abordagem do assunto. No entanto, eles entendiam que a Natura queria compartilhar alguns benefícios relacionados à pesquisa comercial usando amostras do óleo de buriti comprado de Palmeira do Piauí no passado. Como resultado, todo mundo queria participar disso. Diferentes listas haviam sido feitas para distribuir os benefícios e era difícil classificar quem tinha realmente direito a reivindicar para receber uma parte. As pessoas estavam literalmente lutando por dinheiro. Embora a Natura quisesse respeitar a forma de organização política e social daquele grupo, a empresa queria seguir seus princípios e conduzir um processo sem lutas e discussões locais.

A primeira ação de Priscila para parar a briga por dinheiro foi anunciar que o dinheiro seria distribuído para o benefício da comunidade e não para membros individuais, fortalecendo o uso sustentável da biodiversidade e conservação ambiental, de acordo com os princípios da Natura e da Convenção Sobre Diversidade Biológica (CDB).

Essa solução genial foi um 'solo' brilhante da parte de Priscila e forneceu um tema que ressoaria tanto com os executivos da empresa quanto com os líderes da comunidade.

> Minha primeira estratégia foi dizer: não haverá dinheiro, mas sim benefícios em termos de conservação ambiental, construção da comunidade etc. Isso eliminou do processo todas as pessoas que estavam apenas interessadas em conseguir algum dinheiro, para

que pudéssemos começar a trabalhar com as pessoas que realmente trabalharam com o óleo de buriti e tinham um interesse em criar a comunidade.

Um foco em ações de conservação da biodiversidade, e em fortalecer a apreciação dos produtores do óleo de buriti, também ajudaria a manter a estrutura social da comunidade e, potencialmente, fornecer a cada membro as condições de aumentar sua qualidade de vida.

Para decidir que tipo de projeto poderia ser desenvolvido para compartilhar os benefícios com a comunidade, Priscila estabeleceu, então, um processo de larga escala de engajamento da comunidade. Tal diálogo é uma forma de 'jamming' intraempreendedora, dando aos membros da comunidade uma oportunidade para que suas 'vozes', e suas ideias, fossem ouvidas.

A comunidade e a Natura aprovaram o plano de compartilhamento de benefícios em novembro de 2009. As iniciativas incluíram cursos de treinamento para o manuseamento e a conservação das áreas do buriti, fortalecimento e organização social, apreciação do conhecimento dos produtores do óleo de buriti e melhoras na produção. Esta aprovação foi o resultado de um processo de participação pública em larga escala claramente focando nas necessidades da comunidade.

A Natura fez uma parceria com a ONG Instituto Ecológica (IE). A IE tornou-se responsável por gerenciar os recursos relacionados ao compartilhamento de benefícios e por garantir que os investimentos focassem efetivamente na apreciação do modo de vida local, o uso sustentável da biodiversidade e ações de conservação ambiental dentro da comunidade de Palmeira do Piauí.

Ao recrutar a IE para o 'conjunto', Priscila demonstrou suas habilidades como 'líder de banda', trazendo uma voz totalmente nova para o fazer musical e enriquecendo a parceria.

'JAM SESSIONS' EM PEQUENOS CLUBES — COMO ESSA 'JAM' DE 2012 NO THE AJANI GRILL & JAZZ PLACE EM LONDRES, ONDE A SAXOFONISTA ALTO CAMILLA GEORGE É EXIBIDA SOLANDO COM O CONTRABAIXISTA TOM MOORE E O GUITARRISTA GRAHAM GARSIDE ACOMPANHANDO ATRÁS DELA — PERMITIAM QUE MÚSICOS TALENTOSOS SE CONECTASSEM E TENTASSEM NOVAS IDEIAS EM FRENTE A UM PÚBLICO DE OUVINTES INTERESSADOS.

DE MANEIRA SIMILAR, AS EMPRESAS PODEM ARRANJAR SUAS PRÓPRIAS 'JAM SESSIONS' INTERNAS, FORNECENDO AMBIENTES PROTEGIDOS ONDE FUNCIONÁRIOS AFINS PODEM TENTAR, E TOCAR, NOVAS IDEIAS DE PROJETOS INTRAEMPREENDEDORES.

No fim do processo, Priscila estava feliz em ver que ela tinha obtido o respeito das pessoas de Palmeira do Piauí e ajudado a Natura a construir um relacionamento de confiança com a comunidade. Desde o início ela se envolveu com seus colegas nas diferentes abordagens para resolver as questões com a comunidade de Palmeira do Piauí. Ela sabia que parte do sucesso era devido à excelente colaboração com pessoas dentro da Natura. A equipe jurídica ajudou-a a projetar contratos robustos com a comunidade, que não tinha uma representação oficial como uma cooperativa. A equipe de engajamento da comunidade ajudou a falar por meio de diferentes cenários, então toda vez que Priscila ia até a comunidade ela estava preparada para qualquer resultado que a situação apresentasse. Devido à internalização da Natura do gerenciamento dos relacionamentos da comunidade, sua equipe havia crescido para um total de dez pessoas. Todas elas contribuíram com o sucesso de Priscila e todas compartilharam as experiências do *case* de Palmeira do Piauí. De certa maneira, Priscila replicou o processo de participação pública internamente para compartilhar o aprendizado e equipar a Natura para evitar problemas similares em seus relacionamentos com comunidades no futuro.

Além disso, a Natura aprovou uma nova Política de Uso Sustentável da Biodiversidade e Conhecimento Tradicional em 2008, que foi implementada em 2009. Esse documento estabeleceu o uso da biodiversidade como um componente importante do desenvolvimento sustentável dentro da Natura e inclui[29]

- A apreciação de relacionamentos éticos e transparentes com investidores
- A aplicação de princípios bem fundados de consentimento prévio
- O uso harmonioso de conhecimento tradicional e rigor científico no desenvolvimento de produtos
- Estabelecimento de redes
- A apreciação da herança cultural e do conhecimento tradicional
- Minimização de impactos
- Tratamento sustentável
- Certificação
- Compartilhamento de benefícios
- A apreciação do trabalho
- Preço justo baseado em uma análise consistente da cadeia de valor.

Portanto, Priscila conclui, a Natura aprendeu muito a partir do relacionamento com o povo de Palmeira de Piauí:

> A empresa aprendeu muito, o nível de compreensão para comunidades locais é muito alto, e o aprendizado resultou de erros anteriores e na formação contínua de seus trabalhadores. Hoje, cada vez mais pessoas dentro da Natura entendem essa linha de trabalho. A Natura está sempre buscando melhorar e fazer mais para seguir completamente seus princípios.

[29] Relatório Anual da Natura, 2008.

Marcelo Cardoso concorda que os valores da Natura são uma forte fonte de inovação:

'Na Natura, a inovação veio do início da empresa. Como a Natura tem sua essência e valores corporativos que refletem a aspiração de contribuir com as metas humanas do milênio, isso é um impulso, porque esses valores são sempre contemporâneos. Mesmo no caso da Natura, que ouve pouco o consumidor e muitas das coisas que a Natura fez foi quando não escutou o consumidor. A EKOS, por exemplo, os consumidores acharam o produto muito feio, com uma embalagem estranha, não tinha a mesma linha de design. Nossa cultura da inovação está no sentido de dar vida à nossa visão e à experiência do bem-estar para o consumidor e para a sociedade. A inovação vem mais da razão de ser e menos das dinâmicas do mercado.'

Entretanto, Marcelo reconhece que a Natura atrai talento, mas também reconhece alguns obstáculos no processo de inovação:

Nós atraímos muita gente boa. Nós atraímos pessoas com uma inquietação de fazer a diferença no mundo. Mas muitas vezes as pessoas ficam frustradas por causa dos processos e da burocracia. Eu acho que a maior barreira é a mentalidade de gestão. A gestão supõe um sistema de planejamento e controle. Essa é a lógica das escolas de negócios pelos últimos 150 anos. Ela acredita que se eu planejar alguma coisa, poderei controlá-la mais tarde e terei bons resultados. Em um mundo em que vivemos com grandes incertezas, onde as coisas podem mudar em termos de semanas, agora algo pode acontecer no Oriente Médio, algo pode acontecer. Isso muda como você vê os negócios. Fukushima, a dívida italiana, mudança climática, crise ambiental, terrorismo... isso destrói a gestão e a crença de que você pode planejar e controlar algo. O maior desafio é encontrar uma maneira de acabar com isso. E na cabeça dos líderes, você precisa mudar isso, eles precisam controlar, eles acham que não podem compartilhar informações, competição ... O maior obstáculo é o modelo mental das pessoas.

O *case* de Priscila demonstra que ela se sentiu frustrada, porque não permitiam que visitasse a comunidade no início. Entretanto, a hesitação da gerência expressa outro ponto que Marcelo Cardoso considera relevante: 'Não pode ser fácil demais; deve haver alguma resistência. Aqui nós lideramos também com a maturidade das pessoas. Existem muitas pessoas imaturas e elas desistem ao primeiro sinal de resistência.'

Imprima o Modelo de Intraempreendedorismo Social em um pôster Ao. Pegue algumas notas adesivas verdes, amarelas e vermelhas. As notas verdes são para fatores de alavancagem, as vermelhas representam barreiras e as amarelas, outras questões relevantes que você considere importante. Pense sobre o ambiente favorável, passando pela cultura organizacional, estratégia, apoio da liderança de topo, práticas de Recursos Humanos, recursos e colaboração com organizações externas observando vantagens, barreiras e outros fatores relevantes e você terá uma bela imagem do que o ambiente favorável de sua companhia se parece. Você pode querer fazer esse exercício com a sua equipe.

Resumindo os facilitadores e os incapacitadores

A Tabela 4.7 resume todos os facilitadores e incapacitadores que identificamos dentro da literatura e teoria (T) assim como nas entrevistas com intraempreendedores sociais (I).

Tabela 4.7 Sumário de facilitadores e incapacitadores

Fator	Facilitadores	Incapacitadores
Cultura	Valores: Valores (T, I) Visão (T, I) Empoderamento: Autonomia (T, I) Experimentação (T, I) Correr riscos (T, I) Resolução de problemas com colegas (T, I) Tolerância por fracasso (T, I) Consciência social (I) Diálogo/'cultura do café' para promover fluência ideativa/'fluxo' (I)	Valores: Valores incongruentes (I) Mentalidade de RSC ou isso ou aquilo (filantropia *versus* lucratividade) Empoderamento: Ceticismo (I)
Práticas de recursos humanos	Desenvolvimento de pessoal: Valorizando habilidades e conhecimentos dos funcionários (T, I) Vendo o potencial dos funcionários (T, I) Treinamento (T, I) Suporte voluntário: Envolvendo empregados em RC (I) Equipe de inovação pessoal (I) Sessões de brainstorming/grupo de inovação Gestão de conhecimentos Recompensas: Financeira (T, I) Não financeira (reconhecimento) (T, I) Métodos de gestão de RH misturados (I)	Desenvolvimento de pessoal: Funcionários resistentes a mudanças (T) Falta de colaboração (T) Dificuldades em conhecer os colegas (T) Obstáculos para ação SI (I)

Gestão e liderança	Guia: Visão e valores (T, I) Dar importância à inovação (T, I) Comprometimento com a sustentabilidade (I) Patrocinador: Encorajar a correr riscos (T, I) Tolerância a fracassos (T, I) Fornecer recursos (T, I) Delegar autoridade (T, I) Criar espaço protegido para experimentação (I) Facilitador/'padrinho' (I) Habilidades Pensamento em longo prazo (T) Comunicação de qualidade (T, I) Experiência com inovação (T) Enquadrando o contexto empresarial para inovação social (I)	Guia: Não fornecer direção (T) Valores (I) Ceticismo (I) Sucessão (I) Ambição política/pessoal (I) Controle gerencial excessivo (I) Patrocinador Perda de patrocinador Habilidades Pensamento em curto prazo (T, I)
Recursos	Disponibilidade de recursos (T, I) Tempo (T, I) Infraestrutura de inovação (I) Suporte de RC (I) Contabilidade 'improvisada' (I)	Falta de recursos (R, I) Rotatividade de funcionários (T)
Processos e estruturas organizacionais	Design organizacional: Plano (T, I) Descentralização (I) Favorável à comunicação (T, I) Unidade de RC (I) Tamanho (I) Trabalho de equipe: Equipes multidisciplinares (T, I) Sistemas de gestão: Consistência estratégica (T) Avaliação formal (T, I) Capacidades organizacionais Experiência em inovação (T, I)	Design organizacional: Burocracia (T, I) Silos (T, I) Centralização (I) Unidade de RC (I) Tamanho (I) Trabalho de equipe: dificuldade em formar equipes como (T) responsabilidade exclusiva do P&D (T) Sistemas de gestão: Consistência estratégica (T, I) Falta de avaliação formal (T, I) Controle excessivo (T)

Estratégia	Proatividade Varredura ambiental (T, I) Diagnóstico social (I) Orientação do cliente Proximidade aos clientes (T, I) Impacto material (T, I) Estratégia de tripla sustentabilidade (I) Perspectiva em longo prazo (T, I) Capacidades Competências dos funcionários (T) Acesso a redes externas (T&I) Experiência em inovação (T&I) Conduzir projetos-piloto (I) Desenvolvimento de modelo de negócios alternativo (I)	Orientação para design de tarefas (T) RC como 'filantropia e voluntariado' (I) Estratégia de linha de fundo financeiro (I) Perspectiva em curto prazo (T&I) Aversão ao risco (I) Foco exclusivo em ecoeficiência (I)
Ambiente externo (I)	Redes ONGs Agências de desenvolvimento Autoridades de liderança Fóruns especialistas Outros intraempreendedores sociais Coalizões intersetoriais Redes parceiros de negócios Redes de cadeia de suprimentos Pressões sociais: De investidores De governos De clientes Recessão Reconhecimento Prêmios	Greenwashing de competidores Expectativas filantrópicas de ONGs/comunidades locais Barreiras culturais a parcerias externas (mentalidade interna/externa) Pressões sociais Recessão

Nota: T = fatores identificados da teoria intraempreendedora; I = fatores identificados de entrevistas com intraempreendedores sociais e seus colegas.

Colocando em prática

Mark Thain: Vice-presidente de Inovação Social na Barclays

Mark Thain entrou para a Barclays em 2007, inicialmente como Parceiro de Negócios Financeiros e tornou-se Diretor Associado, Global Community Investment em 2009. Ele era essencial para uma revisão estratégica de atividade de cidadania corporativa da Barclays, que estava evoluindo desde o milênio de filantropia corporativa para cidadania corporativa mais focada em negócios. Mark propôs, e agora lidera, a Social Innovation Facility (SIF) da Barclays como Vice-presidente de Inovação Social da Barclays.[30]

Em um Shared Value Summit, ele explicou como a abordagem do 'valor compartilhado' da empresa melhora sua competitividade (THAIN, 2013):

> Eu acho que o 'valor compartilhado' nos dá uma competitividade em três maneiras principais na Barclays:
>
> Primeiro de tudo, ele abre todo um novo conjunto de oportunidades para nós. Nos força a pensar de novas maneiras sobre nossos produtos e serviços, o que conduz a inovação e o crescimento.
>
> A segunda maneira é ... os relacionamentos muito interessantes que ajuda a construir com nossos *stakeholders*. Isso com clientes ou outros parceiros corporativos ou outras ONGs e governos é uma maneira totalmente nova de conversar com eles e começar a conduzir novos relacionamentos profundos.
>
> E a área final é o engajamento de funcionários ... fazer com que os funcionários fiquem empolgados e se envolvam em alguns de nossos programas, ou recrutar a próxima geração de melhores talentos que está cada vez mais focada nesse tipo de área. Eles tentam encontrar áreas em que possam trabalhar que se alinhem com seus próprios valores.
>
> A abordagem de valor compartilhado tem diferenças em uma maneira principal para mim, que é um foco em sustentabilidade em longo prazo. Não se trata de maximizar lucros neste trimestre ou observar os resultados do trimestre passado. Trata-se de realmente esperar pelos próximos 15 a 20 anos — observar para onde o negócio está caminhando em longo prazo.

O exemplo a seguir ilustra como o desenvolvimento da SIF Innovation Facility da Barclays facilitou para que o banco começasse a promover intraempreendedorismo social dentro da empresa.

Social Innovation Facility: como a Barclays está promovendo intraempreendedorismo social

> Como uma instituição financeira nós temos competência técnica, conhecimento, redes, produtos e serviços que são críticos para o desenvolvimento econômico e social. Mas precisamos focar no que pode ser alcançado se combinarmos esses recursos com a competência técnica e recursos de outras corporações afins por diferentes setores (Group Chief Executive, Antony Jenkins).[31]

---

30 Fonte: entrevista com o coautor, 21 de outubro de 2013.
31 Barclays news, 27 de setembro de 2013, <http://group.barclays/news/news-article/1329930723898>, acesso em 9 de janeiro de 2014.

A Social Innovation Facility (SIF) da Barclays de £ 25 milhões surgiu a partir de uma revisão estratégica dos programas de longa data e de investimento filantrópico substancial e em comunidades da Barclays em 2011. Enquanto esses programas evoluíram substancialmente desde o milênio e tornaram-se muito mais estratégicos, com menos e maiores programas alinhados mais de perto aos negócios como a educação financeira e ajuda a pequenas empresas, sentiu-se que a Barclays — como qualquer negócio — poderia ter muito mais impacto social por meio de negócios centrais.

Por isso, a SIF foi criada para fornecer apoio de 'prova de conceito' para equipes de negócios por toda a Barclays para provar soluções comerciais inovadoras para desafios sociais por meio de pesquisa e desenvolvimento, investimento em novas tecnologias e assistência com teste e piloto de novos conceitos; se bem-sucedido, os negócios escalarão. É visto como uma versão interna do DFID Challenge Fund referenciado na página 73.

A experiência com projetos intraempreendedores sociais, que a SIF é designada a promover, gerará pilotos que fornecem 'prova de conceito', o que pode então ser desenrolado em uma escala maior para criar maior impacto.

A elaboração de estratégias para alcançar negócios sustentáveis e metas sociais, como a Barclays fez aqui, é vital para assegurar que os projetos de intraempreendedorismo social tenham vida depois da fase piloto.

Estrutura da SIF

Todas as propostas são embutidas e entregues dentro das equipes de negócios, com um grande foco em colaboração e parceria, tanto com a Barclays quanto externamente por diferentes setores, regiões e indústrias. A SIF está aberta a todos os negócios dentro da Barclays, com proposições relevantes que satisfaçam os critérios da SIF.

Cada projeto é avaliado em relação a quatro critérios de financiamento:

1. **Impacto empresarial.** Ele cria um valor econômico de longo prazo para a Barclays? Aumenta a renda? Reduz os custos? Conduz a conectividade de clientes? Abre novos mercados?

2. **Impacto social.** Ele contribui de maneira mensurável com a sociedade? Lida com uma questão social ou ambiental específica? Beneficia uma comunidade ou grupo identificável?

A contabilização de valor social e ambiental, assim como econômico, criado por um projeto intraempreendedor social ajuda a mudar ou sustentar uma mentalidade corporativa que reconhece um espectro mais amplo de criação de valor além de gerar retorno puramente financeiro. Isso é vital para assegurar que a atividade intraempreendedora social continue a ser apoiada, mesmo em meio a um clima econômico adverso.

3. **Escalabilidade.** Ele tem prospecto de crescimento em longo prazo? Influência para produtos por múltiplas regiões/setores/negócios? Potencial para aplicar novas tecnologias? Percepções amplas do consumidor?

4. **Alinhamento estratégico.** Ele complementa a estratégia da Barclays? Está alinhado com a estratégia empresarial atual ou futura da região? Contribui para se tornar um banco 'a ser procurado'? Demonstra propósito e valores em ação?

Todas as propostas devem ser possuídas e embutidas dentro de uma equipe de negócios que assumirá total responsabilidade para entregar projetos e implantar recursos.

Propostas para apoio SIF são consideradas por um Conselho Governante composto de membros seniores dos diferentes negócios da Barclays assim como o conselho corporativo. Os membros atuais incluem o vice-presidente do banco de investimentos e negócios corporativos junta ao diretor varejista dos negócios da Barclays na África, o Chefe do escritório do Group Design e o Diretor Administrativo responsável por Marketing, Marca e Cidadania.

Os membros do Conselho Governante são 'padrinhos' em potencial para intraempreendedores sociais e são pessoas que podem desempenhar papéis como líderes políticos, construtores de redes, tradutores (de ideias brutas em propósito e estratégia corporativa) *coaches*/ouvintes, defensores de sustentabilidade, defensores de desafios, corredores de riscos prudentes e diplomatas. Veja a seção acima em 'A Magia das Duplas Dinâmicas' (páginas 122–24) para uma descrição mais detalhada sobre padrinhos e seus relacionamentos com intraempreendedores sociais.

Além de financiar projetos diretamente, a SIF também fornece garantias internas de riscos e apoio em acessar parceiros externos intersetoriais, especialistas no assunto e fóruns relevantes de compartilhamento de conhecimento. A SIF desempenha um papel importante em ganhar patrocínio e defesa dentro das unidades de negócios por meio de membros do conselho governante SIF e líderes seniores e por meio do compartilhamento de boas práticas internas por unidades e regiões de negócios da Barclays.

O compartilhamento de conhecimento, especialmente entre equipes, é o que pode conduzir a geração de novas ideias que podem, então, ser desenvolvidas em projetos viáveis. As empresas precisam cultivar a cultura do café (veja Cap. 7) — criar um ambiente onde seja seguro 'pensar coisas malucas em qualquer posição e em qualquer reunião', como Cassiano Mecchi (quando estava na Danone) disse —para garantir que, como na improvisação jazzística, grandes ideias possam emergir e fluir livremente.

Enquanto a disponibilidade de financiamento era vista inicialmente como a chave, em prática, o apoio não financeiro, incluindo o reforço de 'pesos pesados' no Conselho Governante, provou-se particularmente importante. Os relatórios de progresso regular sobre projetos individuais apoiados pela SIF são fornecidos ao Conselho que também pode ser solicitado a ajudar a lidar com bloqueios organizacionais.

A Barclays comprometeu-se em investir um total de £ 25 milhões por meio da SIF e, no final de 2013, havia apoiado um portfólio de 12 projetos. Além de receber propostas de todo o banco, a SIF também está trabalhado para acelerar proativamente um *pipeline* de propostas dentro de um número de áreas de alta prioridade que juntam valor comercial considerável e impacto social significante. Esses incluem o desenvolvimento de novos produtos, tecnologias e modelos de negócios que apoiarão o acesso cada vez maior a serviços financeiros em mercados emergentes, investigando o papel que os principais bancos desempenham no crescimento do setor de impacto de investimento e apoiando os clientes Barclays a conduzir inclusão econômica transformando suas cadeias de suprimentos.

A rede de comunicações com clientes e outros fora da organização — com uma visão para desenvolver parcerias externas para projetos — é um passo crucial na construção de um ambiente externo favorável para o intraempreendedorismo social.

Como a SIF ajuda a construir um ambiente favorável dentro da Barclays para o intraempreendedorismo social

Enquanto a SIF começou antes de a nova liderança da Barclays lançar a nova proposta e valores do banco, esses ajudaram a reforçar o *case* para a SIF. Mais iniciativas planejaram ajudar a estimular um ambiente mais favorável dentro da Barclays para intraempreendedorismo social, incluindo o desenvolvimento de uma versão interna do Laboratório de inovação da Liga de Intraempreendedores (vários futuros intraempreendedores sociais da Barclays e o chefe da SIF compareceram ao Laboratório inaugural); criando programas de destacamento formal para posicionar temporariamente funcionários da Barclays dentro de projetos apoiados pela SIF; e encorajando líderes seniores que participaram de programas experimentais de aprendizado a pensarem sobre ideias de inovação social/valor compartilhado durante sua imersão. A SIF também tem um programa existente de bolsa de estudos dentro do negócio bancário de investimento que oferece a analistas de alta performance ou associados um destacamento de seis meses para a equipe central da SIF.

Fazer as pessoas crescerem por meio de programas de desenvolvimento pessoal como as iniciativas do Social Intrapreneur Lab, aprendizado experimental e destacamento para o SIF Fellowship ajuda a preparar aspirantes a intraempreendedores sociais para papéis de liderança em projetos de inovação sustentável.

Entretanto, para garantir um retorno de tais programas, as empresas precisam cultivar a cultura do café e humanizar a organização — promovendo uma atmosfera de igualitarismo e generosidade (uma 'vibe' encontrada em ótimos clubes de jazz) — para que as pessoas sintam que podem compartilhar ideias livremente (por exemplo em qualquer 'jam session' corporativa) e contribuir com o desenvolvimento dos projetos de outros (ou seja, agindo como bons 'sidemen'), sabendo que suas contribuições serão reconhecidas e apreciadas.

5
Ambiente favorável externo
Organizações e redes externas

Ao longo das últimas duas décadas, uma arquitetura internacional para conscientizar e dar apoio para empreendedores sociais e empresas sociais surgiu, graças ao trabalho pioneiro de vários indivíduos e organizações. Proeminente entre esses estiveram Bill Drayton e a Fundação Ashoka que ele criou; a Fundação AVINA; Klaus Schwab, fundador do Fórum Econômico Mundial Davos, através do qual a empresa social Fundação Schwab teve destaque no FEM; Jeff Skoll e a Fundação Skoll, que por sua vez criou o Centro Skoll para Empresas Sociais na Escola de Negócios Said de Oxford, e o Fórum Mundial sobre Empresas Sociais Skoll; e John Elkington e Pamela Hartigan, com seu livro *The Power of Unreasonable People* (2008).

Estamos agora começando a ver um florescimento análogo de uma arquitetura internacional para conscientizar e dar apoio para o crescimento do intraempreendedorismo social. Entre os pioneiros estão John Elkington, Maggie De Pree e Alexa Clay, que fizeram a coautoria do SustainAbility Field Guide to Social Intrapreneurs 2008; Gib Bulloch, o intraempreendedor social fundador da Accenture Development Partnerships (ADP) e seus colegas da ADP; novamente a Ashoka e a Liga dos Intraempreendedores, que começou como uma competição internacional para encontrar intraempreendedores sociais e está agora evoluindo para uma coalizão livre de indivíduos e organizações interessadas, agrupadas acerca de Alexa Clay, Maggie De Pree, ADP e Ashoka.

Intraempreendedores sociais frequentemente sentem-se sozinhos dentro de suas empresas, nadando contra a corrente. Redes e grupos externos ajudam a encontrar pessoas com ideias e valores similares. Grupos externos como escolas de negócios, redes de inovação social, ONGs, coalizões de RC, empreendimentos filantrópicos e prêmios, todos têm papéis em ajudar os intraempreendedores sociais a serem bem-sucedidos com suas ideias e alcançar metas compartilhadas de sustentabilidade. Esses parceiros externos criam palcos para experimentação e discussão de projetos, assim como para potencialmente encontrar aliados. A Tabela 5.1 mostra algumas das organizações parceiras que foram identificadas em nossas entrevistas de pesquisa como tendo auxiliado o progresso de projetos de intraempreendedorismo social.

MÚSICOS DE JAZZ FREQUENTEMENTE EXPERIMENTAM DIFERENTES MISTURAS INSTRUMENTAIS EM SEUS CONJUNTOS PARA OBTER UM SOM COLETIVO EM PARTICULAR QUE NÃO PODERIA SER ALCANÇADO DE OUTRA MANEIRA. AQUI, O QUINTETO BYRON WALLEN (APRESENTANDO-SE NO HERTS JAZZ CLUB) INCLUIU UMA TUBA E OMITIU UM PIANO PARA CRIAR UM SOM DE SOPRO NÃO USUAL: (DA ESQUERDA PARA A DIREITA) OREN MARSHALL (TUBA), JULIAN SIEGEL (SAX TENOR), BYRON WALLEN (TROMPETE), NEIL CHARLES (CONTRABAIXO), TOM SKINNER (BATERIA).

DE MANEIRA SIMILAR, EQUIPES DE PROJETO DE INTRAEMPREENDEDORISMO SOCIAL DE SUCESSO INCLUEM PARCEIROS FORA DA COMPANHIA DO INTRAEMPREENDEDOR E ATÉ MESMO ALÉM DO SETOR CORPORATIVO. ALIANÇAS DE TRABALHO COM ONGS, POR EXEMPLO, PODEM PRODUZIR IMPACTOS SOCIAIS NOVOS E PODEROSOS.

Tabela 5.1 Parceiros externos trabalhando com intraempreendedores sociais

ONG	Agências governamentais	Educacional	Comercial
Second Nature (ONG ambiental)	GTZ (Agência de desenvolvimento governamental alemã) (agora GIZ)	Universidade de Birmingham	O Guardian; o Daily Telegraph (parceiros de mídia)
Forum for the Future (consultoria não lucrativa)	Inter-American Development Bank	C.K. Prahalad (Professor da Universidade de Michigan e guru de negócios)	Asociación Peruana de Turismo
Hadoti Hast Shilp Sansthan (ONG indiana fornecendo serviços de bem-estar)	DFID Challenge Grant	Instituto Aspen	
WWF Austrália		Conservation International	
MicroEnergy International			
Instituto Ecológica			

Redes de inovação social

Redes de inovação social, tais como a Impact Hub[1], atraem empreendedores sociais assim como inovadores sociais dentro de organizações empresariais. Ao oferecer um espaço de *co-working* e cursos curtos sobre inovação social, essas redes dão aos membros acesso ao treinamento necessário e pessoas com quem trocar ideias.

Várias incubadoras de inovação social incluindo a Impact Hub em Amsterdã, Londres, Cidade do México, São Paulo e Zurique conduzem eventos para intraempreendedores sociais aspirantes e emergentes e seus apoiadores.

Lara Toensman criou um programa de um ano de intraempreendedorismo social na Impact Hub em Amsterdã, englobando a participação em um grupo de estudos de 12 intraempreendedores sociais, dez workshops de 4 horas, eventos de palestrantes, reuniões mensais e acesso à comunidade global da Impact Hub.

No Brasil, a Impact Hub em São Paulo fez uma parceria com a escola de negócios líder na América Latina, a Fundação Dom Cabral, para ajudar intraempreendedores sociais a criarem seus projetos, superar resistência interna e aprimorar suas habilidades empreendedoras. O feedback dos participantes descreve o valor que eles atribuem ao curso:

---

[1] <http://www.impacthub.net>, acesso em 3 de abril de 2016.

'Eu fui inspirado pelas outras pessoas que estão fundindo sustentabilidade e negócios dentro de suas organizações.'

'Ajudou-me a amadurecer minhas ideias.'

'Alimentando a minha alma.'

'Ganhando uma nova identidade como intraempreendedor social entendendo que é possível fazer inovação social dentro de companhias.'

Esse feedback reforça a necessidade da reunião de intraempreendedores sociais uns com os outros que compartilham a mesma visão e mesmos valores, e tentar usar o negócio para o bem comum.

ONGs

Peter Schwartz e Blair Gibb (SCHWARTZ e GIBB, 1999) classificam ONGs de acordo com suas interações com as corporações, o que varia de campanha adversária a parcerias. Uma extensão lógica de uma abordagem de parceria é a colaboração com intraempreendedores sociais. Alguns de nossos entrevistados já colaboraram com ONGs na realização de seus projetos; por exemplo, com o objetivo de reduzir emissões e cumprir com o novo regulamento de reciclagem, Lucas Urbano, da Danone Brasil, fez uma parceria com o Instituto Ipê e com a CEMPRE, o que levou suas competências técnicas para a mesa.

Onde as empresas já abraçaram o intraempreendedorismo social, ONGs podem ajudar com pesquisa de mercado, sessões de conscientização com funcionários, realizar visitas de campo e fornecer suporte técnico sob contrato com a empresa. Onde uma empresa ainda precisa mover-se além do estágio de cumprimento ou minimização de riscos de RC, a ONG pode ser mais produtiva encorajando quaisquer membros da ONG trabalhando dentro de grandes empresas a considerar recriar seu comprometimento às metas da ONG em seu local de trabalho.

Para as ONGs, os intraempreendedores sociais podem ser uma rota para aumentar seu próprio impacto substancialmente e estender seu alcance. Por outro lado, o engajamento com ONGs, por exemplo, por meio de programas de voluntariado, pode criar benefícios para os voluntários e para as empresas para as quais eles trabalham.

Coalizões de responsabilidade corporativa

As coalizões de RC direcionadas a negócios são definidas como:

> Organizações associativas não lucrativas independentes que são compostas principalmente ou exclusivamente por negócios lucrativos; que têm um conselho de diretores composto predominantemente ou apenas por empresários; que têm financiamento de base primariamente ou totalmente de empresas; e cujo propósito dedicado é promover prática responsável de negócios (GRAYSON e NELSON, 2013).

Estas coalizões existem em, pelo menos, 70 países, incluindo mais de dois terços das 10 maiores economias mundiais. Além disso, existem coalizões de RC de multi-investidores tais como os capítulos nacionais do Pacto Global da ONU em cerca de 90 países.

Muitas dessas coalizões têm focado tradicionalmente em CEOs, diretores principais de conselhos e diretores especialistas em RC. Muitas, no entanto, também têm programas de funcionários voluntários focados em aproveitar o tempo e capacidade técnica do funcionário para projetos comunitários e de caridade; e separar as campanhas no local de trabalho. Uma extensão poderosa desses programas e campanhas atuais seria incluir o intraempreendedorismo social como outro exemplo de como engajar funcionários e como eles podem contribuir com o desenvolvimento sustentável. Realmente, a coalizão de responsabilidade corporativa CSR Europe montou uma equipe com a Ashoka e a Fundação BMW para conscientizar, e aumentar a capacidade, para intraempreendedorismo social entre seus membros corporativos e parceiros nacionais de coalizão de RC.[2]

Conscientização e construção de capacidades

Várias iniciativas específicas de intraempreendedorismo social surgiram nos últimos anos, tais como:

- **Programas de action-learning para construir capacidades intraempreendedoras sociais,** tais como o Programa First Movers Fellowship do Aspen Institute (veja Fig. 5.1)
- **Prêmios de intraempreendedorismo social para indivíduos,** tais como o Prêmio da Liga dos Intraempreendedores descrito abaixo

---

2 < http://www.csreurope.org/european-social-intrapreneurship-programme.>

Figura 5.1 Programa First Movers do Aspen Institute
Fonte: First Movers

Temas do programa com Amostras de Habilidades & Atividades

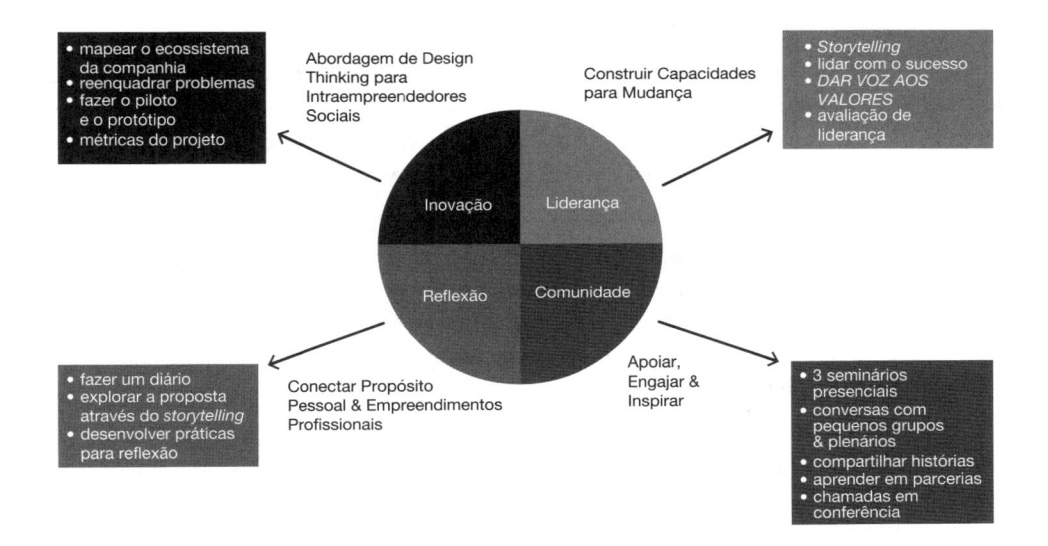

- mapear o ecossistema da companhia
- reenquadrar problemas
- fazer o piloto e o protótipo
- métricas do projeto

Abordagem de Design Thinking para Intraempreendedores Sociais

Construir Capacidades para Mudança

- *Storytelling*
- lidar com o sucesso
- *DAR VOZ AOS VALORES*
- avaliação de liderança

Inovação | Liderança
Reflexão | Comunidade

- fazer um diário
- explorar a proposta através do *storytelling*
- desenvolver práticas para reflexão

Conectar Propósito Pessoal & Empreendimentos Profissionais

Apoiar, Engajar & Inspirar

- 3 seminários presenciais
- conversas com pequenos grupos & plenários
- compartilhar histórias
- aprender em parcerias
- chamadas em conferência

Programa First Movers do Aspen Institute

O First Movers é um programa de bolsas, lançado pelo Programa Business and Society do Aspen Institute em 2009, que 'serve como um laboratório de inovação para indivíduos excepcionais em negócios hoje que estão implementando estratégias inovadoras para criar um crescimento empresarial lucrativo e mudança social positiva'. É um programa anual que consiste de três seminários residenciais intensos, entre os quais os First Movers trabalha sobre suas ideias intraempreendedoras dentro de suas companhias. O programa é construído por quatro pilares: Inovação, Liderança, Reflexão e Comunidade (veja Fig. 5.1). Os participantes precisam ser indicados e então precisam buscar endosso e apoio financeiro de seus empregadores para participar no programa. Desde que a primeira tropa foi recrutada em 2009, aproximadamente 90 indivíduos participaram do First Movers, de empresas como Citibank, Coca-Cola, Dow Chemical, IBM, Microsoft e Walmart. Eles incluem James Inglesby da Unilever e Paul Ellingstad da HP.

Os fatores de sucesso do programa (Aspen, 2012) incluem:

- A qualidade do grupo que a Aspen recruta a cada ano. Os bolsistas são informados e inspirados por outros
- O design do programa, que reúne liderança, inovação e avanço da capacidade da empresa de integrar valor social e ambiental em sua estratégia central

- O foco em exploração pessoal profunda e ênfase em reflexão pessoal
- A exigência de que os bolsistas precisam ter, pelo menos, dois parceiros de pensamento dentro de suas empresas para ajudá-los a conceitualizar seus projetos e fazer estratégias sobre a navegação das dinâmicas organizacionais
- O foco rigoroso em um projeto que é inovador e estrategicamente significante para a empresa fundamentar a aprendizagem

Talvez significativamente o First Movers tenha descoberto que muitos projetos dos participantes mudam de forma relevante durante o curso do programa.

Joanna Hafenmayer Stefanska, uma First Mover bolsista da Aspen da segunda tropa (2010), reflete sobre sua participação no programa:

> A seleção cuidadosa de bolsistas, uma capacidade e abordagem excepcionais criaram um espaço para uma visão profunda e ideias inovadoras. Ao lado de instrumentos cotidianos de um intraempreendedor — tais como *storytelling*, prototipagem, fazer estratégias de suporte interno etc. — o programa permite tempo suficiente para reflexão pessoal e troca com os bolsistas. E é aí que a maioria da mágica acontece.
>
> Em minha experiência atuando como uma intraempreendedora social é um trabalho difícil e extremamente recompensador. Existem ferramentas que ajudam — aprender sobre algumas delas no processo educacional seria altamente valioso. Um dos maiores empecilhos que percebi em muitos casos é que as pessoas não acreditam realmente que a mudança seja possível e desejada. Quem deve dizer a elas?[3]

A Liga dos Intraempreendedores

Em 2012, o programa Change Maker da Ashoka lançou a Liga dos Intraempreendedores. Entre setembro de 2012 e janeiro de 2013 a Liga recebeu mais de 200 inscrições e apresentou quatro vencedores dentre 11 finalistas. Os vencedores são modelos pioneiros de mudança de jogo para os negócios e para a sociedade e estão perfilados no blog da Fast Company, Co.EXIST; eles receberam suporte de consultoria da Accenture Development Partnerships para aprofundar seus trabalhos. A Liga dos Intraempreendedores criou visibilidade para os vencedores e para o movimento dos intraempreendedores sociais em geral.

Mais recentemente, a competição pelo Prêmio da Liga dos Intraempreendedores gerou um Laboratório[4] da Liga dos Intraempreendedores — um programa intenso de três dias seguidos por três meses de orientação fornecida pela ADP e

---

[3] Baseada na troca do autor em outubro de 2003 com Joanna Hafenmayer Stefanska, antiga intraempreendedora da Microsoft e agora Fundadora e Diretora Administrativa da MyImpact, focando em realizar carreiras significantes (www.myimpact.net).

[4] Lab da Liga dos Intraempreendedores: promovido no *website* da Business Fights Poverty em <http://intrapreneur.businessfightspoverty.org/take-action/the-intrapreneur-lab.>

outros diretores do Lab. O Lab piloto foi recebido na Escola de Negócios Said, Oxford, Reino Unido, em outubro de 2013, com participantes da Barclays, GSK, SAB Miller e Novartis e palestrantes de apoiadores da Liga e parceiros, incluindo o Business Fights Poverty e Leadership Laboratories. A Liga dos Intraempreendedores — apoiada pela Fundação BMW — está criando uma rede internacional com o objetivo de:

1. Identificar intraempreendedores sociais de alto impacto e estabelecer comunidades de aprendizagem em cidades em todo mundo. Já tem várias comunidades na Alemanha, Inglaterra, Austrália e também no Brasil, no Rio de Janeiro e em São Paulo.
2. Engajar CEOs e outros tomadores de decisão para aumentar a consciência sobre o movimento.
3. Criar espaços para intraempreendedores sociais e outros atores do movimento para se conhecer e se relacionar. A Liga dos Intraempreendedores organizou *encontros* em Berlim (Alemanha) em 2014 e em Valle de Bravo (México) em 2015.
4. Fomentar e escalar projetos de intraempreendedores e colaborações.

Um aspecto do networking, seja externamente, como por meio do First Movers e da Liga dos Intraempreendedores, ou internamente, dentro da empresa — é a oportunidade de desenvolver autoconhecimento. ('É importante para as pessoas entenderem suas próprias limitações, tolerância de prosseguir por tudo.') Os intraempreendedores sociais têm que descobrir se é melhor para eles continuar na empresa, mudar para outra empresa, atacar como empreendedor social ou ir para uma ONG.

Kenan Aksular, da Athlon, usou sua participação em um programa executivo dirigido pela Escola de Negócios Nyenrode, CSR in Action, para o ajudar a encontrar gestores afins em grandes empresas; ele descreve a si mesmo como um *networker* natural: 'É sempre dar e receber. Eu mantenho contato com as ONGs, meus observadores de tendência (por exemplo, para interpretar futuras leis da UE), universidades (estudantes, inovadores), a UE, governo local, clientes e fornecedores.'

Na prática, o intraempreendedorismo social precisará de uma ação de muitos jogadores diferentes. Caso contrário, de acordo com um gestor de sustentabilidade corporativa experiente:

> O intraempreendedorismo será a próxima RSC? Isto é, toda empresa tolerará ter um programa intraempreendedor ambicioso, mas assim como a RSC, por fim, o colocará atrás de uma parede de vidro para as pessoas verem e ficarem orgulhosas,

mas não deixar que realmente mude como o negócio faz seus lucros diariamente. Os melhores negócios não farão isso, eles deixarão o programa intraempreendedor inspirar, influenciar e reabilitar toda a sua organização. Mas uma sociedade/economia sustentável precisa mais do que apenas algumas empresas tornarem-se sustentáveis. Ela precisa que todas o façam! Então o intraempreendedorismo pode precisar posicionar-se como uma 'fase' na jornada de construir uma organização realmente sustentável em vez de um fim a si mesmo.[5]

Redes de empreendedorismo social

Organizações engajadas no campo do empreendedorismo social, tais como a Social Enterprise Coalition no Reino Unido, a Ashoka e o Skoll World Forum são frequentemente usadas por intraempreendedores sociais para inspiração, para começar a pensar fora da caixa e conseguir algumas dicas de implementação de novos modelos de negócios. O trabalho dos empreendedores sociais pode inspirar intraempreendedores sociais a aproveitarem o potencial de seus empregadores. Nossos intraempreendedores sociais já incluem muitos exemplos, tais como aplicar o modelo de microfinança criado pelo Grameen Bank para companhias de seguros como a Allianz. Empreendedores sociais também poderiam se tornar parte da cadeia de valor de negócios existentes, como no caso da parceria Grameen-Danone.

O Empreendimento Conjunto Grameen-Danone Foods

Franck Riboud, Presidente e CEO do Grupo Danone, foi inspirado pelo exemplo do Grameen Bank e abordado por Muhammad Yunus com uma oferta de colaboração. Com seu defensor da gestão superior, as coisas começaram a se mover rapidamente. Em 2005, conversas entre Riboud e Yunus levaram à ideia de produzir produtos acessíveis altamente nutritivos que melhorariam a dieta da população rural de Bangladesh, primariamente crianças, já que 56% dessas crianças abaixo dos cinco anos sofrem de desnutrição moderada a severa. Além da contribuição social, foi entendido que o empreendimento conjunto Grameen-Danone criaria oportunidades de renda para a população rural de Bangladesh.

Em 2007, apenas dois anos depois das conversas iniciais, a nova fábrica em Bogra processava cerca de 6.000 litros de leite por dia, empregava 50 pessoas locais e produzia 3.000kg de iogurte Shokti Doi (Bengali para 'energia'), que é vendido por 300 'mulheres Grameen Danone' dentro de um raio de 5 km. O iogurte fornece 30% das necessidades diárias para uma criança de vitamina A, zinco e iodo. A equipe da Danone envolvida na instalação da fábrica teve, claramente, espaço para experimentar. Eles tiveram que pular os padrões comuns de instalação de fábricas e experimentar para que o empreendimento tivesse um bom custo-benefício e também fosse benéfico para as comunidades locais. Entretanto, essa estratégia de inovação social corporativa 'Yunus Inside' claramente não foi um ato de caridade ou filantropia. Emmanuel Marchant, Diretor Administrativo das Comunidades Danone, disse: 'Isso

---

[5] Comunicação pessoal com o coautor David Grayson.

não se trata de caridade para nós. Trata-se de negócios e de construir nossa marca' (BLACK, 2009). A Grammen-Danone Foods está considerando desenrolar este conceito na África e na América Latina. O experimento ensinou muito à Danone sobre como produzir com estruturas mais simples e, portanto, de custo mais baixo, e a propaganda de TV com a participação de Muhammad Yunus provou ser uma estratégia de muito sucesso para comercializar os produtos Danone em Bangladesh.[6]

Escolas de negócios

As escolas de negócios também podem fornecer um ambiente que atenda às necessidades de aprendizagem dos intraempreendedores sociais. Nossas entrevistas claramente demonstraram que existe uma demanda por programas sobre inovação social e intraempreendedorismo social, assim como mudança de gestão:

> 'Eu sempre mantive o desenvolvimento profissional contínuo — eu consegui um diploma IOD em Direção de Empresas, tornei-me um diretor fretado — o tripé da sustentabilidade havia realmente conectado. Isso foi algo que encontrei na universidade — provavelmente há apenas 20 anos as pessoas começaram a falar sobre isso como algo principal.'

Alguns de nossos entrevistados participaram do Programa de Mestrado em Responsabilidade e Práticas Empresariais da Universidade de Bath (agora realocada para a Escola de Administração Ashridge, também no Reino Unido), onde eles aprenderam a como pensar sobre negócios e responsabilidade conjuntamente. Outros atualmente participam do Programa First Movers Fellowship do Instituto Aspen, descrito acima.

Tais programas fornecem aos intraempreendedores sociais em desenvolvimento suporte e conforto mútuo, contatos e acesso a capacidades técnicas, construção de capacidades e oportunidades de resolução de problemas, orientação e apoio de carreira, conscientização de questões de sustentabilidade e soluções possíveis, e treinamento de habilidades técnicas e competências sociais.

Um número cada vez maior de escolas de negócios agora oferece cursos a alunos de MBA e outros Mestrados em empreendedorismo social, inovação social e como ser um criador de mudanças. O Centro de Inovação Social de Stanford, dentro da Escola de Graduação em Negócios, por exemplo, oferece aos MBAs a chance de focar em liderança ambiental e social durante seu MBA fornecendo 'cursos e atividades projetados para construir conhecimento em áreas como gestão não lucrativa, políticas públicas, práticas sustentáveis de negócios, empreen-

---

[6] Para os benefícios empresariais da Parceria Grameen-Danone veja: B. Kiviat (2010). Nós também recomendamos o vídeo de Muhammad Yunus explicando a parceria, assim como o conceito de um negócio social em: <http://www.youtube.com/watch?v=AV4WQV32ijs>, acesso em 3 de abril de 2016.

dedorismo social, colaborações intersetoriais e o papel de cada setor em criar valor social e ambiental'.

A INSEAD dirige um final de semana de 'acampamento' de criadores de mudanças fora do *campus* e no início do programa de MBA. Esses tipos de curso oferecem um veículo pronto para apresentar a ideia de intraempreendedorismo social e para explicar que ser um intraempreendedor social é uma das várias maneiras de ser um criador de mudanças para desenvolvimento sustentável.

Emma Stewart, PhD, é Chefe de Soluções de Sustentabilidade na Autodesk, uma líder mundial em softwares de design 3D para entretenimento, recursos naturais, fabricação, engenharia, construção e infraestrutura civil. Em 2009, Emma fundou o programa Sustainable Design Living Lab da Autodesk, que usa as instalações da Autodesk como um local de testes para que novos softwares rapidamente tornem construções existentes verdes, e no ano seguinte foi convidada para se tornar uma First Movers Fellow da Aspen. Subsequentemente, ela foi convidada a se juntar ao corpo docente da Escola de Negócios Haas, da UC Berkeley, e criou e leciona um novo curso, lançado em setembro de 2013, sobre 'Intraempreendedorismo para Sustentabilidade: Conduzindo Mudanças de dentro de Corporações'.

Todas essas iniciativas também são uma maneira para que escolas de negócios demonstrem que sua educação pode contribuir com um futuro mais sustentável e que não está focando restritivamente em benefícios em curto prazo.

Várias escolas de negócios internacionais têm o corpo docente pesquisando intraempreendedorismo social ou ideias associadas de inovação social corporativa e empreendedorismo social corporativo. Além das instituições dos autores (Escola de Administração Cranfield [Reino Unido] e Fundação Dom Cabral [Brasil]), elas incluem IESE (Espanha), INSEAD (França), Nyenrode (Holanda) e Escola de Negócios Ross, Universidade de Michigan (EUA).

Consultores de inovação social

O trabalho da SustainAbility (2008) em publicar *The Social Intrapreneur: A Field Guide for Corporate Changemakers* tem sido essencial em criar um movimento. A equipe original do guia está agora espalhada: enquanto Alexa Clay iniciou a Liga dos Intraempreendedores trabalhando na Ashoka, Maggie De Pree fundou sua própria firma de consultoria, The Human Agency, apoiando empresas a libertar o potencial de intraempreendedores sociais. De maneira similar, organizações como o Forum for the Future e a Volans no Reino Unido, Aoka e Artemisia no Brasil, Endeva e o Wuppertal Institute na Alemanha, muitos outros visam ajudar as empresas a projetar modelos de negócios mais sustentáveis e inclusivos.

6 Impactos do intraempreendedorismo social

Como ilustrado por nosso modelo de intraempreendedorismo social (veja Fig. 2 na Introdução), o trabalho de intraempreendedores sociais gera impactos para o indivíduo, para a companhia e para a sociedade.

Impactos para o intraempreendedor social

Muitas pessoas nos perguntam o que aconteceu aos intraempreendedores sociais depois que seus projetos foram implementados. Das experiências de nossos entrevistados, nós categorizamos os seguintes cenários:

- **Chefe no novo negócio.** Como consequência de sua atividade intraempreendedora, esses intraempreendedores sociais tornaram-se chefes da nova unidade de negócios
- **O intraempreendedor serial.** Esses intraempreendedores sociais conseguem sua motivação com novos projetos e desafios. Eles não foram feitos para dirigir uma unidade de negócios estabelecida e ficam entediados pelas atividades, que se tornaram procedimentos operacionais padrão. Então eles começam tudo de novo com novos projetos
- **Transforma-se em empreendedor social.** Alguns dos intraempreendedores sociais que entrevistamos estabelecem suas próprias empresas sociais. Alguns fizeram isso como cofundadores, por exemplo, Michael Anthony, outros fizeram sozinhos.
- **Transforma-se em acadêmico.** Esses intraempreendedores sociais querem dedicar mais tempo ao tópico da inovação social, empreendedorismo social ou negócios sustentáveis

- **Mudar de empresa.** Alguns de nossos intraempreendedores sociais mudaram de empresas por diversas razões

A Tabela 6.1 dá alguns exemplos do que aconteceu aos intraempreendedores sociais em nossa rede nos últimos anos.

Tabela 6.1 Intraempreendedores sociais: onde eles estão agora?

Intraempreendedor social	Empresa	Impacto individual
Lucas Urbano	Danone	**Promoção** Gerente Global de Natureza Danone
Sacha Carina van Ginhoven	TNT	**Mudou de empresa** Ela trabalha na Google Experts
Aparecida Teixeira de Morais	Tribanco	**Ainda diretora**
Paulo Mindlin	Walmart	**Mudou de empresa** Ele trabalha na Gestão Origami Consultoria
Claudia Lorenzo	Coca-Cola	**Promoção** Ela é agora vice-presidente de relações corporativas
Pedro Massa	Coca-Cola	**Promoção** Pedro é hoje Diretor de Valor Compartilhado
Michael Anthony	Allianz	**Promoção** Quando embarcou no projeto de Microsseguros, Michael era oficialmente o Conselheiro de Mudança Climática Sênior. Em 2008 ele foi promovido para Chefe de Microsseguros e desde 2011 ele é Chefe de Desenvolvimento de Mercados Emergentes com um foco em Seguros Agrícolas **Tornando-se empreendedor social** Em 2011, em paralelo ao trabalho na Allianz, ele cofundou a Boond Inc., uma empresa social que visa fornecer energia limpa acessível e outros bens de desenvolvimento (como purificadores de água) para áreas rurais na Índia
Priscila Matta	Natura	**Promoção** Priscila agora lidera uma equipe na Natura que é responsável por gerenciar relacionamentos com comunidades tradicionais. Como está fazendo um PhD em Antropologia, ela tende a se tornar uma acadêmica no futuro
Stefan Koch	E-ON	**Mudança de empresa** Agora Gestão de Relações de Sustentabilidade Financeira na Bayer
Cassiano Mecchi	Danone	**Mudança de empresa** Cassiano agora trabalha na Google Irlanda

Liliane Pellegrini	BASF	**Tornou-se acadêmica** Liliane agora trabalha em uma universidade com laços com inovação social
Mark Siebert	Siemens	**Mudança de empresa** Agora trabalha na companhia de editoração Elsevier na Holanda **Intraempreendedor em série** Em seu novo papel, Mark ainda trabalha com projetos de inovação social como o Open Online Courses e Open Access para institutos em países em desenvolvimento
Gib Bulloch	Accenture	**Chefe do novo negócio** Agora está chefiando o Development Partnership Programme da Accenture
Carrina Gaffney	The Guardian	**Mudança de empresa** É agora Diretora de Desenvolvimento de Negócios na B-corp Volans
Christel Scholten	ABN Amro	**Tornou-se empreendedora social** Christel fundou a BB Naturals no Brasil — uma companhia focada em cuidados sustentáveis com o bebê. Ela também faz consultoria para empresas em suas estratégias de sustentabilidade
Nick Hughes	Vodafone	**Tornou-se empreendedor social** Dirige o M-KOPA que fornece energia solar acessível a famílias quenianas, usando o sistema de pagamentos M-PESA desenvolvido na Vodafone
Susie Lonie	Vodafone	**Mudança de empresa** Susie agora trabalha em uma Consultora de Pagamentos Móveis na SJL Consulting Services Ltd.[1]
Jo da Silva	Arup	**Chefia o novo negócio** Jo é agora Fundadora e Diretora da Arup International Development
Chris Harrop	Marshalls Plc	**Ainda um diretor** Chris é Diretor do Grupo de Marketing e Diretor de Sustentabilidade na Marshalls há mais de dez anos agora. Desde 2011 ele é um diretor não executivo para a Ethical Trading Initiative e desde 2012 chefia a rede do Reino Unido do Pacto Global da ONU

---

[1] Retirado do perfil do Linked In de Susie Lonie em <http://www.linkedin.com/pub/susie-lonie/45/824/796>.

Dorje Mundle	Novartis	**Promoção** Dorje juntou-se à Novartis em 2004 como Gestor de Responsabilidade Corporativa e é agora Chefe do Grupo de Responsabilidade Corporativa
Hugh Saddington	Telstra	**Tornou-se acadêmico** Hugh deixou a Telstra em 2012 para fazer um programa de mestrado de período integral em sustentabilidade **Mudança de empresa** Em 2013 ele atuou como Chefe em Estratégia Corporativa na Sydney Water **Tornou-se empreendedor social** Estabeleceu uma nova empresa visando 'mudar a maneira pela qual os australianos pagam e financiam seu tratamento dental'

Como muitos exemplos mostram, eles ainda tocam o jazz do negócio sustentável, seja ainda na mesma banda ou em diferentes conjuntos e big bands. Isso demonstra que este grupo emergente de agentes de mudança preocupa-se profundamente com seu legado pessoal ou, como um deles foi citado no guia da SustainAbility (2008: 58): 'No momento em que eu não estiver mais resolvendo o problema, sairei da empresa'. Assim como o próprio tocar música é um dos grandes impactos para músicos jazzistas, criar impacto social é a coisa mais importante que os intraempreendedores sociais esperam ver. Se isso vem adicionalmente com novos cargos e benefícios, melhor.

Impactos para a empresa

É basicamente impossível lançar um projeto de intraempreendedorismo social dentro de uma empresa se você não for capaz de delinear o *case* de negócios. A Tabela 6.2 exibe alguns argumentos que encontramos nas iniciativas que foram dirigidas pelos intraempreendedores sociais dentro de nossa rede.

Tabela 6.2 Intraempreendedorismo social: impacto na empresa

Impacto	Indicadores úteis	Exemplo
Aumento nas vendas	Vendas Penetração de mercado Nº de clientes Nº de produtos e serviços vendidos	A Allianz foi capaz de atrair milhões de novos clientes para seu negócio de microsseguros por todo o mundo
Novos produtos e fluxos de renda	Nº de novos produtos lançados Renda de produtos recentes	Na Natura leva-se aproximadamente seis meses para desenvolver um novo produto de uma ideia para ser vendido ao consumidor; 65% das vendas da Natura vêm de produtos desenvolvidos nos últimos 2 anos

Redução de custos	Custos variáveis Custos fixos	Ao simplesmente substituir a água engarrafada da cantina, Jason McBriarty foi capaz de reduzir os custos de abastecimento na Levi Strauss & Co em US$ 40.000 por ano
Atrair e reter talentos	Taxa de rotatividade de voluntários	Devido à visão, aos valores e ao ambiente corporativo da Natura, a rotatividade dos funcionários da empresa está em 4%, enquanto a média das companhias de cosméticos no Brasil é de 8%. A ADP ajuda a reter os melhores talentos dentro da Accenture
Lançamento internacional	Penetração de mercado	Desenvolvimento internacional O M-PESA da Vodafone foi desenvolvido para países como a Índia, África do Sul e Tanzânia. O Programa Acreditar da Odebrecht foi aplicado em vários outros países

Entretanto, algumas empresas também estão cientes do valor intangível que o intraempreendedorismo social cria, tais como reputação, uma imagem socialmente responsável, reportagens de mídia espontânea, aumento da satisfação dos funcionários, melhor clima de trabalho e redução da sensação de 'estranheza' quando opera ou entra em novos mercados internacionais.

Falando sobre todos esses benefícios relevantes ao mercado, não se deve esquecer que o intraempreendedorismo social ajuda a moldar a identidade, assim como o legado, da organização. Ele volta e oferece uma resposta em potencial para a questão existencial de 'Por que nossa empresa existe?' Ou em termos de intraempreendedorismo social: 'Por que você levanta da cama de manhã? E por que alguém deve se importar?'

O fundador da Accenture Development Partnership, Gib Bulloch, observou que em termos de benefícios diretos, a primeira geração de *cases* de negócios para a ADP foi muito acerca de recrutamento, retenção e desenvolvimento de habilidades. Tornou-se claro que muitas pessoas estavam ficando na firma muito devido à oportunidade de fazer um projeto ADP. Ou havia feito um projeto ADP e voltou mais engajado e mais inspirado. Níveis de atrito para aqueles retornando de tarefas ADP foram 2% menores que a média da companhia.

Como mencionado anteriormente na seção 'Ambiente favorável dentro das empresas' no Capítulo 3, algumas empresas, como a Danone, empregam mecanismos de contabilidade 'de improvisação' (CAPEX Verde da Danone) para garantir que projetos de intraempreendedorismo tenham a oportunidade de alcançar a prova de conceito e que o espectro completo do valor social, ambiental e econômico criado possa ser acumulado.

A maioria dos projetos ilustrados neste livro entregam um case de negócios sólidos. A grande pergunta é, no entanto: O intraempreendedorismo social afeta o negócio principal de maneiras significativas? Até hoje, nossa resposta ainda é negativa: nós não encontramos nenhuma empresa em que as repercussões tenham mudado a maneira que o negócio é feito em geral.

Até mesmo uma das empresas mais avançadas, a GE, definindo metas de aumento de vendas para produtos Ecomagination, ainda não alcançou 100% das vendas vindos de produtos, serviços e modelos de negócios mais sustentáveis. Algumas empresas estão no caminho — definindo estruturas de inovação na qual a sustentabilidade está integrada — e assim pode-se esperar que uma proporção ainda maior de ofertas de produtos venham de formas mais sustentáveis de produção. Em algumas companhias, os projetos de intraempreendedores sociais ainda são uma oferta de nicho e permanece incerto se essa parte do negócio pode inspirar outras áreas a integrar estratégias de valor compartilhado no geral. Isso está definitivamente em nossa agenda para pesquisas futuras e estamos observando cuidadosamente como os projetos de nossos intraempreendedores sociais se desenvolvem com o tempo.

Impactos para a sociedade

Finalmente, o intraempreendedorismo social não só impacta os resultados da empresa, mas também a sociedade e é, assim, uma maneira prática de criar o que Porter e Kramer (2011) chamaram de 'valor compartilhado'. Como eles afirmam, 'O conceito de valor compartilhado — que foca na conexão entre progresso social e econômico — tem o poder de libertar a próxima onda de crescimento global' (*ibid.*: 65).

Em uma veia similar, o guia SustainAbility argumenta que questões de sustentabilidade, tais como a exclusão financeira, podem ser vistas como oportunidades de criar soluções para 'ajudar os carentes a se tornarem financiáveis, seguráveis e empreendedores' (SUSTAINABILITY, 2008: 22). A Tabela 6.3 dá exemplos de alguns dos impactos sociais criados pelo intraempreendedorismo social.

Tabela 6.3 Intraempreendedorismo social: impactos sociais

Impacto	Exemplo
Inclusão Financeira	Ao lançar o M-PESA, Nick Hughes deu acesso a serviços financeiros tornando mais fácil e seguro para a população do Quênia fazer transações financeiras. Hoje, aproximadamente 17 milhões de quenianos estão usando o serviço. Isso é muito significante, considerando que o Quênia tem uma população de 19 milhões
	A Allianz microsseguros, criada por Michael Anthony, cobre riscos básicos como questões de vida e saúde para pessoas na base da pirâmide. Os produtos Allianz agora cobrem esses riscos para milhões de pessoas na Indonésia, Índia e outros países em desenvolvimento
Renda para comunidades	Priscila Matta ajudou a Natura a criar um processo que compartilha a renda de produtos desenvolvidos com sucesso baseados no conhecimento tradicional de comunidades e biodiversidade locais com essas comunidades
Questões de saúde	Dorje Mundle começou a desenvolver na Novartis tratamento de saúde para mercados da base da pirâmide que na Índia agora alcançam 44 milhões de pessoas. Um adicional de 2,5 milhões de pessoas compareceram às orientações de saúde locais
Profissionalização do setor social	Gib Bulloch convenceu a Accenture que seu impacto na sociedade é seu negócio central: consultoria. Por meio da consultoria de ONGs e outras organizações da sociedade civil, eles profissionalizaram sua abordagem e, assim, aproveitaram o bom trabalho que essas organizações estão entregando
Questões Ambientais	Leonardo Vitoriano da Silva, na BASF Brasil, exibe com a CasaE — um prédio ecoeficiente — como os produtos químicos podem reduzir o consumo de água e energia no setor de construção. Lucas Urbano, da Danone, conseguiu reduzir emissões de resíduos por 30%.
Moradia e segurança	Jo da Silva fornece alívio de desastres e um lugar para ficar para pessoas afetadas por desastres naturais
Acesso a produtos e serviços essenciais	Stefan Koch trabalhou na E.ON para criar soluções de energia para comunidades carentes em países em desenvolvimento. Sacha Carina van Ginhoven, da TNT, providencia a possibilidade de receber cartas e entregas em comunidades sem endereços oficiais.
Profissionalização de pequenas e medianas empresas	Aparecida Teixeira de Morais, do Tribanco, capacita clientes para melhorar sua gestão financeira.

Se você seguir as discussões sobre empreendedorismo social, saberá que os principais tópicos estão medindo o impacto social e sua escala de alcance. Muhammad Yunus fundou o Grameen Bank em 1983 e recebeu reconhecimento em 2006 na forma de um Prêmio Nobel da Paz. Em 2006, e, portanto, depois de 23 anos, o Grameen tinha uma estimativa de 7,3 milhões de clientes. Compare isso ao impacto de, por exemplo, o M-PESA, que depois de um ano tinha mais de um milhão de clientes e dentro de oito anos atraiu 17 milhões de inscritos. Os projetos de valor compartilhado da Novartis na Índia atenderam a mais de 44 milhões de pacientes dentro de cinco anos de existência. Então, a principal diferença entre empreendedorismo social e intraempreendedorismo social é a escala, ou como Gib Bulloch afirma: 'Afetar até mesmo uma pequena mudança em grandes organizações pode levar a um impacto social positivo significante' (SUSTAINABILITY, 2008: 15).

Então, os empreendedores sociais podem aprender muito sobre como escalar suas iniciativas colaborando com intraempreendedores sociais. Ao mesmo tempo, os intraempreendedores sociais podem aprender muito sobre como medir os impactos sociais com empreendedores sociais. Essa pode ser a razão de 'sistempreendedores', como John Elkington, parecerem tão animados em juntar empreendedores sociais e intraempreendedores sociais.

Novas tecnologias conectam intraempreendedores para criar impactos em larga escala

Canais de mídias sociais como o Facebook, Twitter e YouTube foram reconhecidos como catalisadores-chave na rápida disseminação de ideias que podem agir como precursoras de ação em larga escala. O exemplo mais saliente dessa confluência do alcance, velocidade de propagação e ideias poderosas da mídia social estimulando um movimento em massa foi a 'Primavera Árabe' de 2011, no qual a mídia social ajudou a moldar um debate político, espalhar ideias democráticas através de fronteiras internacionais e facilitar as conversas revolucionárias online que estimularam uma grande ação no campo (HOWARd et al., 2011).

As tecnologias de telefonia móvel também tiveram um papel importante em entregar serviços-chave para mercados carentes, como foi demonstrado nos exemplos do TCS mKRISHI (Cap. 1) e Vodafone/M-PESA (Cap. 2).

O que estamos vendo agora é a proliferação de ideias intraempreendedoras sociais inovadoras que estão se espalhando por meio dos setores e 'pegando fogo' através de parcerias de trabalho, facilitadas pelas mídias sociais e outras novas tecnologias.

Um exemplo poderoso disso é a adaptação do projeto M-PESA para entregar seguro médico de baixo custo no Quênia. O PharmAccess Group — uma aliança de organizações não lucrativas comprometida a 'tornar a assistência médica de qualidade acessível na África, contribuindo para populações mais saudáveis e desenvolvimento social e econômico'[2]

---

2 <PharmAccess, 'About Us', http://www.pharmaccess.org/RunScript.asp?page=261&p=ASP%5CPg261.asp.

— recentemente fez uma parceria com a Safaricom e a Fundação M-PESA para continuar trabalhando em direção à sua meta de longo prazo de melhorar o acesso à assistência médica para africanos subsaarianos de baixa renda. Onno Schellekens, Diretor Administrativo do PharmAccess Group, está muito entusiasmado com a M-PESA: 'Esses tipos de soluções realmente revolucionam o acesso e a oportunidade igualitária para os pobres'. Les Baillie, Diretor Executivo da Fundação M-PESA, observou o poder da parceria intersetorial quando foi convidado pela PharmAccess e pelo Amsterdam Medical Center em abril de 2013 para contar a história de sucesso do M-PESA para parceiros, estudantes e representantes de organizações de caridade em Amsterdã: 'Introduzir seguro-saúde a baixo custo no Quênia é algo que a Fundação M-PESA tem investigado há alguns anos mas não foi capaz de começar', ele disse. A PharmAccess, a Fundação M-PESA e a Safaricom trabalharão juntas agora para desenvolver produtos de saúde móvel como seguro-saúde para quenianos de baixa renda.[3]

À medida que os avanços tecnológicos reduzem os custos e melhoram a acessibilidade a tecnologias de conexão como smartphones e redes sociais, as oportunidades para intraempreendedores sociais levarem suas ideias inovadoras a uma escala serão altamente ampliadas. Esperamos ver muito mais ideias 'pegarem fogo' no futuro à medida que intraempreendedores e seus parceiros se conectem em 'big bands' para lidar com os desafios globais que delineamos no Capítulo 1.

---

[3] PharmAccess, 'Les Baillie tells "M-PESA Story" in Amsterdam', 7 de maio de 2013, <http://www.pharmaccess.org/RunScript.asp?>page=24&Article_ID=254&AR=AR&ap=NewsArticleDetail.asp&p=ASP/~Pg24.asp.>

7
Recomendações e dicas práticas

Toda a nossa pesquisa, as entrevistas com intraempreendedores sociais e seus padrinhos, e nossa própria jornada de aprendizado desde 2009, nos permite dar algumas recomendações e dicas práticas para aspirantes a intraempreendedores sociais e gestores que querem aproveitar seu potencial.

Para intraempreendedores sociais aspirando a serem 'líderes de banda'

Saiba quem você é e o que realmente importa para você

Isso pode parecer óbvio, mas é mais difícil do que parece. Todos nós cultivamos imagens romantizadas de quem somos — ou poderíamos ser — com atributos desejáveis como atratividade, poder, popularidade, riqueza, compaixão e generosidade ... a lista não acaba.

A jornada do intraempreendedor social pode ser empolgante e realizadora, mas, como outras aventuras desafiadoras da vida, pode ser longa e árdua também. Então vale a pena levar um tempo no começo (e no meio e no fim) para fazer uma checagem de realidade sobre *você*. Entenda suas paixões, suas 'grandes ideias', suas forças, assim como suas fraquezas, em conhecimento e temperamento.

DADO QUE TENHAM FEITO SUA PARTE DE WOODSHEDDING, JAMMING E PAGO SUAS DÍVIDAS, OS MÚSICOS DE JAZZ PODEM SE TORNAR LÍDERES DE BANDA COM QUALQUER IDADE. A TROMPETISTA LAURA JURD, EXIBIDA LIDERANDO SEU PRÓPRIO OCTETO NO CONCERTO HERTS JAZZ CLUB 2013 ENQUANTO AINDA ESTAVA NO INÍCIO DE SEUS VINTE ANOS, JÁ TINHA GANHADO O PRÊMIO DANKWORTH 2011 POR COMPOSIÇÃO DE JAZZ, COM A PEÇA PREMIADA APRESENTADA PELA PRIMEIRA VEZ NO CLUBE DE JAZZ RONNIE SCOTT'S EM LONDRES, E GANHADO O PRÊMIO DE JOVEM MUSICISTA DE JAZZ DA WORSHIPFUL COMPANY OF MUSICIANS 2012.

DE MANEIRA SIMILAR, OS INTRAEMPREENDEDORES SOCIAIS PODEM LIDERAR SUAS PRÓPRIAS EQUIPES DE PROJETOS MESMO EM UMA IDADE COMPARATIVAMENTE JOVEM SE GANHARAM A CONFIANÇA DE SEUS GESTORES E OUTROS COLEGAS. ESCREVENDO NO THE GUARDIAN (20 DE SETEMBRO DE 2013), EMMA STEWART DA AUTODESK NOTOU QUE 'COM VÁRIOS FUNCIONÁRIOS JOVENS EXPERIENTES EM TECNOLOGIA, A NOVA SAFRA DE INTRAEMPREENDEDORES SOCIAIS TENDE A CRESCER EM NÚMERO E INFLUÊNCIA'.

Primeiro, você *realmente* quer ser um intraempreendedor social? Isso envolverá um monte de trabalho de 'woodshedding' extra que pode não ser (e provavelmente não será) parte de sua descrição de trabalho e para o qual você não será recompensado.

Para realizar sua visão de criar o Accenture Development Partnerships, Gib Bulloch foi obrigado a renunciar os privilégios normais de salário e *status* usufruídos por seus colegas em uma grande consultoria de gestão. Outros intraempreendedores sociais que entrevistamos ecoaram o tema de autossacrifício na busca de seus sonhos.

Se seu objetivo é progredir o mais rápido possível na hierarquia corporativa e você quer maximizar seus ganhos, as experiências de outros sugerem que se tornar um intraempreendedor social pode não ser uma meta de carreira inteligente. Não é só um emprego; é uma vocação.

Então, faça a si mesmo as seguintes perguntas:

- Quanto essa ideia é importante para mim?
- Quanto tempo e energia pessoal estou preparado para investir?

- Que tipos de papel minhas habilidades e temperamento me permitem desempenhar?
- Em termos de tempo discricionário para fazer coisas que importam para mim, onde tenho a tendência de ter mais efeito?
- Eu estou preparado para perder meu emprego se isso não der certo?

Mesmo que você decida que ser um intraempreendedor social não é tarefa para você, pode ainda haver maneiras de realizar uma contribuição social e/ou ambiental positiva dentro ou fora do negócio, sem o comprometimento intenso que ser um intraempreendedor envolve.

> Nem todo mundo nasce para correr riscos ou ser um empreendedor, mas isso não significa que não são capazes de criar um produto ou uma ideia que seja poderosa o suficiente para mudar a forma de um setor de negócios ou uma indústria. A chave para os tomadores de decisão é ser receptivo e disposto a escutar as ideias de funcionários mais novos — eles podem ter exatamente o conceito que alavancará sua empresa bem mais além da competição.
>
> Os líderes da empresa devem estar sempre atentos do talento e da inovação que podem estar ocultos dentro de sua própria organização. Intraempreendedores são uma raça muito especial, capazes de trabalhar dentro da hierarquia de uma organização, mas também ter a habilidade de agir e pensar fora da caixa (CAAN, 2013).

Identifique a sua paixão, sua grande ideia intraempreendedora social

E se você não tiver algo ainda, pode conseguir uma ideia dos seguintes exemplos?

- Parcerias existentes empresa–ONG (por exemplo, o *voucher* da Marks and Spencer's Oxfam para gastar em novas roupas se as velhas forem levadas a uma loja Oxfam, que por sua vez liderou a ideia de Shwopping, veio de um membro da equipe de Finanças da M&S)
- Se você refletir sobre seu **voluntariado e seus interesses extras** fora do trabalho, isso sugere alguma coisa? Se não, voluntarie-se; busque um curto destacamento com uma ONG parceira da empresa operando no campo em que você está interessado
- Lembrando da máxima de Peter Drucker de que 'todo problema social, toda questão global, é uma oportunidade melhor disfarçada' e pensando sobre as competências centrais da sua empresa, onde existem oportunidades de negócio 'disfarçadas' para sua empresa? Você pode querer observar as Metas de Desenvolvimento Sustentável das Nações Unidas pós-2015 para inspiração[1]

---

1 < http://sustainabledevelopment.un.org/index.php?menu=1300>

- Seu empregador identificou desafios que a empresa está enfrentando em embutir a sustentabilidade, por exemplo, como a Unilever resumiu suas dificuldades atuais implementando seu Plano de Sustentabilidade Unilever?[2]
- Existe pesquisa comissionada ou patrocinada pela empresa que não foi seguida? Um intraempreendedor social usou uma tese de mestrado copatrocinada por seu empregador como base para seu projeto para casas pré-fabricadas a baixo custo para mercados de base da pirâmide
- Procure dentro e fora de sua companhia por oportunidades para programas de aprendizado experimental para os quais possa se inscrever, para o ajudar a localizar sua paixão como o Leaders Quest. Por exemplo, Graham Simpson foi ao programa Pulse da GSK e viu a necessidade por testes de diagnósticos simples
- Também pode ser revelador comparar os desafios de sustentabilidade que sua empresa ou setor estão enfrentando e como o canal de inovação atual responde a esses desafios. Enquanto trabalhamos para uma grande empresa de marca de consumo no Brasil, nós percebemos que a administração definiu os segmentos de classe média e baixa como oportunidades de crescimento, mas virtualmente nenhum de seus projetos de inovação servia esses consumidores

Uma vez que tiver identificado sua paixão, siga-a. Mas também esteja preparado para ajustar sua ideia à luz da experiência. Os First Movers dizem que muitos de seus participantes mudaram suas ideias durante o programa, às vezes de forma determinante. Realmente, um dos projetos de intraempreendedorismo social de maior sucesso, o M-PESA da Vodafone, começou propondo um modelo muito diferente.

Esteja preparado para muito 'woodshedding'

Você precisará fazer muito trabalho — tanto dentro quanto fora de seu 'emprego' — para garantir que adquiriu um conhecimento profundo sobre:

- **Seu negócio e indústria,** seu propósito central e missão; como criar valor, tanto para investidores quanto para outras partes interessadas, aproveitando o poder e recursos de sua comunidade estendida única e como ele serve a sociedade no geral
- **Sua profissão ou função,** por exemplo, marketing, engenharia, aquisição, e como ela serve, ou impacta de maneira adversa em outros em sua(s) esfera(s) de influência
- **Questões de sustentabilidade.** Esteja você interessado em mudanças climáticas, direitos humanos ou outras questões sociais, é preciso que entenda como você e seu negócio podem contribuir para lidar com essas questões. A melhor maneira é ir até a raiz do problema, o que pode ser para baixo da cadeia de suprimento nos fabricantes na Ásia, por exemplo

---

2 <http://www.unilever.co.uk/sustainable-living/>

Pode ser útil engajar um ou mais parceiros de uma organização de caridade ou não lucrativa para ajudá-lo a pensar nisso. Isso pode permitir que você desenvolva uma 'visão de helicóptero' do 'sistema' — como os negócios (e indústrias inteiras), ONGs e governos trabalhando juntos podem melhorar a qualidade de vida humana de maneiras específicas, enquanto minimizam impactos ambientais adversos.

Observe e aprenda como executivos seniores tomam decisões e como argumentam. Pode ser interessante entrevistar alguns agentes de mudança corporativa de sucesso e ver como eles fizeram isso. Você pode também querer lançar suas ideias para um amigo trabalhando em finanças para ver como se expressar melhor na linguagem financeira.

> Afie seu próprio negócio entendendo a sagacidade de seu negócio. Realmente entendendo os condutores, as pressões, prioridades e os desafios de seus eleitorados comerciais-chave. Isso é fundamentalmente importante. Para fazer isso, você realmente precisa sair por aí e formar relacionamentos com pessoas-chave na organização em diferentes níveis hierárquicos. Pessoas do comercial, chefes do país, chefes administrativos de diferentes operações, funções corporativas globais, o que quer que seja relevante para o que você quer conduzir. Forme relacionamentos de qualidade — entenda o mundo deles. Depois identifique como sua agenda mapeia a deles e como contribuir com seu sucesso (Dorje Mundle, da Novartis).

Entretanto, nem todo mundo quer começar fazendo reflexões profundas com outros. Como músicos fazendo 'woodshedding', muitos preferem trabalhar suas ideias de maneira privada, como Chris Harrop, Diretor de Sustentabilidade e Marketing de Grupo da Marshalls, fez quando estava desenvolvendo a Fairstone (Harrop s.d.), a gama de produtos de arenito indiano retirado de fontes sustentáveis da empresa:

> Eu não faço conexões com pessoas e falo sobre essas coisas ... Gosto de ler e de coisas que desafiem meu cérebro. Eu também gosto de pegar modelos e trabalhar neles, fazer o negócio se tornar mais bem-sucedido usando esses modelos.

Uma vez que ele começou a pesquisar suas ideias, Chris fez o que outros não haviam feito: ele viajou para o mundo em desenvolvimento para entender em profundidade como as cadeias de suprimento funcionavam.

Gifford Pinchot, que cunhou pela primeira vez os termos 'intraempreendedor' e 'intraempreendedorismo', recomenda 'trabalhar na surdina o máximo possível. A publicidade aciona o sistema imunológico da empresa'.

Pagar suas dívidas

A confiança é fundamental em todos os negócios, não mais do que quando você está lançando uma ideia realmente nova que exigirá que outros o apoiem. Apenas 'pagando as suas dívidas' em uma organização — atuando bem o bastante por tempo suficiente — você ganhará a confiança de seus colegas e gestores para investimento de risco de tempo e recursos corporativos em qualquer projeto-piloto que propuser.

Jo da Silva, a fundadora da Arup International Development, notou que, além de apresentar 'um diagrama que explicava o espectro de passar de uma filantropia para uma oportunidade de negócios principal', na Annual Group Meeting da Arup, o que ajudou a persuadir os diretores a apoiar seu projeto foi o fato de que 'eu era uma interna vindo com uma grande ideia. Existia um relacionamento de longo prazo. Eu podia apresentar aquilo em uma estrutura de negócios. Não se trata de fazer dinheiro, mas também não se trata de filantropia'.

Pagar suas dívidas inclui ser um bom 'sideman' e 'acompanhar' outros assim como 'solar'. Apoiar as ideias e projetos de seus colegas, assim como avançar com suas próprias ideias, mergulha você no fluxo e refluxo político da vida corporativa diária. Pense além de ganhar pontos para suas próprias ideias em curto prazo para construir o conhecimento organizacional e o capital social que você precisará para lançar seu projeto mais tarde. Como Maggie De Pree aponta, 'negociar com o sistema' é um componente essencial de Cubicle Warrior Toolkit'.[3] Torne-se, como Maggie aconselha, não um mártir, mas um 'guerreiro gracioso'.

Esteja preparado para compartilhar qualquer parabéns que receber e compartilhar amplamente o crédito. Considere a sabedoria de Deng Xiaoping: 'Não importa a cor do gato, contanto que ele pegue o rato'.

Junte-se às 'jam sessions' corporativas

Toda equipe ou organização terá criado o equivalente às 'jam sessions', como reuniões de *brainstorming* (face a face ou *online*), frequentemente em ambientes onde as pessoas podem relaxar informalmente, como um café corporativo ou talvez um local fora. Esses são os locais e a hora onde você terá oportunidades de testar novas ideias, jogá-las para outros, brincar com elas e refiná-las.

Nicolai Tewes, Vice-presidente Sênior de Assuntos Corporativos da Allianz, descreve como a cultura corporativa pode apoiar o fluxo de ideias:

> Você precisa de uma cultura de diálogo, pessoas capazes e dispostas a escutar e discutir ideias. Interesse em como as coisas são vistas do lado de fora ... Existe um interesse genuíno em falar, ouvir debates, consultar com externos.

---

3 Liga dos Intraempreendedores, Cubicle Warrior Toolkit, 'Negotiating the System', http://www.leagueofintrapreneurs.com/toolkits/negotiating-the-system, acesso em 6 de abril de 2016.

Ao mergulhar-se no fluxo contínuo de diálogo em sua organização — falar a linguagem dos outros, que reflete em sua compreensão a respeito deles — você é mais propenso a ser ouvido e menos propenso em ativar o 'sistema imunológico corporativo', que Gib Bulloch definiu como

> os aspectos do RH, a cultura, a estratégia e o processo de disciplina que são liberados como anticorpos contra qualquer iniciativa que ouse ser diferente. Eles agem como o mecanismo de defesa corporativo e, quando combinados, podem muitas vezes fornecer inércia suficiente para manter o *status quo*.

Comece a construir sua 'banda'

> Se você quer viajar rápido, viaje sozinho; mas se você quer viajar longe, viaje com outros (provérbio indígena americano).

Enquanto você estiver pagando suas dívidas, acompanhando ou solando e sendo um 'sideman', você precisa começar a pensar sobre construir uma comunidade que poderia apoiar o desenvolvimento de uma ideia de projeto. Uma comunidade colaborativa é outro componente essencial de Cubicle Warrior Toolkit.[4]

Você será instintivamente atraído por pessoas afins que (1) compartilham de seus interesses em questões de sustentabilidade e inovação; (2) possuem habilidades, experiência, temperamento e redes úteis que complementam as suas; e (3) podem estar preparados para trabalhar com você em desenvolver um projeto-piloto. Essas são as pessoas com as quais você talvez comece um pequeno projeto de 'banda' para desenvolver um projeto-piloto. Comece a mapear seus investidores, com base nesses critérios.

Enquanto alguns sugerem que o 'networking' é apenas uma letra diferente de 'not working' (ou seja, não trabalhar), o networking é um aspecto crucial de ser um intraempreendedor social de sucesso. Dois bons livros sobre networking são *Networking: The Art of Making Friends* (STONE, 2001) e *The Ultimate Guide to Successful Networking* (STONE, 2004).

Mike Barry, que é agora Diretor do Plan A como 'como fazemos negócios', na varejista Marks and Spencer do Reino Unido e Presidente da coalizão internacional de RC World Environment Centre, descreve como ele passou seus primeiros anos na Marks and Spencer antes de lançar o Plan A para embutir a sustentabilidade e construir suas redes internas e encontrar gerentes de talento destinados para promoção rápida.

---

[4] Liga dos Intraempreendedores, Cubicle Warrior Toolkit, 'Construindo uma Comunidade', <http://www.leagueofintrapreneurs.com/toolkits/building-community>, acesso em 6 de abril de 2016.

> Arun Pande, que supervisionou o projeto TCS mKRISHI para ajudar agricultores de pequena escala indianos, aconselha: 'É importante construir uma equipe convencendo-a de possuir sua ideia. Sempre esteja com eles/defendendo-os se eles violarem processos ou regras no papel [mas] não no espírito'.

Entre as primeiras pessoas que você recrutar devem estar um ou mais 'padrinhos'. Como dito anteriormente, esta é uma pessoa, normalmente um gerente sênior (talvez seu próprio gerente de linha), que pode agir como um líder político, *networker*, tradutor, ouvinte, *coach* e mentor, que está aberto às suas ideias desafiadoras e preparado para correr riscos inteligentes para testar suas ideias e estabelecer 'prova de conceito' e fornecer cobertura. Como Gib Bulloch observa, 'O intraempreendedorismo pode ser solitário e isolado. A presença de um apoiador sênior, confidente ou *coach* provou-se crucial para o sucesso'. Por ser tão essencial, certifique-se que você tenha padrinhos reserva no caso de seu apoiador mudar de cargo ou empresa.

Padrinhos também podem cobri-lo quando você aplicar o lema do empreendedor que 'é mais fácil pedir perdão do que é conseguir permissão'. Lembre-se, peça conselhos antes de pedir recursos. E seja inteligente ao acatar o conselho quando pediu por ele. Se você ainda não tem um ou mais padrinhos, a empresa tem qualquer orientador ou um programa de desenvolvimento rápido de alta qualificação que você possa usar para encontrar um padrinho?

Escolha a equipe Classe-A, mas não recrute em sua própria semelhança

> Um dos meus maiores aprendizados é o fato que, para ser bem-sucedido, você precisa estar cercado de uma ótima equipe de pessoas. Eu tenho sorte, pois tenho realmente a equipe 'Classe A' na Accenture. O contexto em que trabalhamos parece agir como um para-raios de talento e eu não poderia escolher a dedo uma equipe mais capaz de pessoas do que os que tenho para trabalhar agora. É importante pegar pessoas que são boas em coisas que você não é, ou interessadas em coisas pelas quais você se interessa menos. A diversidade em minha mente é o que torna essa equipe ótima (Gib Bulloch, Accenture Development Partnerships).

Recrute 'membros da banda' de fora de sua empresa

Lembre-se que sua 'banda' não precisa ser restrita a pessoas trabalhando dentro da sua empresa. Nós descobrimos com nossa pesquisa que uma das características definidoras de intraempreendedores sociais de sucesso é que eles conseguem conectar-se e colaborar com contatos-chave *fora* de suas organizações, muitas vezes trabalhando em outras indústrias ou setores, para ajudá-los a construir o impulso para um projeto.

Um exemplo é o de Hugh Saddington da Telsra trabalhando com a WWF Austrália descrito no Capítulo 1 (páginas 39–41). Em outro exemplo, Chris Harrop trabalhou com jornalistas de grandes jornais do Reino Unido para ajudá-lo a fazer o *case* para usar responsavelmente materiais adquiridos que não envolviam o uso de trabalho infantil ao produzir o arenito indiano utilizado nos produtos da Marshalls:

> Consegui que jornalistas do *Guardian* e do *Daily Telegraph* fossem para a Índia independentemente para ver [a situação do trabalho infantil]. Em ambos os casos eles tiveram artigos de uma página completa nesses jornais sobre o assunto e, de forma gratificante, o que eu estava fazendo para lidar com o problema. Isso é usar o marketing básico para comunicar e conduzir uma questão. Você pode usar o marketing de uma maneira positiva — mas o *greenwash* [5] será descoberto.

Trabalhar com parceiros em organizações e setores diferentes pode ser extremamente desafiador. Organizações como a The Partnering Initiative oferece cursos curtos para ajudar a construir as habilidades e o conhecimento necessários para colaborar com múltiplos investidores.[6]

Componha novas peças para sua 'banda' executar

Quando você fez seu *woodshedding* preparatório, ganhou a confiança de seus colegas e gerentes 'pagando suas dívidas' na organização e apoiando projetos de outros e testando suas ideias iniciais em 'jam sessions' corporativas, você estará pronto para apresentar uma 'composição' própria — uma proposta de projeto-piloto — para o qual poderá convidar seus colegas 'membros da banda' para apoio e apresentação.

---

5 N.E.: o termo *greenwash* vem do inglês -green=verde e wash= lavagem. Seria algo como "lavagem verde". É usado pelas empresas para maquiar práticas que violam o meio ambiente, utilizando termos como biodegradável, ecologicamente sustentável, entre outros.

6 The Partnering Initiative 'Essential Skills for Effective Partnering', <http://thepartneringinitiative.org/w/professional-development/certificate-in-partnering-practice/>, acesso em 6 de abril de 2016.

COMPOSITORES DE JAZZ HABILIDOSOS SÃO ÓTIMOS *STORYTELLERS*, CAPAZES DE ENVOLVER PÚBLICOS COM UMA AMPLA GAMA DE EXPERIÊNCIAS DE FORMAS CHEIAS DE NUANCES. A FAMOSA COMPOSIÇÃO FINAL DE BILLY STRAYHORN, 'BLOOD COUNT' — EXECUTADA AQUI POR CHRISTIAN BREWER (SAX ALTO), ANDREA POZZA (PIANO), LUKE STEELE (CONTRABAIXO), STEVE BROWN (BATERIA) — COMUNICOU O SOFRIMENTO, A ANGÚSTIA E A FALTA DE ESPERANÇA DE SUA BATALHA CONTRA O CÂNCER DE ESÔFAGO AO ESCREVER ESSA BALADA FÚNEBRE. O COLEGA MUSICAL DE STRAYHORN, DUKE ELLINGTON, FICOU TÃO COMOVIDO COM A COMPOSIÇÃO QUE ELE NUNCA A TOCOU NOVAMENTE DEPOIS DE A GRAVAR EM UMA SESSÃO DE ESTÚDIO (FONTE: WWW.ALLMUSIC.COM/SONG/BLOOD-COUNT-MT0010956393).

NÓS DESCOBRIMOS QUE INTRAEMPREENDEDORES SOCIAIS DE SUCESSO TAMBÉM SÃO ÓTIMOS *STORYTELLERS*, INSPIRANDO SEUS COLEGAS A TOMAR ATITUDES COM NARRATIVAS QUE ATRAIAM O CORAÇÃO, JUNTAMENTE A UM *CASE* DE NEGÓCIOS SOLIDAMENTE CONSTRUÍDO QUE ATRAIA A MENTE.

Entretanto, será útil se sua 'composição' (uma forma de *storytelling*) seja o mais atraente possível para seu 'público' — inicialmente um número limitado de colegas próximos e gerentes em um pequeno conjunto de confiança — e, tão importante quanto, para você. '*Storytelling*: 70% do meu trabalho!' (Gib Bulloch, Accenture Development Partnerships).

Aproveitando-se dos princípios de grandes *storytelling* corporativos apresentados no guia "Como Fazer" do Centro Doughty sobre gestão de conhecimento (MCLAREN e SPENDER, 2011), que por sua vez constrói sobre o trabalho de Van Riel (2000), pergunte-se se sua composição/história segue as C.A.R.D.S., ela é:

Coerente?

Ela evoca o objetivo e o caráter da empresa, levando em consideração os investidores-chave e os desafios (empresariais e de sustentabilidade)?

É atraente o suficiente para fazê-lo levantar e ficar ansioso para trabalhar nele todos os dias?

Autêntica?

O projeto proposto se ajustaria aos valores e propostas da empresa? Seguir o intraempreendedorismo social se ajusta com o que você realmente valoriza, suas metas de carreira em longo prazo e suas próprias competências e habilidades?

Você, sem dúvida, preparará um '*case* de negócios' para sua ideia, que é a análise racional de como seu projeto poderia fazer, ou economizar, dinheiro, ou criar valor para o negócio de maneiras que sejam mais difíceis de quantificar (por exemplo, construir reputação, criar boa vontade com os clientes e outros investidores). Essa é a atração para a *mente*.

Essa é uma das diferenças entre o que um empreendedor social e um intraempreendedor social precisam fazer. O falecido Malcolm Lane, que, como chefe da Tata Consultancy Services, viu muitos aspirantes a intraempreendedores sociais, costumava reclamar como eles, com frequência, simplesmente não haviam feito sua lição de casa ou pensado sobre como sua ideia era boa para os negócios. Então, desenvolva um *case* de negócios.

Hugh Saddington, Gerente-Geral, Estratégia de Mercado e Análises, Telstra Enterprise and Government, superou o ceticismo inicial sobre a relevância da mudança climática para a empresa, coproduzindo um White Paper sobre utilizar tecnologia da informação e comunicação e sustentabilidade com a WWF Austrália (SADDINGTON e TONI, 2009). Envolvendo a WWF, Saddington foi capaz de tirar o 'calor' do debate político interno por meio da apresentação dos fatos por uma organização não lucrativa de renome.

No entanto, apresentar uma ideia que também atraia o *coração* — ressoando com outros (e com você) em um nível intuitivo e emocional pode ser tão poderoso quanto, ou até mais, que o *case* de negócios baseado em números por si só. Isso é especialmente verdadeiro se for uma ideia genuinamente nova cujo valor de potencial financeiro para a empresa é desconhecido, mas que mesmo assim se une ao propósito central da empresa de forma direta.

Ao apelar aos diretores de topo da consultoria global de engenharia da Arup para criar uma *startup* dentro do negócio para 'focar em trabalhar em países em desenvolvimento sobre projetos que contribuam para o bem-estar social e que sejam sustentáveis no sentido ambiental', a engenheira Jo da Silva citou o 'discurso-chave' do fundador Ove Arup em 1970[7] que a inspirou a se juntar à firma em primeiro lugar. Este discurso destaca a importância de uma abordagem humanitária aos negócios, incomum em 1970, que propunha:

> [existem] duas maneiras de olhar para a busca da felicidade: Uma é ir direto para as coisas que você gosta sem restrições, ou seja, sem considerar ninguém mais além de você. A outra é: reconhecer que nenhum homem é uma ilha, que nossas vidas são indissociavelmente misturadas com as de nossos colegas seres humanos, e que não pode haver felicidade real no isolamento. O que leva a uma atitude que

---

[7] 'Ove Arup's Key Speech, 9 July 1970', <http://www.arup.com/Publications/The_Key_Speech>.aspx, acesso em 6 de abril de 2016.

concederia aos outros os direitos reivindicados para si, que aceitaria certas restrições humanitárias ou morais. Nós, novamente, optamos pela segunda maneira.

Traduzida para a metáfora de jazz, Jo havia completado toda a sua parte de *woodshedding*, *jamming* e pagamento de dívidas como 'sideman' antes de propor sua nova composição à 'big band' corporativa.

Relevante?

É relevante para as atividades atuais de negócios ou sustentabilidade da empresa?

Ela constrói sobre qualquer parceria existente entre empresa–ONG ou programas corporativos existentes que tornariam a adoção mais fácil? Por exemplo: o esquema de *voucher* da Marks and Spencer Oxfam levou à ideia de Shwopping, proposta por um funcionário da equipe de Finanças da M&S.

Ela aborda os desafios identificados por sua empresa em embutir a sustentabilidade? O Sustainable Living Plan[8] da Unilever integra sustentabilidade na estratégia, marcas e inovação da empresa. Uma proporção significativa do orçamento de pesquisa e desenvolvimento está comprometida, por meio da iniciativa Unilever Ventures, para encontrar tecnologias guiadas por sustentabilidade.

Ela ressoa com o(s) indivíduo(s) de seu público? Dependendo de seu público, você pode ter que atrair o coração ou a mente — ou ambos. Isso requer ser um ótimo ouvinte, o que, nesse ponto, você deve ter se tornado com a participação em 'jam sessions' corporativas. Esteja pronto para fazer seu estilo de 'música' sob medida para diferentes públicos. Dicas específicas de intraempreendedores sociais incluem o seguinte:

Dab Godamune, da Xerox, aconselha que é mais fácil se você estiver propondo algo inteiramente novo em vez de uma maneira melhor de fazer algo que a empresa já faz, porque com o último pode haver interesses investidos contra você — nesse caso, evite ser muito crítico do *status quo*.

Chris Harrop, da Marshalls, diz:

> Você tem que entender bem as questões. É muito fácil dizer que o trabalho escravo é o problema. Você precisa visitar, entender, analisar profundamente o que está acontecendo... voltar e converter aqueles problemas em mensagens e linguagem que ressoem com as pessoas no Reino Unido, seu conselho, sua organização. Isso nunca deve ser visto como uma cruzada moral pessoal.

É relevante ao que você faz dentro da organização? É parte de seu 'trabalho' ou dos projetos sociais/ambientais que você já apoia, talvez por meio de voluntariado?

---

8 <http://www.unilever.com/sustainable-living/.>

Dinâmico?

Será possível adaptar sua ideia em resposta aos diálogos contínuos com seus colegas e outros investidores de projetos ou outras condições variáveis?

Sustentável?

Seu projeto criará valor que equilibre tanto as necessidades da empresa, as demandas dos investidores e os objetivos sustentáveis ao longo do tempo?

Criar valor social ou econômico não é o suficiente. Para ser verdadeiramente sustentável, você precisa demonstrar como seu projeto salvaria o dinheiro da empresa ou faria dinheiro, ou caso contrário ajudaria os negócios.

> A lição principal? Quase disfarçar aspectos sociais e apresentá-los como contribuição para aumentar a renda — ainda pode falar sobre sustentabilidade, mas enfatizar o negócio — então as pessoas ficam mais felizes em conversar (Hugh Saddington, Telstra).

> A caridade não funciona; mas permitir que pessoas em países em desenvolvimento façam seu caminho para sair da pobreza, é isso que realmente funciona — tem que ser equilibrando o social, o econômico e o ambiente (Chris Harrop, Marshalls).

Seja um ótimo líder de banda

Executar um projeto de intraempreendedorismo social, de acordo com aqueles que conhecemos que o fizeram, requer persistência e resiliência em face à adversidade, assim como generosidade e uma gama de outras capacidades de inteligência social e emocional.

Eis aqui três citações de intraempreendedores sociais que sobreviveram à sua quota de desafios organizacionais no decorrer de suas carreiras corporativas:

> É bem solitário, você vive de autoconfiança e determinação (Jo da Silva, Arup International Development).

> Não desista — é aí que a determinação obstinada entra. Nos primeiros dias, eu fui acusado de todo tipo de coisa por competidores, associações comerciais, pela mídia. Teria sido mais fácil varrer isso para baixo do tapete (Chris Harrop, Marshalls).

> Conheça quais políticas você pode contornar ou quebrar — o quanto você pode navegar próximo do vento sem ser despedido! (Gib Bulloch, Accenture).

Todos os três indivíduos citados acima ainda estão trabalhando em suas organizações, sugerindo que, talvez, o que mais importe não seja se a mentalidade de sustentabilidade do intraempreendedor social esteja alinhada com a cultura, mas se o intraempreendedor social é capaz de reconhecer totalmente os desafios culturais que encontra ao desenvolver seus novos projetos e se tem as habilidades e a inteligência emocional exigida para superá-los.

Não mude de empresa; mude a empresa em que você está

Gib Bulloch oferece esse conselho a mais para aspirantes a intraempreendedores sociais que podem estar experienciando frustração ou solidão:

Se você está buscando um novo desafio ou se você quer ter mais impacto social e significado em seu trabalho, não mude de empresa, mude a empresa em que você está. Muitas pessoas chegam em um estágio de suas carreiras ou empregos em que estão buscando um pouco mais de significado em seu trabalho. Elas querem fazer algo diferente ou estão frustradas com o cargo que ocupam. Eu argumentaria que, em vez de seguir o caminho normal de melhorar o currículo e simplesmente mudar de emprego, a opção potencialmente mais impactante seria mudar a empresa — ou o setor — em que está trabalhando.

Isso pode soar um pouco superficial e eu não estou exagerando na quantidade de mudança que tivemos na Accenture, mas pequenas mudanças positivas em grandes organizações é igual a impacto. As pessoas são frequentemente mais eficazes em fazer isso quando estiveram na empresa por alguns anos. Quem mais conhece as pessoas-chave tão bem quanto você? Você desenvolveu uma rede interna e sabe como contornar as políticas e muitas vezes quem são as pessoas certas para fazer as coisas acontecerem. Frequentemente essas pessoas não são as mais seniores. Intraempreendedores Sociais serão mais eficazes se tiverem essas qualidades — e elas não podem ser desenvolvidas do dia para a noite em uma nova empresa. Funcionários experientes devem pensar com muito cuidado antes de desperdiçar desnecessariamente esse potencial para mudança.

Seja fiel a seus objetivos, mas seja flexível e realista sobre as maneiras de alcançá-los. Nunca desista! Sempre existirão pessoas que dirão não. Se você se aproximar de uma parede de tijolos, dê um passo atrás — você pode descobrir que não é feita de tijolos e não é tão grande. James Inglesby, da Unilever, enfrentou um grande ceticismo inicial da gestão do país em Gana, mas agora eles são grandes apoiadores.

No caso de Eagle Lager, as ONGs esperavam que a SABMiller adotasse uma abordagem filantrópica. Ian Mackintosh resistiu; 'não querendo criar dependência', ele 'queria produzir o relacionamento de um "vendedor disposto" e um "comprador disposto"'.

Esteja determinado a fazer acontecer onde você acha que é certo para a organização. Hugh Saddington, da Telstra, aconselha 'perseverança — houve tempos em que senti que estava lutando numa guerrilha dentro da organização'. Pergunte-se: Eu estou preparado para reveses e rejeições? Eu estou preparado para seguir em frente quando outros disserem 'não'? Eu poderia mudar minha proposta para neutralizar objeções quando encontrá-las?

Construindo resiliência pessoal: um ponto de vista de uma intraempreendedora social que virou *coach*

Uma ex-intraempreendedora social da fundação corporativa Virgin, Virgin Unite, Heidi Kikoler[9] dedica seu tempo agora para defender intraempreendedores sociais como *Coach* de Liderança.

Para intraempreendedores navegando no sistema de paredes de tijolos sem um mapa, Heidi reforça a importância de cultivar ativamente sua resiliência pessoal:

> Devemos nos lembrar que não nascemos resilientes, mas que temos a habilidade incrível de nos tornar resilientes e recuperar-nos de adversidades enormes. A maneira mais eficaz de fazer isso é por meio da autoaceitação e autoobservação sem julgamentos. Uma compreensão mais profunda de como pensamos, sentimos e nos comportamos unicamente nos permitirá criar estratégias pessoalmente relevantes para continuarmos resilientes e eficazes.

Heidi sugere que os benefícios de aprofundar sua autoconsciência vão muito além da resiliência já que podem trazer muita clareza necessária acerca do que um indivíduo quer alcançar em sua carreira e vida. Para intraempreendedores, isso pode ajudar a reforçar sua autoconfiança e fundamentar seu sentido de propósito.

Para começar a construir sua resiliência, Heidi sugere que você responda às seguintes perguntas, seja num momento de resiliência, ou ainda melhor, antes dele:

- No que estou pensando?
- O que estou sentindo?
- Como estou me comportando?

Uma vez que tiver observado essas três coisas, ela recomenda que você se faça a pergunta a seguir para permitir que você aplique suas observações de maneira construtiva e progressiva no futuro:

- Como eu quero responder de maneira diferente da próxima vez?

Heidi também recomenda que intraempreendedores agucem seu conhecimento acerca de psicologia positiva, porque mesmo o que pode parecer ser o mais simples dos truques pode ter um impacto profundo em cultivar resiliência e gerar emoções positivas que têm uma variedade de benefícios para intraempreendedores, incluindo o aumento da criatividade, magnetismo pessoal e, em última análise, felicidade.

Desapegue

O momento mais difícil pode vir quando e se você precisar entregar o bastão de líder para um novo líder de banda que pode levar sua banda em uma direção totalmente nova para garantir que cresça em escala.

[9] Veja <www.heidikikoler.com.>

Roberto Bocca, que passou quatro anos desenvolvendo o negócio BP Renewables e aumentou-o para 400.000 clientes — na época o maior negócio do tipo no mundo, mas ainda pequeno para os padrões BP — foi forçado a renunciar sua operação de principiante para um membro de sua equipe indiana de funcionários continuar a desenvolvê-la. Mas ele foi filosófico sobre o resultado, observando que se ele não estivesse na BP, ele nunca teria tido a oportunidade de começar o negócio em primeiro lugar. A experiência permitiu que ele fizesse a transição para o Fórum Econômico Mundial, onde se tornou Diretor Sênior, Chefe das indústrias de Energia.

Kenan Aksular, da Athlon, reconheceu que, enquanto poderia ser melhor para sua carreira dirigir o negócio de consultoria Mobility Scan que estabeleceu, seu forte eram as *startups* e intraempreendedorismo em estágio inicial: 'Estou preso nos estágios iniciais/*startups* de desenvolvimento de novos negócios'.

Esteja preparado para a adversidade e reconheça que, apesar de seu sucesso aparente, você pode ainda descobrir que 'eventos, eventos' sabotam você e significam que, como Roberto Bocca ou Tom Nieuwenhuijzen do Van Nieuwpoort Group, você tem que renunciar ou será considerado redundante; ou simplesmente que, à medida que o projeto cresce, ele precisa de diferentes tipos de pessoa com um conjunto de habilidades diferente. Nick Hughes, da Vodafone, chegou a essa conclusão em 2009, quando decidiu deixar a empresa e começar uma empresa social, a M-KOPA.

Gifford Pinchot sugeriu em seus Dez Mandamentos do Intraempreendedor[10] (que ele diz aplicar-se também a 'ecopreendedorismo e intraempreendedorismo social') ter como seu primeiro mandamento: 'ir ao trabalho todos os dias disposto a ser despedido' (embora ele tenha modificado isso mais tarde com o conselho: 'não peça para ser despedido; mesmo quando contornar as regras e agir sem permissão, use toda a sua habilidade política que você e seus patrocinadores puderem reunir para avançar com o projeto sem fazer ondas').

Pergunte-se: Assim que o projeto estiver desenvolvido, estou preparado para entregá-lo para que outros continuem sua execução? Como eu garanto que meu projeto sobreviverá e prosperará, mesmo depois que mudei para outro projeto ou empresa?

Nós terminamos esta seção com citações de alguns grandes líderes de bandas de jazz incorporando uma variedade de dicas práticas para liderança em quase toda trajetória de vida:[11]

> Dirigir uma banda é um trabalho de 24 horas. Um líder de banda precisa do coração de um vagabundo e mais energia que um pioneiro na corrida do ouro ... Eu considero uma boa saúde um grande pré-requisito para qualquer um que queira ser um líder de banda (Vaughn Monroe).

---

10 The Pinchot Perspective, 'The Intrapreneur's Ten Commandments', 20 de novembro de 2011, <http://www.pinchot.com/2011/11/the-intrapreneurs-ten-commandments.html>, acesso em 8 de janeiro de 2014.

11 'How to be a Bandleader: Quotes Selected by Christopher Popa', http://www.bigbandlibrary.com/howtobeabandleader.html, acesso em 6 de abril de 2016.

O truque ... está em manter seu equilíbrio. Apenas uma pessoa pode fazê-lo perder isso. E é você mesmo (Benny Goodman).

Não toque pelo hábito. Leia as notas e tente pensar que são frescas e novas ... Não veja se você pode fazer melhor dessa vez do que fez da última vez. Não é esse o objetivo. Em vez disso, tente ver quão bem consegue tocar, ponto. Use isso como um desafio para sua habilidade por si só (Artie Shaw).

Há uma coisa além da excelência musical que requer se estressar ... E isso é uma educação completa. Eu não quero dizer meramente o estudo da teoria da música e harmonia ... Qualquer coisa que você possa fazer para enriquecer essa mente ajudará na formulação de pensamentos musicais maduros e interessantes, acrescentando profundidade a qualquer coisa que criar (Paul Whiteman).

As crianças levam a música tão naturalmente ... ensine às crianças pequenas os princípios básicos que precisam para acrescentar a esse ritmo natural e alegria na música (Lionel Hampton).

Um líder de banda deve improvisar muitas coisas além de refrões intensos ... Sorte é tudo, mas isso não significa nada a não ser que você esteja musicalmente e moralmente pronto para a explorar ... Minha própria concepção de sorte pode ser definida como a seguinte: estar no lugar certo na hora certa fazendo as coisas certas diante das pessoas certas (Duke Ellington).

Os anos de estudo sério que tive com professores legítimos finalmente estão compensando, permitindo-me escrever arranjos empregando harmonias incomuns e ricas, muitas nunca usadas antes em bandas de dança ... Nós estávamos tocando em Meadowbrook no início da última primavera [1939] e na frente, de repente, a banda me acertou. A ficha estava caindo. Pela primeira vez eu sabia que estava tocando como eu queria. Tinha um som maravilhoso. Eu não disse nada — apenas dirigi para casa e contei à minha esposa. Mas eu rezei para que durasse (Glenn Miller).

Trabalhe duro com a liderança de banda, pois é, realmente, um trabalho gratificante. Pegue o que está em seu coração, aplique ao conhecimento em sua mente, adicione a habilidade em suas mãos, e aí está a melhor fórmula de como se tornar um líder de banda (Xavier Cugat).

Para gerentes aprendendo a 'tocar as mudanças' por meio do C.H.A.N.G.E.S.: sete hábitos para construir um intraempreendedorismo social de sucesso

Com base em nossas descobertas, sugerimos os seguintes hábitos que as empresas podem praticar para desenvolver intraempreendedorismo social em suas organizações.

1. Cultivar a 'cultura do café'

Crie tempo e espaço para que as pessoas em todos os níveis de sua organização aprendam, pensem e falem sobre o que está acontecendo no resto do mundo e como seu negócio pode ser uma força de bem nele. Isso precisa ser embutido em sua cultura, não isolado em programas de treinamento formal ou restrito a níveis de gestão de topo. Como os intraempreendedores sociais que entrevistamos, as pessoas devem sentir-se livres para 'pensar coisas malucas em qualquer posição e em qualquer reunião'.

2. Humanizar sua organização para promover igualitarismo e generosidade

Nossas evidências bibliográficas e de entrevistas nos dizem que o intraempreendedorismo social floresce em ambientes igualitários com hierarquias planas. As pessoas desimpedidas pela burocracia e medo induzido politicamente estarão livres para pensar sobre 'seus trabalhos diários principais da maneira mais ampla' e são mais propensas a assumir a responsabilidade pela inovação, compartilhar suas ideias e aprender com outros com melhores resultados.

3. Contabilizar o valor social e ambiental, assim como econômico, que você cria

Regras de contabilidade e prazos convencionais dificultam o desenvolvimento de projetos socialmente inovadores. Gerentes de aspirantes a intraempreendedores sociais devem buscar maneiras de avaliar o valor social e ambiental, assim como econômico, que seus projetos propostos podem criar. Isso ajudará a libertá-los do 'doce' organizacional que pode evitar um bom projeto de decolar e abrir portas para maneiras realmente novas de fazer negócios.

4. Redes dentro e fora de sua organização podem criar consórcios para a ação

Como nossas entrevistas mostraram, intraempreendedores de sucesso constroem alianças com parceiros tanto fora quanto dentro da organização. Parcerias intersetoriais e transfronteiriças podem formar a base para consórcios poderosos para mudança. Gerentes seniores precisam estar abertos para trabalhar não apenas com pessoas em outros departamentos, fornecedores e outros parceiros de negócios, mas também com outras organizações em outros setores para que essas parcerias funcionem.

5. Cultivar pessoas em cargos de liderança para negócios sustentáveis

As pessoas que recebem oportunidades de desenvolver autoconfiança e habilidades para colaboração ganham uma compreensão aprofundada do negócio e 'fazem o bem' por meio do voluntariado e orientação — e que são então reconhecidas e recompensadas por tais comportamentos — são mais propensas a se desenvolverem em agentes de mudança social bem-sucedidos, quer elas se tornem intraempreendedoras sociais, 'radicais moderados' que efetuam mudanças de maneira mais moderada, 'padrinhos' que facilitam o trabalho de outros agentes de mudança, ou assumam outros papéis de agentes de mudança.

6. Experimentar com pilotos de intraempreendedores sociais que possam ser escalados para impacto

Nossos intraempreendedores sociais começaram com projetos de tempo limitado e de pequena escala, muitas vezes em seu tempo livre, às margens de suas organizações, o que poderia fornecer prova de conceito com risco de reputação ou financeiro mínimo para a empresa antes de ser mais escalado. Enquanto é desejado ser capaz de prever ou calcular retorno sobre o investimento para tais projetos, a maioria dos pilotos não pode ser avaliado por critérios quantitativos e, portanto, critérios qualitativos alternativos necessitarão ser usados para definir o sucesso.

7. Crie estratégias para alcançar metas empresariais e sociais sustentáveis

O objetivo máximo é que os líderes do negócio entendam seu propósito social mais amplo — englobando o valor social e ambiental, assim como econômico, que ele cria — e desenvolver uma estratégia, visão e valores de negócio que englobem esse propósito mais sustentável, assim como inspirador, para o benefício do negócio, assim como da sociedade em geral.

Músicos jazzistas aprendem a 'tocar as mudanças' de tons: improvisar linhas musicais em seus solos que são adequadas às sequências de acordes de uma música de jazz específica.

Gerentes que querem promover a inovação social em suas empresas precisam aprender a 'tocar as mudanças' descritas acima (e a Tabela 7.1 fornece algumas perguntas para que os gerentes façam enquanto estão 'tocando'). Em outras palavras, eles precisam cultivar sete hábitos de gerentes que ajudam a criar um 'ambiente favorável' para o intraempreendedorismo social.

Tabela 7.1 Tocando as mudanças: perguntas para gerentes

Modelo C.H.A.N.G.E.S.	CEO, diretor executivo, chefe de unidade de negócios estratégicos ou gerente nacional	Gerentes de recursos humanos	Diretores de inovação e desenvolvimento de novos negócios	Diretores de responsabilidade/sustentabilidade corporativa
Cultivar a 'cultura do café' que ouse com D.A.R.E.S. (Diálogo/Autonomia/Correr Riscos/Experimentação/Sustentabilidade) para criar inovação social	As atividades empresariais atuais, história da empresa (incluindo qualquer memória coletiva sobre como qualquer intraempreendedor social anterior foi tratado) e cultura corporativa são facilitadoras ou incapacitadoras do intraempreendedorismo social? Se você fizer um balanço rápido de sua divisão por comparação com a descrição do ambiente favorável (páginas 103–61), existe qualquer lacuna, onde alguma providência precise ser improvisada, se sim, como?	Você tem eventos regulares de 'cultura do café' para compartilhar ideias por meio das equipes? Você tem qualquer evento interdepartamental de compartilhamento de ideias de maneira regular? Você já experimentou as jam sessions da IBM? Ou cocriou sessões como Cocriando Natura?	Você tem uma mentalidade de 'não inventado aqui' ou você está aberto para ideias de qualquer fonte?	Você compartilha seus desafios de sustentabilidade com empregados, fornecedores e ONGs parceiras, por exemplo, Unilever Sustainable Living Plan?

Modelo C.H.A.N.G.E.S.	CEO, diretor executivo, chefe de unidade de negócios estratégicos ou gerente nacional	Gerentes de recursos humanos	Diretores de inovação e desenvolvimento de novos negócios	Diretores de responsabilidade/sustentabilidade corporativa
Humanizando sua organização para promover igualitarismo e generosidade	Se você mapeia sua companhia/divisão em uma 'matriz de sustentabilidade corporativa e engajamento de funcionários', onde você está localizado e para quais direções você está se movendo: para cima e para a direita (mais engajado e mais sustentável) ou o oposto, ou estático? i.e. qual é o ambiente para o intraempreendedorismo social?	Você poderia construir sobre um programa existente de voluntariado de funcionários para dar a empregados talentosos exposição a questões ambientais e sociais, que possam estimular o intraempreendedorismo social?	Você facilita a inovação social em seu pipeline de inovação, e.g. CAPEX Verde (despesas de capital) Danone?	Você está trabalhando com o RH para evoluir os programas de voluntariado de funcionários em construção de capacidades para o intraempreendedorismo social?
Contabilizar o valor social e ambiental, além do econômico, que você cria	Você contabiliza totalmente os custos, assim como o valor, que sua companhia cria?	Você incorporou cumprimento de metas de sustentabilidade em decisões de avaliação, compensação e decisão? (veja Danone)	Você contabiliza os impactos sociais e ambientais que seus novos produtos e serviços criam, e.g. design 'verde', contabilidade de ciclo de vida?	Você está promovendo contabilidade de custos verdadeiros e integrando o relato a investidores? Você pode contabilizar a gama total de valores (tangíveis e intangíveis) para suas iniciativas de sustentabilidade para que sua equipe de liderança reconheça sua importância estratégica?

7 Recomendações e dicas práticas

Rede dentro e fora de sua empresa para criar consórcios para ação	Você é membro de coalizões de responsabilidade corporativa ou outras iniciativas de investidores? Você leva ideias desses grupos para sua empresa?	Você envia pessoas para conferências onde elas podem aprender sobre inovação social? Você integra um conselho de membros de ONGs, coalizões ou iniciativas como a LeadersQuest, ADP em programas de desenvolvimento?	Você cria 'plataformas de inovação abertas' que engajam investidores externos como ONGs, por exemplo,. Shell Energy Challenge?	Você envia pessoas para conferências onde elas podem aprender sobre inovação social? Você integra um conselho de membros de ONGs, coalizões ou iniciativas como a LeadersQuest, ADP em programas de desenvolvimento?
Cultivar pessoas em cargos de liderança para negócios sustentáveis	Existe uma equipe específica que possa ser entusiasta sobre fazer um programa-piloto para encorajar o intraempreendedorismo social? Há alguma atividade existente como uma equipe de sustentabilidade de sucesso sobre a qual se pode construir? Quais de seus tenentes entenderá instintivamente do que se trata o intraempreendedorismo social e seguirá com isso? Quais eventos vindouros e datas diárias você tem onde eu possa falar sobre intraempreendedorismo social e.g. um webinar de equipe, um programa de desenvolvimento de gestão para ambiciosos?	A empresa tem alguma estratégia existente de desenvolvimento de pessoas que possa ser expandida para incluir intraempreendedorismo social? A empresa já tem, ou existe potencial para experimentar programas de aprendizado experimental que aspirantes a intraempreendedores sociais possam se beneficiar? Você tem um mecanismo para combinar intraempreendedores sociais com potenciais 'padrinhos' para formar 'duplas dinâmicas' em sua organização?	Você reconhece conquistas em inovação social em seus esquemas de premiação e reconhecimento corporativos, por exemplo. GE Ecomagination?	Como você pode melhor ajudar potenciais intraempreendedores sociais a encontrar mentores e recursos para desenvolver suas ideias? Como você identifica intraempreendedores sociais em potencial em sua própria equipe e em outros lugares da organização que poderiam ser ajudados trabalhando com você ou por programas de desenvolvimento pessoal?

Modelo C.H.A.N.G.E.S.	CEO, diretor executivo, chefe de unidade de negócios estratégicos ou gerente nacional	Gerentes de recursos humanos	Diretores de inovação e desenvolvimento de novos negócios	Diretores de responsabilidade/sustentabilidade corporativa
Experimentar com pilotos de intraempreendedorismo social que possam ser escalados para impacto	Sua estratégia de crescimento inclui qualquer ideia para criar 'valor compartilhado' por meio de pilotos de intraempreendedorismo social?	Há programas de desenvolvimento de talentos existente (interno ou comissionado de fornecedores externos como escolas de negócios ou outros fornecedores de educação executiva) onde ideias sobre intraempreendedorismo social podem ser introduzidas?	Você poderia promover um fundo interno de inovação para aproveitar e criar potenciais intraempreendedores sociais?	Como você pode informar melhor seus empregados sobre desafios globais de sustentabilidade onde a empresa esteja precisando mais de ajuda e de novas ideias para alcançar suas metas de sustentabilidade, e onde você vê as áreas mais frutíferas para inovação de valor compartilhado?
Crie estratégias para alcançar metas empresariais e sociais sustentáveis	Qualquer programa corporativo, compromisso público, 'MAGC' (meta audaciosa, grande e cabeluda), estratégia, valor corporativo, KPI (para seu departamento) existente a qual você possa vincular um impulso para o intraempreendedorismo social?	Qualquer programa corporativo, compromisso público, 'MAGC' (meta audaciosa, grande e cabeluda), estratégia, valor corporativo, KPI (para seu departamento) existente a qual você possa vincular um impulso para o intraempreendedorismo social?	Qualquer programa corporativo, compromisso público, 'MAGC' (meta audaciosa, grande e cabeluda), estratégia, valor corporativo, KPI (para seu departamento) existente a qual você possa vincular um impulso para o intraempreendedorismo social?	Qualquer programa corporativo, compromisso público, 'MAGC' (meta audaciosa, grande e cabeluda), estratégia, valor corporativo, KPI (para seu departamento) existente a qual você possa vincular um impulso para o intraempreendedorismo social? Como o intraempreendedorismo social poderia se encaixar em sua estratégia para embutir sustentabilidade na empresa?

8
O caminho a seguir

Levou mais de duas décadas para que o empreendedorismo social fosse amplamente reconhecido. É possível para a socialização da ideia, e desenvolvimento de boa prática, que o intraempreendedorismo social seja acelerado?

A EVOLUÇÃO SIMULTÂNEA DA POESIA E DO JAZZ DURANTE A DÉCADA DE 1920 EVENTUALMENTE LEVOU ÀS FORMAS DE ARTE SENDO FUNDIDAS EM UM ÚNICO GÊNERO, 'POESIA JAZZ', QUE 'DEMONSTRA UM RITMO PARECIDO COM O JAZZ OU O SENTIMENTO DA IMPROVISAÇÃO'. ESSA FORMA DE ARTE 'FORASTEIRA' CONTINUOU A EVOLUIR AO LONGO DA 'GERAÇÃO BEAT' E FOI ADAPTADA NOS TEMPOS MODERNOS NA MÚSICA HIP-HOP E EVENTOS DE POESIA AO VIVO CONHECIDOS COMO POETRY SLAMS (FONTE: EM.WIKIPEDIA.ORG/WIKI/JAZZ_POETRY). ESSA PERFORMANCE DE 2011 NO CLUBE DE JAZZ PIZZA EXPRESS DE LONDRES APRESENTA O PIANISTA TIM LAPTHORN (PIANO) E OS POETAS RICHARD DOUGLAS PENNANT E HANNAH SILVA.

ENQUANTO O INTRAEMPREENDEDORISMO SOCIAL É UMA FORMA COMPARATIVAMENTE NOVA DE ATIVIDADE DE NEGÓCIOS, OS AUTORES ANTECIPAM QUE ISSO, TAMBÉM, EVOLUIRÁ COM O TEMPO EM RESPOSTA À EVOLUÇÃO DO PANORAMA SOCIOPOLÍTICO E DO SURGIMENTO DE NOVOS MODELOS DE NEGÓCIOS.

Aumento da conscientização

Um dos fatores que conduziu o aumento de consciência sobre o empreendedorismo social foi o interesse da Fundação Schwab e discussão do tópico no Fórum Econômico Mundial. Ainda, o intraempreendedorismo social foi discutido em Davos em 2013 e na reunião do FEM da China 2013. Sem dúvida, uma discussão regular mais aprofundada em tais fóruns, onde muitos da elite global e formadores de opiniões globais se encontram para compartilhar e desenvolver ideias, ajudaria a acelerar o aumento da conscientização à medida que participantes e jornalistas cobrindo o evento espalhassem a mensagem que ouviram.

Criando um ambiente favorável para intraempreendedorismo social e inovação social mais amplamente

Algumas consultorias individuais e coalizões de responsabilidade corporativa estão começando a ajudar empresas a explorar como criar um ambiente favorável. Esse processo poderia ser acelerado se um grupo de companhias multinacionais líderes pudesse ser persuadido a se comprometer publicamente com o intraempreendedorismo social, e a um programa conjunto de aprendizagem por ação onde elas compartilhariam suas experiências e desafios e explorariam soluções em potencial para criar um ambiente favorável para o intraempreendedorismo social em suas próprias organizações. Tal clube de pesquisa de aprendizado por ação carregaria grande credibilidade e perfil se fosse coordenado por: uma organização de alto nível como o FEM; uma das coalizões líderes de responsabilidade corporativa como a Business for Social Responsibility ou o Conselho Empresarial Mundial para o Desenvolvimento Sustentável; escola(s) de negócios líderes; ou uma consultoria global. Idealmente, tal colaboração otimizaria as informações on-line mais recentes e tecnologias de comunicação para facilitar a captura, o armazenamento e a recuperação da boa prática; e o aprendizado emergente seria disponibilizado publicamente via internet e, subsequentemente, por meio de programas de treinamento de construção de capacidades para líderes empresariais de aprendizado, desenvolvimento de talentos, inovação, RH, estratégia, desenvolvimento de novos negócios etc.

Conscientização com potenciais intraempreendedores sociais

Idealmente, em paralelo a essa conscientização e construção de capacidades para empresas, haveria maior promoção para os próprios intraempreendedores sociais em potencial. Isso poderia ser por meio de mais competições e esquemas de premiação como a Liga dos Intraempreendedores. Existem atualmente 50 Impact hubs com mais 50 esperados a se tornarem operacionais até 2015 (BACHMAN, 2014). Mais Impact Hubs ao redor do mundo poderiam dirigir cursos e clubes para intraempreendedores sociais. Organizações de estudantes como a AIESEC, oikos International e Net Impact, e conferências dirigidas por estudantes como a Emerge (realizada na Escola de Negócios Said, Oxford) e a 'Doing Good and Doing Well Conference' sobre negócio responsável na IESE (Barcelona) poderiam perfilar os intraempreendedores sociais regularmente.[1]

A Net Impact e a oikos International são redes mundiais de estudantes visando trazer a sustentabilidade para a educação administrativa. A AIESEC também tem alguns grupos de interesse sobre sustentabilidade. Seus alunos são uma fonte natural de intraempreendedores sociais já que seus membros estão convencidos de que os negócios podem ser usados como uma força positiva para o bem. Em suas universidades, eles já aprenderam habilidades de fazer mudanças ao tentar convencer a administração da universidade a integrar sustentabilidade em suas ofertas de cursos. Alguns alunos da Net Impact que se qualificam como intraempreendedores sociais estão caracterizados em uma publicação Net Impact (2009) chamada *Making Your Impact at Work*.

A Net Impact tem várias filiais 'profissionais' de alunos trabalhando agora. É possível que alguns desses indivíduos sejam intraempreendedores sociais aspirantes ou emergentes. Além de encorajá-los, a Net Impact poderia perfilar tais membros para inspirar outros.

Ao fazer do intraempreendedorismo social um tema regular em suas conferências, publicações e atividades, as organizações estudantis como a oikos International e a Net Impact poderiam aumentar a conscientização da ideia do intraempreendedorismo social, construir redes e potencialmente criar garantia de aprendizagem que filiais locais poderiam usar. Os membros também poderiam sugerir o intraempreendedorismo social como um tópico para aulas a seus professores.

As escolas de negócios do mundo poderiam incluir cursos sobre intraempreendedorismo social em seus programas de MBA e Mestres especialistas, assim como nos programas de liderança executiva.

Apoiando intraempreendedores sociais individuais

Ser um intraempreendedor social, especialmente nos primeiros estágios, pode ser muito solitário. Capturar e disseminar mais dicas e conselhos práticos como o *Cubicle Warrior Toolkit* da Liga dos Intraempreendedores e criar mais aprendizado cooperativo e redes de suporte como o Lab da Liga dos Intraempreendedores e o First Movers, em diferentes partes do mundo — novamente, talvez vinculados ao FEM ou a alguma das coalizões de responsabilidade corporativa ou Impact Hubs ou escolas de negócios — e compartilhar currículos e estudos de caso on-

---

1 http://blog.iese.edu/dgdw/.

-line, também poderia acelerar a adoção do intraempreendedorismo social. Os Impact Hubs em particular também poderiam facilitar a combinação entre intraempreendedores sociais e empreendedores sociais: veja abaixo.

Parceiros externos para intraempreendedores sociais

Ao descrever vários intraempreendedores sociais e seus projetos, nós identificamos vários parceiros externos que foram cruciais para os bem-sucedidos. Para esses parceiros externos, os intraempreendedores sociais podem ser uma rota para aumentar seu próprio impacto substancialmente e estender seu alcance.

ONGs

Como Gib Bulloch da Accenture Development Partnerships escreveu:

> A maioria das caridades ou ONGs grandes terão dezenas, se não centenas de milhares de apoiadores, cada um dando $10, $20, $50 ou mais por mês como parte de seu compromisso a uma causa pela qual sentem paixão. Alguns trabalharão no setor público e outros no setor não lucrativo. Mas muitos trabalharão no setor corporativo. E desses, alguns talvez até sejam intraempreendedores sociais latentes — pessoas que estão bem conectadas internamente. Quem sabe as regras da corporação e quando contorná-las ou até quebrá-las? Eles sabem que influência nem sempre significa que você memorizou a hierarquia de uma tabela organizacional. Eles sabem como contornar as coisas para que elas aconteçam e estão dispostos a correr riscos na carreira por uma causa que gostam muito. O CEO de ONG inteligente considerará menos buscar dólares filantrópicos — mais sobre como minar sua base de dados de doadores para os intraempreendedores sociais latentes —, rebanhos de 'Cavalos de Troia' latentes residindo profundamente disfarçados no mundo corporativo, esperando uma causa e uma chamada para a ação (BULLOCH, 2013).

Imagine um grupo de empresas sociais inovadoras e de caridade seja individualmente ou como um consórcio oferecendo algumas posições de desenvolvimento de gestão experiencial feitas sob medida com eles para ambiciosos selecionados de seus parceiros corporativos e outras multinacionais. Ou essas mesmas empresas sociais e caridades com ideias empreendedoras relacionadas à sua missão principal, usando a mídia social para ajudá-los a falar diretamente com os apoiadores trabalhando em multinacionais relevantes e encorajando-os ou a levar suas próprias ideias ou encontrar colegas que talvez apreciem tal desafio intraempreendedor.

Imagine também um 'serviço de encontros' para intraempreendedores sociais e parceiros externos (ONGs, agências de desenvolvimento internacional etc.) trabalhando nas áreas de interesse do intraempreendedor social: um modelo sugerido por Meg Jones que trabalha para o International Trade Center, uma agência conjunta da ONU e da Organização Mundial do Comércio, ordenado para ajudar PMEs em países em desenvolvimento a alcançar sucesso de exportação.

As ONGs podem considerar identificar e direcionar seus membros/apoiadores trabalhando para companhias multinacionais e encorajá-los a explorar ideias intraempreendedoras sociais relevantes para o trabalho da ONG.

ONGs também podem trabalhar com parceiros corporativos existentes para conduzir programas de aprendizado experiencial como o IBM Corporate Service Corps ou o GSK Pulse (Cap. 4) que podem estimular intraempreendedores sociais dentro dos parceiros corporativos? Certamente, as ONGs podem já trabalhar com indivíduos-chave em seus parceiros corporativos que podem ter, ou podem ser encorajados a desenvolver, ideias intraempreendedoras sociais, com a ajuda de uma ONG.

Agências de desenvolvimento internacional

Agências de desenvolvimento internacional reconheceram há muito tempo que é melhor ensinar uma comunidade a pescar do que dar o peixe a ela e que, portanto, o desenvolvimento empresarial e econômico mais amplo é fundamental para o desenvolvimento sustentável. Fornecer financiamento no estágio inicial para apoiar a prova de conceito, como o DFID Challenge Fund fez com o M-PESA no Quênia poderia ser uma maneira eficaz de acelerar o desenvolvimento econômico.

As agências já têm um mecanismo de financiamento que poderiam ser potencialmente usadas para apoiar intraempreendedores sociais? Há algum mecanismo promocional eficaz existente para trazer tal financiamento à atenção de potenciais candidatos?

Nós reconhecemos isso como um campo de desenvolvimento rápido e que seria beneficiado com mais pesquisa. Como pesquisadores pode parecer uma súplica especial recomendar mais pesquisas. No entanto, nós acreditamos que os esforços propostos para aumentar a conscientização, promover, criar capacidades e compartilhar a boa prática emergente, será altamente aumentada se acompanhada por pesquisa-ação. Existem vários pesquisadores internacionalmente que talvez sejam convidados a ajudar a refinar e desenvolver as proposições iniciais na Caixa 8.1. Nós esperamos que tal agenda de pesquisa seja patrocinada por uma ou mais fundações ou companhias de consórcio, talvez organizadas em uma coalizão como a ABIS para gerir um programa de pesquisa coerente.

Box 8.1 Pesquisa futura

Baseados em nosso trabalho, identificaríamos vários tópicos para mais investigação. Especificamente, a pesquisa futura pode explorar mais rigorosamente:

Intraempreendedores sociais

- Mais sobre o passado, mentalidade, comportamento e habilidade de um intraempreendedor social individual, sua jornada e as coisas que o ajudaram a ser bem-sucedido
- As correntes específicas de causalidade entre os elementos da história de vida do intraempreendedor social (primeiras influências, valores, características de personalidade, escolhas de carreira)
- Estudos longitudinais sobre o que acontece a intraempreendedores sociais e suas ideias; e as diferenças entre intraempreendedores sociais e as circunstâncias de sua empresa, entre aqueles cujas ideias foram bem-sucedidas e aqueles que não; e se existem determinantes comuns para o sucesso ou fracasso
- Como os intraempreendedores sociais superam a dicotomia de seus benefícios empresariais ou filantrópicos?
- Como os intraempreendedores sociais reconhecem e exploram oportunidades? Especialmente em face da adversidade?
- Como os intraempreendedores sociais conseguem atenção e decretam seus projetos? Como eles orquestram recursos (de si mesmo, da organização e do ambiente externo)?
- Qual é o tempo certo para introduzir uma ideia intraempreendedora social para a organização? Quais são os prazos e as trajetórias do intraempreendedorismo social?
- Como os intraempreendedores sociais bem-sucedidos fazem *network*?
- Quais são as diferentes narrativas usadas por intraempreendedores sociais (de *insight* à escala)?
- Como um projeto intraempreendedor se torna coletivo?
- Os projetos intraempreendedores transformam companhias inteiras para se tornarem mais sustentáveis ou sempre serão ofertas de nicho?
- Como os indivíduos se sustentam por meio da jornada intraempreendedora? Qual é o papel das emoções e da autorregulação?
- Como os intraempreendedores sociais triunfam em setores específicos?

Por que não encontramos ainda muitos intraempreendedores sociais trabalhando na Ásia? Isso pode ser porque nossas redes não alcancem muito bem a Ásia ou pode ser porque as culturas corporativas asiáticas não encorajem o *brainstorming* ou o intraempreendedorismo, e são muito mais respeitosas com a autoridade e a hierarquia — a antítese do intraempreendedorismo. Existe, claro, uma tese contrária de que o intraempreendedorismo social se encaixa bem com as tradições filosóficas mais comuns da Ásia.

Não encontramos ainda quaisquer intraempreendedores sociais seriais (e não selecionamos se eles são mais propensos a serem intraempreendedores sociais seriais dentro da mesma firma ou mudando de uma firma para outra). Nós também não sabemos se um intraempreendedor social serial, se ele existir, faz coisas na mesma área de tópico, por exemplo, trabalho infantil ou mudança climática, ou se busca temas diferentes.

Com que facilidade os intraempreendedores sociais tornam-se 'parentes próximos' ou vice-versa? Em que medida isso depende dos atributos do 'ambiente favorável' corporativo/externo *versus* os atributos do indivíduo (habilidades, experiência, motivação)? Em que medida as pessoas têm preferências em empreender trabalho sustentável? Isso reflete os traços de personalidade que poderiam ser modelados e avaliados por meio de ferramentas similares aos testes de avaliação de personalidade de Belbin ou Myers Briggs?

O que os intraempreendedores sociais precisam — mentalidade, habilidades, recursos (incluindo aliados e mentores) — e como isso pode ser adquirido? Alguma rota está se provando particularmente efetiva para desenvolver isso?

Ambiente favorável

- O que cria um ambiente favorável para o intraempreendedorismo social e engajamento de funcionários para a sustentabilidade de modo mais geral? Como se pareceria um ambiente favorável corporativo ideal? Quais são os tipos de coisas práticas que as empresas fazem, e estão fazendo, para estimular tal ambiente favorável?

- Inato ou adquirido: em que medida os intraempreendedores sociais podem ser desenvolvidos por meio de intervenção externa?

- Se você quer promover o conceito de intraempreendedorismo social para potenciais intraempreendedores sociais, quais são as melhores maneiras? Talvez uma aliança de apoio seja necessária entre os praticantes de RC, praticantes de RH e gerentes seniores? Os esquemas de premiação internos/externos ajudam a incentivar seus projetos?

- Quais são as variedades de papéis e características dos indivíduos que agem como 'padrinhos' (patrocinadores/mentores) para intraempreendedores sociais?

- O que as empresas podem fazer para permitir que pessoas em uma variedade mais ampla de funções de trabalho (por exemplo contabilidade, legal, gestão de instalações) envolvam-se em comportamento intraempreendedor social?

- As empresas que alcançaram estágios mais altos de maturidade de RC fornecem um ambiente mais solidário para intraempreendedores sociais do que outros? Poderia ser argumentado que uma parte integral de embutir RC na proposta de negócios e na estratégia é uma forma intensiva de engajamento de funcionários e que encorajar o intraempreendedorismo social é uma maneira sofisticada para as empresas fazerem isso

- Como as empresas garantem que as mudanças intraempreendedoras sociais durem em vez de enfraquecerem com a partida de seus protagonistas e seus apoiadores?

Impactos

- Que tipo(s) de valor econômico e social podem ser criados por meio dos processos intraempreendedores?
- Quais são os impactos em longo prazo para empresas e para a sociedade da atividade intraempreendedora social? E existem fatores críticos de sucesso para quais projetos são escalados com sucesso e quais não são?
- Os projetos de intraempreendedores sociais ficam isolados nas unidades de negócios ou eles mudam a maneira pela qual o negócio é feito como um todo (efeitos colaterais)?

Resumindo, o intraempreendedorismo social, e o engajamento de funcionários pela sustentabilidade de modo geral, é um solo fértil para pesquisadores teóricos e aplicados; e especialmente para equipes multidisciplinares que possam reunir conhecimento de sustentabilidade corporativa, inovação, motivação de funcionários e engajamento, empreendedorismo social e liderança.

Expandindo a arquitetura internacional para intraempreendedorismo social

Como pode essa arquitetura de apoio se desenvolver? Imagine um mundo em que:

- Coalizões de responsabilidade corporativa executem aumento da conscientização e compartilhamento de boas práticas para companhias membros; e potencialmente incluam a categoria de intraempreendedorismo social em quaisquer programas de premiação de RC que possam executar
- Escolas de negócios ensinam intraempreendedorismo social como parte de qualquer curso de criação de mudanças que possam executar para alunos de MBA; e oferecem cursos de aperfeiçoamento e programas de educação executiva para criar um ambiente favorável para o intraempreendedorismo social
- Impact hubs de empreendedorismo social e centros equivalentes ao redor do mundo oferecem programas de desenvolvimento e suporte de pares para aspirantes e novos intraempreendedores sociais
- A Liga dos Intraempreendedores ou agrupamentos similares desenvolvem-se como centros de excelência de software livre on-line, oferecendo estudos de caso, conselhos de como fazer, sinalização para ajuda adicional, combinação de 'companheiros' de intraempreendedorismo social em potencial e acesso a programas de treinamento online e face a face

- Agências de desenvolvimento internacional estão dispostas a considerar o cofinanciamento de propostas intraempreendedoras sociais viáveis e injetar dinheiro em iniciativas de construção de capacidades

Cada uma dessas coisas poderia acontecer organicamente. Existem, no entanto, oportunidades para fornecer alguns toques leves de coordenação e direção estratégica de esforços para ir mais longe mais rapidamente. Uma fundação internacional existente poderia estender sua remissão para promover o intraempreendedorismo social? Alternativamente, existe uma oportunidade já pronta para um indivíduo com conexões valiosas buscando alcançar impacto social positivo em escala para criar um empreendimento para promover intraempreendedorismo social como, por exemplo, as Fundações Skoll e Schwab promoveram empreendedorismo social?

Em seu *best-seller*, *O Ponto da Virada*, Malcolm Gladwell, (2000) argumenta que ideias se espalham graças à existência de vendedores, conectores (corretores) e especialistas (indivíduos capazes de ver significados e padrões e o panorama de informações aparentemente aleatórias). Nós precisamos de recursos para reunir vendedores, conectores e especialistas para o intraempreendedorismo social!

Conclusão
Rumo a uma nova forma de fazer negócios

Finalmente, nós prevemos que o intraempreendedorismo social se tornará não apenas uma nova abordagem para a responsabilidade corporativa e prática de sustentabilidade, mas uma porta de entrada para uma forma totalmente diferente de fazer negócios. Uma perspectiva importante dessa paisagem estratégica em mutação foi oferecida por uma de nossas colegas especialistas, Penny Walker, em uma entrevista:

> A pergunta não é 'Qual é a sua estratégia de RC?' ou 'Qual é a sua estratégia de sustentabilidade?' mas 'O que significa entender sustentabilidade para nossa estratégia organizacional?' Intraempreendedores sociais podem ajudar a responder essa pergunta por meio de seus experimentos em soluções de tripé de sustentabilidade.

Com pessoas como intraempreendedores sociais, seus 'padrinhos' e outros parceiros liderando o caminho, um número crescente de companhias como a Unilever e outras 'agentes de mudança verdes' perfilados pela WWF (2012) em um relatório recente estão transcendendo produtos simples e processando inovações para transformar completamente seus modelos de negócios.

Nós acreditamos que os intraempreendedores sociais representem a onda líder de um movimento de transformação empresarial que poderia 'viralizar' se as companhias estiverem preparadas para investir tempo e recursos em seus próprios 'ambientes favoráveis' para o intraempreendedorismo social, reunirem seus esforços em coalizões de responsabilidade corporativa (veja GRAYSON e NELSON, 2012, 2013) e trabalhar com governos e ONGs para alcançar valor compartilhado para o benefício de seus negócios assim como para a sociedade em geral na qual operam.

O PIANISTA BRITÂNICO STAN TRACEY (1926–2013) É AMPLAMENTE CONSIDERADO UM DOS GRANDES MÚSICOS DE JAZZ DO MUNDO. DE ACORDO COM O FINANCIAL TIMES O CRÍTICO DE JAZZ MIKE HOBART (7 DE DEZEMBRO DE 2013), TRACEY 'FOI UM PIONEIRO DA COMPOSIÇÃO DE JAZZ ESTENDIDA E SEU ÁLBUM JAZZ SUITE DE 1965 FOI INSPIRADO POR UNDER MILK WOOD DE DYLAN THOMAS (EXIBIDO AQUI SENDO REPETIDO COM BOBBY WELLINS (TENOR) ANDY CLEYNDERT (CONTRABAIXO), SEU FILHO CLARCK TRACEY (BATERIA) E NETO BEN TRACEY (NARRADOR) NO HERTS JAZZ FESTIVAL 2012) 'ESTABELECEU O JAZZ BRITÂNICO MODERNO NÃO DILUÍDO COMO UMA FORMA DE ARTE VALORIZADA. A INTEGRIDADE E MENTE ABERTA DE SEUS 70 ANOS DE CARREIRA O FIZERAM GANHAR O RESPEITO DE GERAÇÕES SUCESSIVAS DE MÚSICOS, ASSIM COMO ACLAMAÇÃO DA CRÍTICA E HONRAS NACIONAIS; ELE FOI PREMIADO COM O CBE EM 2008'.

AQUELES QUE ASPIRAM AO INTRAEMPREENDEDORISMO SOCIAL COMO UMA VOCAÇÃO DE LONGO PRAZO PODEM OBTER INSPIRAÇÃO DO EXEMPLO DE TRACEY, UMA VIDA NO JAZZ 'TÃO INVENTIVAMENTE CRIATIVA QUANTO FOI LONGA'.

Intraempreendedores sociais geram inovação social e mudanças aproveitando as capacidades de sua organização para lidar com questões sociais de maneira lucrativa. Eles são caracterizados por uma mentalidade de luta por criação de valor social de uma maneira que seja atraente para os negócios. Eles buscam criação de valor social de maneira persistente, de aprendizagem e de alcance e aplicam as habilidades de empreendedorismo e comunicação. Intraempreendedores sociais colaboram com ONGs para gerar impacto social e obter conhecimento e habilidades que faltam em escolas de negócios.

As corporações interessadas em intraempreendedorismo social devem estar pensando em fornecer um ambiente de apoio no qual os intraempreendedores sociais possam desenvolver e testar suas ideias. Crucial para seu sucesso é o patrocínio da gerência sênior, uma compreensão de como os negócios e a sociedade podem ser reunidos e a criação de um espaço para experimentação. As ONGs são convidadas a explorar sua lista de membros por potenciais intraempreendedores sociais para alavancar as atividades corporativas em benefício da sociedade. Da mesma forma, as escolas de negócios têm um papel a desempenhar em inspirar e treinar intraempreendedores sociais, especialmente desenvolvendo o empreendedorismo, assim como habilidades de comunicação que eles precisam para ter sucesso.

Em geral, o fenômeno dos intraempreendedores sociais pode ser um sinal visível de pessoas buscando maneiras de reconciliar suas vidas sociais e profissionais.

Nós sugerimos no começo deste livro que o intraempreendedorismo social poderia ser uma porta de entrada de uma maneira totalmente nova de fazer negócios. Por meio das histórias que compartilhamos, nós também tentamos dar algumas dicas do que essa nova maneira pode envolver.

Concluindo, nós gostaríamos de reunir o que podem ser algumas das diferentes vertentes dessa nova maneira de fazer negócios:

- Envolver definições mais variadas e individualistas de proposta de negócios do que definindo automaticamente o propósito como otimizar retornos a investidores
- Ter uma cultura de sustentabilidade que realmente envolva funcionários e outros investidores; que seja mais empoderante e empreendedora; e que encorpore 'pensamento de relacionamento' e prática para que os funcionários possam 'levar-se de forma completa para o trabalho'
- Incluir *networking* e engajamento eficaz com alunos da companhia, incluindo aposentados, para continuar a aproveitar sua sabedoria e compromisso, por exemplo, como mentores a aspirantes a intraempreendedores sociais
- Fazer mais atividades de negócios por meio de colaborações e também com uma mistura mais rica de negócios e outros colaboradores (setor público, ONGs, parceiros acadêmicos etc.)
- Personificar a máxima de Peter Drucker de que 'cada questão social e problema global é uma oportunidade de negócios disfarçada' e criar negócios lucrativos de melhor gestão de impactos sociais, ambientais e econômicos
- Medir o valor de maneiras novas, mais holísticas e de longo prazo, contabilizando os impactos e custos sociais e ambientais, assim como os econômicos
- Promover uma 'economia compartilhada' assim como 'economia de posse' por meio da transformação de produtos da empresa em serviços

Junte-se a nossa 'big band' e compartilhe sua música

Tem sido um privilégio e profundamente energizante conhecer e entrevistar intraempreendedores sociais, padrinhos e colaboradores de intraempreendedorismo social. Estamos todos nos estágios iniciais de aprendizagem sobre intraempreendedorismo social: o que o encoraja? O que o faz clicar? Que impactos tem tido?

Nós queremos continuar nossa própria jornada de aprendizado em maior entendimento e desenvolvimento do movimento emergente de intraempreendedorismo social, e você pode ser parte da nossa crescente 'big band' para fazer isso!

Se você é um intraempreendedor social, um aspirante a intraempreendedor social ou um padrinho, se você faz parte de um projeto de intraempreendedorismo social ou está tentando criar um ambiente favorável para intraempreendedorismo social em sua empresa, nós gostaríamos de ouvir sua história e suas experiências — contratempos, assim como sucessos — e, por sua vez, se você gostaria de se juntar a nossa *mailing list*, nós compartilharemos nossas atualizações periódicas.

O DoughtyCentre e a Fundação Dom Cabral estão buscando parceiros para nos ajudar a desenvolver a compreensão do que funciona para mais companhias, liderando a produção de *master classes* e guias passo a passo tanto para empresas quanto para os próprios intraempreendedores sociais. Nós também queremos ajudar a desenvolver um currículo e materiais de recursos para ensinar o intraempreendedorismo em escolas de negócios.

Além da publicação deste livro, nossa aspiração como equipe é trabalhar com outros para ajudar a construir uma big band bem grande — uma 'comunidade de prática' global acerca do intraempreendedorismo social, permitindo praticantes corporativos, acadêmicos, ONGs e outras partes interessadas a continuar a desenvolver, compartilhar e aplicar nosso aprendizado coletivo para melhorar a qualidade e a escala de intraempreendedorismo social. Esperamos fazer isso de várias maneiras:

- Usando nossa pesquisa para desenvolver ferramentas práticas para futuros intraempreendedores sociais e gerentes, desejando cultivar o intraempreendedorismo em suas próprias organizações
- Publicando estudos de caso de indivíduos e companhias que têm desenvolvido projetos de intraempreendedorismo social, destacando sucessos, fracassos e lições aprendidas
- Apoiando eventos de conscientização — tais como o Skoll World Forum sobre Empreendedorismo (http://skollworldforum.org/) e a Liga dos Intraempreendedores
- Construindo redes on-line, tais como a Intraempreendedores Sociais[1] para falantes de português e a Social Intrapreneurs Groups[2] no Facebook e a Social Intrapreneurs LinkedIn Group[3], que permitem o compartilhamento de informações entre os praticantes
- Ensinando aos estudantes em suas próprias instituições: Cranfield School of Management e Fundação Dom Cabral (Brasil) e ainda mais longe
- Estamos ansiosos para conectar e 'fazer uma jam' com você no palco mundial do intraempreendedorismo social. Por favor, venha e compartilhe sua música!

---

1 https://www.facebook.com/groups/183408645051917/.
2 https://www.facebook.com/groups/599493373445519/.
3 lnkd.in/dnRMFev.

Apêndice: Nossa pesquisa

Nós fomos originalmente inspirados a investigar o intraempreendedorismo social depois de ler *The Social Intrapreneur: A Field Guide for Changemakers* (2008) da SustainAbility e *Making Your Impact at Work: A Practical Guide to Changing the World from Inside any Company* (2009) da Net Impact.

Nós começamos em 2009 emitindo uma chamada para pessoas que se consideravam intraempreendedoras sociais ou que conheciam alguém que poderia ser considerado um intraempreendedor social para entrarem em contato conosco. Nós emitimos a chamada na revista *Ethical Corporation*, contatos pessoais e postagens em sites e redes sociais, focando na inovação social e mudança. Inicialmente nós entrevistamos 25 supostos intraempreendedores sociais trabalhando em uma ampla gama de setores para lidar com uma variedade diversa de questões de setores como:

Energia
Telecomunicações
Mídia
Serviços financeiros
Consultoria de engenharia
Consultorias gerenciais
Propaganda e agências de RP
Logística
Álcool
Varejo
Construção

Desenvolvendo ideias de negócios para lidar com, por exemplo:
Serviços bancários
Microempresas
Desenvolvimento agrícola
Mudança climática
Lixo

Água
Desenvolvimento sustentável
Trabalho infantil

Em junho de 2010, David teve a oportunidade de apresentar algumas descobertas iniciais em uma conferência de Pesquisa Internacional organizada pelo Centro de Impacto Social na Austrália, com vários estudiosos internos em responsabilidade corporativa incluindo os professores David Vogel e Sandra Waddock dos Estados Unidos (CSI, 2010). Nós também entrevistamos outros pesquisadores, consultores e praticantes estudando e apoiando o trabalho de intraempreendedores sociais. Os resultados foram publicados em um Doughty Centre for Corporate Responsibility Occasional Paper, *Social Intrapreneurs: An Extra Force for Sustainability* (GRAYSON et al., 2011).

O que ficou evidente em nossas entrevistas com intraempreendedores sociais foi que os ambientes em que eles trabalhavam exerciam um efeito profundo em suas capacidades de iniciar, desenvolver e sustentar projetos que produziam benefícios comerciais e sociais. Algumas características desses ambientes mencionados por nossos entrevistados — incluindo cultura, gestão de recursos humanos e comportamento de liderança, vinculam com organizações externas e foco estratégico sobre sustentabilidade — pareceram ser 'favoráveis' ao intraempreendedorismo social de algumas maneiras. Outros fatores eram 'incapacitadores' e poderiam interromper o processo de inovação social de diferentes maneiras, por exemplo, suprimindo ou antecipando o diálogo sobre sustentabilidade, falhando em fornecer suporte sênior ou tempo suficiente e recursos para desenvolver ideias de projeto, ou falhando em reconhecer o valor dos impactos sociais criados pelos negócios.

Na segunda fase de nossa pesquisa, além de continuar a entrevistar mais intraempreendedores sociais, nós, portanto, buscamos identificar características-chave do 'ambiente favorável' para o intraempreendedorismo social, incluindo a presença de outros colegas que desempenharam papéis influentes ao trabalhar com intraempreendedores sociais para que os projetos dessem bons frutos. Nós entramos em contato com entrevistados de nosso grupo original de intraempreendedores sociais para investigar seus comentários originais em maior profundidade, assim como entrevistar colegas em suas organizações — muitas vezes 'padrinhos' que apoiaram o desenvolvimento do intraempreendedorismo social em suas organizações e poderiam fornecer *insights* adicionais ao processo.

Nossa equipe de pesquisa também conduziu uma revisão bibliográfica para identificar componentes essenciais do ambiente organizacional que permitem ou incapacitam o processo de intraempreendedorismo dentro das firmas, assim como analisar os dados obtidos de nossas entrevistas com intraempreendedores sociais. Com nossos facilitadores e incapacitadores-chave provisoriamente identificados, nós então desenvolvemos um protocolo de entrevistas que poderíamos usar para investigar esses elementos mais a fundo. Um conjunto maior de entrevistas foi conduzido com colegas de nossos intraempreendedores sociais originais

— particularmente indivíduos que pensamos que estariam em uma posição de comentar sobre esses facilitadores e incapacitadores (por exemplo, diretores de RH, chefes de inovação, outros gerentes seniores que nossos intraempreendedores sociais identificaram como 'padrinhos' que facilitaram o desenvolvimento de seus projetos) — assim como outros especialistas (em ONGs, na academia, em empresas) trabalhando no campo do intraempreendedorismo social. Isso envolveu entrevistas profundas com pessoas de mais de 30 companhias nacionais e principalmente multinacionais nos seguintes setores:

Consultoria administrativa
Seguros
Equipamento e hardware de tecnologia da informação
Consultoria de engenharia
Aluguel de automóveis e leasing
Produtos químicos
Bancário
Alimentos
Varejo
Energia
Mídia de notícias
Empresas aéreas
Materiais de construção
Investimento bancário
Cuidados pessoais
Farmacêuticos
Saúde e bem-estar, áudio e multimídia
Cervejarias
Maquinários diversificados
Eletrônicos
Varejo especializado
Serviços de consultoria — tecnologia da informação
Telecomunicações
Bens de consumo rápido
Limpeza e gestão de instalações

Além disso, especialistas em intraempreendedorismo social na Holanda, no Reino Unido e nos EUA foram consultados, e membros de equipes beneficiados por falar ou moderar conferências sobre intraempreendedorismo social no Asian Institute of Management's Annual CSR Forum em Manila; para o British Council Japan e Volans com grupos de visitas de negócios japoneses e representantes de mídia; para o Skoll Centre for Social Enterprise, Escola de Negócios Said; e para eventos no The Hub em Amsterdã, Londres e São Paulo. Isso levou ao segundo Doughty Centre Occasional Paper: *Creating Sustainable Business Through Social Intrapreneurism* (GRAYSON *et al.*, 2013), lançado na cerimônia de premiação para a Liga dos Intraempreendedores.

Ao longo dos cinco anos que estivemos investigando o intraempreendedorismo social, uma de nossa equipe, Melody, usou repetidamente analogias e metáforas de seu interesse em jazz para passar os pontos por nossa equipe de discussão. Na cerimônia de premiação da Liga dos Intraempreendedores, Melody espontaneamente juntou-se a outro músico de jazz amador entusiasta: Lionel Bodin, da Accenture Development Parntnerships. Isso levou a mais discussões sobre os *insights* de jazz para nosso entendimento de intraempreendedorismo social tanto com Lionel quanto com especialistas em jazz. Por todo o nosso trabalho, nós nos beneficiamos de *insights* e experiências de vários indivíduos e organizações que têm estudado e promovido o intraempreendedorismo social, vários dos quais generosamente comentaram em rascunhos anteriores deste livro e são identificados nos agradecimentos. Finalmente, temos compartilhado regularmente nossas ideias emergentes por meio de blogs, artigos e apresentações, e nos beneficiamos com o *feedback* deles. Ainda, *Intraempreendedorismo Social, Jazz e Outras Coisas* pode ser apenas uma captura rápida de um movimento evoluindo rapidamente, e com a identificação das áreas mais óbvias dignas de mais pesquisa (Capítulo 8), nós esperamos poder estimular mais investigação e conhecimento mais profundo.

Referências

Allianz (2013) *Microinsurance at Allianz Group 2013 Half Year Report*, Allianz SE, https://www.allianz.com/v_1381221496000/media/responsibility/documents/microinsurance_business_update_2013.pdf, acessoo em 6 de dezembro de 2013.

Amo, B.W., e L. Kolvereid (2005) 'Organisational Strategy, Individual Personality and Innovation Behavior', *Journal of Entreprising Culture* 13.1: 7–19.

Anderson, N., C.K.W. de Drew and B.A. Nijstad (2004) 'The Routinisation of Innovation Research: A Constructively Critical Review of the State-of-the-science', *Journal of Organisational Behavior* 25.2: 147–73.

Andersson, L.M., e T.S. Bateman (2000) 'Individual Environmental Initiative: Championing Natural Environmental Issues in U.S. Business Organizations', Academy of Management Journal 43.4: 548–70.

Antoncic, B. (2007) 'Intrapreneurship: A Comparative Structural Equation Modeling Study', *Industrial Management & Data* 107.3: 309–25.

Antoncic, B., e R. Hisrich (2003) 'Clarifying the Intrapreneurship Concept', *Journal of Small Business and Enterprise Development* 10.1: 7–24.

Apte, M. (2013) 'EMPOWERing Innovation Culture at Shell Using Meditation', M-Prize, 3 de janeiro de 2013, http://www.mixprize.org/story/empowering-innovation-culture, acessoo em 6 de dezembro de 2013.

Aron, J-E., O. Kayser, L. Liautaud e A. Nowlan (2009) *Access to Energy for the Base of the Pyramid*, (Paris: Hystra; Washington, DC: Ashoka).

Aspen Institute (2012) 'The Aspen Institute First Mover Fellowship Program: Assessing the Impact December, 2012', sumário público de avaliação independente por Dr. Shari Cohen, Presidente de Recursos de Interseção, http://www.aspeninstitute.org/sites/default/files/content/upload/public_aspen_evaluation-final.pdf, acesso em 6 de dezembro de 2013.

Bachmann, M. (2014) 'How the Hub Found Its Center', *Stanford Social Innovation Review*, Inverno de 2014, http://www.ssireview.org/articles/entry/how_the_hub_found_its_center, acessoo em 7 de janeiro de 2014.

Balch, O. (2013) 'The Car Hire Company that Wants Cars off the Road', Guardian Sustainable Business, 14 de maio de 2013, http://www.theguardian.com/sustainable-business/car-hire-company-cars-off-road, acessoo em 30 de outubro de 2013.

Baptista, P., e S. Heitmann (2010) *Unleashing the Power of Convergence to Advance Mobile Money Ecosystems* (Washington, DC: IFC; Boston, MA: Harvard Kennedy School).

Berg, J.M., J.E. Dutton e A. Wrzesniewski (2008) 'What is Job Crafting and Why Does It Matter? Theory-to-Practice Briefing', University of Michigan Ross School of Business.

Bevan, S. (2012) *Good Work, High Performance and Productivity* (London: The Work Foundation).

Black, L. (2009) 'Pots of Gold', *The Guardian*, 18 de fevereiro de 2009, http://www.guardian.co.uk/society/2009/feb/18/liam-black-bangladesh, acesso em 6 de dezembro de 2013.

Bode, C.S., e F.M. Santos (2013) 'The Organisational Foundations of Corporate Social Entrepreneurship', *INSEAD Working Paper* 2013/07/EFE/ST/ICE, janeiro de 2013, http://www.insead.edu/facultyresearch/research/doc.cfm?did=51663.

Brunaker, S., e J. Kurvinen (2006) 'Intrapreneurship, Local Initiatives in Organisational Change Processes', *Leadership and Organisational Development Journal* 27.2: 118–32.

Bulloch, G. (2012) 'Inside-Out Transformation: A Hybrid Business Model for a Converging World' (um dos dez trabalhos vencedores do Long-Term Capitalism Challenge da Harvard Business Review/ McKinsey M Prize for Management Innovation), http://www.managementexchange.com/story/isnide-out-transformation, acesso em 6 de dezembro de 2013.

Bulloch, G. (2013) 'Harnessing the Herd: Could Social Intrapreneurs Represent a "Trojan Horse" Strategy for Charities', Business Fights Poverty blog, 24 de março de 2013, http://community.businessfightspoverty.org/profiles/blogs/gib-bulloch--harnessing-the-herd, acesso em 13 de dezembro de 2013.

Business Green (2012) 'Unilever Boss: Climate Change Cost Company 200m Last Year', Business Green, 24 de abril de 2012, http://www.businessgreen.com/bg/news/2169950/unilever-boss-climate-change-cost-company-eur200m, acesso em 6 de dezembro de 2013.

Business in the Community (2010) *Learning to Connect: Building the Café Culture Movement*, (London: Business in the Community).

Caan, J. (2013) 'Unleashing Passion: The Intrapreneur', Linkedin, 25 de fevereiro de 2013, www.linkedin.com/today/post/article/20130225132843-32175171-unleashing-talent-the-intrapreneur, acesso em 7 de janeiro de 2014.

Capell, K. (2009) 'SABMiller's Plan for Cheaper African Beer', *Business Week*, 8 de abril de 2009. http://www.businessweek.com/globalbiz/content/apr2009/gb2009048_046722.htm, acesso em 6 de dezembro de 2013.

CSI (Center for Social Impact) (2010) Intersecting Transformations: Business and the Third Sector (Anais do congresso; Sydney: CSI, http://csi.edu.au/research/our-project/intersecting-transformations-business-and-third-sector-december-2010/, acesso em 7 de janeiro de 2014.

Cheballah, A. (2013) 'M-Pesa Phenomenon Taken a Step Further', *Business Day*, 29 de abril de 2013, http://www.bdlive.co.za/africa/africanbusiness/2013/04/29/m--pesa-phenomenon-taken-a-step-further, acesso em 6 de dezembro de 2013.

Christensen, K.S. (2005) 'Enabling Intrapreneurship: The Case of a Knowledge-intensive Industrial Company', *European Journal of Innovation Management* 8.3: 305-22.

Clay, J. (2013) 'The Rise of the Extrapreneur: Making Cross-sector Collaboration Happen', *Guardian*, 21 de junho de 2013, http://www.theguardian.com/sustainable-business/rise-of-extrapreneur-cross-sector-collaboration, acesso em 6 de dezembro de 2013.

Climate Policy Initiative (2013) Climate Change Investment Totals USD $359 Billion Worldwide', comunicado de imprensa, Climate Policy Initiative, 22 de outubro de 2013. http://climatepolicyinitiative.org/press-release/climate-change-investment--totals-usd-359-billion-worldwide/, acesso em 6 de dezembro de 2013.

Corroto, M. (2011) 'Duos: When the Sum is Greater than its Parts', all about jazz, 10 de março de 2011, http://www.allaboutjazz.com/php/article.php?id=38941, acesso em 6 de dezembro de 2013.

CSI (Center for Social Impact) (2010) Intersecting Transformations: Business and the Third Sector (Anais do congresso; Sydney: CSI, http://csi.edu.au/research/our-project/intersecting-transformations-business-and-third-sector-december-2010/

Csiksczentmihalyi, M. (1990) *Flow: The Psychology of Optimal Experience* (New York: Harper and Row).

Deal T.E., e A.A. Kennedy (1982) *Corporate Cultures: The Rites and Rituals of Corporate Life* (Harmondsworth, UK: Penguin Books).

De Geus, A. (1997) *The Living Company* (London: Nicholas Brealey).

Dess, G.G., e G.T. Lumpkin (2005) 'The Role of Entrepreneurial Orientation on Stimulating Effective Corporate Entrepreneurship', *Academy of Management Executive* 19.1: 147-56.

DfID (Department for International Development) (2013) 'Making Sure Children in Developing Countries Get a Good Education', Governo do Reino Unido, 11 de outubro de 2013, https://www.gov.uk/government/policies/making-sure-children-in--developing-countries-get-a-good-education, acesso em 5 de novembro de 2013.

Dunphy, D.C., A. Griffiths e S. Benn (2007) *Organisational Change for Corporate Sustainability: A Guide for Leaders and Change Agents of the Future* (London/ New York: Routledge, 2nd edn).

Economist, 'Agents of change,' in *The Economist*, 31 de janeiro de 2008, http://www.economist.com/node/10601356, acesso em 6 de janeiro de 2014.

Elkington J., e C. Love (2012) 'Social Intrapreneurs are Just as Important as Entrepreneurs,' Fast Company CoExist blog, 23 de outubro de 2012, http://www.fastcoexist.com/1680715/social-intrapreneurs-are-just-as-important-as-entrepreneurs, acesso em 13 de dezembro de 2013.

Elkington, J., e P. Hartigan (2008) *The Power of Unreasonable People: How Social Entrepreneurs Create Markets That Change the World* (Cambridge, MA: Harvard Business School Press).

O Estado de São Paulo (2009) 'Natura lucra com a Amazônia', *O Estado de São Paulo*, 3 de dezembro de 2009.

Fordham, J. (2011) 'A Teenage Charlie Parker has a Cymbal Thrown at Him: Number 11 in our series of the 50 key events in the history of jazz music', *The Guardian*, 17 de junho de 2011, http://www.theguardian.com/music/2011/jun/17/charlie-parker-cymbal-thrown, acesso em 6 de dezembro de 2013.

Gallup Inc. (2013) 'State of the American Workplace: Employee Engagement Insights for U.S. Business Leaders', Gallup, http://www.gallup.com/strategicconsulting/163007/state-american-workplace.aspx, acesso em 13 de dezembro de 2013.

Gates, B. (2008) 'World Economic Forum 2008', transcript of remarks by Bill Gates at WEF 2008, 24 de janeiro de 2008, http://www.microsoft.com/Presspass/exec/billg/speeches/2008/01-24WEFDavos.mspx, acesso em 13 de dezembro de 2013.

Gazeta Mercantil (2000) 'Natura, de cara nova, amplia conceito de beleza', *Gazeta Mercantil*, 7 de abril de 2000.

Gladwell, M. (2000) *O Ponto da Virada: Como pequenas coisas podem fazer uma grande diferença* (Rio de Janeiro: Sextante).

Gladwell, M. (2005) *Blink: A Decisão num Piscar de Olhos* (Rio de Janeiro: Rocco).

Gladwell, M. (2008) *Fora de Série: Outliers* (Rio de Janeiro: Sextante).

Gleiser, P.M., e L. Danon (2003) 'Community Structure in Jazz', *Advances in Complex Systems* 6.4: 565–73.

Goleman, D. (1998) *Working with Emotional Intelligence* (New York: Bantam Books).

Grayson, D. (2013) 'Corporate Responsibility with Chinese Characteristics', *Ethical Corporation*, 11 de julho de 2013.

Grayson, D., e A. Hodges (2001) *Everybody's Business: Managing Risks and Opportunities in Today's Global Society* (London: Dorling Kindersley).

Grayson, D., e A. Hodges (2004) *Corporate Social Opportunity: 7 Steps to Make Corporate Social Responsibility Work for your Business* (Sheffield, UK: Greenleaf).

Grayson D., e A. Hodges (2008) 'Corporate Social Opportunity: Taking Ethical Risks to Market', *Ethical Corporation*, 9 de setembro de 2008.

Grayson, D., e J. Nelson (2012) 'Sustainable Capitalism and the potential of corporate responsibility coalitions,' *Ethical Corporation*, 7 de novembro de 2012.

Grayson, D., e J. Nelson (2013) *Corporate Responsibility Coalitions: The Past, Present, and Future of Alliances for Sustainable Capitalism* (Sheffield, UK: Greenleaf).

Grayson, D., M. McLaren e H. Spitzeck (2011) *Social Intrapreneurs: An Extra Force for Sustainability Innovation* (Doughty Centre Occasional Paper; Bedford, UK: Cranfield University, School of Management, Doughty Centre for Corporate Responsibility, http://www.som.cranfield.ac.uk/som/dinamic-content/media/knowledgeinterchange/criticalguides/20110223b/Guide.pdf), acesso em 6 de dezembro de 2013.

Grayson, D., H. Spitzeck, E. Alt e M. McLaren (2013) *Creating Sustainable Businesses Through Social Intrapreneurism* (Doughty Centre Occasional Paper; Bedford, UK: Cranfield University, School of Management, Doughty Centre for Corporate Responsibility http://www.som.cranfield.ac.uk/som/dinamic-content/media/OP_Creating%20Sustainable%20Business%20Through%20Social%20Intrapreneurism_March%202013.pdf), acesso em 6 de dezembro de 2013.

Guilford, J.P. (1959) 'Traits of Creativity', in H.H. Anderson (ed.), *Creativity and its Cultivation* (New York: Harper and Row): 142–61.

Harop, C. (n.d.) 'Marshalls plc–Fairstone® Journey', http://www.marshalls.co.uk/sustainability/publications/pdfs/Marshalls_Fairstone_Rio+20_approved.pdf.

Hayton, J.C., e D.J. Kelly (2006) 'A Competency-Based Framework for Promoting Corporate Entrepreneurship', *Human Resource Management* 45.3: 407–27.

Hill, C.W.L, e G.R. Jones (2001) *Strategic Management: An Integrated Approach* (Boston, MA: Houghton Mifflin).

Hisrich, R.D. (1990) 'Entrepreneurship/Intrapreneurship', *American Psychologist* 45.2: 209–22.

Honig, B. (2001) 'Learning Strategies and Resources for Entrepreneurs and Intrapreneurs', *Entrepreneurship Theory and Practice* 26.1: 21–35.

Hornsby, J.S., D.W. Naffziger, D.F. Kuratko e R.V. Montagno (1993) 'An Interactive Model of the Corporate Entrepreneurship Process', *Entrepreneurship Theory and Practice* 17: 29–37.

Hostager, T.J., T.C. Neil, R.L. Decker e R.D. Lorentz (1998) 'Seeing Environmental Opportunities: Effects of Efficacy, Motivation and Desirability', *Journal of Organizational Change Management* 11.1: 11–25.

Howard, P.N., Duffy, A., Freelon, D., Hussain, M., Mari, W. & Mazaid, M. (2011). Opening Closed Regimes: What Was the Role of Social Media During the Arab Spring? Seattle: PIPTI. Recuperado em 22 de maio de 2012 from http://pitpi.org/index.php/2011/09/11/opening-closed-regimes-what-was-the-role-of-social-media-during-the-arab-spring/

HSRP (Human Security Report Project) (2012), *Human Security Report 2012* (Vancouver: HSRP, http://www.hsrgroup.org/human-security-reports/2012/overview.aspx).

Internet World Stats (n.d.) 'The Digital Divide, ICT and the 50×15 Initiative', http://www.internetworldstats.com/links10.htm, acesso em 6 de dezembro de 2013.

Jennings, R., C. Cox e C.L. Cooper (1994) *Business Elites: The Psychology of Entrepreneurs and Intrapreneurs* (London/New York: Routledge).

Jones, R.A., N.L. Jimmieson e A. Griffiths (2005) 'The Impact of Organisational Culture and Reshaping Capabilities on Change Implementation Success: The Mediating Role of Readiness for Change', *Journal of Management Studies* 42.2: 361–86.

Joseph, M. (2013) 'Story of M-PESA: Michael Joseph Reveals how M-PESA Came to be in Kenya', thinkM-PESA.com, 3 de abril de 2013, animação, http://www.thinkm-pesa.com/2013/04/story-of-m-pesa-michael-joseph-reveals.html.

Kanter, R.M. (1983) *The Change Masters: Innovations for Productivity in the American Corporation* (New York: Simon and Schuster).

Kesting, H., e M. Anthony (2007) *Hedging Climate Change: How Insurers Can Manage the Risk of Increasing Natural Catastrophes* (Allianz Dresdner Economic Research Risk Report; Munich: Allianz SE).

Kiser, C., e D. Leipziger (2014) *Creating Social Value: A Guide for Leaders and Change Makers*, with J.J. Shubert (Sheffield, UK: Greenleaf Publishing).

Kiviat, B. (2010) Danone's Cheap Trick', *Time Magazine*, 23 de agosto de 2010, http://content.time.com/time/magazine/article/0,9171,2010077,00.html (acesso em 23 de outubro de 2013).

Knowledge@Australian School of Business (2011) 'Social Intrapreneurs: How Corporate Provocateurs Can Change the World', Social Impact, Knowledge@Australian School of Business, 27 de abril de 2011, http://knowledge.asb.unsw.edu.au/article.cfm?articleid=1381, acesso em 6 de dezembro de 2013.

Knowledge@Wharton (2012), 'At Shell, a Grassroots Effort Aims to Nourish Innovation Via Meditation', Knowledge@Wharton, 1º de agosto de 2012, http://knowledge.wharton.upenn.edu/article/at-shell-a-grassroots-effort-aims-to-nourish-innovation-via-meditation/, acesso em 6 de dezembro de 2013.

Kuratko, D.F., e M.G. Goldsby (2004) 'Corporate Entrepreneurs or Rogue Middle Managers? A Framework for Ethical Corporate Entrepreneurship', *Journal of Business Ethics* 55.1: 13–30.

Kuratko, D.F., R.D. Ireland, J.G. Covin e J.S. Hornsby (2005) 'A Model of Middle-Level Managers' Entrepreneurial Behavior', *Entrepreneurship Theory & Practice* 29.6: 699–716.

Kuratko, D.F., R.B. Montagno e J.S. Hornsby (1990) 'Developing an Intrapreneurial Assessment Instrument for an Effective Corporate Entrepreneurial Environment', *Strategic Management Journal* 11.5: 28–49.

Lave, J., e E. Wenger (1991) *Situated Learning: Legitimate Peripheral Participation* (Cambridge, UK: Cambridge University Press).

League of Intrapreneurs (n.d.) 'Cubicle Warrior Toolkit: Negotiating the System', http://www.leagueofintrapreneurs.com/toolkits/negotiating-the-system.

Lombriser, R., e I. Ansoff (1995) 'How Successful Intrapreneurs Pilot Firms Through the Turbulent 1990s', *Journal of Strategic Change* 4.2: 95–108.

McGaw, N. (2013) 'Have a Real Impact; Keep Your Day Job,' HBR Blog Network, 8 de fevereiro de 2013, http://socialinnovation.ca/community/buzz/have-real-impact-keep-your-day-job, acesso em 13 de dezembro de 2013.

McKinsey (2013) *Towards the Circular Economy* (McKinsey & Co.).

McLaren, M. & Spender J (2011) *Supporting Corporate Responsibility Performance Through Effective Knowledge Management* (Doughty Centre How-to Guide;

Bedford, UK: Cranfield University, School of Management, Doughty Centre for Corporate Responsibility).

Macrae, N. (1982) 'Intrapreneurial Now', *The Economist*, 17 de abril de 1982.

Mantere, S. (2005) 'Strategic Practices as Enablers and Disablers of Championing Activity', *Strategic Organization* 3.2: 157-84.

Marcus, L. (2012) 'Aesop's Year in the boardroom,' LinkedIn.com, 18 de dezembro de 2012, http://www.linkedin.com/today/post/article/20121218215334-60894986-aesop-s-year-in-the-boardroom, acesso em 6 de dezembro de 2013.

Mednick, S.A. (1962) 'The Associative Basis of the Creative Process', *Psychological Review* 69: 220-32.

Meyerson, D. (2001) *Tempered Radicals: How People Use Difference to Inspire Change at Work* (Boston, MA: Harvard Business School Press).

Meyerson, D. (2004) 'The Tempered Radicals', *Stanford Social Innovation Review*, Fall 2004: 14-23.

Meyerson, D., e M. Scully (1995) 'Tempered Radicalism and the Politics of Ambivalence and Change', *Organization Science* 6.5: 585-600.

Mirvis, P.H., e B. Googins (2006) 'Stages of Corporate Citizenship: A Developmental Framework', *California Management Review* 48.2.

Mitchell, N. (2013) '5 Ways Social Intrapreneurs and Entrepreneurs Can Learn From Each Other', Fast Company CoExist blog, 13 de fevereiro de 2013, http://www.fastcoexist.com/1681387/5-ways-social-intrapreneurs-and-entrepreneurs-can-learn-from-each-other, acesso em 13 de dezembro de 2013.

Morris, M.H., e D.F. Kuratko (2002) *Corporate Entrepreneurship* (Orlando, FL: Harcourt College Publishers).

Morris E., J. Winiecki, S. Chowdhary e K. Cortiglia (2007) *Using Microfinance to Expand Access to Energy Services: Summary of Findings* (Washington, DC: The SEEP Network, http://www.arcfinance.org/pdfs/pubs/Energy_Summary_FINAL.pdf, acesso em 8 de janeiro de 2014).

Mwangi, P.G. (2013) 'Latest M-PESA statistics', think-M-Pesa.com, Blog, 14 de maio de 2013, http://www.thinkm-pesa.com/2013/05/latest-m-pesa-statistics.html#links, acesso em 6 de dezembro de 2013.

Narayanan, V.K., Y. Yang e S.A. Zahra (2009) 'Corporate Venturing and Value Creation: A Review and Proposed Framework', *Research Policy* 38.1: 58-76.

Navajas S. e Tejerina L. (2006) *Microfinance in Latin America and the Caribbean: How Large is the Market?* (Sustainable Development Department Best Practice Series; Washington, DC: Inter-American Development Bank, http://idbdocs.iadb.org/wsdocs/getdocument.aspx?docnum=866107, acesso em 8 de janeiro de 2014).

Net Impact (2009) *Making Your Impact at Work: A Practical Guide to Changing the World from Inside Any Company* (San Francisco: Net Impact).

Odebrecht, N. (1983) *Sobreviver, Crescer e Perpetuar* (Salvador, Brasil).

Parker, S.C. (2011) 'Intrapreneurship or Entrepreneurship?' *Journal of Business Venturing* 26.1: 19-34.

Pinchot, G., e E. Pinchot (1978) 'Intra-corporate Entreprenuership', Tarrytown School for Entrepreneurs, disponível em http://www.intrapreneur.com/MainPages/History/IntraCorp.html, acesso em 13 de dezembro de 2013.

Porritt, J., e C. Tuppen (2003) *Just Values: Beyond the Business Case for Sustainable Development* (BT Occasional Paper; London: BT in association with Forum for the Future).

Porter, M.E., e M.R. Kramer (2006) 'Strategy and Society: The Link between Competitive Advantage and Corporate Social Responsibility', *Harvard Business Review* 84.12: 78–92.

Porter, M.E., e M.R. Kramer (2011) 'Creating Shared Value: How to Reinvent Capitalism and Unleash a Wave of Innovation and Growth', *Harvard Business Review* 89.1-2: 62–77.

Prahalad, C.K. (2004) The Fortune at the Bottom of the Pyramid: Eradicating Poverty Through Profits (Upper Saddle River, NJ: Prentice Hall).

Provost, C. (2013), 'Energy poverty deprives 1 billion of adequate healthcare, says report', *The Guardian*, 7 de março de 2013.

Randerson, J. (2006) 'World's richest 1% own 40% of all wealth, UN report discovers', *The Guardian, 6 de dezembro de 2006* www.theguardian.com/money/2006/dec/06/business.internationalnews

Richards, K. (2010) *Life* (London: Weidenfeld & Nicolson, http://www.keithrichards.com/life/).

Roberts, R., e P. Hirsch (2005) 'Evolution and Revolution in the Twenty-First Century: Rules for Organisations and Managing Human Resources', *Human Resource Management* 44.2: 171–76.

Roddick, A. (2005) *Business As Unusual: My Entrepreneurial Journey, Profits With Principles* (London: Anita Roddick Books).

Rushe, D. (2013) 'World Unemployment Figures Set to Rise in 2013, Claims UN Labour Agency', *The Guardian*, 22 de janeiro de 2013, http://www.theguardian.com/business/2013/jan/22/ilo-unemployment-numbers-rise-2013, acesso em 5 de novembro de 2013.

Russell, T. (2012) 'Engaging Employees in Sustainability 2.0', Sustainable Brands.com, 26 de julho de 2012, http://www.sustainablebrands.com/news_and_views/jul2012/engaging-employees-sustainability-20, acesso em 8 de novembro de 2013.

Ryan, R., e E. Deci (2000) 'Self-determination Theory and the Facilitation of Intrinsic Motivation, Social Development, and Well-being', *American Psychologist* 55: 68–78.

Saddington, H., e P. Toni (2009) *Using ICT to Drive your Sustainability Strategy* (White Paper; Yelstra e WWF Austrália), Sumário executivo em http://www.telstra.com.au/business-enterprise/download/document/business-industries-sustainability-executive-whitepaper.pdf

Safaricom Ltd (2013) 'FY 2013 Presentation', Safaricom, http://www.safaricom.co.ke/images/Downloads/Resources_Downloads/FY_2013_Results_Presentation.pdf, acesso em 6 de dezembro de 2013.

Sathe, V. (2003) *Corporate Entrepreneurship: Top Managers and New Business Creation* (Cambridge, UK: Cambridge University Press).

Sawyer, R.K. (2006) *Explaining Creativity: The Science of Human Innovation* (New York: Oxford University Press).

Schegg, R.M. (2013) 'Alternative Building Technologies for Housing the Urban Poor & the Development of Scalable, Sustainable Business Models', Hilti Foundation, presentation at Expert Group Meeting: *Regional Assessment on Increasing the Affordability of Sustainable Energy Options*, United Nations Bangkok, 19–20 de fevereiro de 2013.

Schein, E.H. (2004) *Organisational Culture and Leadership* (San Francisco: Jossey-Bass).

Schwartz, A. (2013) 'The League Of Intrapreneurs: 4 Changemakers Making A Difference Inside Big Companies', FastCompany Co.Exist, 10 de abril de 2013, http://www.fastcoexist.com/1681796/the-league-of-intrapreneurs-4-changemakers-making-a-difference-inside-big-companies, acesso em 6 de dezembro de 2013.

Schwartz, P., e B. Gibb (1999) *When Good Companies Do Bad Things: Responsibility and Risk in Age of Globalization* (New York: John Wiley & Sons).

Singh, J. (2006) 'The Rise and Decline of Organizations: Can 'Intrapreneurs' Play a Saviour's Role?' *Vikalpa* 31.1: 123–27.

Sivers, Derek (2010) 'How to Start a Movement', TED talk, http://www.ted.com/talks/derek_sivers_how_to_start_a_movement.html, acesso em 6 de dezembro de 2010.

Sousanis, J. (2011) 'World Vehicle Population Tops 1 Billion Units', WardsAuto, 15 de agosto de 2011, http://wardsauto.com/ar/world_vehicle_population_110815, acesso em 5 de novembro de 2013.

Spitzeck, H. (2009) 'Organisational Moral Learning: What, if Anything, do Corporations Learn from Ngo Critique?' *Journal of Business Ethics* 88.1: 157–73.

Spitzeck, H., C. Boechat e S. Leão (2013) 'Sustainability as a Driver for Innovation: Towards a Model of Corporate Social Entrepreneurship at Odebrecht in Brazil', *Corporate Governance* 13.5: 613–25.

Standard Digital (2013) 'Exporting M-pesa to India No Easy Game', Standard Digital, 7 de maio de 2013, http://www.standardmedia.co.ke/business/article/2000083153/exporting-m-pesa-to-india-no-easy-game, acesso em 7 de janeiro de 2014.

Stone, C. (2001) *Networking: The Art of Making Friends* (London: Vermilion).

Stone, C. (2004) *The Ultimate Guide to Successful Networking* (London: Vermilion).

Stopford, J.M., e C.W.F. Baden-Fuller (1994) 'Creating Corporate Entrepreneurship', *Strategic Management Journal* 15.10: 521–36.

Stewart, E. (2013) 'How Does a Social Intrapreneur Add Value to a Business?' Guardian Sustainable Business Blog, 11 de setembro de 2013, http://www.theguardian.com/sustainable-business/social-intrapreneur-value-business, acesso em 6 de dezembro de 2013.

SustainAbility (2007) *Raising Our Game: Can We Sustain Globalization?* (London: Sustainability).

SustainAbility (2008) *The Social Intrapreneur: A Field Guide for Corporate Changemakers* (London: Sustainability in partnership with the Skoll Foundation, Allianz and IDEO).

Tapscott, D. (2003) *The Naked Corporation: How the Age of Transparency Will Revolutionize Business* (New York: Free Press).

Thain, M. (2013) 'Mark Thain, Barclays, on Competitive Edge and Long-Term Thinking', Shared Value Initiative, 23 de maio de 2013, http://www.sharedvalue.org/resources/mark-thain-barclays-competitive-edge-and-long-term-thinking, acesso em 6 de dezembro de 2013.

Thomas, D. (2012) 'Vodafone to Expand M-PESA Transfers', *Financial Times*, outubro de 2012.

Towers Watson (2012) *2012 Global Workforce Study: Engagement at Risk: Driving Strong Performance in a Volatile Global Environment* (New York: Towers Watson).

UNGC e Accenture (2013) *UN Global Compact–Accenture. CEO Study on Sustainability 2013: Architects of a Better World* (UNGC, Accenture, http://www.accenture.com/Microsites/ungc-ceo-study/Documents/pdf/13-1739_UNGC report_Final_FSC3.pdf).

UNHCR (2013) *Mid-Year Trends, junho de 2013*, (UNHCR, http://www.unhcr.org/cgi-bin/texis/vtx/home/opendocPDFViewer.html?docid=52af08d26).

US EIA (Energy Information Administration) (2013) 'EIA Projects World Energy Consumption Will Increase 56% by 2040' EIA, 25 de julho de 2013, http://www.eia.gov/todayinenergy/detail.cfm?id=12251, acesso em 5 de novembro de 2013.

Valor Econômico (2003) 'Natura é exemplo de caso bem-sucedido', *Valor Econômico*, 17 de fevereiro de 2003.

Valor Econômico (2008) 'Natura faz parceria com Amapá para repartir lucro', *Valor Econômico* 21 de maio de 2008.

Van Riel, C.B.M. (2000) 'Sustaining the Corporate Story', in M. Schultz *et al.* (eds.), *The Expressive Organisation: Linking Identity, Reputation, and the Corporate Brand* (pp. 157–181). (Oxford: Oxford University Press): 157–81.

Wright, M. (2008) 'Shakti Power', *Green Futures*, 11 de janeiro de 2008.

Wrzesniewski, A., e J.E. Dutton (2001) 'Crafting a Job: Revisioning Employees as Active Crafters of Their Work', *Academy of Management Review* 26.2: 179–201.

WWF-UK (2012) *Green Game-changers: Insights for Mainstreaming Business Innovation* (Woking, UK: WWF-UK).

Zadek, S. (2004) 'The Path to Corporate Responsibility', *Harvard Business Review* 82.12: 125–32.

Zahra, S.A. (1991) 'Predictors and Financial Outcomes of Corporate Entrepreneurship: An Exploratory Study', *Journal of Business Venturing* 6.4: 259–85.

Zahra, S.A. (1993) 'Environment, Corporate Entrepreneurship and Financial Performance: A Taxonomic Approach', *Journal of Business Venturing* 8.4: 319–40.

Mais leituras e recursos

Austin J., e E. Reficco (2009), 'Corporate Social Entrepreneurship', HBS Working Paper 09/101; Harvard Business School, 3 de março de 2009, http://www.hbs.edu/faculty/Publication Files/09-101.pdf.

Bode, C., e F. Santos (2013), *The Organisational Foundations of Corporate Social Entrepreneurship* (INSEAD Working Paper 15 de janeiro de 2013; Fontainebleau, France: INSEAD).

Exter, N. (2013) *Employee Engagement with Sustainable Business: How to Change the World Whilst Keeping Your Day Job* (London: Routledge).

Hafenmayer Stefanska, J. e W. Hafenmayer (2013) *The Future Makers: A Journey to People who are Changing the World–and What We Can Learn from Them* (Com um artigo de Muhammad Yunus; Sheffield, UK: Greenleaf Publishing).

Marshall, J., G. Coleman e P. Reason (2013) *Leadership for Sustainability: An Action Research Approach* (Sheffield, UK: Greenleaf Publishing).

Miller, J. e L. Parker (2013) *Everybody's Business: The Unlikely Story of how Big Business can Fix The World* (London: Biteback Publishing).

Nijhof, A., J.K. Looise, J.K. e J. de Leede (2012) 'Social Intrapreneurship: A Conceptual, Theoretical and Empirical Exploration of its Meaning and Contribution', in 'Innovation, Social Responsibility, Creativity, Ethics and Olaf Fisscher', *Creativity & Information Management* (CIM) edição especial, em associação com a Universidade de Twente: 109–28.

Osburg, T., e R. Schmidpeter (eds.) (2013) *Social Innovation: Solutions for a Sustainable Future*. (Berlin, Heidelberg: Springer).

Web sites úteis

Business Fights Poverty: Intrapreneur Zone: http://businessfightspoverty.org/blog/category/intrapreneur-zone/

CSR Europe Intrapreneurship Programme: http://www.csreurope.org/european-social-intrapreneurship-programme - .Ul_D-haffL8

Gifford Pinchot: www.pinchot.com

League of Intrapreneurs: http://www.leagueofintrapreneurs.com

Intrapreneurial Resources: http://www.intrapreneurialresources.info/

Blogs

The *Guardian* Sustainable Business, Fast Company, Forbes e *The Huffington Post* têm blogs e reportagens sobre intraempreendedorismo social em seus web sites.

FUNDAÇÃO DOM CABRAL

FDC

DESENVOLVIMENTO DE EXECUTIVOS E EMPRESAS

Intraempreendedorismo é Jazz

O que jazzistas como John Coltrane, Miles Davis, Thelonius Monk e Charlie Parker têm em comum com os intraempreendedores sociais? Segundo o professor de Sustentabilidade da Fundação Dom Cabral, Heiko Spitzeck, "o jazz é inerentemente colaborativo, tal qual o intrampreendedorismo nas empresas".

Os intraempreendedores sociais são profissionais inovadores que atuam nas organizações e, dentro delas, procuram desenvolver novos produtos, serviços e modelos de negócios que atendam a uma série de questões sociais e ambientais da sociedade, criando também valor comercial para as empresas. Essa prática intraempreendedora se mistura aos termos da criação jazzística, adaptando significados que podem servir tanto a um quanto ao outro universo.

Considerando essa relação, durante a composição deste livro, acrescentamos termos e expressões pertencentes ao universo musical do jazz.

Jamming | O intraempreendedorismo social de sucesso é uma atividade essencialmente de grupo. Mesmo que o intraempreendedor tenha uma ideia própria de projeto, ele — antes de lançar novos projetos — precisa aprender a trabalhar com indivíduos de habilidades e ideias complementares, como acontece com os músicos de jazz que estão "fazendo um som" ou *jamming*. Às vezes, o projeto intraempreendedor requer tanta gente envolvida, de áreas e talentos diferentes, que mais se assemelha a uma *big band*. No entanto, a mera presença de outros atores (*players*) não é suficiente. A qualidade da "conversação" é fundamental. Os relacionamentos colaborativos entre os intraempreendedores sociais e seus colegas, dentro e fora da organização, é determinante para o triunfo das ideias e a execução dos projetos.

Woodshedding | Os leigos acreditam que os músicos de jazz simplesmente sentam e começam a tocar espontaneamente, sem uma preparação séria. Pelo contrário, os jazzistas devem desenvolver um amplo espectro de habilidades técnicas, o que é conhecido por *woodshedding*. Isso significa aprimorar ritmo, pulso, audição, harmonia, repertório e outros aspectos para aperfeiçoar habilidades técnicas e se transformar num mestre do instrumento. O mesmo vale para os intraempreendedores sociais. Eles precisam ser excelentes profissionais em suas áreas de atuação (ex. marketing, finanças), atualizados e conectados à inovação, para que virem mestres de negócios.

Pagando suas dívidas | Para efetuar a transição da geração da ideia à liderança do projeto, os intraempreendedores sociais precisam da confiança de seus pares e dos gerentes da organização, que controlam os recursos corporativos e o tempo e a energia gastos em projetos. Ajudará muito, na linguagem do jazz, se os intraempreendedores tiverem "pagado suas dívidas" (*paid their dues*), ou seja, se tiverem trabalhado duro e provado suas habilidades na organização, dia após dia, ganhando a confiança dos colegas e da chefia. Esse "capital" será fundamental na hora de pedir permissão para desenvolver um novo projeto. Quando entra para a banda de jazz, o músico é só mais um. Tem que trabalhar forte para mostrar seu valor e conquistar os demais — inclusive o público.

Acompanhamento e solo: o sideman | Músicos de jazz são ótimos tanto em acompanhar os outros membros da banda como em fazer solos. É como uma conversação, em que se ouve (acompanha) e se fala (sola). Os intraempreendedores sociais de sucesso tendem a ser grandes comunicadores. Eles *escutam* o que os outros, nos negócios, dizem que precisam, *acompanhando-os* atentamente. Só então *falam* de suas ideias, de forma que faça sentido a todos, em especial aos tomadores de decisões que controlam os recursos dos projetos na organização. Isso se resume na figura do *sideman*, músico que apoia a banda de jazz, sem destaque aparente no palco. Ele demonstra excelência em sua disciplina instrumental individual, além de capacidade para ouvir e contribuir com o todo musical. E após acompanhar a banda por muito tempo, finalmente chegará o momento que tanto esperava: desempenhar um solo que encante a todos.

Inspirado no livro *Social Intrapreneurism and All That Jazz,* publicado pela *Greenleaf,* em março de 2014, pelos professores David Grayson, Melody McLaren e Heiko Spitzeck

Índice

A

A15 Energy Highway 76
Accenture
   ambiente favorável 176
   envelhecimento e mudança demográfica 174
   gestão e liderança 173
   impactos do intraempreendedorismo social 168
   práticas de recursos humanos 131
   processos e estruturas organizacionais 173
   recursos 178
Agências de desenvolvimento internacional 235
Agoada, Joseph 57
Agricultura
   mKRISHI 49
Ainsbury, Ron 88
Aksular, Kenan, Athlon 75, 92, 195
Allianz 196, 200, 202, 205
Ambiente favorável dentro de empresas 118
   Accenture 171
   agindo contra a natureza 127
   ambiente externo 174
   aprendizagem experimental 187
   autonomia 122
   Cavendish Nuclear 32
   contabilidade de improvisação 152
   correndo riscos 140
   cultura da inovação 180
   cultura organizacional 128
   descentralização 154
   diálogo 170
   duplas dinâmicas 139
   estágios de maturidade do departamento de RC 126
   estratégia 163
   estrutura da inovação 150
   estruturas igualitárias 154
   experimentação 123
   gestão de recursos humanos 131
   gestão e liderança 118
   jam sessions 213, 216
   padrinhos 186
   parcerias 186
   participação de funcionários 155
   pesquisa futura 235
   processos e estruturas organizacionais 173
   recursos 137
   sustentabilidade 164
Ambiente favorável externo 188
   coalizões de responsabilidade corporativa 189
   conscientização/construção de capacidades 192
   consultores de inovação social 194
   escolas de negócios 197
   ONGs 191
   parcerias 191
   prêmios de empreendedorismo social 189
   redes de empreendedorismo social 190
   redes de inovação social 189
Ambientes igualitários 29, 225
Anthony, Michael, Allianz 33, 34
   impactos do intraempreendedorismo social 33
   microsseguros 34
Apte, Mandar, Shell 143
   programa EMPOWER 143
   programa GameChanger 143, 146
Arp, Naty 78
Arup 47, 142
Arup, Ove 218
Aspen Institute First Movers Program 133, 192, 193
Assistência médica
   acesso 207
   base da pirâmide 205
   desafios 199
   diagnósticos de baixo custo 206
   saneamento 59
Autoavaliação 64
Autonomia 119, 122

B

Baillie, Les 207
Bancário
   pagamentos móveis M-PESA 79, 80, 100
   banco móvel M-PESA 79–88
Barclays Social Innovation Facility 97
Barry, Mike 214
Base da Pirâmide (BdP) 33, 37
   consumo de álcool 40
   microsseguros 34
   modelos de negócios 58
   problemas de saúde 59
BASF 201, 205

Big band 202, 207
    exemplos 202, 204
    parcerias 206
Bocca, Roberto, BP 32, 38, 223
brainstorming em grupo 131
Brewer, Christian 40
Brubeck, Dave 85
Bulloch, Gib, Accenture Development Partnerships 89, 93
    base de clientes 75
    comportamentos 85
    equipes 131
    Liberação, Reintegração e Reconhecimento 96
    modelo de negócios 96
    mudando a empresa 100
    ONGs 96
    parcerias colaborativas 93
    sistema imunológico corporativo 213
    storytelling 121

C
Cardoso, Marcelo 105, 180
C.A.R.D.S. 217
Case de negócios para intraempreendedorismo social 114
Cavendish Nuclear 32, 69, 70
C.H.A.N.G.E.S. 224, 227
Clarke, Emma, Cavendish Nuclear 69, 71
Clay, Alexa 188
Compartilhamento de carro 75
Compondo/composição 85, 95
    C.A.R.D.S. 217
    como storytelling 121, 217
Conjuntos 196
    crossover 36
Conscientização/construção de capacidades 197, 228, 232
    Aspen Institute First Movers Program 133
Conser, Russ 143, 146
consultores de inovação social 150
Consumo de álcool 40
Contabilidade de improvisação 61, 73
Conversores catalíticos 55
Correndo riscos 119, 186
Corroto, Mark 139
Cubicle Warrior Toolkit 213, 214
Cugat, Xavier 224
Cultura do café 213, 225
Cultura organizacional 66
    agindo contra a natureza 73
    autonomia 82
    correndo riscos 85
    cultura da inovação 180
    cultura do café 187, 225
    D.A.R.E.S. 119
    diálogo 119
    especialistas de RC tradicional 73
    estágios de maturidade do departamento de RC 125
    experimentação 123
    gestão de recursos humanos 172
    gestão e liderança 118

Odebrecht 129
    parcerias e 97
    parcerias externas 171
    sustentabilidade 87

D
Daily Telegraph 48, 190, 216
Danone 101
    CAPEX Verde 152, 203
    empreendimento conjunto Grameen–Danone Foods 159
    impacto do intraempreendedorismo social 205
da Silva, Jo, Arup International Development 142, 201, 205
    dupla dinâmica 139
da Silva, Leonardo Vitoriano 205
Davis, Miles 94
Dean, Kevin 133
Deci, E. 127
Defensores de responsabilidade corporativa 55
Deng Xiaoping 213
de Pree, Maggie 76, 81
Desafios ambientais 28
Desafios de gênero 31
Desafios demográficos 47
Desafios de recursos 32
Desafios de segurança 39
Desafios digitais 31
Desafios financeiros 34
Desafios globais 37
    resposta intraempreendedora social 32
Desafios nutricionais 31
Desenvolvimento econômico local 33
Desequilíbrios de poder 155
Diálogo 119
    fluxo 120
Dorling, James, Tesco 56
Drucker, Peter 31, 210
Duplas dinâmicas 142, 146

E
Educação
    desafios 132
    inovação tecnológica 147
Elkington, John 176, 188, 206
Ellingstad, Paul, HP 33, 42
    aprendizado personalizado 43
    empoderando empreendedores 43
    Fundos de Inovação Educacional 43
    iniciativa HP Catalyst 43
    programa HP LIFE e-Learning 44
    Social Innovation Relay 44
    VideoBook 44
Ellington, Duke 139, 224
Ellis, Richard 58
Empreendedores do setor público 47
Empreendedores responsáveis 55
Empreendedores sociais 55, 196
    intraempreendedores sociais comparados a 74
    obstáculos encontrados 74
empreendedorismo social 28

Energia
  energia solar M-KOPA 201
  energia verde 45
  MicroEnergy 73
  microgeração de energia isolada 39
  pobreza energética 39
  sustentabilidade 45
  trabalho remoto 44
Energia solar
  M-KOPA 201
Equipe de inovação pessoal 131
Equipes verdes 116
Erfurt, Julika, Accenture 32, 174
Estratégia
  ambiente favorável e 162
Ethical Trading Initiative 201
European Insulation Manufacturers Association (EURIMA) 75
  modelo Trias Energetica 75
Evans, Justin, Arup 142
Experimentação 119

F

Fazedores de sentido 55
Feilder, Karl, DHL 33, 67
Fórum de Economia Mundial 46
Free jazz 111
Fundação Ashoka 188
Fundação Schwab 188, 232
Fundação Skoll 188

G

Gaffney, Carrina, The Guardian 32, 47
Garside, Graham 50
Gates, Bill 3
GE (General Electric)
  Ecomagination 4, 157, 204, 229
Gestão de conhecimento 62
  C.A.R.D.S. 217
Gestão de recursos humanos 131
  Accenture 138
  ambiente favorável 232, 238
  ambiente favorável e 237
  C.H.A.N.G.E.S. 224
  educação, treinamento e desenvolvimento pessoal 233, 238
  gestão de conhecimento 135, 173
  recompensa e reconhecimento 135
  RH como incapacitador 136
  sessões de inovação 136
  suporte voluntário 191, 203
  tempo de inovação pessoal 131
Gestão e liderança
  Accenture 93, 138
  ambiente favorável e 171, 174
Gibb, Blair 191
Gillespie, John Birks 'Dizzy' 15
Gladwell, Malcolm 11, 43
Godamune, Dab 219
Goleman, Daniel 14
Goodman, Benny 15

Grameen Bank 25, 196
  empreendimento conjunto Grameen–Danone Foods 196
Guardian, The xv, 5, 190, 201, 216

H

Habilidades de marketing 91
Hampton, Lionel 224
Harrop, Chris, Marshalls 201, 212, 216, 219, 220
  projeto Fairstone 15
Hughes, Nick, Vodafone 211, 223
  impactos do intraempreendedorismo social 77
  intraempreendedorismo social 112
  M-KOPA 201, 223
  pagamentos móveis M-PESA 201, 203, 205, 206

I

IMC
  Corporate Service Corps 133, 235
  Innovation Jam 158
Impact Hubs ii, 233
Impactos do intraempreendedorismo social
  para a empresa 202
  para a sociedade 204
  para o intraempreendedor social 199
  pesquisa futura 204
inclusão financeira 23
Inglesby, James, Unilever 32, 58
iniciativa Ulysses 133
Innovation jams 158
Inovação
  Consultores de inovação social 198
  cultura 171, 180
  infraestrutura 150
  processos 154
  redes de inovação social 189
  sessões 131
  Tata Consultancy Services 32, 218
Inovação social corporativa 116, 196, 198
INSEAD 198
Instituto Ecológica 178, 190
Intraempreendedores sociais
  agindo contra a natureza 127
  alinhamento com a empresa 110
  atividades 38
  autoconfiança 142
  autonomia 119
  case de negócios 153, 168
  comportamentos 141
  corredor de riscos 140
  diálogo 106
  emergente 66, 69
  empoderados 77
  empreendedores sociais comparados 41
  exasperados 66, 128
  experimentação 119
  habilidades de marketing 91
  intraempreendedores seriais 145
  jornada 236
  mentalidades 85
  nível de maturidade de responsabilidade corpora-

tiva 109
'parentes próximos' comparados 3, 237
pesquisa futura 235
primeiras experiências 103
reações corporativas a 112
resistência 112
STIR 114
transcendendo o pensamento ou isso/ou aquilo 88
Intraempreendedores sociais de partida 66, 91
Intraempreendedores sociais emergentes 66
Intraempreendedores sociais empoderados 66
Intraempreendedores sociais exasperados 66

J

Jamming/jam sessions 77, 96
    ambiente favorável 90
    IBM Innovation Jam 158
    Job crafting 60
Jazz 37, 38, 56
    bebop 93, 94, 98
    como linguagem 109
    diálogo 96
    duetos 139
    free jazz 111
    improvisação 120
    job crafting 60
    metáforas xviii
    storytelling 94, 121
Job crafting 60–61
    definição 60
    exemplos 33
Jones, Hannah 115
Jones, Meg 234
Jugend Jazz Orchester Saar 68
Jurd, Laura 209

K

Keogh, Stephen xviii, 11, 22
Kikoler, Heidi xviii
Kiser, Cheryl 2
Kitasako, Emi 61
Koch, Stefan, E.ON Energie 5
Kofi, Tony 10
KPMG Canada 136

L

Lane, Malcolm 218
Lapthorn, Tim 231
Leipziger, Deborah 2
Levi-Strauss & Co 203
Líder de banda 220, 222
Liga dos Intraempreendedores 213, 232
    Cubicle Warrior Toolkit 213
    prêmios 51, 119, 136
Lonie, Susie 79, 82
Love, Charmian xvii

M

Mackintosh, Ian, SABMiller 5, 33, 40
Marks & Spencer 139, 153
Matta, Priscila, Natura 176
    impactos do intraempreendedorismo social 180
MBAs 93, 197
McBriarty, Jason 203
McDonald's 69
McLaren, Melody ii, 217
Mecchi, Cassiano, Danone xvii, 14, 149
Meditação 143, 144, 146
Mentalidade
    gestão 149
    intraempreendedores sociais 176
Meyerson, Debra 58, 109
MicroEnergy 73, 190
Microsseguros 168
Mídia social 206
Miller, Glenn 224
Mobilidade
    compartilhamento de carros 76
    desafios 76
    plano de mobilidade sustentável 75
Monroe, Vaughn 223
Moore, Tom 178
Mudanças demográficas 176
Mundle, Dorje, Novartis 202, 205, 212
    iniciativas de valor compartilhado xiii, 2

N

Natura
    Cocriando Natura 106
Neale, Tom 111
Net Impact 233
Nieuwenhuijzen, Tom xvii, 32, 59
Nike 108, 115
Nível de maturidade de responsabilidade corporativa dos funcionários 109
    bloqueador 109, 110
    compilador 109
    defensor 109
    implementador 109
    intraempreendedor social 109
    matriz da empresa/intraempreendedor social 110
Novas tecnologias 144

O

Odebrecht 129, 157
    Prêmio Destaque 157
oikos International 233
OMS (Organização Mundial da Saúde) 51
ONGs 35, 50, 55, 82, 191
    parcerias 191
Oportunidades Sociais Corporativas (OSCs) 116

P

Padrinhos 139, 141
    ambiente favorável 171, 174
    exemplos 137, 153

Pagando suas dívidas 214, 216
Job crafting 60
Pande, Arun, Tata Consultancy services 32, 49, 50
 mKRISHI 49, 50, 117
Parentes próximos do intraempreendedorismo social 3, 55, 237
Parker, Charlie 94, 131
Parker, Sharon 4
participação dos funcionários 155
Partnering Initiative, The 216
Pauling, Linus 13, 119
Pegada de carbono 123, 158
Pellegrini, Liliane 201
Pennant, Richard Douglas 231
Perry, Charles 56
Pesquisa futura 235
Pinchot, Elizabeth 1, 223
pobreza de combustível 5
Poesia jazz 231
Poetry slams 231
Porter, Michael 2
Pozza, Andrea 217
Prahalad, C.K. 33, 37
Prêmio Destaque 157
Prêmios
 Liga dos Intraempreendedores 148
Price, Jeremy 121
PricewaterhouseCoopers (PwC)
 Ulysses initiative 15
primeiros seguidores 141
Processos e estruturas organizacionais 173
 Accenture 171
 ambiente favorável e 171, 174
 burocracia 180
 decentralização 43
 desequilíbrios de poder 155
 estruturas igualitárias 154
 participação dos funcionários 155
 processos de inovação 157
produtos Sandstone
 projeto Fairstone 15
programa GameChanger 143, 147, 170
Programas de action-learning 192
Projeto Kiteiras 152, 161
Projetos-piloto 130, 163, 168
Proteção de conhecimento tradicional 177
Proteção do patrimônio genético 177
provocadores corporativos 2
PULSE Volunteer Partnership 134

Q
Quinteto Kit Downes 94

R
Radicais moderados 225
Recursos
 Accenture 88
 ambiente favorável e 90
 contabilidade de improvisação 94
 infraestrutura de inovação 82
redes de empreendedorismo social 196

redes de inovação social 189
Rede social de jazz 21
Redução de emissão de carbono 62, 68, 70
Richards, Keith 56
Roddick, Anita 60
Ryan, R. 127

S
Saddington, Hugh, Telstra 202, 216, 218, 220
 trabalho remoto 44
Sambeat, Perico 13
Saneamento 18
Sanz, Albert 13
Sawyer, R.K. 120
Schellekens, Onno 207
Schneider, Ralf 47
Scholten, Christel 201
Schwartz, Peter 145
Seabra, Luiz 104
Sharma, Vijay, Hindustan Unilever
 iniciativa Shakti 31
Shaw, Artie 224
Shwopping 210, 219
Sidemen 16, 17, 19, 21
 acompanhando 21
 definição 16
 exemplos 3, 20
Siebert, Mark, Siemens 5, 32, 46
Silêncio 145
Silva, Hannah 231
Simpson, Graham, GSK 32, 50
 diagnósticos de baixo custo 50
 PULSE Volunteer Partnership 50
Sistempreendedores 206
Sivers, Derek 141
Skoll World Forum 196
Solando xii, 7, 214
Somogyi, Arnie xviii, 11
Spellman, Mark 172, 173
Steele, Luke 217
STEM+ 43
Stewart, Emma, Autodesk 32, 198, 209
STIR (Sustentabilidade, Talento, Inovação e Reputação 114
Storytelling 94, 121, 156, 217
 C.A.R.D.S. 217
Strayhorn, Billy 217

T
Tata Consultancy Services
 inovação 218
Tecnologia de comunicações
 trabalho remoto 44, 45
Tecnologias de telefones celulares 79
 mKRISHI 170, 206, 214
 M-PESA 79, 80
Teoria da autodeterminação 127
Tesco 56
Tewes, Nicolai 213
Thain, Mark, Barclays 97, 183
Thodey, David 45

TI para sustentabilidade 44
Tipos de funcionários
   bloqueador 109
   compilador 109
   defensor 109
   implementador 109
   intraempreendedor social 109
Toensman, Lara 190
Trabalho remoto 44
Tracey, Stan 175

U

UNICEF 57
Unilever Sustainable Living Plan 227
Urbanização 30
Urbano, Lucas, Danone 32, 101, 152
   contabilidade de improvisação 85
   impacto do intraempreendedorismo social 77
   projeto Kiteiras 152
Uso de internet 232

V

Valor compartilhado xiii, 2, 52, 153
   Accenture Development Partnerships xviii
   Barclays 183, 184
   Danone 149, 152
   General Electric 157
   IBM 158
   impactos do intraempreendedorismo social 145
   Natura 158
   Novartis 195
   Odebrecht 129
   Shell 143
van den Houten, Gerry 40
VideoBook 44
Vodafone 33, 79
Volans 176, 198, 201
Voluntary Service Overseas (VSO) 93

W

Walker, Penny 52
Wallen, Byron 189
Whiteman, Paul 224
Wiersma, Marijn, FMO xvii, 32
Woodcraft Folk 69
Woodshedding 73, 77, 85
   definição 72
   job crafting 73
WWF 75, 169, 170

X

Xerox 219

Y

Yunus, Muhammad 25, 73, 196

Z

Zadek, Simon 108
Zaphiropoulos, Alex 111

Sobre os autores

Prof. David Grayson CBE é Professor de Responsabilidade Corporativa e Diretor do Doughty Centre for Corporate Responsibility na Escola de Administração Cranfield no Reino Unido. Ele entrou para a Cranfield depois de uma carreira de trinta anos como empreendedor social e defensor de negócios responsáveis, diversidade e desenvolvimento de pequenos negócios. Isso incluiu a presidência do Conselho Nacional de Deficiência do Reino Unido e vários outros órgãos governamentais, assim como servindo como um diretor administrativo conjunto de Negócios da Comunidade. Ele também foi um Membro Sênior visitante na CSR Initiative da Kennedy School of Government, Harvard, 2006–2010.

Ele tem mestrados das universidades de Cambridge, Bruxelas e Newcastle, e um doutorado honorário da London South Bank University. Seus livros incluem: Corporate Social Opportunity: Seven Steps to make Corporate Social Responsibility work for your business (2004) e *Everybody's Business* (2001) — ambos com coautoria de Adrian Hodges. David coeditou *"Cranfield on Corporate Sustainability"* (2012) e seu último livro: *Corporate Responsibility Coalitions: The past, present and future alliances for Sustainable Capitalism*, com coautoria de Jane Nelson, foi publicado em janeiro de 2013.

Melody McLaren é Diretora Cofundadora da McLaren UK, uma consultoria de serviços de negócios criativos, e é uma Associada ao Doughty Centre for Corporate Responsibility na Escola de Administração Cranfield. Graduada pelo Instituto de Tecnologia da Califórnia (BS, 1977) e pela Faculdade Birbeck Universidade de Londres (MSc, Comportamento Organizacional, 2007), sua carreira eclética engloba mais de 30 anos de experiência por uma grande variedade de campos incluindo pesquisa, escrita, relações de mídia, promoção de vendas, desenvolvimento web, mídia social e defesa de responsabilidade corporativa nos EUA e na Europa.

Treinada como pianista clássica do início da infância aos 15 anos, Melody foi inspirada a fazer piano jazz em 2005 depois de participar da escola de verão da Global Music Foundation. Ela continua a tocar piano, assim como a apoiar e documentar o trabalho da comunidade jazzística em geral por meio de fotografia e escrita. Em meio ao seu tempo de música clássica e jazzística ela tornou-se Campeã Mundial de Bambolê (1969) e estabeleceu um Recorde Mundial do Guinness girando 65 bambolês simultaneamente (1985) assim como jogando vôlei competitivo nos EUA e no Reino Unido por mais de 20 anos.

Heiko Spitzeck é professor da Fundação Dom Cabral no Brasil onde ensina estratégia e sustentabilidade para executivos seniores. Sua experiência de ensino inclui cursos para os conselhos da Nestlé Brasil, Michelin da América Latina, Grupo André Maggi e executivos seniores do Itaú, Braskem, Petrobras, assim como outras empresas sobre Negócio Sustentável e Inovação. Seu ensino é fundamentado em mais de 12 anos de experiência de consultoria assim como pesquisa acadêmica. Suas publicações apareceram em vários periódicos internacionais, assim como em vários livros publicados entre outros pela Cambridge University Press. Heiko ensinou anteriormente na Universidade Cranfield no Reino Unido e atuou como professor visitante na Universidade da Califórnia em Berkeley, Universidade Fordham em Nova York (ambas nos EUA), assim como na Universidade de Extremadura (Espanha). Heiko estudou na Alemanha, Espanha e Suíça. Ele recebeu seu Doutorado da Universidade de St. Gallen (Suíça).